Kathi Beier | Stephan Grassmann | Martin Hähnel |
Rico Hauswald | Sabine Pfeiffer | Timo Rademacher |
Raphael Schaarschmidt

# Verantwortungsvoller Umgang mit KI in der Medizin aus interdisziplinärer Perspektive

Ein fallbasierter Leitfaden

Nomos

Onlineversion
Nomos eLibrary

**Die Deutsche Nationalbibliothek** verzeichnet diese Publikation in der Deutschen Nationalbibliografie; detaillierte bibliografische Daten sind im Internet über http://dnb.d-nb.de abrufbar.

1. Auflage 2025



Publiziert von
Nomos Verlagsgesellschaft mbH & Co. KG
Waldseestraße 3–5 | 76530 Baden-Baden
www.nomos.de

Gesamtherstellung:
Nomos Verlagsgesellschaft mbH & Co. KG
Waldseestraße 3–5 | 76530 Baden-Baden

ISBN (Print): 978-3-7560-3098-9
ISBN (ePDF): 978-3-7489-5439-2

DOI: https://doi.org/10.5771/9783748954392

# Inhaltsübersicht

Inhaltsverzeichnis

# 1. Danksagung

Die vorliegende Publikation ist das Ergebnis einer dreijährigen interdisziplinären Zusammenarbeit, in der wir aus medizinethischer, erkenntnistheoretischer, rechtswissenschaftlicher und soziologischer Perspektive Fragen zur Entwicklung und Nutzung neuer KI-Technologien in der Medizin und Pflege untersuchen konnten. Wir bedanken uns beim BMBF, insbesondere bei Frau Dr. Gossen, für die sehr gute Unterstützung und Begleitung dieses Vorhabens. Herrn Prof. Dr. Philipp Kellmeyer danken wir dafür, dass er diesem Projekt wichtige Impulse von medizinischer Seite gegeben hat. Er half uns insbesondere bei der Verfeinerung und Validierung des Fallbeispiels. Für ihren kritischen Blick auf das Fallbeispiel möchten wir uns auch bei Maja Baumeyer (Helios Klinikum Erfurt) bedanken. Einen besonderen Dank möchten wir zudem den vielen freiwilligen Interviewpartnerinnen und Interviewpartnern aussprechen, die unser Forschungsprojekt durch ihr Engagement ermöglicht haben. Nicht zuletzt danken wir unseren Universitäten, dass sie die notwendigen Rahmenbedingungen für das Gelingen des Verbundvorhabens geschaffen haben, und dem Nomos-Verlag für die Aufnahme des Leitfadens in sein Programm.

## 2. Einleitung

Die Digitalisierung wird in absehbarer Zeit weite Teile der Gesundheitsforschung und Gesundheitsversorgung nachhaltig verändern. Eine wesentliche Voraussetzung für eine sachgerechte Information und reflektierte Auseinandersetzung der Gesellschaft mit der Digitalisierung, Big Data-Anwendungen, Künstlicher Intelligenz (im Folgenden: KI) und der Medizininformatik in Forschung und Versorgung ist die sorgfältige Analyse von Chancen und Risiken für den weiteren Umgang.

Das Verbundprojekt VUKIM hat als Teil der BMBF-Fördermaßnahme „Forschung zu ethischen, rechtlichen und sozialen Aspekten (ELSA) der Digitalisierung, von Big Data und Künstlicher Intelligenz in der Gesundheitsforschung und -versorgung" diese sorgfältige Analyse vorgenommen. Ziel der BMBF-Maßnahme ist es, die Auswirkungen der neuen Technologien auf Wissenschaft und Gesellschaft zu untersuchen und auf einen gesellschaftlich akzeptierten und verantworteten Rahmen für ihren Einsatz hinzuwirken. Spezifisches Ziel des Verbundes VUKIM war es, den verantwortungsvollen Umgang mit künstlicher Intelligenz in der Medizin aus verschiedenen Perspektiven zu untersuchen. Dazu wurden potentielle Risiken von zukünftigen KI-Anwendungen und die geltende Regulierung kritisch analysiert. Zudem wurden Beschäftigte im Gesundheitswesen und Laien eingehend zum Einsatz von KI befragt und Experten-Workshops durchgeführt.

Wir tragen in diesem Leitfaden Antworten auf folgende Fragen zusammen: Wie verändert KI unser (Arbeits-)Leben? Können KI-basierte Technologien unser Wertegefühl beeinflussen? Wie gehen Beschäftigte in Gesundheitsberufen mit KI-basierten Empfehlungsvorschlägen um, die der eigenen klinischen Erfahrung widersprechen? Wie kann KI aufgebaut sein, damit ein verantwortungsvoller Umgang mit ihr sichergestellt und vereinfacht wird? Wir analysieren bzw. bewerten diese Fragen nach den Methoden und Forschungszugängen der jeweiligen Disziplin.

Der Dresdner Teil von VUKIM, vertreten durch PD Dr. Rico Hauswald, untersuchte insbesondere erkenntnis- und medizintheoretische Aspekte des verantwortlichen Umgangs mit KI in der Medizin. Die Schwerpunkte des Teilprojektes lagen auf den Fragen, wie sich der Einsatz von KI-Systemen auf etablierte Formen epistemischer Arbeitsteilung in der Medizin auswirken wird, wie man verantwortungsvoll mit der für diese Systeme charakteristischen epistemischen Intransparenz umgehen kann und welche Formen epistemischen Vertrauens ihnen gegenüber angemessen sind.

Das Bremer Teilprojekt, vertreten durch PD Dr. Martin Hähnel und Dr. Kathi Beier, erfasste aus ethisch-normativer Perspektive die verschiedenen Anwendungsmöglichkeiten von Künstlicher Intelligenz im Gesundheitsbereich und versuchte, sie zu bewerten. Vorrangiges Ziel dabei war es, im Rahmen des Leitfadens Grundzüge für eine kontextsensitive und in normativer Hinsicht multikriterial zu gewichtende KI-Medizinethik zu entwickeln.

Das Teilprojekt in Hannover, dem Professor Dr. Timo Rademacher und Raphael Schaarschmidt angehören, widmete sich der Erforschung des Umgangs mit medizinischen KI-Systemen aus der Perspektive des öffentlichen Rechts durch eine Analyse verfassungsrechtlicher Vorgaben und einer Kartierung bestehender und im Entstehen begriffener Regulierungsregime, um nachfolgend regulatorische Defizite auszumachen und Vorschläge zu ihrer Behebung zu unterbreiten.

Das an der Friedrich-Alexander-Universität Erlangen-Nürnberg (FAU) angesiedelte Teilprojekt „Soziale Aspekte", bestehend aus Professor Dr. Sabine Pfeiffer und Stephan Graßmann, blickte aus einer soziologischen Perspektive auf die Anwendung von KI im Gesundheitswesen. Vor dem Hintergrund der Herausforderungen und Voraussetzungen für einen verantwortungsvollen Umgang mit KI in der Medizin untersuchte das Teilprojekt, wie sich KI-Systeme und organisationale Arbeitsprozesse gegenseitig beeinflussen bzw. wie sich die individuelle Arbeitspraxis (sowie Arbeitsinhalte) in der medizinischen Versorgung durch die Anwendung von KI verändert. Erforscht wurden somit die sozialen und ethischen Bedingungen und Implikationen, die sich durch die Implementierung von KI-Systemen im Gesundheitswesen niederschlagen.

Der folgende Leitfaden bietet in erster Linie eine interaktive Synopse und transformative Integration der Forschungsergebnisse der verschiedenen Teilprojekte, insofern anhand des fiktiven, aber nahe an der klinischen Realität angesiedelten Falles von Herrn Müller gezeigt wird, an welchen Stellen seines Patientenweges epistemologische, medizinethische, soziale und rechtliche Aspekte zur Sprache kommen, die einer detaillierten Problemanalyse und normativen Bewertung zugeführt werden müssen. Am Ende jeder Station seiner Patientenreise, die Herr Müller in der berechtigten Hoffnung zurücklegt, mit neuen KI-Methoden schneller und nachhaltiger eine Heilung seiner Krankheit zu erfahren, werden die wichtigsten Befunde und Ergebnisse zusammengefasst und in Form von „Key take-aways“ als Handlungsempfehlungen formuliert.

Interdisziplinäre Forschung ist anspruchsvoll, bereichernd – und manchmal eine echte Herausforderung. Unser Buchprojekt war genau das: eine Herausforderung und ein Experiment zur wissenschaftlichen Zusammenarbeit mit Alleinstellungsmerkmal. Unser Ziel war es, nicht nur *multidisziplinär*, sondern wirklich und im wahrsten Sinne des Wortes *interdisziplinär* zu arbeiten. Als Forschungsverbund haben wir uns damit auf ein ‚Abenteuer‘ eingelassen und wurden mit einem Ergebnis belohnt, das weit über das bloße Nebeneinanderstellen von Fachbeiträgen hinausgeht.

Überdies haben wir versucht, eine Gratwanderung zu meistern: Auf der einen Seite sollten die fachlichen Perspektiven und Erkenntnisse zur Geltung kommen, auf der anderen Seite die jeweiligen Ergebnisse auch für die anderen Disziplinen anschlussfähig bleiben und darüber hinaus ein breiteres wissenschaftliches Publikum ansprechen. Dieser Balanceakt zwischen Tiefgang und Verständlichkeit ist generell eine zentrale Herausforderung interdisziplinärer Zusammenarbeit, insbesondere bei einem Thema, das sowohl hochkomplex als auch gesellschaftlich relevant ist. Gerade die immense Komplexität und Dynamik unseres Forschungsfeldes selbst war und ist ein Umstand, der dazu führt, dass permanent neue Forschungsfragen aufgeworfen werden und das eigene Verständnis kontinuierlich hinterfragt und weiterentwickelt werden muss. KI in der Medizin ist ein dynamisches, sich rasant entwickelndes Feld, in dem die Halbwertszeit von Wissen oft erschreckend kurz ist und in dem wichtige Impulse aus ganz unterschiedlichen Richtungen und Disziplinen kommen können. Die Herausforderungen der Technik, der sozialen und ethischen Implikationen, der rechtlichen Rahmenbedingungen und der praktischen Anwendbarkeit sind so vielschichtig, dass sie von einer einzelnen Disziplin allein nicht durchdrungen werden können. Gerade deshalb ist es so wichtig, dass wir hier gemeinsam geforscht und diskutiert haben und mit diesem Leitfaden die Ergebnisse unserer Auseinandersetzungen präsentieren können.

## 3. Fallbeispiel eines „Patientenweges“: KI-unterstützte Patientenbetreuung im Krankenhaus

*Vorbemerkung*

*Die Integration von Künstlicher Intelligenz (KI) in den medizinischen Behandlungsprozess hat das Potenzial, die Patient:innenbehandlung und -betreuung grundlegend zu verändern. Dieses Whitepaper beschreibt den Weg eines Patienten – wir nennen ihn Herrn Müller – durch das Krankenhaus, bei dem KI-Anwendungen in jeder Phase des Behandlungsprozesses eingebunden sind. Dabei werden von der Aufnahme über die Diagnose und Aufklärung bis zur Therapie und Nachsorge verschiedene KI-Technologien eingesetzt. Es sollte berücksichtigt werden, dass sich Patientenwege deutlich voneinander unterscheiden. Der hier beschriebene Ablauf kann daher nicht mehr sein als ein stark abstrahiertes Planspiel.*

Herr Müller ist 58 Jahre alt und war früher in einem kleinen Unternehmen als Lagerarbeiter tätig. Aufgrund von anhaltenden Rückenschmerzen und einer Arthrose in den Knien musste er jedoch vor einigen Jahren in den Ruhestand treten. Herr Müller ist verheiratet und lebt zusammen mit seiner Frau in einer Mietwohnung im Umland einer Großstadt. Seine beiden Kinder sind inzwischen in andere Städte gezogen. Herr Müller ist wie rund 90% aller Erwerbstätigen bei einer gesetzlichen Krankenkasse versichert und verfügt darüber hinaus über keine weiteren Zusatzversicherungen. Gelegentlich vernachlässigt Herr Müller seine Gesundheit, verschiebt etwa Arztbesuche und Behandlungen in der Hoffnung, dass sich gesundheitliche Beschwerden mit der Zeit von selbst lösen.

Seit einiger Zeit klagt Herr Müller vermehrt über Bauchkrämpfe und Appetitlosigkeit und hat auch bereits merklich an Gewicht verloren. Vor rund zwei Wochen setzten zudem starke Kopfschmerzen ein. Seiner Überzeugung gemäß ignorierte er diese zunächst und behandelte sie anschließend mit Ibuprofen. Selbst nach einer Erhöhung der Dosis stellte sich jedoch keine Besserung ein. Im Gegenteil: Die Kopfschmerzen wurden immer schlimmer. Als er eines Tages nach dem Aufwachen deutliche Wortfindungsstörungen zeigt, fährt ihn seine Frau kurzerhand in die neurologische Notaufnahme der rund 15 km entfernten Universitätsklinik.

Herr Müller trifft vormittags um 9:50 Uhr in der Notaufnahme ein. Die Notaufnahme ist zu diesem Zeitpunkt von der Assistenzärztin Frau Navarro besetzt. Neben Frau Navarro sind zudem ein Medizinstudent im praktischen Jahr (PJ) und drei Pflegefachpersonen anwesend. Frau Navarro ist 28 Jahre alt und befindet sich im zweiten Jahr ihrer Zeit als Assistenzärztin. Sie hat ihr Medizinstudium in Madrid (Spanien) begonnen und arbeitet inzwischen seit 3 Jahren in Deutschland.

### *Station 1: Aufnahme mit Tablet*

In der Notaufnahme der neurologischen Klinik beginnt der Patientenweg von Herrn Müller. Frau Müller begleitet ihren Mann dort zur Anmeldestelle. Die Versichertenkarte von Herrn Müller wird eingescannt, und es wird ihm ein Patienten-Tablet überreicht. Nachdem Herr Müller seine persönlichen Daten, medizinische Vorgeschichte und Symptome in das Gerät eingetragen hat, muss er noch die Datenschutzerklärung auf dem Tablet unterschreiben. Bei der Eingabe seiner medizinischen Daten kann eine KI im Chat bei Verständnisfragen helfen oder aufgrund der Eingabe aufkommende Nachfragen stellen.

Nach Beendigung der Dateneingabe analysiert ein Entscheidungsunterstützungssystem (EUS, engl. DSS: Decision Support System) die eingegebenen Informationen. Es liefert der Assistenzärztin Frau Navarro erste Einschätzungen, die auf der Auswertung vergleichbarer Fälle einer Datenbank eines Drittanbieters basieren sowie auf den personenbezogenen Daten, die in Herrn Müllers digitaler Patientenakte gespeichert sind. Diese Empfehlungen dienen jedoch lediglich als Referenzpunkte und können später von ärztlicher Seite überprüft werden.

### *Station 2: Untersuchung und OP des Primärtumors*

Nach dem Ausfüllen des digitalen Anamnesebogens mit Hilfe seiner Frau dauert es noch einige Zeit, bis Herr Müller schließlich in ein Behandlungszimmer begleitet wird. Dort misst eine Pflegefachperson zunächst Herrn Müllers Herzfrequenz und seinen Blutdruck und gibt die Werte in die elektronische Patientenakte (ePA) des Krankenhausinformationssystems (KIS) ein. Kurz darauf kommt die Assistenzärztin Frau Navarro zusammen mit einem Medizinstudenten im PJ in das Zimmer. Während der Student die durch den Patienten eingegebenen Daten überprüft, führt Frau Navarro bei Herrn Müller erste körperliche und neurologische Untersuchungen durch (Herzauskultation, Motorik und Koordinationstests etc.), deren Ergebnisse über das Tablet gleich in die digitale Patientenakte von Herrn Müller eingetragen werden.

Die Ärztin kann nun auch auf bereits vorhandene Datenbestände aus vorherigen, an der Uniklinik behandelten Fällen sowie diversen medizinischen Datenbanken zugreifen und so eine erste Einschätzung von Herrn Müllers Gesundheitszustand vornehmen. Auf Grundlage der vorhandenen Informationen und in Rücksprache mit dem leitenden Oberarzt entscheidet sich Frau Navarro dazu, Herrn Müller Blut abzunehmen und eine Computertomographie (CT) des Kopfes in der Notaufnahme durchführen zu lassen.

In den CT-Aufnahmen erkennt Frau Navarro mit Hilfe einer KI Auffälligkeiten, die auf Metastasen im Gehirn hindeuten. Das Ergebnis bespricht sie wieder mit dem leitenden Oberarzt. Beide entscheiden sich dazu, Herrn Müller zu einer weiteren Untersuchung in die Radiologie zu überweisen.

Zur Lokalisation des die Metastasen verursachenden Primärtumors wird dort eine ganzkörperliche Bildgebung durchgeführt (durch PET-CT oder CT des Körpers). Die radiologische Untersuchung ergibt den dringenden Verdacht, dass Herr Müller Darmkrebs hat, konkret ein kolorektales Karzinom. Diese Diagnose wird durch weitere Verfahren wie eine Koloskopie mit Biopsie des Tumors durch die jeweils zuständigen Fachabteilungen bestätigt.

In einer multidisziplinären Tumorkonferenz mit Beteiligung aus der Gastroenterologie, Neurologie, Onkologie, Strahlenklinik und Radiologie werden daraufhin die Ergebnisse aller Untersuchungen besprochen. Aufgrund des ausgedehnten Befundes mit bereits vorhandenen Hirnmetastasen wird entschieden, Herrn Müller eine symptomatische Tumortherapie anzubieten; sie hat das Ziel, die Lebensqualität von Herrn Müller in den Monaten, die ihm bleiben, möglichst hoch zu halten.

Da eine Blockade des Dickdarms droht, wird sich für eine operative Entfernung des Tumors entschieden. Die OP verläuft komplikationsfrei. Im Anschluss empfiehlt die zuständige leitende Oberärztin die Behandlung von Herrn Müllers Hirnmetastasen in der Strahlenklinik des Universitätskrankenhauses.

### *Station 3: Bestrahlungs- und Therapieplan zur Behandlung der Metastasen*

In der Strahlenklinik werden erneut Untersuchungen durchgeführt, die der dort behandelnde Assistenzarzt, Herr Mettin, einbezieht, um gemeinsam mit seinem leitenden Oberarzt einen Therapie- und Behandlungsplan (Bestrahlung) für Herrn Müller auszuarbeiten. Dazu benutzt Herr Mettin verschiedene KI-Systeme. So hat er zum einen eine KI-Anwendung zur Verfügung, die die CT-Aufnahmen automatisch nach Metastasen durchsucht und diese anzeigt. Zum anderen hilft ihm eine KI-unterstützte Software dabei, in den Scans wichtige und sensible organische Strukturen einzuzeichnen, wie etwa den Sehnerv oder das Kleinhirn. Anschließend wird eine detaillierte Bildgebung durchgeführt, meist durch CT oder Kernspintomographie (MRT), um die exakte Position und Größe der Hirnmetastasen festzustellen. Die bearbeiteten Scans bespricht Herr Mettin mit der leitenden Chefärztin und erstellt basierend auf diesen Bildern einen individuellen Bestrahlungsplan, der darauf abzielt, das Tumorgewebe maximal zu treffen und das umliegende gesunde Gewebe so weit wie möglich zu schonen.

Nicht nur während, sondern schon vor der Behandlung in der Strahlenklinik, die sich über mehrere Sitzungen erstreckt, wird KI überdies dazu verwendet, Herrn Mettin zusätzliche Informationen über die Verfassung seines Patienten zur Verfügung zu stellen. Zu Beginn der Untersuchung und im weiteren Verlauf der Therapie werden dazu regelmäßig Fotoaufnahmen von Herrn Müllers Gesicht gemacht und durch eine KI ausgewertet. Das hilft Herrn Mettin, Aufschluss über den gesundheitlichen Zustand von Herrn Müller zu bekommen. Außerdem kann eine neuartige KI-Anwendung, die im Rahmen einer Studie erprobt wird, anhand der Gesichtsaufnahmen jeweils die Überlebenswahrscheinlichkeit bzw. die wahrscheinliche restliche Lebenszeit von Herrn Müller sowie die Erfolgsaussichten der Therapie berechnen. Diese Informationen helfen Herrn Mettin, den Therapieverlauf zu bewerten und die jeweils folgenden Schritte zu planen, etwa weitere Maßnahmen einzuleiten oder auszusetzen.

Anhand der anfallenden Daten aus der Anamnese sowie dem ausgefertigten Therapieplan errechnet eine KI zudem den Betreuungsbedarf von Herrn Müller und kann davon auch den Bedarf an weiteren Behandlungen ableiten. Die KI unterbreitet Herrn Mettin Vorschläge zur Anpassung der laufenden Therapie oder empfiehlt Schritte zur weiteren, langfristigen Betreuung.

### *Station 4: Aufklärung durch einen Chatbot und Bestrahlung*

Nach der Diagnose und der Festlegung des Therapieplans, aber noch vor der Bestrahlung erfolgt die ausführliche Information über die Behandlungsoptionen und die Aufklärung von Herrn Müller. Ein Tablet mit einem KI-basierten Chatbot wird eingesetzt, um ihn über die geplante Bestrahlung und mögliche Komplikationen oder Risiken aufzuklären. Der Chatbot bietet Herrn Müller die Möglichkeit, Fragen zu stellen und weiterführende Informationen zu erhalten. Das trägt dazu bei, dass Herr Müller ein besseres Verständnis seiner medizinischen Situation entwickeln kann. Auf diese Weise wird eine umfassende und personalisierte Aufklärung ermöglicht.

Dabei wird an Herrn Mettin, den betreuenden Arzt, auch übermittelt, welche Rückfragen Herr Müller an den Chatbot hatte, um abschätzen zu können, wie gut Herr Müller informiert ist. So kann er gegebenenfalls das Gespräch mit Herrn Müller suchen und ist auf etwaige Probleme während der Behandlungen, die eine Mithilfe von Herrn Müller erfordern, eingestellt (z.B. beim Verhalten im OP ohne Vollnarkose oder im CT, MRT, ...).

Während der Bestrahlungssitzungen wird Herr Müller auf einer speziellen Liege positioniert. Eine individuell angefertigte Maske sorgt dafür, dass der Kopf während der Bestrahlung absolut ruhig bleibt. Regelmäßige Kontrollen und Anpassungen des Bestrahlungsplans stellen sicher, dass die Therapie optimal verläuft und mögliche Nebenwirkungen minimiert werden.

### *Station 5: Nachsorge mit KI-Patientenüberwachung*

Die medizinische Betreuung von Herrn Müller erstreckt sich bis in die Nachsorge zu Hause. Mit Hilfe tragbarer Sensoren, so genannter „Wearables“, werden regelmäßig Herrn Müllers Vitaldaten wie Blutdruck, Herzfrequenz und andere relevante Parameter an eine KI-gestützte App übermittelt, die die Daten fortlaufend auswertet. Dabei kann die App im KI-gestützten Chat auch Fragen zur richtigen Durchführung der Messungen beantworten. Bei Auffälligkeiten kann das Programm Herrn Müller informieren und auf Wunsch direkt einen Termin beim behandelnden Arzt oder der behandelnden Ärztin vereinbaren.

# 4. Betrachtung des Fallbeispiels aus soziologischer, erkenntnistheoretischer, medizinethischer und rechtlicher Perspektive

## *4.1 Station 1: Aufnahme mit Tablet*

In der Notaufnahme der neurologischen Klinik beginnt der Patientenweg von Herrn Müller. Frau Müller begleitet ihren Mann dort zur Anmeldestelle. Die Versichertenkarte von Herrn Müller wird eingescannt, und es wird ihm ein Patienten-Tablet überreicht. Nachdem Herr Müller seine persönlichen Daten, medizinische Vorgeschichte und Symptome in das Gerät eingetragen hat, muss er noch die Datenschutzerklärung auf dem Tablet unterschreiben. Bei der Eingabe seiner medizinischen Daten kann eine KI im Chat bei Verständnisfragen helfen oder aufgrund der Eingabe aufkommende Nachfragen stellen. Nach Beendigung der Dateneingabe analysiert ein Entscheidungsunterstützungssystem (EUS, engl. DSS: Decision Support System) die eingegebenen Informationen. Es liefert der Assistenzärztin Frau Navarro erste Einschätzungen, die auf der Auswertung vergleichbarer Fälle einer Datenbank eines Drittanbieters basieren sowie auf den personenbezogenen Daten, die in Herrn Müllers digitaler Patientenakte gespeichert sind. Diese Empfehlungen dienen jedoch lediglich als Referenzpunkte und können später von ärztlicher Seite überprüft werden.

### 4.1.1 Soziologische Betrachtung: KI in der Klinik – Effizienzpotenziale, neue Abhängigkeiten und Herausforderungen

Stephan Graßmann und Sabine Pfeiffer

#### 4.1.1.1 Einleitung

Die Einführung von KI in die Gesundheitsversorgung ist nicht nur eine technologische Entwicklung, sondern Teil eines umfassenden Transformationsprozesses der Arbeitswelt. Mit ihr verschwimmen traditionelle Zuständigkeiten und Rollenverhältnisse, neue Kompetenzfelder entstehen, während sich das Zusammenspiel zwischen Mensch und Technik entlang neuer Dynamiken entwickelt. Neben den Tätigkeitsprofilen und Kompetenzanforderungen vieler Arbeitsfelder verändern sich auch die Logiken der Entscheidungsfindung sowie die Aushandlungsprozesse zwischen unterschiedlichen Akteur:innen im Gesundheitssystem. KI stellt zur Diskussion, wie Medizin gedacht, praktiziert und organisiert wird, wodurch sich der Einsatz von KI nicht allein als technologische Innovation, sondern als ein weitreichender sozio-technischer Wandel verstehen lässt.

Die arbeitssoziologische Perspektive geht hier also über die alleinige Beobachtung von Substitution oder Ergänzung menschlicher Arbeit durch algorithmische Systeme hinaus und bezieht sich auf die strukturelle Neuordnung von Arbeitsprozessen, Wissensbeständen und Machtverhältnissen im Gesundheitssystem. Entscheidend dabei ist, dass Arbeit in der medizinischen Versorgung nicht nur auf formalisiertem, explizitem Wissen beruht, sondern in hohem Maße auch auf implizitem, erfahrungsbasiertem Wissen gründet, das sich in situativen Entscheidungen, routinisierter Praxis und interprofessioneller Kooperation manifestiert. Arbeitssoziologische Forschung zeigt, dass technologische Innovationen wie KI nicht einfach als neutrale Werkzeuge in bestehende Strukturen implementiert werden, sondern diese selbst neu formen – mit potenziell ambivalenten Effekten. Der Einsatz von KI birgt etwa die Gefahr einer zunehmenden Formalisierung und Standardisierung von Arbeit, die den wertvollen Spielraum für erfahrungsgeleitete Handlungspraxis und situatives Urteilsvermögen einschränken. Die Arbeitssoziologie analysiert daher nicht nur, welche Tätigkeiten durch KI transformiert werden, sondern auch, wie sich die Verhältnisse zwischen Mensch, Technik und Organisation verschieben. Dabei wird deutlich, dass sich menschliches Arbeitsvermögen sowohl individuell als auch in kollektiven, geteilten Wissenspraktiken entfaltet, die durch die Einführung digitaler Technologien herausgefordert werden.

Damit KI-Anwendungen erfolgreich in das Gesundheitssystem integriert werden können, müssen sie nicht nur funktional leistungsfähig, sondern auch arbeitssoziologisch reflektiert gestaltet werden. Dies bedeutet, sie als Teil eines komplexen Gefüges zu begreifen, das von organisationalen, interaktiven und sozialen Dynamiken geprägt ist. Um dementsprechend technische Innovationen sinnvoll in bestehende Arbeitsprozesse zu integrieren und ihre tatsächlichen Auswirkungen auf die Versorgungsqualität und Arbeitsbedingungen zu berücksichtigen, ist eine ganzheitliche Betrachtung erforderlich. Insbesondere vor dem Hintergrund der weitreichenden Potenziale der Digitalisierung und des KI-Einsatzes in der Medizin braucht es daher eine sozio-technische Perspektive, die den Zusammenhang und die Wechselwirkungen von Technologie, Arbeit und Wissen in den Blick nimmt, um eine verantwortungsvolle und arbeitsförderliche KI-Gestaltung im Gesundheitswesen zu ermöglichen.

Dabei umfassen die Potenziale, die der Digitalisierung und dem Einsatz von KI in der Medizin attribuiert werden, sowohl eine Verbesserung der

Versorgungsqualität als auch eine Steigerung der finanziellen Leistungseffizienz von Gesundheitseinrichtungen (z.B. McKinsey 2018; Ahmad et al. 2021; Lutze et al. 2021; van Leeuwen et al. 2022; Angerer & Berger 2023). Die möglichen Einsatzbereiche, die im Zusammenhang mit KI diskutiert und verhandelt werden, sind vielfältig und reichen in der Medizin von der Vorsorge über die Untersuchung, Diagnose und Behandlung bis hin zur Nachsorge. Sie sind also weit gestreut, wodurch ihre jeweiligen spezifischen Konfigurationen und Funktionsweisen stark variieren können. Besonders auffällig ist in diesem Kontext die sehr deutliche Prominenz und Dominanz wirtschaftlicher Themen und Perspektiven in Bezug auf KI-Anwendungen, die sich auch im medialen Diskurs spiegelt (Fischer & Puschmann 2021; Kieslich et al. 2022). Für den Themenbereich der Medizin bewegt sich der thematische Korridor dementsprechend insbesondere zwischen Krisenbewältigung, Effizienzsteigerungen, Versorgungsoptimierung, Datenschutzrecht und ethischen Fragestellungen.

‚Hopes are high' könnte man in Hinsicht auf die vielen Anwendungsszenarien und potenziellen Vorteile digitaler Technologien konstatieren – so liegen die vermeintlichen Vorteile für die im ersten Abschnitt unseres Fallbeispiels dargestellte Anwendung von Tablets im klinischen Umfeld ‚klar' auf der Hand: Tablets ermöglichen demnach eine verlässlichere, effizientere und vor allem standardisierte Erfassung und Speicherung von Patientendaten während der Aufnahme und Anamnese. Durch eine Erhöhung der Genauigkeit und Vollständigkeit der erhobenen Informationen können digitale Anamnesen, Prozesse in der Diagnostik, Therapiefindung und Behandlungsabläufe effektiver und effizienter gestaltet und Fehlerquellen gleichzeitig reduziert werden (z.B. in Form von Übertragungsfehlern). Durch die Steigerung der Effizienz von Arbeitsabläufen und die Autonomisierung als lästig empfundener Routinetätigkeiten würde sich sowohl die Arbeitsbelastung der Beschäftigten reduzieren, als auch das Potenzial bergen, die Behandlungs- und Versorgungsqualität zu verbessern, da das medizinische Personal wieder mehr Zeit für die Patient:innen haben könnte. Darüber hinaus ließen sich durch eine digitalisierte Aufnahme und Anamnese digitale und somit potenziell standardisierte Daten gewinnen, die nicht nur Arbeitsprozesse beschleunigen,[1] sondern zusätzlich – zumindest theoretisch – auch als wichtige Forschungsdaten vorliegen würden.[2] Zudem

1 Etwa indem Daten automatisch in elektronische Patientenakten übertragen werden können, wodurch sie langfristig gespeichert und ortsunabhängig abrufbar sind.

2 Vgl. hierzu die rechtswissenschaftlichen Überlegungen in Kap. 4.2.4.

könnten Tablets dem Gesundheitspersonal die Möglichkeit bieten, durch ihre technische Integration und digitale Vernetzung mit den Krankenhausinformationssystemen (KIS) sowie Schnittstellen zu elektronischen Patientenakten (ePA) relevante klinische Informationen in Echtzeit abzurufen und vorhandene Daten mithilfe von KI-gestützten Entscheidungshilfetools weiterzuverarbeiten oder auszuwerten.[3]

Freilich sind die hier aufgeführten Möglichkeiten aktuell (noch) keine Realität in deutschen Krankenhäusern. Sie bilden jedoch wirkmächtige Zukunftsvisionen und Narrative, die gewissermaßen als ideeller Fluchtpunkt erscheinen, der sich zuweilen auch als operationeller Rahmen der aktuellen Digitalisierungsbestrebungen im Gesundheitssektor verstehen lässt.[4] Im Abgleich mit dem Status Quo der Digitalisierung in vielen Krankenhäusern stellt sich wiederum zumeist Ernüchterung ein, was unter anderem die Frage aufwirft, auf welchen zeitlichen Horizont sich derartige Zukunftsszenarien beziehen. Denn richtet man den Blick vom Reißbrett auf die aktuellen Schauplätze der Digitalisierung in den Kliniken vor Ort, offenbaren sich oftmals die vielen kleinen und großen Abhängigkeiten und Herausforderungen, denen es auf dem Weg zu einer erfolgreichen Digitalisierung zu begegnen gilt. Im Folgenden möchten wir anhand des oben angeführten Szenarios und aus einer arbeitssoziologischen Perspektive einige dieser – vorrangig sozialen und arbeitsbezogenen – Bedingungen, Abhängigkeiten und Wechselwirkungen analysieren und diskutieren.

#### 4.1.1.2 Die (Arbeits-)Soziologische Perspektive auf die Fallkonstellation

Vor der eigentlichen Fallanalyse möchten wir in aller Kürze unsere Ausgangsposition erläutern, die der Betrachtung zugrunde liegt. So wollen wir hier zwischen zwei grundlegenden Betrachtungsebenen unterscheiden: der

3 So wird KI das Potenzial zugesprochen, Ärzt:innen nicht nur bei der Diagnosefindung zu unterstützen, sondern auch bei der Stellung umfassender Differenzialdiagnosen. Als Zweit- oder Drittmeinungsinstanz könnten KI-basierte Chatbots im Sinne eines „Clinical Decision Supports" im Arbeitsprozess zudem dazu beitragen, Redundanzen in den Untersuchungsabläufen zu minimieren. – Vgl. dazu auch die erkenntnistheoretischen Ausführungen in Kap. 4.1.2.

4 Im Folgenden betrachten wir den Einsatz von Künstlicher Intelligenz stets auch im Kontext der fortschreitenden Digitalisierung des Gesundheitswesens. So ist KI einerseits auf digitale Infrastrukturen und die Verfügbarkeit umfangreicher Daten angewiesen, andererseits stellt sie inzwischen selbst einen zentralen Bestandteil der digitalen Transformation dar.

organisationalen, strukturellen Ebene sowie der praktischen Ebene des subjektiven Handelns. Die Besonderheit dieser Perspektive liegt dabei in dem Verhältnis der beiden Ebenen zueinander, die nicht nur in einer wechselseitigen Interdependenz stehen, sondern sich auch gegenseitig reflexiv konstituieren - beispielsweise indem strukturelle Gegebenheiten das individuelle Handeln prägen aber gleichzeitig durch dieses Handeln reproduziert oder verändert werden. In der gelebten Arbeitspraxis spielen dementsprechend sowohl die organisationalen und strukturellen Gegebenheiten, in die der betrachtete Ablauf eingebettet ist, eine Rolle als auch die sozialen und technischen Determinanten und Abhängigkeiten, die sich in der konkreten Form und Ausformung spezifischer Tätigkeiten abzeichnen und durch die Arbeitspraxis maßgeblich mitgestaltet wird. Mit der damit getroffenen Differenzierung zwischen dem organisationalen Framing auf der einen- und der subjektiven Arbeitspraktik und Handlungsebene auf der anderen Seite, gehen üblicherweise auch zwei unterschiedliche Analyseperspektiven einher.

Im Folgenden möchten wir jedoch gerade die Wechselwirkungen und Abhängigkeiten zwischen organisationaler (Meso-)Ebene und der praktischen Handlungsebene (Mikroebene) in den Blick nehmen. Als geeigneter Grundgedanke für unsere Betrachtung lässt sich daher zunächst auf den, ursprünglich auf Anselm Strauss zurückgehenden, Ansatz der „negotiated order“ (z. Dt.: Verhandlungsordnung) zurückgreifen (1978). Unter der negotiated order versteht Strauss die sich aus dem konkreten Handeln herausbildenden organisationalen Muster und Strukturen. Die so entstehende (Verhandlungs-)Ordnung – man könnte sie auch als eine emergente Ordnung auslegen – versteht sich somit als das Ergebnis des reziproken Verhältnisses der verschiedenen Interessen, Abhängigkeiten, Initiativen und Reaktionen der organisationalen Stakeholder. Der Ansatz von Strauss nimmt damit vorrangig die prozessuale Qualität organisationaler Strukturen in den Blick, betont aber gleichermaßen die wechselseitige Beziehung zwischen den beteiligten Akteuren und ihren jeweils spezifischen subjektiven sozialen Kontexten. Freilich geht damit eine Abkehr von der eher ‚traditionellen‘ Betrachtungsweise von Organisationen einher, bei der sich organisationale Strukturmerkmale als formal konstituierte Ordnungsprinzipien manifestieren, hin zu einer dynamischeren und flexibleren Auffassung, die Organisationen als komplexe und sich ständig wandelnde Systeme begreift, deren Struktur und Funktionen sich sowohl aus formellen als auch informellen Interaktionen und Prozessen herausbilden.

Folgt man der Prämisse einer sich prozessual und interaktionsförmig herausbildenden Organisationsstruktur, können wir davon ausgehend zugleich Implikationen für die Techniknutzung innerhalb von Organisationen ableiten. So lassen sich technische Applikationen und Geräte zunächst als wesentliche Bestandteile sozio-technischer Konstellationen resp. Interaktionsverhältnisse betrachten. Die konkrete Nutzung von technischen Gerätschaften sowie digitalen Anwendungen realisiert sich dann innerhalb des Spannungsverhältnisses zwischen organisationalen Bedingungen, sozialen und subjektiven Faktoren und den Attributen und Merkmalen der technischen Artefakte selbst. Mit anderen Worten ist es also weder das Design und die Usability einer z.B. digitalen Anwendung noch die mehr oder weniger ausgeprägte Technikaffinität der individuellen Nutzer:innen oder die spezifischen formellen Prozesse einer Organisation allein, die bestimmen, in welcher Form und wie erfolgreich Technik zum Einsatz kommt. All diese Faktoren spielen zwar eine wichtige Rolle für sich – dennoch realisiert und reproduziert sich das Nutzungsverhalten aber erst im Wechselspiel zwischen und durch die gegenseitigen Abhängigkeiten dieser Faktoren stetig neu.

#### 4.1.1.3 Analyse und Diskussion

Mit diesen theoretischen Überlegungen sollte unsere grundsätzliche Perspektive zum Zweck der Analyse und Diskussion nur kurz angerissen werden. Für den nun folgenden Teil steht für uns nicht die Frage danach im Zentrum des Interesses, inwiefern die beschriebenen Szenarien realistisch sind, vielmehr möchten wir uns um einen Abgleich der hier aufgeführten Zukunftsszenarien mit der Empirie, also der aktuellen Situation in den Kliniken vor Ort, bemühen und mögliche Konsequenzen des Einsatzes von KI in unterschiedlichen Szenarien diskutieren. Davon ausgehend möchten wir insbesondere auf die Herausforderungen und Hürden eingehen, denen es für eine erfolgreiche Digitalisierung und Anwendung von künstlicher Intelligenz in vielen Krankenhäusern zu begegnen gilt.

Wir beginnen mit einer kurzen Rekapitulation der für uns wichtigsten Merkmale des ersten Abschnitts der Fallbeschreibung, auf die im Folgenden jeweils näher eingegangen werden soll. Für uns bilden dabei allen voran die arbeitspraktischen Implikationen des Technikeinsatzes (bzw. KI-Einsatzes) unser vorrangiges Forschungsinteresse. Die für uns wesentlichen Aspekte des ersten Abschnittes beziehen sich folglich gerade auf die damit verbundenen Fragestellungen. Konkret lässt sich also fragen, inwiefern sich etwa die Arbeitsprozesse der Patient:innenaufnahme und -anamnese durch die Verwendung von digitaler Technik und KI verändern würden und welche Effekte sich dadurch auf Arbeitshandlungen, Arbeitsorganisation und Arbeitsbelastung ergeben. In diesem Abschnitt möchten wir uns darauf beschränken, diesen Fragestellungen mehr Volumen im aktuellen Diskurs rund um KI in der Medizin zu verleihen, indem wir ihre Relevanz verdeutlichen, sie durch unsere empirische Forschung situativ ergänzen sowie kontextuell einbetten und erneut auf die Dynamiken und konstitutiven Wechselwirkungen zwischen Subjekten, Organisation und Technik verweisen.

#### 4.1.1.4 Aufnahme

Noch vor der Anamnese stellt für gewöhnlich die Patient:innenaufnahme den ersten Kontakt zwischen den Patient:innen und den Beschäftigten vor Ort dar. Da sich unser Beispiel in einer Notaufnahme abspielt, gibt es in der Regel zwei mögliche Szenarien: die Einlieferung per RTW (Rettungswagen) oder die Selbsteinweisung. Im Falle der Selbsteinweisung treten die Patient:innen eigenständig an die Anmeldung heran. Hier wird sich als Erstes nach der Befindlichkeit der Person erkundigt. Parallel zum ersten Austausch zwischen Pflegekraft und Patient:in (und ggf. Angehörigen) werden die Daten der Patient:innen bereits in das KIS (Krankenhausinformationssystem) eingepflegt. Dazu wird in der Regel unter Zuhilfenahme der Elektronischen Gesundheitskarte (eGK) ein neuer Eintrag im Patientenmanagementsystem angelegt. Daran anschließend wird für den Patienten bzw. die Patientin ein Eintrag im Notaufnahmeprogramm erstellt. In der Regel erfolgt dabei auch direkt die Triagierung der Patientin bzw. des Patienten. Durch die Einordnung in das Triagesystem entscheidet sich sodann der weitere zeitliche Ablauf des Klinikbesuchs der Patient:innen.

Aufgrund der Symptome die Herr Müller aufweist, ist davon auszugehen, dass er bei der Triage der Sichtungskategorie II (SK II) zugeordnet werden würde. Diese Kategorie trifft für Patient:innen zu, die nicht direkt vital bedroht, jedoch sehr ernsthafte Erkrankungen oder Symptome aufweisen. Die Kategorisierung in SK II bedeutet auch, dass sich die Behandlung als sehr dringend darstellt und daher innerhalb der nächsten 10 Minuten erfolgen muss. Für Herrn Müller hätte dies zur Folge, dass er direkt in ein Behandlungszimmer gebracht werden würde, wodurch es in diesem Szenario höchstwahrscheinlich nicht zur Anwendung eines Patient:innentablets kommen würde. Davon unabhängig wollen wir im Folgenden dennoch einen genaueren Blick auf die mögliche Anwendung eines KI-unterstützten Tablets zum Zwecke der Anamnese werfen.

#### 4.1.1.5 Anamnese

Die Anamnese gilt seit jeher als ein bedeutender Eckpfeiler in der Medizin. Als initiale Erfassung der Patientengeschichte erfolgt bereits durch die Anamnese die Weichenstellung für die medizinische Diagnose und den weiteren Behandlungsprozess (Steinkellner et al. 2020). Nicht selten gelangen erfahrene Ärzt:innen schon allein durch das Anamnesegespräch zu der richtigen Diagnose (Hampton et al. 1975). Traditionell erfolgt sie in einem persönlichen Gespräch zwischen Arzt bzw. Ärztin und Patient:in, wobei Fragen zu früheren Krankheiten, Symptomen, Medikamenteneinnahmen, sozialem Hintergrund und familiären Krankheitsgeschichten gestellt werden. Anamnesegespräche sind darauf ausgerichtet, eine möglichst solide Verdachtsdiagnose zu induzieren und folgen dazu – zumindest in der Theorie – einem trichterförmigen Ablauf. Das heißt, die Offenheit der Fragen wird im Laufe des Gesprächs zugunsten der Spezifikation reduziert. Angesichts der zentralen Bedeutung gelingender Interaktion ist es wenig verwunderlich, dass die kommunikativen Fähigkeiten des ärztlichen Personals besonders ins Gewicht fallen. Entsprechend zählen die grundlegenden Fragetechniken und Herangehensweisen auch zu den integralen Bestandteilen des Medizinstudiums. Letztlich bleibt die Qualität von Anamnesegesprächen jedoch aufgrund ihres Interaktionscharakters zum großen Teil abhängig von den subjektiven und individuellen Fähigkeiten und Eigenschaften der durchführenden Person sowie den situativen Spezifika, die sich in dem jeweiligen Gespräch zwischen Arzt bzw. Ärztin und Patient:in ergeben.

Die – zumindest – partielle Auflösung dieses Abhängigkeitsverhältnisses durch die Verwendung digitaler bzw. KI-unterstützter Anwendungen eröffnet somit vermeintlich das Potenzial einer subjektungebundenen – da technisch-objektivierten – Anamnese. Neben den vielen Vorteilen, die mit der digitalen Datenverwaltung und Vernetzung realisierbar werden und die sich sowohl indirekt als auch ganz direkt auf das Arbeitsvolumen der

Beschäftigten auswirken,[5] liegt also eines der wohl vielversprechendsten Potenziale einer digitalen Anamnese in der Unabhängigkeit gegenüber den oben genannten sozialen Faktoren (bzw. Verzerrungen) während der Erhebung. Denn Menschen haben Bedürfnisse, Wünsche, Erwartungen, Stärken, Schwächen und Ziele. Für KI-Anwendungen gilt das natürlich nicht im gleichen Maße. Daraus lässt sich zudem schließen, dass Menschen ihr Handeln oder in diesem Fall ihre Arbeit entlang der sich daraus ergebenden Handlungsprinzipien und -präferenzen organisieren (können). In Bezug auf das ärztliche Handeln spielen somit nicht zuletzt die Rahmenbedingungen eine entscheidende Rolle für die Arbeitspraxis. So gilt es zu berücksichtigen, dass wir uns in einem Krankenhaus befinden, das als Organisation Teil eines nach ökonomischen Prinzipien organisierten gesellschaftlichen Funktionssystems ist. Die sich daraus ergebenden Handlungserfordernisse und Funktionslogiken sind folglich diesen Prinzipien unterworfen und schlagen sich bis tief in die Handlungsebene der einzelnen Akteur:innen nieder. So lässt sich etwa die zeitliche Knappheit als ein nahezu omnipräsentes Strukturmerkmal in der Arbeitsorganisation medizinischen Personals ausmachen. Ärztinnen und Ärzte genauso wie Pfleger:innen organisieren und strukturieren das eigene Handeln also entsprechend dieser Bedingungen. Insofern müssen sie ihre Arbeitstätigkeiten dem strukturellen Zwang der ökonomischen Effizienz unterstellen. Tablets unterliegen diesem ökonomischen Zwang natürlich nicht im gleichen Maße. Gleiches gilt für KI-Anwendungen: Sie haben keinen Arbeitsvertrag und müssen dementsprechend keine Pausenzeiten einhalten, sie werden nicht müde (höchstens der Akku) und unkonzentriert, haben weder einen guten noch schlechten Tag und können sich beliebig viel Zeit für eine:n jede:n Patient:in nehmen – sie sind also zunächst einmal unabhängig. Aber sind sie das wirklich?

Nein, denn auch für KI lässt sich eine schier endlose Liste von Abhängigkeiten und Bedingungen formulieren, die ihre Funktionsweise determinieren. Während wir hier die auf vielfältige Weise sowohl ökonomisch als auch sozial und technisch geprägten Prozesse ihrer Konzeption, Herstel-

5 Als direkte Auswirkung ließe sich etwa das Wegfallen der händischen Dokumentation der Patient:innenangaben aufführen oder das Übertragen analoger Daten in digitale Formate. Als indirekte positive Auswirkungen auf das Arbeitsvolumen lassen sich hingegen mittel- und langfristige Effekte anführen, die durch die digitale Dokumentation ermöglicht werden. Etwa die leichtere Übermittlung und Zugänglichkeit von Daten (sofern rechtlich gestattet und technisch in Form von Schnittstellen möglich) und der Abbau von arbeitstechnischen Redundanzen.

lung, Vermarktung und Implementierung einmal ausklammern möchten, bleiben selbst in der konkreten Anwendung noch eine Reihe von Abhängigkeitsverhältnissen bestehen – etwa die Gebundenheit an ein mediales Träger-Artefakt, das sowohl mit Strom versorgt werden muss, als auch Zugang zum IT-Netzwerk benötigt und darüber hinaus den Verwendungsrisiken technischer Geräte ausgesetzt ist.[6] Schon aus dieser kurzen und unvollständigen Aufzählung lässt sich schließen, dass mit der Verwendung von Tablets eine Fülle neuer Arbeitserfordernisse einhergehen. Konkret ergibt sich daraus zunächst die Notwendigkeit, Tablets nicht nur regelmäßig zu laden und zu warten, denn bereits vor der Inbetriebnahme erfordert ihr späterer Einsatz eine IT-seitige Einbindung in die bestehende Infrastruktur. Darüber hinaus müssen die Geräte regelmäßig auf Software-Updates geprüft und der praktische Umgang mit ihnen eingeübt werden. All diese Tätigkeiten erfordern folglich zunächst Arbeitszeit und Ressourcen.

Ein weiterer sehr wesentlicher Aspekt, den es hier zu berücksichtigen gilt, besteht zudem in dem konkreten Umfeld unseres Fallbeispiels. Gerade in der Notaufnahme einer neurologischen Klinik ist davon auszugehen, dass vermehrt Menschen mit neurologischen Störungen und Ausfallerscheinungen zu den Patient:innen zählen. Es stellt sich also die Frage, inwiefern diese Patient:innen überhaupt in der Lage sind ein entsprechendes Gerät zu bedienen resp. wie aussagekräftig die getätigten Angaben sind und / oder wieviel (Mehr-)Aufwand dadurch für das Pflegepersonal in Form von Unterstützungshandlungen entsteht. Erschwerend kommt hinzu, dass viele der typischen Krankheitsbilder in der Neurologie unter älteren Bevölkerungsgruppen weit häufiger vertreten sind, wodurch sich hier auch Fragen hinsichtlich der Versorgungsqualität im Kontext des „Digital Divide“ auftun. In dieser Hinsicht stellt sich zudem die technische Limitation als Manko dar, dass digitale Anwendungen oftmals nicht die gleichen flexiblen Anpassungsmöglichkeiten bieten wie ihre analogen Pendants (auf einem Fragebogen in Papierform lassen sich ggf. Anmerkungen handschriftlich am Rand ergänzen).

Auf arbeitspraktischer Ebene spielt letztlich insbesondere die Betrachtung ganzheitlicher Arbeitsprozesse die entscheidende Rolle, wenn es um

---

6 Im Gegensatz zu einem einfachen Klemmbrett mit Papier kann ein Tablet z.B. durch einen Sturz einen Defekt erleiden. Gleichzeitig ist seine Ersetzung sowohl teuer als auch zeit- und arbeitsintensiv. Darüber hinaus können technische Geräte aufgrund von Softwarefehlern, Hardwaredefekten oder falscher Handhabung ausfallen, was das Risiko eines Datenverlusts in sich birgt. Hinzu kommt, dass sie potenziellen Hackerangriffen ausgesetzt sein können, was zusätzliche Sicherheitsanforderungen aufwirft.

die Praktikabilität und den tatsächlichen Benefit des Einsatzes von KI-unterstützten Tablets geht. Denn im klinischen Alltag existiert ein isolierter Prozess der Patientenanamnese schlichtweg nicht. Die Anamnese ist ein Konstrukt, das sich unter Realbedingungen eher innerhalb einer mehr oder weniger gut ineinandergreifenden Abfolge unterschiedlicher Arbeitsprozesse definieren lässt. Nicht selten ist sie zeitlich und räumlich asynchron, findet also zu verschiedenen Zeiten in wechselnden räumlichen Umgebungen statt und beinhaltet mitunter auch den Austausch verschiedener Personen. So erhalten zum Beispiel Pflegekräfte wichtige Informationen über Patient:innen, die sie während ihrer interaktiven Arbeit in Erfahrung bringen oder im Gespräch mit den Angehörigen aufschnappen. Diese Informationen finden dann mitunter erst im Rahmen kurzer ‚Flurgespräche' den Weg zum behandelnden Arzt oder der behandelnden Ärztin. Auch sind Anamnesegespräche in der Notaufnahme nicht selten sehr viel zielgerichteter als etwa beim Besuch des Hausarztes oder der Hausärztin.

Der zum Teil eklatante Unterschied zwischen klinisch gelebter Arbeitspraxis und den modellhaften Idealvorstellungen wirkt sich so auch auf die Umsetzung von technischen Anwendungen aus. Vorläufig lässt sich für den Einsatz von KI unterstützten Patient:innentablets somit festhalten, dass das Tablet zwar in der Theorie über unbegrenzte Zeitressourcen verfügt, die betroffenen Arbeitsprozesse jedoch trotzdem weiterhin personellen Aufwand und Zeitinvestition erfordern. Bei begrenzter Anzahl verfügbarer Tablets wäre die Zeit, die ein:e Patient:in zum Ausfüllen der Anamnese hätte, wiederum durch die Arbeitsabläufe in der Klinik limitiert – etwa, wenn andere Patient:innen hinzu kommen oder der:die Patient:in zur Untersuchung aufgerufen wird. Mit anderen Worten wird in diesem Beispiel ein bestimmter Arbeitsschritt digitalisiert – und durch KI sogar gewissermaßen autonom(isiert) gestaltet –, wodurch sich jedoch weder die organisationalen Rahmenbedingungen noch die strukturellen Determinanten verändern. Das „Arbeits-Ökosystem" vor Ort ist weiterhin nach den gleichen Funktionsprinzipien organisiert wie zuvor.

Eine mögliche Übernahme der Anamnese durch KI mutet darüber hinaus beinahe ironisch an, da nicht selten argumentiert wird, dass durch den Einsatz von digitaler Technik wieder Zeitressourcen für den direkten Kontakt zwischen Arzt bzw. Ärztin und Patient:in gewonnen werden sollen. Eine KI, die ein zentrales Element des Kontaktes und der Beziehungspflege zwischen Arzt bzw. Ärztin und Patient:in übernimmt, lässt zumindest Raum für Diskussionen welches Beziehungsverhältnis wir uns zu unseren behandelnden Ärztinnen und Ärzten wünschen. So wirft die zunehmende Externalisierung dieser und ähnlicher Tätigkeiten generell die Frage auf, inwiefern sich dadurch langfristige Auswirkungen in Bezug auf das Beziehungsverhältnis zwischen Ärzt:in und Patient:in ergeben. Denn der Anamnese lässt sich neben ihrer medizinischen sicher auch eine Reihe sozialer Funktionen attestieren, die im Zuge der Substitution durch KI keine adäquate Kompensation erhalten.

**Key take-aways**

- KI und digitale Tools müssen in bestehende Arbeitsprozesse passen: Der Einsatz von Technologie kann Arbeitsabläufe erleichtern und trotzdem zusätzliche Belastungen schaffen. Effizienzsteigerung durch KI gelingt nur, wenn sie sinnvoll in den Klinikalltag integriert wird – unter Berücksichtigung organisatorischer Strukturen, vorhandener Ressourcen und realer Arbeitsbedingungen.
- Digitale Anamnese bringt neue Herausforderungen mit sich: Während sie subjektive Verzerrungen reduzieren kann, entstehen neue Abhängigkeiten durch Technikwartung, Schulungsbedarf und digitale Hürden für Patient:innen. Gleichzeitig sind subjektive Aspekte wie Empathie, Vertrauen und nonverbale Signale essenziell für die Diagnosequalität und das Arzt-Patient:innen-Verhältnis.
- Mehr Technik bedeutet nicht automatisch mehr Zeit für Patient:innen: Digitale Anamnese verkürzt die direkte Interaktion mit Ärzt:innen, obwohl KI oft als Mittel zur Stärkung der Arzt-Patient:innen-Beziehung beworben wird. Die Einführung sollte daher kritisch mit Blick auf die tatsächlichen Effekte erfolgen.

### 4.1.2 Erkenntnistheoretische Betrachtung: Die Epistemologie der Medizin im Zeitalter der künstlichen Intelligenz

Rico Hauswald

Wir möchten mit einigen grundsätzlichen Bemerkungen zur Epistemologie der Medizin beginnen und der Frage nachgehen, was diese zum Einsatz medizinischer KI-Systeme und speziell zur Beschreibung eines Falls wie dem von Herrn Müller beitragen kann. Wir werden kurz auf drei in der aktuellen Epistemologie der Medizin zentrale Diskussionsbereiche eingehen, nämlich (1) die Bewertung medizinischer Wissensansprüche, (2) die epistemologische Charakterisierung des Arzt-Patienten-Verhältnisses und (3) die Problematik epistemischer Ungerechtigkeit in Medizin und Gesundheitswesen.

#### 4.1.2.1 Medizinische Wissensansprüche

Generell geht es in der Epistemologie (Erkenntnistheorie) um die Analyse epistemischer Phänomene wie Wissen, Überzeugung oder Verstehen, die

Reflexion auf deren Voraussetzungen und die Bewertung von Praktiken ihres Zustandekommens – sowohl im Allgemeinen als auch im Hinblick auf spezielle Anwendungsbereiche. So reflektiert und bewertet die Epistemologie der Medizin etwa die Geltungsansprüche verschiedener Paradigmen wie der sogenannte evidenzbasierten Medizin (vgl. z.B. Howick 2017), der „patienten-" und „personenzentrierten" Medizin (z.B. Marcum 2017) oder auch komplementär- und alternativmedizinischer Verfahren (z.B. Hansen/Kappel 2017; für eine umfassende Diskussion siehe auch Solomon 2015).

Vor diesem Hintergrund lässt sich die Frage aufwerfen, wie die Versprechungen des modernen Gesundheitssystems in epistemischer Hinsicht grundsätzlich eingeschätzt werden sollten. Herr Müller wird als Person charakterisiert, die ihre Gesundheit „gelegentlich vernachlässigt" und „Arztbesuche und Behandlungen in der Hoffnung, dass sich gesundheitliche Beschwerden mit der Zeit von selbst lösen", verschiebt. Eine solche Haltung kann sicher unterschiedliche Ursachen haben, etwa Bequemlichkeit oder auch eine gewisse Grundskepsis gegenüber dem Gesundheitssystem. Die Frage ist aber, ob diese Haltung zwangsläufig irrational sein muss. Geht man von der vielbeachteten Theorie des „medizinischen Nihilismus" (*medical nihilism*) des Medizintheoretikers Jacob Stegenga aus (Stegenga 2018), so ist keineswegs klar, dass die Antwort in einem uneingeschränkten „ja" besteht. Stegenga bestreitet nicht, dass die moderne Medizin beeindruckende Leistungen vollbringen kann. Dennoch argumentiert er auf Grundlage der aktuellen epistemologischen Diskussion für die These, „that we should have little confidence in the effectiveness of medical interventions" (2018, 1). Er begründet diese Behauptung mit verschiedenen methodologischen Überlegungen und dem Verweis auf eine Reihe von Defiziten, die das moderne Gesundheitswesen und die medizinische Forschung charakterisieren. Zu diesen Defiziten gehört das Spektrum an Verzerrungen, für das die zu einem signifikanten Anteil privatwirtschaftlich organisierte medizinische Forschung anfällig ist und das von subtilen Interessenkonflikten und unbewussten Biases bis zur kompletten Fälschung von Daten reichen kann.[7] Die medizinische Veröffentlichungspraxis weist einen eklatanten Publikationsbias auf, d.h. eine systematische Verzerrung aufgrund der Bevorzugung von Studien mit bestimmten Ergebnissen, während andere – meist solche mit negativen oder nicht signifikanten Ergebnissen – unveröffentlicht bleiben.

---

7 Vgl. zu diesem Komplex ausführlicher auch Frances (2013), Goldacre (2012), Gøtzsche (2013), Jureidini/McHenry (2020), Krimsky (2003), Sismondo (2018).

Dadurch entsteht ein verzerrtes Gesamtbild der Evidenz, das die wissenschaftliche Erkenntnis und Entscheidungsfindung beeinflussen kann. Als Folge steckt die medizinische Forschung in der sogenannten Replikationskrise, die in der bahnbrechenden Arbeit von Ioannidis (2005) diagnostiziert wurde (d.h. Studienergebnisse können oft nicht reproduziert werden, weil für ihre Publikation kontingente Faktoren ausschlaggebend waren, aber nicht die Tatsache, dass sie der Wahrheit entsprechen).[8] Iatrogene Schädigungen, Überdiagnostik (*overdiagnosis*), Medikalisierung oder *disease mongering* („Krankheitserfindung") sind weitere viel diskutierte problematische Aspekte. Angesichts all dieser Phänomene auf der einen Seite und der Tatsache, dass der menschliche Organismus ja durchaus über ein nicht unerhebliches Maß an Selbstheilungskräften verfügt, auf der anderen Seite, scheint die Maxime, nicht bei jedem Kopfschmerz sofort einen Arzt aufzusuchen, durchaus nicht völlig irrational zu sein. Das heißt natürlich nicht, dass es nicht viele Situationen gibt, in denen genau dies geboten ist. Jedenfalls scheint Herr Müller angesichts seiner Symptomatik gut daran getan zu haben, nach zweiwöchigem Zögern doch die Notaufnahme aufzusuchen und sich an das medizinische Personal zu wenden.

#### 4.1.2.2 Das Arzt-Patienten-Verhältnis aus epistemologischer Perspektive

Der typische Arzt-Patienten-Kontakt kann aus epistemologischer Perspektive als Experten-Laien-Beziehung charakterisiert werden, d.h. grob gesagt als Interaktion zwischen einer Person, die aufgrund von Ausbildung, Training oder Talent spezielle Kenntnisse eines bestimmten Bereichs besitzt, und diese einer anderen Person zur Verfügung stellt, die diese Kenntnisse nicht besitzt, aber nötig hat. Eine solche epistemische Asymmetrie ist wohlgemerkt keine zwingende Voraussetzung für eine Arzt-Patienten-

---

8 An dieser Stelle könnte die Frage aufgeworfen werden, ob der Einsatz von künstlicher Intelligenz in der medizinischen Forschung – im Gegensatz zur Verwendung bei Diagnostik oder Therapie in der klinischen Praxis – dazu beitragen kann, diese Defizite zu beheben. Unstrittig ist einerseits, dass der Einsatz von KI in der Forschung enorme Potentiale mit sich bringt. So lassen sich durch KI etwa Korrelationen in komplexen Datensätzen aufspüren, die andernfalls unentdeckt geblieben wären. Andererseits sind die Aussichten einer Verwendung von KI in der Forschung bislang noch mit vielfältigen Unsicherheiten behaftet (vgl. etwa Koskinen 2024; Messeri/Crockett 2024). Was die beschriebenen Verzerrungen und Biases in der medizinischen Forschung betrifft, ist insbesondere zu bedenken, dass diese in hohem Maße mit Interessenkonflikten zusammenhängen, die durch den Einsatz von KI allein nicht beseitigt wären.

Beziehung – auch eine medizinische Koryphäe braucht, etwa in einem Notfall, manchmal selbst medizinische Hilfe –, aber im Fall von Herrn Müller, der uns als Person ohne besondere medizinische Expertise vorgestellt wird, scheint die typische, epistemisch asymmetrische Konstellation vorzuliegen. Die Erkenntnistheorie hat in den letzten Jahrzehnten erhebliche Anstrengungen unternommen, um zu einem genaueren Verständnis der Epistemologie des Experten-Laien-Verhältnisses beizutragen, das ein charakteristisches Merkmal unserer arbeitsteilig organisierten und in starkem Maße durch Spezialisierung geprägten modernen „Wissens-" bzw. „Informationsgesellschaft" darstellt. Zentrale Fragestellungen, die in diesem Zusammenhang erörtert worden sind, betreffen etwa:

- das *Definitionsproblem*: Wie sollten Begriffe wie „Experte" oder „Expertise" (sowie verwandte Begriffe wie „epistemische Autorität", „epistemisches Vertrauen" oder „epistemische Abhängigkeit") definiert werden?[9]
- das *Identifikationsproblem*: Wie können Laien, die ja per definitionem nicht oder nur sehr begrenzt mit dem fraglichen Expertisebereich vertraut sind, einschlägige Experten für diesen Bereich identifizieren und im Fall widersprüchlicher Aussagen durch unterschiedliche (vermeintliche) Experten zu einer gerechtfertigten Urteilsbildung gelangen?[10]
- das *Deferenzproblem*: Wie sollten sich Laien gegenüber Experten verhalten, beispielsweise in Situationen, in denen sie Gründe zu haben glauben, die eine andere Schlussfolgerung als die von dem Experten geäußerte nahelegen?[11]

9 Vgl. z.B. Selinger/Crease (2006). Speziell zu epistemischer Abhängigkeit vgl. u.a. Hardwig (1985), zu epistemischer Autorität Zagzebski (2012), zu epistemischem Vertrauen Hardwig (1990), Dormandy (2020).

10 Mit dieser Herausforderung sind etwa Patienten, die sich eine „Zweitmeinung" einholen, oft konfrontiert. Für eine klassische erkenntnistheoretische Analyse der „novice/2-expert"-Konstellation vgl. Goldman (2001). Für Herrn Müller stellt sich im Zusammenhang mit dem Identifikationsproblem etwa die Frage, an welche Stelle er sich mit seinen Beschwerden genau wenden sollte. Wieso wendet er sich an die neurologische Notaufnahme der Uniklinik und nicht anderswohin? Wie ist diese Wahl zu bewerten?

11 Sollten sie z.B. mehr oder weniger blind der medizinischen Autorität vertrauen, wie es der klassische medizinische Paternalismus nahelegt („Doctor knows best")? Für eine kritische Diskussion vgl. z.B. Popowicz (2021). Generell zum epistemischen Paternalismus vgl. Bernal/Axtell (2020).

- das *Transferproblem*: Welche epistemischen Güter (d.h. Überzeugungen, Wissen, Verstehen usw.) können von Experten an Laien vermittelt werden, und welchen Bedingungen unterliegt ein solcher Transfer?[12]

Die Entwicklung neuer Technologien, insbesondere das Aufkommen immer leistungsfähigerer KI-Systeme, führt zu grundlegenden Veränderungen in unserer arbeitsteilig organisierten epistemischen Praxis (Hauswald 2025b). Das betrifft auch die Medizin und das Arzt-Patienten-Verhältnis. KI-Systeme werden in zunehmendem Maße zur Unterstützung der Arbeit von Experten eingesetzt, in unserem Fall etwa von Frau Navarro, Herrn Mettin und den anderen an der Behandlung von Herrn Müller beteiligten Ärztinnen und Ärzten. Von einigen Autoren ist die darüberhinausgehende Erwartung artikuliert worden, dass medizinische Experten in absehbarer Zukunft sogar gänzlich durch KI-Systeme ersetzt werden könnten.[13] In diesem Zusammenhang zeichnet sich die Notwendigkeit einer Modifikation und Erweiterung der bereits erwähnten epistemischen Herausforderungen ab. Welche Verhaltensweisen sind etwa für einen medizinischen Laien rational, der mit einem als sehr zuverlässig eingeschätzten KI-System konfrontiert ist, das ihm eine bestimmte medizinische Information oder Empfehlung gibt, wohingegen ein menschlicher Mediziner eine widersprechende Information oder Empfehlung zum Ausdruck bringt?[14] Welches Verhalten ist rational, wenn zwei unterschiedliche KI-Systeme sich widersprechende Informationen oder Empfehlungen geben?[15] Und wie sollte sich ein medizinischer Laie rationalerweise epistemisch verhalten, wenn

---

12 Genauere Ausführungen zu den vier Fragestellungen finden sich in Hauswald (2024a) und Jäger (2025).

13 Hatherley (2021) unterscheidet diesbezüglich zwischen „substitutionists", die der Auffassung sind, dass Ärzte irgendwann bei der Erfüllung wichtiger klinischer Aufgaben und Rollen durch fortschrittliche KI übertroffen und überflüssig gemacht werden, und „extensionists", die argumentieren, dass KI die Fähigkeiten und Kompetenzen menschlicher Kliniker lediglich erweitern und verbessern wird, ohne sie vollständig zu ersetzen.

14 Für den medizinischen Experten ergibt sich ein ähnliches Problem: Wie sollte er sich in Fällen von „Meinungsverschiedenheiten" mit KI-basierten Unterstützungssystemen rationalerweise verhalten? Vgl. dazu Kempt/Heilinger/Nagel (2023).

15 Diese beiden Situationstypen stellen Variationen des von Goldman (2001) analysierten „novice/2-expert"-Problems dar. Man könnte sie das „Laien/Experten-KI"-Problem und das „Laien/2-KIs"-Problem nennen (Hauswald 2021, 373). Bereits 2014 ergab eine Studie, dass ca. zwei Drittel der Patienten in Deutschland parallel zu Arztbesuchen auch „Dr. Google" zurate ziehen, um ärztliche Empfehlungen zu überprüfen oder mehr über sie zu erfahren (vgl. Krüger-Brand 2014). Eine Analyse von Google als „Surrogat-Experten" hat Simpson (2012) vorgelegt.

er gute eigene Gründe zu haben glaubt, ein Urteil zu fällen, das von der Empfehlung eines als zuverlässig eingeschätzten medizinischen KI-Systems abweicht?[16]

Was wir bislang über die epistemische Asymmetrie zwischen Arzt und Patient gesagt haben, ist in einer wichtigen Hinsicht verkürzt gewesen. Typischerweise besitzt nämlich nicht nur der Arzt Expertise, sondern auch der Patient, und das gilt auch für medizinische Laien wie Herrn Müller. Patienten sind normalerweise so etwas wie „Experten in eigener Sache". Sie wissen oft am besten, was sie für Symptome haben, kennen ihre eigene medizinische Geschichte, ihre Erfahrungen mit bestimmten Medikamenten oder Stoffen (Unverträglichkeiten, Allergien usw.) oder haben sonstige relevante Informationen (z.B. über ihren familiären Hintergrund, ihre Lebensverhältnisse usw.).[17] Dies sind in der Regel Informationen, die für den weiteren Verlauf der Behandlung entscheidend sind und daher dem medizinischen Personal zunächst mitgeteilt werden müssen. Genau dies tut Herr Müller im ersten Abschnitt unserer Geschichte mithilfe des Tablets.

In der Erkenntnistheorie ist das, was wir gerade „Expertise in eigener Sache" genannt haben, primär unter dem Stichwort „Selbstwissen" diskutiert worden (s. z.B. Cassam 2014). In der Regel wird angenommen, dass Menschen eine erstpersonale epistemische Autorität in Bezug auf bestimmte Informationen besitzen, die sie selbst betreffen. Wie groß diese Autorität genau ist und welche Typen von Informationen unter sie fallen, ist allerdings umstritten. Oft wird angenommen, dass Personen eine besonders ausgeprägte erstpersonale Autorität in Bezug auf ihre mentalen Zustände besitzen, also z.B. darüber, ob sie an einer bestimmten Stelle Schmerzen, ob sie bestimmte subjektive Eindrücke oder Wahrnehmungen oder bestimmte

16 Die entsprechende Spielart des epistemischen Paternalismus ließe sich auf die Formel „Computer knows best" bringen (McDougall 2019). Für eine Diskussion der Frage, inwieweit davon die Rede sein kann, dass KI-Systeme geeignete Objekte epistemischen Vertrauens sein können, vgl. Hauswald (2024b). Für eine Diskussion des Deferenzproblems in Bezug auf medizinische KI-Systeme vgl. auch Wolkenstein (2024).

17 Manche medizinische Laien haben sich darüber hinaus gewisse im engeren Sinn medizinische, oft punktuell für ihre jeweilige Problematik einschlägige Fachkenntnisse angeeignet. Das ist insbesondere bei Menschen mit chronischen Krankheiten, die über längere Zeit oder ihr ganzes Leben mit ihren Beschwerden zurechtkommen müssen, nicht selten der Fall. Watson (2022, 113ff.) trifft in diesem Zusammenhang eine Unterscheidung zwischen *thin expertise* – das betrifft z.B. das Selbstwissen von Patienten bezüglich ihrer eigenen mentalen Zustände – und *thick expertise* – z.B. das detaillierte medizinische Fachwissen, das ein chronisch Kranker bezüglich der eigenen Krankheit erworben hat.

Wünsche und Überzeugungen haben. Zu solchen mentalen Zuständen hat jeder jeweils selbst einen direkten, unmittelbaren Zugang, einen Zugang, den andere Personen, einschließlich des medizinischen Personals, nicht besitzen. Bei anderen Formen von Selbstwissen wie z.B. dem Wissen über die eigenen Charaktereigenschaften, Wertvorstellungen oder emotionalen Dispositionen - Cassam (2014) spricht in diesem Zusammenhang von „substanziellem Selbstwissen“ - ist die erstpersonale Autorität sicherlich weniger stark ausgeprägt (falls es sie überhaupt gibt[18]). Aber auch in Bezug auf substantielles Selbstwissen dürften Patienten bei einem Erstkontakt mit medizinischem Personal in der Regel ein wesentlich höheres Maß an Expertise besitzen.

Patienten bringen ihre „Expertise in eigener Sache“ wohlgemerkt lediglich *typischerweise* in den Behandlungsprozess ein. Der Grund ist, dass manche Patienten (z.B. kleine Kinder) gar keine oder nur geringfügige derartige Expertise besitzen oder sie (wie im Fall Bewusstloser) zwar grundsätzlich haben, aber nicht zu artikulieren imstande sind. Auch solche Patienten können für das medizinische Personal gleichwohl „Informationsquellen“ sein. Die Erkenntnistheorie macht einen kategorischen Unterschied zwischen testimonialen Informanten einerseits und bloßen Informationsquellen andererseits.[19] Wenn man (um ein Beispiel von Fricker (2012) aufzugreifen) eine Person mit starkem Sonnenbrand beobachtet, dann kann sie, ohne dass man überhaupt mit ihr kommunizieren muss, eine Informationsquelle sein, die die Schlussfolgerung nahelegt, dass die Sonne stark geschienen haben muss. Dieselbe Person wäre ein testimonialer Informant, wenn sie z.B. die Mitteilung macht: „Die Sonne hat stark geschienen“. Sehr kleine Kinder oder bewusstlose Patienten können keine testimonialen Informanten, wohl aber Informationsquellen sein, insbesondere wenn die Ärzte weiterführende Untersuchungen an ihnen durchführen. Wenn dagegen Herr Müller die verschiedenen Daten in das Tablet eingibt, dann tritt er als testimonialer Informant in Erscheinung. Das schließt freilich nicht aus, dass er *auch*, parallel dazu, eine Informationsquelle im nicht-testimonialen Sinn ist. Es dürfte sogar eher die Regel als die Ausnahme sein, dass Patienten - willentlich oder unwillentlich - Ärzten in dieser „ganzheitlichen“ Weise Informationen zur Verfügung stellen, also sowohl testimonial als auch nicht-testimonial. Herr Müller kann explizit mitteilen: „Ich habe Wortfindungsstörungen“. Aber auch, wenn er vergessen sollte, dieses Symptom explizit zu benennen, kann Frau Navarro es unter

18 Vgl. Vazire/Carlson (2011).
19 Zu testimonialer Erkenntnis vgl. z.B. Coady (1992), Gelfert (2014), Lackey (2008).

Umständen unmittelbar erkennen, wenn er bei der Schilderung seines Falls eben schlicht Wortfindungsstörungen erkennen lässt. Ärzte hören nicht nur die Mitteilungen, die Patienten ihnen geben, sondern sie beobachten auch, *wie* sie dies tun.

Es wäre zu fragen, inwieweit diese ganzheitliche Wahrnehmung von Patienten noch gewährleistet ist, wenn die Erfassung von Symptomen, medizinischen Hintergründen usw. allein über technische Mittel wie Herrn Müllers Tablet erfolgt. Natürlich hat Herr Müller später auch noch direkten Kontakt mit dem medizinischen Personal. Trotzdem könnte es als problematisch bewertet werden, wenn die Arzt-Patienten-Interaktion um einen wichtigen Teil reduziert wird. Das Zeitfenster, in dem der Arzt mit dem Patienten direkt interagiert, schrumpft möglicherweise, was die Chance verkleinert, dass wichtige Informationen nicht-testimonial vermittelt werden.[20] Eine Lösungsmöglichkeit wäre zu erwägen, inwieweit auch eine rein technische Erfassung von Patienteninformationen so verbessert werden kann, dass sie den beschriebenen „ganzheitlichen" Charakter aufweist. Obwohl Herrn Müllers Tablet wahrscheinlich noch nicht dazu in der Lage ist, scheint doch nicht prinzipiell ausgeschlossen zu sein, dass Patienteninformationen mittels fortschrittlicher KI in einer Weise (z.B. multisensorisch) erfasst und ausgewertet werden, die dem ganzheitlichen Charakter der menschlichen Arzt-Patienten-Interaktion nahekommt oder sie qualitativ sogar noch übertrifft (weil körperliche Reaktionen, unbewusste Signale usw. mit technischen Mitteln zumindest potentiell viel genauer beobachtet werden können als mit bloßem menschlichen Auge).

#### 4.1.2.3 Epistemische Ungerechtigkeit in Medizin und Gesundheitswesen

Die vorangegangenen Ausführungen legen nahe, dass die Interaktion zwischen Patient und Arzt im Sinne einer *kollaborativen Epistemologie* rekonstruiert werden sollte: Beide Seiten bringen bestimmte Informationen ein, beiden Seiten können dabei Fehler unterlaufen, und beide tragen einen Teil der Verantwortung dafür, dass der gemeinsame Untersuchungsprozess gelingt (womit nicht behauptet sei, dass die Verantwortung gleichverteilt ist) (Nordin 2000; Popowicz 2021). Der Beitrag, den Patienten zu diesem Untersuchungsprozess leisten können und sollten, wird im modernen Medizinbetrieb aber keineswegs immer in angemessener Form anerkannt und

20 Vgl. dazu auch die soziologischen Überlegungen in Kap. 4.1.1.

berücksichtigt. In der Erkenntnistheorie kann ein solches Versäumnis mithilfe des Konzepts der *epistemischen Ungerechtigkeit* beschrieben werden. Miranda Fricker, die dieses Konzept maßgeblich geprägt hat (vgl. Fricker 2007), unterscheidet zwischen zwei Grundformen: testimoniale und hermeneutische Ungerechtigkeit. Erstere liegt vor, wenn die Äußerung einer Person in ihrer Glaubwürdigkeit abgewertet wird aufgrund von (z.B. rassistischen, sexistischen oder klassistischen) Vorurteilen, die das Publikum gegenüber der Person hat. Letztere ergibt sich dann, wenn sich in unseren „kollektiven hermeneutischen Ressourcen" bestimmte „Lücken" finden, aufgrund derer Menschen nicht in der Lage sind, bestimmte Erfahrungen zu begreifen und zu artikulieren.[21]

Während Fricker diese Konzepte ohne speziellen Fokus auf den Medizinbetrieb eingeführt hat, lassen sie sich unschwer auch auf diesen anwenden. Patienten sind – wie insbesondere Havi Carel und Ian James Kidd in einer Reihe von Arbeiten gezeigt haben – nicht selten in vielfältiger Weise epistemischer Ungerechtigkeit ausgesetzt (vgl. z.B. Carel/Kidd 2014; 2017; Kidd/Carel 2017; 2021). Patienten befinden sich typischerweise *als solche* in einer besonders vulnerablen, schwachen Position. Sie befinden sich – wie Herr Müller – oft in einer beängstigenden Ausnahmesituation und/oder verfügen nicht über medizinisches Fachvokabular, um ihre Anliegen zu artikulieren, was sie anfällig dafür macht, in epistemisch ungerechter Weise behandelt zu werden:

> „[P]atients' testimonies are often dismissed as irrelevant, confused, too emotional, unhelpful, or time-consuming. A common complaint from clinicians is that patients' speech is full of irrelevant information, that patients are (understandably) upset and therefore can be irrational, and that listening for medically relevant information precludes listening to other information conveyed in patient speech (such as existential concerns, need for empathy, or emotional content)." (Carel/Kidd 2014, 530)

21 Als Beispiel für hermeneutische Ungerechtigkeit könnte man an Personen denken, die an seltenen, wenig beachteten bzw. bislang wenig erforschten Krankheiten leiden. Aufgrund der Abwesenheit eines Diskurses steht solchen Personen womöglich nur ein unzureichendes Repertoire an Begriffen und anderen hermeneutischen Ressourcen zur Verfügung, um ihre Erfahrungen zu konzeptualisieren und sie anderen gegenüber mitzuteilen. Fricker (2007, 152) diskutiert diesen Fall wohlgemerkt nur als Beispiel für eine hermeneutische Benachteiligung, nicht für hermeneutische *Ungerechtigkeit* im engeren Sinn. Tremain (2017, 177f.) macht aber deutlich, dass er sehr wohl als hermeneutische Ungerechtigkeit interpretiert werden kann.

Natürlich kann es manchmal gerechtfertigt sein, bestimmte Äußerungen nicht ernst zu nehmen. Aber in manchen Situationen werden Äußerungen nicht ernst genommen, *obwohl* dies geboten wäre, und diese Fälle sind es, die sich als epistemische Ungerechtigkeit beschreiben lassen.

Die epistemische Benachteiligung, die Patienten *als Patienten* unter Umständen erfahren, kann sich überlagern und noch verschärft werden durch andere Diskriminierungsformen, die manche Patienten aufgrund ihrer sozialen Identitäten bzw. ihrer Zugehörigkeiten zu bestimmten sozialen Gruppen erfahren. So schreiben Kidd und Carel (2021, 81):

> „An ill person is never just an ill person: they will have a gendered identity, a racialised identity, a sexual identity, a professional identity, and so on. Moreover, these many social identities are intersecting and not isolated from one another. Working class black women, for instance, suffer not just the individual costs of classism, racism, and sexism, but the compounded effects of those forms of discrimination."

Im Falle des ehemaligen Lagerarbeiters Herrn Müller wäre etwa an die Möglichkeit einer klassistischen Diskriminierung zu denken.

Was könnte sich durch KI an solchen Schieflagen ändern? Einerseits könnte man vermuten, dass es durch KI zumindest potentiell zu Verbesserungen kommen kann. Das medizinische Personal ist manchmal überlastet oder überfordert und übergeht deswegen die Bedürfnisse von Patienten oder nimmt deren Äußerungen nicht ernst. Ärzte und Pflegende können persönliche Abneigungen oder Vorurteile haben und deswegen manche Patienten benachteiligen und andere bevorzugen. In dem Maße, in dem die Quelle solcher „menschlichen Schwächen" beseitigt werden kann, wird das Gesundheitssystem vielleicht auch weniger anfällig für daraus resultierende Phänomene epistemischer Ungerechtigkeit. Anders als Menschen sind KIs niemals müde oder abgelenkt, und sie haben keine persönlichen Abneigungen, Vorlieben oder affektiven Impulse, denen sie nachgeben könnten.

Andererseits weisen KI-Systeme oft sogenannten algorithmischen Bias auf, der sogar schwerwiegender ausfallen kann als der psychologische Bias von Menschen (für eine allgemeine Diskussion vgl. Fazelpour/Danks 2021). Ein wichtiger Grund, aus dem es zu algorithmischem Bias kommt, liegt in Verzerrungen von Daten, anhand derer die Algorithmen trainiert werden.[22] Wenn bereits in den Trainingsdaten bestimmte Phänomene der Diskriminierung eingeschrieben sind, dann wird die KI diese lernen und

22 Vgl. dazu etwas ausführlicher die medizinethischen Überlegungen in Kap. 4.1.3.

im Einsatz reproduzieren, auch ohne dass sie dazu eine eigene Psyche oder ein emotionales Leben bräuchte.

**Key take-aways**

- Die Epistemologie der Medizin bewertet die Geltungsansprüche verschiedener Paradigmen wie der sogenannten evidenzbasierten Medizin, der patienten- und personenzentrierten Medizin oder auch komplementär- und alternativmedizinischer Verfahren.
- Ein wichtiges Anwendungsfeld ist zudem die Analyse der Arzt-Patienten-Beziehung, die typischerweise einen epistemisch asymmetrischen Charakter aufweist. KI-Anwendungen werden diese Beziehung zunehmend transformieren.
- Trotz ihres asymmetrischen Charakters sollte die Arzt-Patienten-Beziehung im Sinne einer kollaborativen Epistemologie rekonstruiert werden. Wird dieser kollaborative Charakter in der klinischen Praxis vernachlässigt, besteht die Gefahr, dass es zu epistemischer Ungerechtigkeit kommt.

### 4.1.3 Medizinethische Betrachtung: Prinzipien der Medizinethik und die Ethik von Algorithmen

Kathi Beier und Martin Hähnel

#### 4.1.3.1 Einleitung

Es gibt keine allgemeine Ethik der KI. In allen Bereichen, in denen KI eingesetzt wird – sei es im Militär, in Medizin und Pflege, im Journalismus, im Polizei-, Justiz- oder Gerichtswesen, in der Verwaltung oder im Bildungswesen etc. –, unterscheiden sich die eingesetzten Technologien so deutlich voneinander, dass auch bereichsspezifische ethische Leitlinien in der Regel noch zu abstrakt sind, um durchgreifende normative Kraft zu entfalten. Das heißt nicht, dass allgemeine ethische Prinzipien für den Umgang mit KI überflüssig wären; sie können trotz allem eine erste Orientierung geben.[23] Doch für aussagekräftige ethische Bewertungen einzelner KI-Anwendungen braucht es einerseits einen genauen Blick auf die konkreten Technologien, die zum Einsatz kommen (sollen), und andererseits ein Verständnis des Arbeitsfeldes, in das die KI integriert wird (bzw. werden soll).

Methodisch bedeutet das dreierlei: Jede „KI-Ethik" muss erstens technologiebezogen sein, d.h. sich mit den technischen Details der jeweils ethisch

23 Vgl. dazu zuletzt u.a. Fenner (2025), Kap. 3, und Hähnel/Müller (2025).

zu beurteilenden KI-Systeme auskennen.[24] KI-Ethiker:innen müssen zweitens interdisziplinär arbeiten, d.h. sich von den Kenntnissen der anderen Wissenschaftler:innen und Praktiker:innen, die an der Entwicklung und dem Einsatz des jeweiligen KI-Systems beteiligt sind, informieren lassen und mit ihnen kooperieren. Und drittens muss eine „Ethik der KI" anwendungsorientiert vorgehen, d.h. die Maßstäbe und Kriterien ihrer Beurteilung immer auch vom konkreten Anwendungsbereich her entwickeln. Kurz gesagt: Ethische Reflexionen zu KI sind dann hilfreich, wenn sie den so genannten „embedded ethics approach" verfolgen und wie erläutert auf dreifache Weise eingebettet sind.[25]

Das gilt auch für die ethische Beurteilung der Entwicklung und des Einsatzes von KI im medizinischen Bereich. Das medizinethische Teilprojekt ist in besondere Weise dazu aufgerufen, auf den *embedded ethics approach* zurückzugreifen, da dieser in der Lage ist, KI-Technik, Medizinethik und klinische Praxis zu verbinden. Er ist damit ein Schlüssel, um vertrauenswürdige, gerechte und menschenzentrierte KI in der Medizin zu entwickeln. Ohne ihn besteht die Gefahr, dass KI-Lösungen zwar technisch funktionieren, aber gesellschaftlich und moralisch scheitern.[26]

Wir werden zunächst die grundlegenden medizin- bzw. bioethischen Prinzipien erläutern, die Tom Beauchamp und James Childress 1979 entwickelt haben und die heute in der ethischen Betrachtung von KI eine wichtige Rolle spielen (Abschnitt 2). Obwohl diese Prinzipien nicht rein abstrakt sind, sondern speziell für den medizinischen Bereich und – wie die Autoren sagen – als „Prinzipien mittlerer Reichweite" entwickelt wurden, sind sie (noch) nicht auf den Umgang mit KI zugeschnitten. Darum bedarf es zusätzlich einer Analyse der ethischen Probleme im Zusammenhang mit der Entwicklung von KI-Systemen, insbesondere mit Blick auf die Verarbeitung personenbezogener Daten sowie die Funktionsweise von Algorithmen und maschinellem Lernen (Abschnitt 3). Mit den Ergebnissen aus beiden Abschnitten wenden wir uns dann unserem Fallbeispiel zu und erörtern die erste Station von Herrn Müllers Patientenweg, seine Anmeldung und Aufnahme in einer neurologischen Klinik (Abschnitt 4).

---

24 In dieser Hinsicht betont u.a. Misselhorn 2018, S. 46-47, dass „KI-Ethik" Überschneidungen mit der Maschinenethik, der Roboter-, der Informations- und der Computerethik aufweist.

25 Vgl. dazu etwas ausführlicher Müller/Hähnel 2025.

26 Vgl. zu diesem Ansatz in Verbindung mit medizinischer KI McLennan et al. 2022.

#### 4.1.3.2 Medizinethische Grundprinzipien

Grundsätzlich kann man davon ausgehen, dass auch im Bereich der Medizin die Geltung und Berücksichtigung zentraler ethischer Prinzipien, Werte, Normen und Tugenden, d.h. guter Charaktereigenschaften, so wie wir sie aus anderen Bereichen des praktischen Lebens kennen, aufgrund der besonderen strukturellen Anforderungen und Gegebenheiten, die im Gesundheitswesen herrschen, nicht suspendiert werden. Gleichwohl ist eine ethische Bewertung von Personen und Prozessen im medizinischen Bereich von verschiedenen bereichsspezifischen Faktoren abhängig, die es gesondert zu betrachten gilt und die auch im Falle einer KI-unterstützten Patientenbetreuung im Krankenhaus von großer Bedeutung sind.

Ohne Zweifel spielen im medizinischen Bereich Nutzenerwägungen und Bewertungen von Handlungsfolgen eine wichtige Rolle (Utilitarismus bzw. Konsequentialismus). Das Gleiche gilt für Überlegungen zu Verpflichtungen und moralischen Ansprüchen, die Personen gegeneinander erheben können (deontologische Ansätze). Und schließlich ist auch der Einfluss charakterlicher Dispositionen auf die Entscheidungsfindung in volatilen Problemkonstellationen nicht zu unterschätzen (Tugendethik). Es ist allerdings höchst problematisch, medizinisches Handeln auf Basis nur einer der genannten Moraltheorien ethisch zu bewerten (für eine Übersicht vgl. Fuchs/Gottschlich 2019). Denn die erwähnten klassischen Begründungsparadigmen normativer Ethik sehen sich bezogen auf die Medizin mit ihren typischen Problembereichen (v.a. Reproduktionsmedizin, Schwangerschaftsabbruch, Sterbehilfe, Transplantationsmedizin) und spezifischen, in dieser Form woanders nicht vorkommenden Personengruppen und Rollenbildern (v.a. thematisiert im Arzt-Patienten-Verhältnis) sowie den besonderen institutionellen und soziotechnischen Gegebenheiten (die nicht selten zu Bewertungen unter nicht-idealen Bedingungen führen) mit zahlreichen sowohl theoretischen als auch anwendungsbezogenen Schwierigkeiten konfrontiert, die sie je aus sich heraus nicht gut auflösen können (vgl. Sturma/Heinrichs 2015, 2f.; Flynn 2020).

Vor allem ein Einwand wird immer wieder vorgebracht: Die meisten theoretischen Ansätze der normativen Ethik seien nicht in der Lage, der schwer durchschaubaren Vielschichtigkeit medizinethischer Problemfälle bzw. Dilemmata, der außerordentlichen Dringlichkeit ärztlichen Handelns und der Komplexität interaktioneller Prozesse in Organisationen des Gesundheitswesens gerecht zu werden. Der Einwand hat dazu geführt, dass sich in der aktuellen Medizinethik in Bezug auf die Formulierung medizinethischer Grundprinzipien eine Strategie des „kleinsten gemeinsamen Nenners“ herausgebildet hat, wobei gerne auf Mischformen ethischer Theorien zurückgegriffen wird.[27]

Um den besonderen Praktikabilitätsanforderungen zu entsprechen, ohne auf eine ethische Reflexion im Sinne klassischer Begriffsanalyse zu verzichten, wird besonders häufig auf den so genannten Prinzipialismus (*Principlism*) zurückgegriffen. Er ist von Tom L. Beauchamp und James F. Childress in ihrem zum Klassiker gewordenen Buch *Principles of Biomedical Ethics* aus dem Jahr 1979 begründet worden.[28] Darin verteidigen sie ein Set von vier moralischen Prima-facie-Prinzipien, das „als analytisches Grundgerüst allgemeiner, aus der gemeinsamen Moral abgeleiteter Normen“ fungieren könne, „die einen gemeinsamen Ansatzpunkt für die biomedizinische Ethik darstellen“ (Beauchamp/Childress 2024, 52). Im Einzelnen sind das:

(1) Respekt für die Autonomie (*respect for autonomy*) von Patient:innen: „eine Norm des Respektierens und Unterstützens autonomer Entscheidungen“
(2) Nicht-Schaden (*non-maleficence*): „eine Norm des Vermeidens der Verursachung von Schaden (*harm*)“
(3) Wohltätigkeit (*beneficence*): „eine Gruppe von Normen, die die Linderung (*relieving*), Minderung (*lessening*) oder Vermeidung (*preventing*) von Schaden betreffen, die Versorgung mit Unterstützungsleistungen (*benefits*) und das Abwägen des Nutzens (*benefits*) gegenüber den Risiken und Kosten“
(4) Gerechtigkeit (*justice*): „eine Gruppe von Normen für die gerechte Verteilung von Leistungen, Risiken und Kosten“

Diese vier Grundprinzipien dominieren den heutigen Diskurs zur normativen Begründung der Medizinethik. Viele betrachten sie nach wie vor als ein „weithin akzeptiertes methodisches Werkzeug“ (Sturma/Heinrichs 2015, 3). Das zeigt sich auch daran, dass auf sie sowohl bei der Entwicklung und dem ethischen Design von KI-Systemen (vgl. Meier et al. 2022a, 2022b) als auch bei der ethischen Bewertung medizinischer KI zurückgegriffen wird. Dabei wird allerdings oft ein fünftes Prinzip mit hinzugezogen:

---

27 Vgl. für eine Differenzierung der verschiedenen Theoriekonstruktionen in der Medizinethikdebatte Hähnel/Müller 2025.

28 Das Buch liegt auf Englisch mittlerweile in 13. Auflage vor und ist 2024 erstmals in deutscher Übersetzung erschienen (*Prinzipien der Bioethik*, Karl Alber: Baden-Baden 2024). Zitate beziehen sich auf diese Übersetzung.

(5) das Prinzip der Erklärbarkeit (*explainability*): KI-Systeme sollten auf Algorithmen beruhen, die die Beteiligten verstehen, im besten Falle sogar erklären können (vgl. Adams 2023).

Doch die von Beauchamp und Childress verteidigten Prinzipien und das pluralistische Verfahren ihrer Begründung (vgl. dazu McMillan 2018) haben in den letzten Jahrzehnten auch viel Kritik erfahren. Dabei steht besonders die Möglichkeit ihrer Übertragung auf den Bereich medizinischer KI zur Debatte. Wie etwa Brent Mittelstadt ausführt, weist die KI-Entwicklung im Unterschied zur Medizin Merkmale auf, die eine Anwendung der genannten Prinzipien auf diesen Bereich stark limitieren: So hat die KI-Entwicklung kein gemeinsames Ziel und kennt keine Treue- bzw. Fürsorgepflichten (*fiduciary duties*), wie sie in der Medizin zu finden sind; sie entbehrt einer Berufsgeschichte und damit der Entwicklung eines Berufsethos; sie kennt keine getesteten Methoden für die Überführung von Prinzipien in die Praxis; es fehlt ihr an belastbaren rechtlichen und professionellen Mechanismen für Verantwortung und Zurechenbarkeit (Mittelstadt 2019, 501).

Etliche dieser Defizite lassen sich im Laufe der weiteren Entwicklung von medizinischer KI zum Teil sicher ausgleichen. Jedenfalls greift auch der Deutsche Ethikrat in seiner Stellungnahme zur Datenverarbeitung im Gesundheitswesen die Prinzipien der Autonomie, des Nicht-Schadens, der Wohltätigkeit und der Gerechtigkeit auf (Deutscher Ethikrat 2018, 213-225). Wir werden bei unserer Analyse des Patientenweges von Herrn Müller darauf zurückkommen.

Der Prinzipialismus auf der einen Seite und eine ethische Entwicklung und Evaluation von KI-Technologien auf der anderen schließen sich also nicht aus. Im Gegenteil, sie können und sollten aufeinander bezogen werden. In diesem Sinne betonen auch McLennan et al.: „As AI increasingly moves into the clinic, it is likely that a multi-layered approach for translating ethical principles into AI systems will be most successful, including increased support for 'bottom-up' AI ethics." (McLennan et al. 2022, 2)

#### 4.1.3.3 Zur Ethik von Daten und Algorithmen

Die Integration von KI-Technologien in den medizinischen Bereich verlangt aus ethischer Sicht, wie deutlich geworden sein sollte, eine von der ärztlichen und pflegerischen Praxis informierte Übertragung moralischer Prinzipien in den klinischen Alltag. In diesem Sinne muss eine medizinische KI-Ethik zugleich „von oben" (*top-down*), d.h. von den Moralprinzipien her, die ihrer Natur gemäß allgemein gelten, und „von unten" (*bottom-up*), d.h. von der berufsspezifischen Praxis und den konkreten Problemen im Krankenhaus her entwickelt werden.[29] Ein dritter Faktor ist die KI-Technik selbst, die sich in den letzten Jahren rasant entwickelt hat und dies auch weiterhin tun wird. Um sie auf ethisch vertretbare Weise zu entwickeln und in den klinischen Kontext zu integrieren, müssen alle Beteiligten voneinander lernen: KI-Entwickler:innen brauchen ein hinreichendes Verständnis der medizinischen Hintergründe und der relevanten Moralprinzipien, das medizinische Fach- und Pflegepersonal braucht ein hinreichendes Verständnis sowohl der KI-Technologien als auch der Medizin- und Technikethik, und Ethiker:innen brauchen ein hinreichendes Verständnis der relevanten medizinischen Aufgaben und des pflegerischen Alltags sowie der Funktionsweise der relevanten KI-Technologien. In diesem Sinne gebrauchen McLennan et al. den Begriff „embedded ethics" in einer weiten Bedeutung, „namely to refer to the ongoing practice of integrating ethics into the entire development process—here ethics becomes a truly collaborative, interdisciplinary enterprise" (McLennan et al. 2022, 3).

Ein Verständnis einschlägiger KI-Technologien setzt grundlegende Kenntnisse über Daten, Algorithmen und maschinelles Lernen voraus. Jedes einzelne der technischen Elemente ist mit ethischen Herausforderungen verbunden. Entsprechend ist die Computer- und Informationsethik in eine ganze Reihe von Bereichen aufgefächert, etwa die Datenethik oder die Ethik von Algorithmen. Dass das sinnvoll und notwendig ist, um ethische Probleme zu erkennen und Lösungen für sie zu finden, wollen wir hier kurz am Bereich der Ethik von Algorithmen verdeutlichen.

Ein Algorithmus ist, so Catrin Misselhorns allgemein gehaltene Begriffserklärung, eine „Handlungsvorschrift zur Lösung eines Problems, die bei korrekter Anwendung zuverlässig das gewünschte Ergebnis hervorbringt. In Einzelschritten werden dabei Eingabedaten in Ausgabedaten umgewandelt" (Misselhorn 2018, 265). Eher als mathematisches Konstrukt verstan-

---

29 Die Unterscheidung wird auch zur Bezeichnung verschiedener Methoden der Moralimplementierung bei KI-Systemen gebraucht: *top-down* bezeichnet hier die explizite Programmierung von Regeln, *bottom up* dagegen ein induktives, nicht regelbasiertes (maschinelles) Lernen durch Beobachtung und Mustererkennung. Vgl. zu diesem Ansatz des *ethics-by-design* Müller/Hähnel (2025). *Ethics-by-Design*-Ansätze und der hier in Anschlag gebrachte *embedded ethics approach* sind komplementär und sollten idealerweise kombiniert werden, um einen verantwortungsvollen Umgang mit KI in der Medizin zu gewährleisten.

den definiert R.K. Hill den Begriff so: „a finite, abstract, effective, compound control structure, imperatively given, accomplishing a given purpose under given provisions" (Hill 2015, 47). Das bedeutet einerseits, dass Algorithmen sehr verschieden voneinander sein können, weil sie zur Lösung jeweils verschiedener Probleme bzw. zur Erreichung ganz unterschiedlicher Zwecke entwickelt werden.

Andererseits jedoch werden viele KI-Modelle, auch die medizinischen, auf ähnliche Weise trainiert, nämlich mithilfe von Methoden des „maschinellen Lernens" bzw. des "machine learning" (ML). So können sie aus Datensätzen Regeln extrahieren. Enthält beispielsweise ein Datensatz alle Vitaldaten, Daten zur Medikation und andere relevante Parameter von Patient:innen und dazu Informationen darüber, ob und wie oft diese gestürzt sind, dann kann der Algorithmus aus diesen Daten Regeln ablesen, die es erlauben, ein Sturzrisiko vorauszusagen. Maschinelles Lernen kann in verschiedenen Formen stattfinden. Beim überwachten Lernen (*supervised learning*) werden Trainingsdaten und Zielvariablen benötigt, mit denen dem Algorithmus beigebracht werden kann, für Datenpunkte, z.B. eine Patientin, zukünftige Ereignisse vorherzusagen. Beim unüberwachten Lernen (*unsupervised learning*) braucht es keine dezidierten Zielvariablen; ein Modell analysiert die Struktur der Daten und kann auf Basis der gelernten Struktur neue Daten generieren. Beim verstärkten Lernen (*reinforcement learning*) wird das Modell als Teil einer Umgebung gesehen, mit der es interagieren kann; jede Interaktion führt zu einer Belohnung oder Bestrafung des Modells, die ihm hilft, seine Leistung zu verbessern.[30]

Warum braucht es eine Ethik von Algorithmen? Die kurze Antwort, die Brent Mittelstadt und seine Co-Autor:innen in dem einflussreichen Aufsatz „The Ethics of Algorithms: Mapping the Debate" aus dem Jahr 2016 geben, lautet: „Algorithms are inescapably value-laden." (Mittelstadt et al. 2016, 1) Das liegt daran, dass die Entwicklung und Nutzung von Algorithmen immer aufgrund bestimmter Werte und Interessen erfolgt, wobei die einen Werte und Interessen anderen vorgezogen werden. Sowohl Entwickler:innen als auch Nutzer:innen generieren und gebrauchen Algorithmen unweigerlich mit ganz bestimmten, oft unreflektierten moralischen Vorstellungen im Kopf. Dabei ist es schwer, den Einfluss menschlicher Subjektivität und individueller ethischer Perspektiven genau zu identifizieren. Erschwerend kommt hinzu, dass KI-Modelle bis zu einem gewissen Grad autonom arbeiten, d.h. ihre Funktionsweise meist opak bleibt. Sie

30 Für die technik-philosophischen Details hinter diesen und weiteren Methoden des maschinellen Lernens vgl. Mainzer 2024, Kap. IV und V.

gleichen einer „black box". Das bedeutet, dass auch die Arbeitsweise eines Algorithmus, ohne dass wir das wollen, ethisch problematisch sein kann, etwa voreingenommen oder diskriminierend. Auf Algorithmen basierende KI-Technologien sind also keineswegs ethisch neutral. Die Aufgabe einer Ethik von Algorithmen besteht darin, die moralischen Herausforderungen, vor die uns Algorithmen stellen, zu verstehen, zu reflektieren und, wenn möglich, Lösungen für entstehende Probleme zu finden.

Dankenswerterweise stellt das Autorenteam um Brent Mittelstadt in seinem Beitrag einen konzeptuellen Rahmen zur Verfügung, mit dessen Hilfe es möglich ist, diese Herausforderungen strukturiert in den Blick zu nehmen. Sie benennen zunächst drei epistemologische Bedenken, d.h. solche, die die Qualität der Daten (die Input-Seite) betreffen:

(i) Das Problem der nicht-beweiskräftigen Aussagen (*inconclusive evidence*): Algorithmen produzieren wahrscheinliches und damit unsicheres Wissen. Sie arbeiten mit Korrelationen. Korrelationen sind keine Aussagen über kausale Zusammenhänge. Zudem betrifft das Wissen, das Algorithmen generieren, immer nur Klassen, nicht Individuen. Das ist für den medizinischen Kontext besonders wichtig zu wissen. Mittelstadt et al. schreiben: „Even if strong correlations or causal knowledge are found, this knowledge may only concern populations while actions are directed toward individuals." (Mittelstadt et al. 2016, 5)

(ii) Das Problem der nicht nachvollziehbaren Belege (*inscrutable evidence*): Wie Algorithmen arbeiten, ist uns meist nicht transparent. Algorithmus-basierte KI-Technologien haben für uns einen Black-Box-Charakter. Transparenz setzt sowohl Zugänglichkeit (*accessibility*) als auch Verständlichkeit (*comprehensibility*) voraus; beides ist bei vielen Algorithmen, u.a. aus kommerziellen Gründen, nicht gegeben. Intransparenz verursacht jedoch eingeschränktes Wissen. Daher sollten wir uns der Limitationen der Art des Wissens, das KI-Systeme produzieren, bewusst sein. Um sicheres Wissen zu erlangen, wären erklärbare Modelle hilfreich, noch besser interpretierbare; doch die sind derzeit noch nicht umsetzbar, weil sie sehr zeitaufwendig und teuer wären (vgl. Rudin 2019). Verglichen mit Menschen stellen uns KI-betriebene Maschinen also vor Probleme, die Mittelstadt et al. so beschreiben: „[...] algorithmic processing contrasts with traditional decision-making, where human decision-makers can in principle articulate their rationale when queried [...]." (Mittelstadt et al. 2016, 7)

(iii) Das Problem der fehlerhaften Informationsverarbeitung (*misguided evidence*): Auch Algorithmen kommen zu voreingenommenen (*biased*) oder verzerrten Entscheidungen. Die Auffassung, dass KI-betriebene Maschinen nicht voreingenommen wären, ist schlicht unrealistisch. Denn bei Entwicklung und Design eines Algorithmus gibt es auf jeder Stufe nicht die eine objektiv richtige Wahl, sondern immer mehrere Optionen, aus denen ausgewählt werden muss. Jede Wahl aber erfolgt wertgeleitet. So kann es zu absichtlichen oder unabsichtlichen, zu technischen oder auch zu emergenten biases kommen, d.h. zu solchen, die durch eine bestimmte Interpretation des Outputs entstehen.

Zusätzlich zu diesen drei strukturellen epistemologischen Problemen benennen die Autor:innen zwei normative bzw. ethische Bedenken, die v.a. die Output-Seite eines Algorithmus betreffen:

(iv) Das Problem unfairer Resultate (*unfair outcomes*):
Voreingenommene Entscheidungen können zu diskriminierenden Handlungen führen. Hier ist es wichtig, Voreingenommenheit (*bias*) begrifflich von Diskriminierung zu unterscheiden: Voreingenommenheit betrifft Überlegungen und Entscheidungen, also unser Denken; diskriminierend dagegen ist man im Handeln und durch seine Handlungen, z.B. indem man die einen in den Club lässt und den anderen den Zugang verwehrt. Auch Algorithmen können diskriminieren. Will man das verhindern, muss man gezielt besondere Maßnahmen ergreifen.

(v) Das Problem transformativer Effekte (*transformative effects*):
Personalisierte Algorithmen bewegen sich auf einem schmalen Grat zwischen einerseits der Unterstützung und andererseits der Kontrolle der Entscheidung einer Person, des sogenannten Datensubjekts. Da es intransparente Interessen beteiligter Personen und Personengruppen geben kann, ist für die Nutzer:innen nicht immer deutlich, ob ihre Entscheidungen bloß unterstützt oder schon manipuliert bzw. fremdbestimmt werden. Internet-Werbung und Spotify-Vorschläge sind Beispiele für dieses Problem. „The subject's autonomy in decision-making is disrespected when the desired choice reflects third party interests above the individual's", so Mittelstadt et al. (2016, 9).

Jedes einzelne dieser Probleme und alle fünf Probleme zusammengenommen führen schließlich zu einem letzten großen strukturellen Problem:

(vi) Das Problem der Rückverfolgbarkeit (*traceability*):
Verantwortung für etwas zu übernehmen, setzt voraus, dass man zurückverfolgen kann, wer warum welche Entscheidungen getroffen und aus welchen Beweggründen wie gehandelt hat. Anschuldigungen und Vorwürfe sind nur gerechtfertigt, wenn die Akteure über ihr Handeln einen bestimmten Grad von Kontrolle hatten bzw. ihr Handeln beabsichtigt war. Wer aber ist für einen entstandenen Schaden verantwortlich, wenn die Entscheidungen und Handlungen von medizinischen Fach- und Pflegepersonen auf einer KI-Technologie mit Black-Box-Algorithmus beruhen? Wem ist der Schaden dann zuzurechnen? Das wird viel diskutiert, ist aber nach wie vor eine offene Frage.

Die strukturellen Probleme, die Mittelstadt und seine Kolleg:innen ansprechen, werden durch das verstärkt, was man als „automation bias" bezeichnet. Damit ist der psychologische Effekt gemeint, dass die Informationen, die der Algorithmus eines KI-Systems auswirft, aufgrund der dem Menschen weit überlegenen Leistungen in der Daten- und Informationsverarbeitung für zuverlässig und vertrauenswürdig gehalten werden.[31] Das ist gefährlich, denn wie erwähnt können Algorithmen und die auf ihnen basierenden KI-Technologien in vielerlei Hinsicht fehlerhaft sein, z.B. selbst vorurteilsbehaftet oder diskriminierend. Ein weiteres Problem benennt der Deutsche Ethikrat:

> „Damit wird Verantwortung – zumindest unbewusst – an diese ‚Quasi-Akteure' delegiert. Selbst wenn ein KI-System normativ strikt auf die Rolle der Entscheidungsunterstützung begrenzt wird, kann Automation Bias dazu führen, dass ein KI-System allmählich in die Rolle des eigentlichen ‚Entscheiders' gerät und menschliche Autorschaft und Verantwortung ausgehöhlt werden." (Deutscher Ethikrat 2023, 22)

Brent Mittelstadt und seine Kolleg:innen wie auch andere leiten aus der Analyse dieser strukturellen Probleme etliche ethische Empfehlungen ab. Im Zentrum steht dabei das so genannte „human monitoring", d.h. eine möglichst durchgehende menschliche Begleitung und Überwachung der KI-Technologie, vom Daten-Input über das Design bis hin zur Interpretation des Outputs. Ziel und Zweck des „human monitoring" ist es, das zu

31 Vgl. Heinrichs et al. 2022, 119, die feststellen, „dass KI-Systeme insgesamt eine hohe suggestive Wirkung entfalten, d.h. Menschen neigen dazu, solchen Systemen zu vertrauen und ihre Ergebnisse (zu) unkritisch zu übernehmen".

bewahren, was als „Meaningful Human Control“ (MHC) bezeichnet wird: Trotz der Abgabe von Tätigkeiten an technische automatisierte Prozesse soll in einem entscheidenden Sinne eine menschliche Kontrolle erfolgen.

Für die Input-Seite von medizinischer KI bedeutet das u.a., wie der Deutsche Ethikrat empfiehlt, bei der Auswahl der Trainings-, Validierungs- und Testdatensätze mithilfe von Dokumentationspflichten sicherzustellen, „dass die für die betreffenden Patientengruppen relevanten Faktoren (wie z.B. Alter, Geschlecht, ethnische Einflussfaktoren, Vorerkrankungen und Komorbiditäten) hinreichend berücksichtigt werden“ (Deutscher Ethikrat 2023, 60). Mittelstadt et al. (2016, 8) benennen weitere technische Maßnahmen, die ergriffen werden müssen, um zu verhindern, dass Algorithmen voreingenommene oder diskriminierende Entscheidungen treffen.

Dabei sind zuvor schon, also bei der Sammlung, Verarbeitung und Weitergabe von gesundheitsbezogenen Daten, „strenge Anforderungen und hohe Standards in Bezug auf Aufklärung, Datenschutz und Schutz der Privatheit zu beachten“ (Deutscher Ethikrat 2023, 160).

Für die Output-Seite hält der Deutsche Ethikrat fest: „Bei routinemäßiger Anwendung von KI-Komponenten sollte nicht nur gewährleistet werden, dass bei denjenigen, die sie klinisch nutzen, eine hohe methodische Expertise zur Einordnung der Ergebnisse vorhanden ist, sondern auch strenge Sorgfaltspflichten bei der Datenerhebung und -weitergabe sowie bei der Plausibilitätsprüfung der maschinell gegebenen Handlungsempfehlungen eingehalten werden.“ (Deutscher Ethikrat 2023, 161)

Für das Design bedeutet „human monitoring“ schließlich, bei der Gestaltung von KI-Produkten zur Entscheidungsunterstützung „sicherzustellen, dass die Ergebnisdarstellung in einer Form geschieht, die Gefahren etwa von Automatismen (Automation Bias) transparent macht, ihnen entgegenwirkt und die die Notwendigkeit einer reflexiven Plausibilitätsprüfung der jeweils vom KI-System vorgeschlagenen Handlungsweise unterstreicht“ (Deutscher Ethikrat 2023, 160).

Diese und weitere Überlegungen stehen natürlich im Hintergrund der ethischen Bewertung unseres Fallbeispiels. Sie sind bereits bei der ersten Station des Patientenweges von Herrn Müller relevant, seiner Anmeldung in der Notaufnahme einer neurologischen Klinik.

#### 4.1.3.4 Ethische Analyse von Station 1: Aufnahme mit Tablet

Unseren bisherigen Ausführungen gemäß muss die ethische Analyse von Herrn Müllers Patientenweg lange vor seiner Ankunft in der Notaufnahme beginnen. Sie müsste bereits bei der Entwicklung der KI-Technologien ansetzen, denen Herr Müller auf seinem Weg begegnen wird. Bei der ersten Station ist das der Chatbot, der bei der Eingabe der persönlichen Daten auf dem Patienten-Tablet zur Verfügung gestellt wird. Ethisch relevant sind hier und im Weiteren vor allem die technischen und datenbezogenen sowie die sozialen Aspekte bei Entwicklung und Einsatz der KI. Wir werden sie im Folgenden nacheinander näher beleuchten.

### A) Technik und Big Data

Von der technischen Seite her stellen sich folgende Fragen: Welche Technologie kommt hier zum Einsatz? Wie funktioniert der zugrundeliegende Algorithmus? Ist er transparent, gar erklärbar? Wie wurde er trainiert? Welche Daten wurden für das Training benutzt? Haben die Personen, deren Daten verwendet wurden, der Datenverarbeitung zugestimmt? Gehört der Chatbot einer privaten Firma? Wer hat seine Entwicklung finanziert und wer übernimmt die Kosten seines Einsatzes? Diese Fragen weisen auf verschiedene Werte und Normen hin.

Wie oben ausgeführt hat die Antwort auf die Frage nach der Transparenz des Algorithmus Auswirkungen darauf, wer für die Handlungen des KI-Systems verantwortlich gemacht werden kann und im Schadensfall haftet. Schaden kann bei einem Chatbot etwa dadurch entstehen, dass er Dialekte ausgrenzt oder sich verletzend äußert. Vermutlich liegt dem Chatbot ein Large Language Model (LLM) zugrunde. Es wird derzeit heiß diskutiert, ob solche Modelle täuschen können und ob sie die Nutzer:innen zu gefährlichen Anthropomorphismen verleiten (vgl. Hagendorff 2024).

Die Frage nach den Daten berührt Aspekte der Gerechtigkeit, Autonomie und Solidarität. Der Deutsche Ethikrat (2018, 222-226) beschreibt mit Blick auf Big-Data-Anwendungen im Gesundheitsbereich aus gerechtigkeitsethischer Perspektive vier Problemfelder, mit denen auch Herr Müller konfrontiert ist. Erstens werden Daten innerhalb der Wissensgemeinschaft nicht in dem Maße ausgetauscht und zugänglich gemacht, wie es erforderlich wäre; das liegt vor allem an datenschutzrechtlichen Bedenken, aber u.a. auch daran, dass Kliniken, private Firmen oder Forschungsteams die von ihnen erhobenen Daten als ihr Eigentum betrachten, auch wenn sie zu ihrer Erhebung und Auswertung öffentliche Forschungsgelder oder Infrastruktur genutzt haben. Der Chatbot im Tablet wird Herrn Müller umso besser helfen können, je mehr Daten er verarbeiten kann. Zweitens entstehen schleichend monopolartige Strukturen, die den Zugang zu Datensammlungen erschweren und damit Teilhabegerechtigkeit verhindern. Drittens fordert der rasant wachsende Markt an Gesundheits-Apps, die auf die Förderung eines gesunden Lebensstils ausgerichtet sind, wegen des im Hintergrund stehenden Gedankens der Leistungsgerechtigkeit den Solidaritätsgedanken hinter der gesetzlichen Krankenversicherung (GKV) heraus. Das betrifft unter Umständen auch Herrn Müller, der bisher von sich aus wenig zur Prävention von Krankheiten beigetragen hat und nun fürchten muss, dass er sich auch zukünftig nicht mehr gegen solche Angebote entscheiden darf, wenn er das möchte. Viertens erzwingt die zunehmend digitalisierte Umwelt die Entwicklung der Fähigkeit, verantwortlich mit eigenen (und fremden) gesundheitsbezogenen Daten umzugehen. Für Herrn Müller bedeutet das, dass er entweder selbst verstehen und überblicken muss, wer die in dem Tablet eingegebenen Daten über ihn wie und wofür verwendet, oder eine möglichst umfassende Aufklärung über Art, Umfang und Zweck der Datensammlung einfordert, bevor er dazu seine wirklich informierte Zustimmung geben kann. Es ist sehr wahrscheinlich, dass Herr Müller – so wie die meisten Patient:innen in Deutschland – weder das eine noch das andere tut.

Durch Big Data steht überdies die Solidarität innerhalb der GKV, zu der auch Herr Müller gehört, unter Druck. Der Deutsche Ethikrat erinnert:

> „Grundlage der Solidargemeinschaft in der GKV ist die geteilte Vulnerabilität aller gegenüber Krankheitsrisiken, die nicht sicher antizipierbar und quantifizierbar sind, und derentwegen die Mitglieder der solidarischen Pflicht unterliegen, über die kollektive Finanzierung eines gesetzlichen Fonds in allen Fällen der Erkrankung einzelner Mitglieder für die anfallenden Behandlungskosten gemeinschaftlich einzustehen." (ebd., 232)

Mit Hilfe von Big Data sind Krankheitsrisiken immer besser bestimmbar. Das birgt im Nebeneinander von GKV und privater Krankenversicherung, so der Ethikrat, die „Gefahr einer verstärkten Selektion von Personen mit günstigem/niedrigem Risikoprofil durch private Versicherer auf Kosten der gesetzlichen Solidarsysteme, denen dadurch Mehrbelastungen entstünden". Auch auf Herrn Müller drohen also zukünftig höhere Krankenversicherungskosten zuzukommen.

B) Soziale Interaktion

Wenn wir davon ausgehen, dass Herr Müller wie viele ältere Menschen in Deutschland und Europa wenig Wissen im Umgang mit digitalen Medien und erst recht mit KI hat, dann entstehen schon dadurch, dass er in der Notaufnahme Daten in ein Tablet eingeben soll, Probleme für ihn. Das sind nicht nur Probleme technischer, sondern auch ethischer Art. Bei Herrn Müller könnte nämlich das entstehen, was der Deutsche Ethikrat als „Gefühl einer zunehmenden Verobjektivierung" bezeichnet (Deutscher Ethikrat 2023, 26). Statt wie bisher mit einem Menschen – der Ärztin oder der Pflegefachperson – muss Herr Müller mit Maschinen kommunizieren, mit einem Tablet und einem Chatbot.

Um der Gefahr entgegenzuwirken, bei Patient:innen in Folge des verstärkten Einsatzes von KI-Komponenten im Gesundheitswesen immer öfter ein Gefühl der Verobjektivierung hervorzurufen, empfiehlt der Deutsche Ethikrat das Ergreifen gezielter kommunikativer Maßnahmen:

> „Je höher der Grad der technischen Substitution menschlicher Handlungen durch KI-Komponenten ist, desto stärker wächst der Aufklärungs- und Begleitungsbedarf der Patientinnen und Patienten. Die verstärkte Nutzung von KI-Komponenten in der Versorgung darf nicht zu einer weiteren Abwertung der sprechenden Medizin oder einem Abbau von Personal führen." (ebd.)

Das ist richtig, geht aber derzeit wohl an der Realität vorbei. Denn das Tablet in der Notaufnahme der neurologischen Klinik, in die sich Herr Müller begibt, kommt sicher auch aus Gründen des Personalmangels zum Einsatz. Zumindest entlastet es das Personal, das ansonsten die Aufnahme von Herrn Müller übernehmen würde, und nun für andere, dringlichere Aufgaben eingesetzt werden kann.

Stellen wir uns einmal ideale Bedingungen vor: Die Klinik hat keinen Personalmangel, sondern bietet die Aufnahme mit Tablet optional an; wer möchte, kann auch weiterhin das direkte, freundliche Gespräch mit den Ärzt:innen und Pflegenden suchen. Wäre es aus ethischer Sicht bedenklich, wenn alle oder sehr viele Patient:innen die Anmeldung mithilfe der Maschine bevorzugen würden? Ja, so die These einiger Ethiker:innen, und zwar für das Fach- und Pflegepersonal. Denn bei ihnen würde diese Praxis zu einem „moral deskilling" führen, weil nicht nur wichtige kommunikative, sondern auch ethische Fähigkeiten wie Mitgefühl und Einfühlungsvermögen verloren gingen (vgl. Vallor 2015). Mit Patient:innen zu sprechen statt sie mit Maschinen kommunizieren zu lassen, hilft den Personen auf beiden Seiten dieser kommunikativen Beziehung.

**Key take-aways**

- Es gibt keine allgemeingültige KI-Ethik; stattdessen sind bereichsspezifische Leitlinien erforderlich. Der „embedded ethics approach" betont Technologiebezug, Interdisziplinarität und Anwendungsorientierung. Die Prinzipien von Autonomie, Nicht-Schaden, Wohltätigkeit und Gerechtigkeit dominieren die Medizinethik. Ein fünftes Prinzip, die „Erklärbarkeit", wird für KI-Systeme oft ergänzt.
- Ein Tablet-gestützter Aufnahmeprozess wirft vor allem Fragen zur Datensouveränität, Gerechtigkeit und Mensch-Maschine-Interaktion auf. Einer möglichen Gefahr der Verobjektivierung von Patient:innen sollte insbesondere mit kommunikativen Maßnahmen zur Wahrung menschlicher Fürsorge begegnet werden.
- Zusätzlich bestehen ethische Probleme mit Blick auf Algorithmen und die Datenverarbeitung, denn Algorithmen sind wertbeladen, oft intransparent und potenziell diskriminierend. Herausforderungen bestehen hier vor allem hinsichtlich Rückverfolgbarkeit, unfairen Outputs und *Automation Bias*.

### 4.1.4 Rechtswissenschaftliche Betrachtung: Von Medizinprodukten und KI-Systemen

Timo Rademacher und Raphael Schaarschmidt

#### 4.1.4.1 Vorbemerkung

Wir verfolgen mit der juristischen Aufarbeitung unserer *Patient Journey* zwei Ziele: Zum einen wollen wir Leserinnen und Lesern vor allem aus nicht-juristischen Disziplinen aufzeigen, welche komplexen und komplizierten juristischen Erwägungen angestellt werden müssen, um zu prüfen, ob das, was die Ärzte und die Klinik hier tun, rechtmäßig ist. Daneben haben wir aber auch ein wissenschaftlich-reflexives Interesse. Wir wollen nämlich die Arbeit in einem interdisziplinären Projekt und die unterschiedlichen Gesichtspunkte, Priorisierungen und Schlussfolgerungen versteh- und sichtbar machen, die die Projektangehörigen der beteiligten Disziplinen für beachtenswert halten. Die Besonderheit (und Herausforderung) der Rechtswissenschaft ist es dabei, dass ihre theoretischen Überlegungen regelmäßig nicht in der Theorie verbleiben können und sich ‚nur' im wissenschaftsinternen Diskurs behaupten müssen, sondern dass wesentlich für ihre Akzeptanz und erfolgreiche Verbreitung die Anwendbarkeit auf die juristische Praxis ist. Rechtswissenschaft ist – zumindest in Deutschland – eine dezidiert praktische Wissenschaft, man könnte zugespitzt auch sagen: eine Gebrauchswissenschaft. Das bedingt, dass rechtswissenschaftliche Überlegungen sowohl in der Tiefe wie auch in der Breite rasant an Komplexität zunehmen müssen, je größer der Bereich ist, auf den sie sich beziehen. Vereinfachungen, die ein Thema wissenschaftlich handhabbar und theoriefähig machen, werden sofort sichtbar (und scheitern!), wenn sie mit der komplexen Realität in Berührung kommen.

Konkret und an Beispielen erläutert: Lässt sich etwa, wie wir es an späterer Stelle auch versuchen, das Thema der „Patienteneinwilligung" als noch vergleichsweise gut abgrenzbare Komponente einer medizinischen Behandlung nachzeichnen, ist das Thema „Nutzung künstlich-intelligenter Systeme in der Medizin" derart groß und vielgestaltig, dass kaum eine Fokussierung auf einzelne Bereiche möglich ist, wenn der Umfang in dem Maße begrenzt ist, wie wir es für unser Buchprojekt festgelegt haben. Zivilrechtliche Fragen des Behandlungsvertrages, strafrechtliche Ursprünge der Patienteneinwilligung und deren Entwicklung hin zu einem Instrument der Verwirklichung von Grundrechten, Fragen des Datenschutzes, des Produktsicherheitsrechts, das Zusammenspiel von EU- und nationalem Recht, sozialversicherungsrechtliche Grundlagen, Fragen der Rechtsphilosophie und -ethik – das alles sind nur einige der Gesichtspunkte, die *aus rechtswissenschaftlicher Sicht* anzusprechen wären, um ein wirklich holistisches Bild von Herrn Müllers „Reise" durch die Uniklinik zu bekommen.

Freilich würde das tausend Seiten in Anspruch nehmen und kann hier nicht geleistet werden. Wir haben uns stattdessen dafür entschieden, ausgewählte Themen zu besprechen, die vor allem dazu dienen sollen, den einzelnen Akteuren der *Patient Journey* (und natürlich allen anderen interessierten Leserinnen und Lesern) zu zeigen, welche Rolle das Recht ihnen zuweist und warum sie möglicherweise mit Regeln konfrontiert sind, die *prima facie* hinderlich wirken, aber – wenn man die Hintergründe erläutert – vielleicht besser verständlich und akzeptabel werden. Zugleich wollen wir ein Verständnis dafür etablieren, weshalb selbst mit einem scheinbar so umfassenden Instrument wie der im letzten Jahr in Kraft getretenen KI-Verordnung der Europäischen Union (auch bekannt als "AI Act") für die medizinische Praxis mitnichten rechtlich ‚alles geklärt' ist und in rechtlicher Hinsicht sorgenfrei und selbstbewusst eine neue Ära der medizinischen Behandlung eingeläutet werden kann. Spoiler: Es bleibt kompliziert(er).

#### 4.1.4.2 Die Aufnahme mit Tablet

Die medizinische Behandlung von Personen ist einer der am stärksten ‚verrechtlichen' Bereiche unserer Gesellschaft. Es treffen hier eine Vielzahl teils miteinander verzahnter, teils auch konfligierender rechtlicher Belange aufeinander.

Wesentliche Grundlage des rechtlichen Verhältnisses zwischen Patient und Arzt ist der sogenannte Behandlungsvertrag (§ 630a BGB). Er verpflichtet den „Behandelnden" zur Leistung der versprochenen Behandlung und den Patienten zur Gewährung der vereinbarten Vergütung, soweit nicht ein Dritter zur Zahlung verpflichtet ist. Zu beachten ist, dass jedenfalls invasive ärztliche Maßnahmen zusätzlich zum Vertrag einer sachlichen Rechtfertigung sowie der – nunmehr gesondert in § 630d BGB geregelten – Einwilligung des Patienten bedürfen.[32]

Herr Müller begibt sich in eine Universitätsklinik und wird dort von Frau Navarro, der Ärztin, betreut. Aus dem Wortlaut des § 630a BGB ist nicht ohne Weiteres zu entnehmen, wer genau „Behandelnder" im Rahmen des Behandlungsvertrages ist, was bereits Gegenstand von Kritik war.[33] Wir können hier davon ausgehen, dass Vertragspartner von Herrn Müller das Universitätsklinikum ist und sich Frau Navarro, da diese ‚nur' Assistenzärztin ist, mit der Klinik in einem Angestelltenverhältnis befindet.[34] Wie genau der Behandlungsvertrag zwischen Herrn Müller und der Klinik ausgestaltet ist, hängt davon ab, ob Herr Müller stationär oder ambulant behandelt wird. Als gesetzlich Versicherter übernimmt grundsätzlich seine Krankenkasse die Kosten für die medizinische Behandlung. Die Details hierzu sind im Sozialgesetzbuch (SGB V) geregelt.

Diese knappe rechtliche Einleitung zeigt bereits, dass bei einem einzigen Arztbesuch zivilrechtliche, sozialversicherungsrechtliche und arbeitsrechtliche Erwägungen zusammenspielen (können). Allerdings werden wir die genannten Rechtsgebiete hier im Wesentlichen ausklammern: Unser Schwerpunkt soll auf der regulatorischen Ebene liegen – also auf der Frage: Welche Regeln gibt der Gesetzgeber dafür vor, wie genau die Behandlung *an sich* erfolgen soll, und zwar die Behandlung mit Einsatz von künstlicher

32 *Lipp*, in: Laufs/Katzenmeier/Lipp (Hrsg.), Arztrecht, Kapitel III. Der Behandlungsvertrag, Rn. 2.

33 Vgl. *Spickhoff*, in: Spickhoff (Hrsg.), Medizinrecht, § 630a BGB Rn. 24 mit Blick auf die Vielzahl an Behandelnden die in der heutigen regelmäßig arbeitsteiligen Medizin tätig an einer Behandlung beteiligt sind.

34 Wäre sie schon Chefärztin, könnte sie – muss aber nicht – auch selbst Vertragspartnerin sein.

Intelligenz? Maßgeblich ist hier das medizinische Produktsicherheitsrecht, namentlich die Medizinprodukte-Verordnung der EU, welche nun immer dann, wenn KI eingesetzt wird, durch die neue KI-Verordnung der EU ergänzt wird.

Im ersten Teil unserer Analyse soll es primär um eine Heranführung an den juristischen Begriff des „Medizinproduktes" gehen, und darum, wie und warum dieser Begriff, der der EU-Medizinprodukte-Verordnung entstammt, im Zusammenhang mit der KI-Verordnung besondere Bedeutung erlangen wird.

#### 4.1.4.3 Einordnung der in Station 1 genutzten Programme als „Medizinprodukt" im Sinn der MP-VO

Für uns ist zunächst wichtig, wie die zwei von Herrn Müller auf dem Patienten-Tablet genutzten KI-Systeme, also die Anamnese- und die KI-Chat-Software, sowie nachfolgend das von Frau Navarro genutzte Entscheidungsunterstützungssystem (EUS) rechtlich einzuordnen sind. Wir gehen im Interesse einer vereinfachten Darstellung davon aus, dass es sich bei diesen drei Funktionen um eine Software mit einheitlichem Interface handelt, die je nach Zeitpunkt und Nutzer verschiedene Funktionalitäten bietet.

Interessant ist für uns an dieser Stelle nun *erstens*, ob es sich bei der Software um ein Medizinprodukt handelt, und *zweitens*, ob diese Software unter die neue KI-Verordnung der EU fallen könnte. Beide Fragestellungen sind eng miteinander verknüpft. Gehen wir zunächst einmal auf die Frage ein, ob es sich bei der Tablet-Software um ein Medizinprodukt handeln könnte.

Im Kontext einer medizinischen Behandlung eingesetzte Instrumente und Hilfsmittel unterliegen, ebenso wie die von der Ärztin konkret vorgenommenen Behandlungsschritte auch, strengen rechtlichen Regeln, die zentral auf die Produkt*sicherheit* dieser Instrumente abzielen. Für Medizinprodukte gilt in Deutschland das Zusammenspiel aus der schon erwähnten Medizinprodukte-Verordnung[35] der EU (MP-VO) und des diese Verordnung ergänzenden nationalen Medizinprodukterecht-Durchführungsgeset-

35 Verordnung (EU) 2017/745 des Europäischen Parlaments und des Rates vom 5. April 2017 über Medizinprodukte, zur Änderung der Richtlinie 2001/83/EG, der Verordnung (EG) Nr. 178/2002 und der Verordnung (EG) Nr. 1223/2009 und zur Aufhebung der Richtlinien 90/385/EWG und 94/42/EWG des Rates.

zes. Der Fokus wird hier auf der MP-VO selbst liegen, weil darin die für die KI-Regulierung wesentlichen Weichenstellungen erfolgen.

Die MP-VO soll „Regeln für das Inverkehrbringen, die Bereitstellung auf dem Markt und die Inbetriebnahme von für den menschlichen Gebrauch bestimmten Medizinprodukten und deren Zubehör in der [gesamten] Union" festlegen (Art. 1 Abs. 1 S. 1 MP-VO). Entscheidend ist also der Begriff des Medizinproduktes, der, wie stets in juristischen Zusammenhängen, einer genauen Definition bedarf, um rechtssicher nutzbar zu sein. Die MP-VO liefert die Definition in Art. 2 Nr. 1. Ein Medizinprodukt bezeichnet demnach „ein Instrument, einen Apparat, ein Gerät, eine *Software*[36], [...], das dem Hersteller zufolge für Menschen bestimmt ist und allein oder in Kombination einen oder mehrere der folgenden spezifischen medizinischen Zwecke erfüllen soll: [...]". Es folgen eine Reihe konkret benannter medizinischer Zwecke, unter anderem „Diagnose, Verhütung, Überwachung, Vorhersage, Prognose, Behandlung oder Linderung von Krankheiten". Negativ abgegrenzt werden Medizinprodukte gegenüber Medikamenten u. ä., indem es heißt, dass die

> „bestimmungsgemäße Hauptwirkung [des Medizinprodukts] im oder am menschlichen Körper weder durch pharmakologische oder immunologische Mittel noch metabolisch erreicht wird, dessen Wirkungsweise aber durch solche Mittel unterstützt werden kann".

Diese mehrstufige Definition lässt sich grundsätzlich in drei handhabbare Elemente aufteilen, welche kumulativ vorliegen müssen: *erstens* ein ‚Produkt' i. S. der MP-VO, *zweitens* die medizinische Zweckbestimmung, und *drittens* der Ausschluss einer pharmakologischen, immunologischen oder metabolischen Wirkungsweise.

Vergleichsweise leicht macht uns der Gesetzgeber die Beantwortung der ersten Frage, ob Software ein Medizin*produkt* sein *kann*. Er hat „Software" ja, wie gesehen, ausdrücklich in die Liste der erfassten Produkte aufgenommen. Auch das Negativkriterium (kein Medikament etc.) ist bei Software leicht erfüllt. Maßgeblicher Teil der Definition ist dann (auch für uns ganz konkret), dass bzw. ob der Hersteller die medizinische Zweckbestimmung vornehmen muss. „Zweckbestimmung" ist in Art. 2 Nr. 12 der MP-VO legaldefiniert; sie

> „bezeichnet die Verwendung, für die ein Produkt entsprechend den Angaben des Herstellers auf der Kennzeichnung, in der Gebrauchsan-

36 Hervorhebung hier.

weisung oder dem Werbe- oder Verkaufsmaterial bzw. den Werbe- oder Verkaufsangaben und seinen Angaben bei der klinischen Bewertung bestimmt ist".

Für die Qualifikation als Medizinprodukt ist grundsätzlich keine objektive Betrachtung entscheidend, sondern ob der Hersteller seinem Produkt einen wissenschaftlich plausiblen medizinischen Zweck zuweist.[37] Diese Regelung schafft Rechtssicherheit für den Hersteller. Käme es nur auf eine objektive Geeignetheit an, dann könnte ein Hersteller möglicherweise für ein Produkt in die Verantwortung genommen werden, welches in einer medizinischen Behandlung eingesetzt wurde und dort Schäden verursacht, obwohl der Hersteller einen solchen Einsatz überhaupt nicht beabsichtigt hat. Anders stellt sich die Lage nur dann dar, wenn der Hersteller auf der einen Seite den medizinischen Einsatzzweck zwar ausdrücklich verneint, in seinen weiteren Angaben ein solcher aber ganz klar zu erkennen ist, etwa wenn der Einsatzzweck im Bereich Diagnostik oder Therapie hervorgehoben wird.[38] Der Gesetzgeber hat also *safeguards* entwickelt, die sicherstellen sollen, dass der Hersteller sich seiner Produktverantwortung nicht einfach dadurch entziehen kann, dass er einen medizinischen Zweck zwar verneint, diesen aber indirekt dann doch bewirbt, um sein Produkt attraktiv zu machen.

Unser Fall trifft keine Aussagen über den Hersteller der Tablet-Software oder dessen Zweckbestimmung. In der *juristischen* Praxis würden wir hier nachfragen, beim Hersteller oder hilfsweise bei der Klinik. Wir gehen aber einmal davon aus, dass, entsprechend dem, wie die Software nach dem Sachverhalt tatsächlich eingesetzt wird, der Hersteller der KI-Software auch eine entsprechende Zweckbestimmung vorgenommen und die Bereiche „Medizinische Patientenanamnese, Befunderhebung mit Chat-Funktion und Initialdiagnose" in den Katalog der Einsatzzwecke seiner Software aufgenommen hat. Wir gehen – wie gesagt – auch davon aus, dass diese Einsatzzwecke in *einer* Software über ein einheitliches Interface zusammengefasst sind, da es im Interesse einer möglichst alle Akteure abdeckenden

---

37 *Rehmann*, in: Rehmann/Wagner (Hrsg.), Art. 2 MP-VO Rn. 17.

38 *Dietel/Lewalter*, PharmR 2017, 53 (54); *Retter/Seubert*, in: Jorzig (Hrsg.), Recht Medizin digital, 2023, S. 129 (130) mit dem ergänzenden Hinweis, dass eine Widersprüchlichkeit oder mangelnde wissenschaftliche Vertretbarkeit der Herstellerangaben eine „objektive Grenze der Gestaltungsmöglichkeit" des Herstellers zur Einstufung darstellt.

‚usability' hier eher unwahrscheinlich erscheint, dass ein Patient und später die Ärztin auf verschiedene Programme zugreifen müssen.[39]

Da alle drei Kriterien erfüllt sind, können wir hier also davon ausgehen, dass die genutzte Software ein Medizinprodukt im Rechtssinn ist.

#### 4.1.4.4 Regulatorische Relevanz der KI-Komponente und Einordnung nach der KI-VO

Bis Anfang 2024 hätte die Tatsache, dass die Software auf dem Herrn Müller zur Verfügung gestellten Tablet über KI-Komponenten verfügt, keine eigenständige rechtliche Bedeutung gehabt; maßgeblich wären ausschließlich die Vorgaben der MP-VO gewesen.[40] Das hat sich nun allerdings dadurch geändert, dass die EU im Juni 2024 eine spezifisch auf KI-Technologien ausgerichtete Verordnung erlassen hat, die sogenannte KI-Verordnung[41] (KI-VO). Die EU möchte mit dieser Verordnung den gesamten Lebenszyklus künstlich-intelligenter Systeme regulieren, von ihrer Entwicklung, dem Inverkehrbringen und der Inbetriebnahme der Systeme bis zu ihrer laufenden Beobachtung danach.[42] Ob auch unser Tablet, oder genauer: die darauf laufende Software, von diesem neuen Rechtsakt erfasst wird, darum wird es im Rest dieses Abschnittes gehen.

39 Unschädlich für die Einordnung als Medizinprodukt wäre es im Übrigen, wenn es sich bei der Software um ein sogenanntes Dual-Use-Produkt handelt, es also neben der medizinischen auch eine nicht-medizinische Zweckbestimmung erhalten hat. Dann müssten alle Anforderungen an das Produkt eingehalten werden, sowohl diejenigen der MP-VO als auch aller weiteren, möglicherweise einschlägigen Rechtsnormen für die andere(n) Nutzung(en), siehe *Rehmann*, in: Rehmann/Wagner (Hrsg.), MP-VO, Art. 1 MP-VO Rn. 3.

40 Weshalb auch die Einordnung als Medizinprodukt nicht von der KI-VO abhängt/abhängen kann, die Einordnung i. S. der KI-VO dann aber ihrerseits stark davon abhängt, welche Einstufung nach der MP-VO vorzunehmen ist, vgl. *Ruschemeier*, in: Martini/Wendehorst (Hrsg.), KI-VO, Art. 6 Rn. 76.

41 Verordnung (EU) 2024/1689 des Europäischen Parlaments und des Rates vom 13. Juni 2024 zur Festlegung harmonisierter Vorschriften für künstliche Intelligenz und zur Änderung der Verordnungen (EG) Nr. 300/2008, (EU) Nr. 167/2013, (EU) Nr. 168/2013, (EU) 2018/858, (EU) 2018/1139 und (EU) 2019/2144 sowie der Richtlinien 2014/90/EU, (EU) 2016/797 und (EU) 2020/1828 (Verordnung über künstliche Intelligenz).

42 Siehe Erwägungsgrund 1 der KI-Verordnung. Für einen Überblick über die zu erwartenden Änderungen, die die KI-VO für den klinischen Alltag mit sich bringen wird, siehe *Schulz-Große/Genske*, GuP 2023, 81 ff.

Vorneweg: Es wird ein wenig kleinteilig, weil wir die juristischen Prüfschritte Stück für Stück mit Ihnen durchgehen wollen. Wir wollen Sie damit nicht langweilen, sondern Ihnen *erstens* zeigen, wie sehr der juristische Teufel manchmal im Detail steckt (z.B. einer Formulierung im Gesetz oder sogar im Nutzerhandbuch des Herstellers), und *zweitens*, wie kompliziert europäische Regulierung für deren Adressaten mittlerweile geworden ist, weil sie sich häufig über viele verschiedene Rechtsakte *verteilt*.

Muss unsere Software (auch) den Anforderungen aus der KI-VO entsprechen? Bei der KI-VO handelt es sich um ein sogenanntes horizontales Gesetz, d.h. es gilt nicht nur für den Sektor Medizin (anders als die MP-VO). Vielmehr enthält die KI-VO sektorenübergreifende und gestufte Regeln für KI-Anwendungen - *vorausgesetzt*, eine konkrete Anwendung überschreitet gewisse Risikoschwellen (sogenannter risikobasierter Ansatz). Entscheidend ist also, welche Risiken eine konkrete KI-Anwendung mit sich bringen (kann). Die relevanten Risiken sind zwar nicht im Detail definiert, die KI-VO erläutert allerdings in ihrem Erwägungsgrund[43] 5:

> „Gleichzeitig kann KI je nach den Umständen ihrer konkreten Anwendung und Nutzung sowie der technologischen Entwicklungsstufe Risiken mit sich bringen und öffentliche Interessen und grundlegende Rechte schädigen, die durch das Unionsrecht geschützt sind. Ein solcher Schaden kann materieller oder immaterieller Art sein, einschließlich physischer, psychischer, gesellschaftlicher oder wirtschaftlicher Schäden."

Art. 3 Nr. 1 der KI-VO definiert ein „KI-System" als

> „ein maschinengestütztes System, das für einen in unterschiedlichem Grade autonomen Betrieb ausgelegt ist und das nach seiner Betriebsaufnahme anpassungsfähig sein kann und das aus den erhaltenen Eingaben für explizite oder implizite Ziele ableitet, wie Ausgaben wie etwa Vorhersagen, Inhalte, Empfehlungen oder Entscheidungen erstellt werden, die physische oder virtuelle Umgebungen beeinflussen können".

Aus dieser Definition wird erkennbar, dass es der KI-VO vor allem darum geht, was ein KI-System leistet, und nicht, auf welcher Technologie es

43 Die „Erwägungsgründe" sind eine Art gesetzgeberische Begründung, die die EU ihren Rechtsakten voranstellt („Warum haben wir es so und nicht anders geregelt? Was wollten wir damit erreichen?" usw.). Die Erwägungsgründe sind streng genommen nicht verbindliches Recht, beeinflussen aber die Auslegung der verbindlichen Regeln in der Praxis sehr stark. Zur Bedeutung der Erwägungsgründe siehe *Gumpp*, ZfPW 2022, 446 ff.

basiert. Tatsächlich enthält die KI-VO auch keinen verbindlichen Katalog erfasster Technologien (*machine learning*, regelbasierte Systeme[44]), sondern möchte nach dem Ansatz der Technologieneutralität möglichst wenige Eingrenzungen des KI-*Begriffs* an sich vornehmen und stattdessen auf risikoreiche *Anwendungen* von KI-Technologien fokussieren. Eine wirkliche Technologie-Regulierung – unabhängig vom konkreten Einsatzfeld – findet sich lediglich für sogenannte „KI-Modelle mit allgemeinem Verwendungszweck", die in den vergangenen Jahren unter dem Schlagwort „ChatGPT" breite Aufmerksamkeit erlangt haben. Darunter sind Modelle zu verstehen, die die Fähigkeit zu einem besonders hohen Maß an Generalisierung besitzen und für welche gesonderte zusätzliche Regeln gelten.

Abgesehen von den KI-Modellen mit allgemeinem Verwendungszweck kommt es also entscheidend darauf an, welches Risiko einer KI-Anwendung zugeschrieben werden kann bzw. muss. Die KI-VO arbeitet mit folgenden Risikoklassen: inakzeptables Risiko, hohes Risiko, begrenztes Risiko und geringes Risiko. Je nach Zuordnung zu einer Risikoklasse stellt die KI-VO unterschiedliche Anforderungen an die entsprechenden Systeme bzw. verbietet deren Einsatz vollständig. Beispiele für *verbotene Praktiken* sind gem. Art. 5 Abs. 1 lit. c KI-VO etwa KI-Systeme, welche darauf ausgelegt sind, ein System des *Social Scoring* zu etablieren (der Unionsgesetzgeber hatte Chinas *Social Credit System* im Kopf), oder gem. Art. 5 Abs. 1 lit. d Systeme, die Straftaten ausschließlich auf der Grundlage von vergangenem Verhalten oder persönlichen Eigenschaften vorhersagen sollen (auch sogenanntes *Profiling*). In der Risikoeinstufung unterhalb der verbotenen Praktiken liegen die sogenannten Hochrisiko-KI-Systeme, an welche die KI-VO die höchsten Anforderungen stellt.

Für die Einordnung eines KI-Systems als Hochrisiko-System sieht die KI-VO mehrere Mechanismen vor, die (nicht nur) für rechtliche Laien schwer nachzuvollziehen sein dürften. Wir konzentrieren uns daher hier vollständig auf die Frage, unter welchen Umständen *Medizinprodukte* als Hochrisiko-Systeme eingeordnet werden. Eine nach Art. 5 KI-VO von vornherein verbotene Anwendung haben wir hier sicher nicht. Die KI-VO

44 In Erwägungsgrund 12 der KI-VO findet sich der Hinweis, dass für KI-Systeme als technische Grundlagen etwa die Technologien des maschinellen Lernens sowie logik- und wissensbasierte Ansätze inkludiert sind. Gleichzeitig wird hervorgehoben, dass die Definition eng mit der Arbeit internationaler Organisationen im KI-Bereich abgestimmt werden und, in Anbetracht der hohen Dynamik dieses Technologiebereiches, weitgehende Flexibilität ermöglicht werden soll.

sieht vor, dass zwei Voraussetzungen vorliegen müssen, damit ein KI-System auch als Hochrisiko-System gilt (Art. 6 Abs. 1 KI-VO):

Die *erste* Voraussetzung ist, dass das KI-System ein Produkt ist, welches unter eine der in Anhang I der KI-VO aufgeführten „Harmonisierungsrechtsvorschriften der Union" fällt (Art. 6 Abs. 1 lit. a 2. Fall KI-VO). Hiermit sind verschiedene Verordnungen und Richtlinien der EU gemeint, denen gemeinsam ist, dass sie alle dem Bereich der Produktsicherheit zugeordnet werden können. Die Idee des Unionsgesetzgebers an dieser Stelle ist einleuchtend: Wenn schon ein *nicht*-KI-basiertes Produkt besonderen Sicherheitsvorkehrungen unterliegt, dann liegt es mehr als nahe, ein solches Produkt, wenn es noch um eine KI-Komponente erweitert wird, *erst recht* besonders zu regulieren. Ein Blick in Anhang I zeigt, dass dort in Nr. 11 auch die MP-VO erfasst ist, also ein Medizinprodukt *grundsätzlich* ein Produkt im Sinn von Art. 6 Abs. 1 lit. a KI-VO sein kann – vorausgesetzt natürlich, dass es auch eine *KI*-Komponente im Sinn der KI-Definition der KI-VO enthält. Das allein genügt allerdings noch nicht für die Einordnung eines KI-gestützten Medizinprodukts als *Hochrisiko*-KI.

Die *zweite* Voraussetzung dafür ist, dass das jeweilige KI-System „einer Konformitätsbewertung durch Dritte im Hinblick auf das Inverkehrbringen oder die Inbetriebnahme dieses Produkts gemäß den in Anhang I aufgeführten Harmonisierungsrechtsvorschriften der Union unterzogen werden" muss (Art. 6 Abs. 1 lit. b 2. Fall KI-VO). Relevant sind also die Faktoren „Konformitätsbewertungsverfahren" und „durch Dritte". Konformitätsbewertungsverfahren dienen dazu, sicherzustellen und nachzuweisen, dass ein Hersteller eines Produkts alle relevanten Anforderungen, die die einschlägigen Rechtsnormen an sein Produkt stellen, erfüllt. Manchmal darf ein Hersteller ein Konformitätsbewertungsverfahren selbst durchführen. Aber je risikobehafteter ein Produkt bzw. sein Einsatzgebiet ist, desto üblicher ist es, dass das Verfahren *durch Dritte* erfolgen muss, um ein höheres Maß an Neutralität und Vertrauenswürdigkeit zu gewährleisten.

#### 4.1.4.5 Zurück zur MP-VO

Wir müssen nun also (leider) noch einmal genauer in die MP-VO schauen und nachvollziehen, ob und, wenn ja, welche Art von Konformitätsbewertungsverfahren hier für unseren Fall vorgesehen ist. (Wie gesagt, es wird kompliziert - wir haben Sie gewarnt.) Die MP-VO sieht vor, dass Hersteller, bevor sie ein Medizinprodukt in Verkehr bringen, „eine Bewertung der Konformität des betreffenden Produkts [mit dem Unionsrecht] im Einklang mit den in den Anhängen IX bis XI aufgeführten geltenden Konformitätsbewertungsverfahren" durchführen müssen (Art. 52 Abs. 1 MP-VO). Aus dieser Formulierung wird ersichtlich, dass die MP-VO nicht nur *ein*, sondern mehrere dieser Verfahren regelt. Welches Verfahren konkret anzuwenden ist, ist abhängig davon, in welche sogenannte Risikoklasse ein konkretes Produkt eingeordnet wird, und ergibt sich aus den Absätzen 2 bis 6 des Art. 52 MP-VO in Verbindung mit den Anhängen IX bis XI. Nur die Risikoklassen IIa, IIb und III erfordern eine externe Bewertung[45] des Produkts (bzw. genauer: der „technischen Dokumentation"[46], die der Hersteller erstellen muss), wohingegen Medizinprodukte der Risikoklasse I vom Hersteller selbst bewertet werden dürfen.

Damit unsere Tablet-Software als Hochrisiko-*KI*-System einzuordnen ist, müsste sie also mindestens in die Risikoklasse IIa im Sinne der MP-VO fallen.

Welcher Risikoklasse ein Medizinprodukt zuzuordnen ist, richtet sich gem. Art. 51 Abs. 1 S. 2 MP-VO nach Anhang VIII der Verordnung. Für Software, welche unabhängig von anderen Produkten arbeitet,[47] existieren zwei Regeln, die einschlägig sein könnten: Zum einen ist das die Software ausdrücklich erfassende Regel 11, aufzufinden in Anhang VIII Kapitel III Nr. 6.3: „Software, die dazu bestimmt ist, Informationen zu liefern, die zu Entscheidungen für diagnostische oder therapeutische Zwecke herangezogen werden, gehört zur Klasse IIa [...]". Gleiches gilt, wenn die Software „für die Kontrolle von physiologischen Prozessen bestimmt ist". Ist die Software „für die Kontrolle von vitalen physiologischen Parametern bestimmt, wobei die Art der Änderung dieser Parameter zu einer unmit-

45 Zuständig sind die sogenannte „Benannten Stellen", bei denen es sich um „die Prüf- und Zertifizierungsstellen, die von der zuständigen Behörde des jeweiligen Mitgliedslandes ausgewählt werden", handelt, siehe *Wagner*, in: Rehmann/Wagner (Hrsg.), MP-VO, Vor Art. 35 MP-VO Rn. 1.

46 Siehe Art. 52 Abs. 3, 4 und 6 MP-VO i. V. m. Art. 10 Abs. 4 S. 1 der MP-VO; zur genauen Ausgestaltung der Dokumentation siehe die Anhänge II und III der MP-VO. Zentrale Vorgabe ist, dass die Dokumentation so ausführlich sein muss, dass anhand ihrer bewertet werden kann, ob das jeweilige Produkt die Vorgaben der MP-VO erfüllt (Art. 10 Abs. 4 S. 2 MP-VO).

47 Wir gehen davon aus, dass dies auch hier der Fall ist. Bei Software, die ein Produkt steuert oder dessen Anwendung beeinflusst, wird diese gem. Anhang VIII Kapitel II Nr. 3.3. MP-VO derselben Klasse zugerechnet wie das Produkt. Dies wäre hier der Fall, wenn es sich bei der Software etwa um das Betriebssystem des Tablets handeln würde. Es erscheint jedoch naheliegender, die verwendete KI-Software als eigenständig und nicht notwendig das Tablet steuernd anzusehen.

telbaren Gefahr für den Patienten führen könnte[, dann] wird sie der Klasse IIb zugeordnet". Falls Entscheidungen, die auf Grundlage der von der Software gelieferten Informationen getroffen werden, „eine schwerwiegende Verschlechterung des Gesundheitszustands einer Person oder einen chirurgischen Eingriff" verursachen, dann gilt ebenfalls die Risikoklasse IIb. Und können diese Entscheidungen sogar „den Tod oder eine irreversible Verschlechterung des Gesundheitszustands einer Person" verursachen, dann befinden wir uns in Risikoklasse III. Jegliche *sonstige* Software, die die soeben genannten Kriterien nicht erfüllt, wird nach dem letzten Satz der Regel 11 der Risikoklasse I zugeordnet.

Eine gesonderte und in ihrem Anwendungsbereich präzisere – wenn auch in den Folgen nicht wesentlich andere – Klassifizierung ergibt sich aus Regel 10 und ist für solche Medizinprodukte vorgesehen, bei denen es sich nach Anhang VIII Kapitel 1 Nr. 2.5. um ein sogenannte „[a]ktives Produkt zu Diagnose- und Überwachungszwecken" handelt. Dass auch Software als „aktives Produkt" gilt, folgt aus Art. 2 Nr. 4 S. 3 MP-VO. Die besagte Regel 10, zu finden in Anhang VIII Kapitel III Nr. 6.2., ordnet u.a. „[a]ktive Produkte zu Diagnose- und Überwachungszwecken" Risikoklasse IIa zu, „wenn sie dazu bestimmt sind, eine direkte Diagnose [...] zu ermöglichen [...]". Was eine „direkte Diagnose" ist, beantwortet Anhang VIII Kapitel II Nr. 3.7., in welchem es heißt:

> „Ein Produkt wird als Produkt angesehen, das eine direkte Diagnose ermöglicht, wenn es die Diagnose der betreffenden Krankheit oder des betreffenden Gesundheitszustandes selbst liefert oder aber für die Diagnose entscheidende Informationen hervorbringt".

Das klingt in der abstrakten Beschreibung doch stark nach dem, was auch die in dieser Station verwendete Software spätestens mit dem Übergang in das von Frau Navarro genutzte Entscheidungsunterstützungssystem leistet, insofern es ihr „erste Einschätzungen" zur Diagnose von Herrn Müller gibt. Setzen wir voraus, dass die Zweckbestimmung des Herstellers der Tablet-Software genau diese Einsatzzwecke umfasst, dann ist von einer Einordnung in Risikoklasse IIa auszugehen, da unser System mehr macht, als nur Informationen zu liefern, sondern diese auch selbst auswertet und Einschätzungen zu möglichen Diagnosen bereitstellt. Materiell durchaus einschlägig, fällt uns eine Klassifizierung alleine auf Basis von Regel 10 allerdings insofern schwer, als uns Details zur genauen technischen Ausgestaltung der Tablet-Software fehlen. Laut Fallbeschreibung gibt Herr Müller zunächst seine Informationen – bei Bedarf Chat-unterstützt – in das Tablet ein. Nach Abschluss dieser Anamnese werden die Daten gesammelt, durch das EUS analysiert und erste Diagnosen an Frau Navarro weitergegeben. Je nach technischer Ausgestaltung könnte es durchaus sein, dass beide Schritte, auch mit Blick auf die verwendete Software, separat ablaufen. Eine Klassifizierung der zeitlich zuerst zu bedienenden Tablet-Komponente alleine auf Grundlage derjenigen des erst darauf folgenden, potenziell technisch unabhängigen EUS vorzunehmen, wäre somit fehlerhaft. Zweifel an einer Klassifizierung anhand der Regel 10 bestehen auch deshalb, weil eine wirkliche Diagnose ja noch nicht erfolgt. Blickt man noch einmal in Anhang VIII Kapitel II Nr. 3.7 zur MP-VO, dann ist die Rede davon, dass das Produkt „*die* Diagnose der betreffenden Krankheit" selbst liefern oder „entscheidende Informationen" dafür hervorbringen muss. Das System tut hier allerdings nicht wesentlich mehr als die Informationen, die Herr Müller selbst bereitstellt, zu analysieren und darauf basierende *denkbare* Diagnosen (Plural!) vorzuschlagen. Es scheint nicht so konzipiert zu sein, dass das ausgeworfene Ergebnis des EUS hier in irgendeiner Form bereits eine *finale* Einschätzung sein soll („*die* Diagnose", Singular), auf deren Grundlage dann die weiteren Behandlungsschritte geplant werden. Sollte die Anamnese-KI aber z.B. so adaptiv gestaltet sein, dass sie – abhängig von den Eingaben von Herrn Müller – bestimmte Diagnosen *ausschließt*, dann könnte wieder überlegt werden, ob das nicht für Nr. 3.7 i.V. mit Regel 10 ausreicht.[48]

48 Vgl. OLG Hamburg, Urt. v. 20.6.2024, Az.: 3 U 3/24 = PharmR, 2024, 451. Gegenständlich war in einem dem hiesigen recht ähnlichen Fall die Klassifizierung einer „Hautarzt App", welche die Möglichkeit bietet, Bilder von Hautkrankheiten an Dermatologen zur Diagnosestellung zu senden. Notwendig auszufüllender Bestandteil dieser App ist ein Anamnese-Fragebogen. Dieser ist zwar nicht KI-gestützt, allerdings verändern sich im Laufe des Ausfüllens die Fragen, je nachdem, was der Patient vorher ausgewählt hat (als Beispiel wird genannt, dass beim Auswählen von „Hautausschlag" Fragen zur beruflichen Tätigkeit folgen, beim Auswählen von „Muttermal/Leberfleck" aber beispielsweise Fragen zu Allergien oder Vorerkrankungen (S. 451). Die Entwicklerin der App gab hier eine eigene Klassifizierung in Risikoklasse I an, basierend auf der Klassifizierungsregel 11. (Wir erinnern uns, dass der letzte Satz der Regel 11 lautet: „Sämtliche andere Software wird der Klasse I zugeordnet.") Argumentiert wurde vor Gericht dafür so, dass Regel 11 verlange, „dass die Software über die reine Datenübermittlung hinaus Leistungen erbringe, die dem behandelnden Arzt die Diagnose erleichterten und damit einen eigenen Beitrag zu [sic] Diagnose liefere" (S. 452). Dies sei bei der App, die sich nach Ansicht der Entwicklerin auf das reine Überliefern der vom Patienten eingegebenen Daten beschränkt, allerdings nicht der Fall, es entstehe deshalb kein „irgendwie geartetes Patientenrisiko [...], das es durch eine höhere Klassifizierung abzumildern gelte" (S. 452). Das OLG folgte dieser Auffassung nicht und liefert hierfür eine Reihe von Begründungen. So sei

Wir belassen es hierbei; es war uns wichtig, neben Regel 11 auch Regel 10 einmal vorzustellen, um zu zeigen, dass die MP-VO aus der ‚Vor-KI-Zeit' in mehrfacher Hinsicht zukunftsoffen formuliert ist.

Konzentrieren wir uns nun noch einmal auf Regel 11 und versuchen, diese auf unseren Fall anzuwenden. Für uns relevant ist vor allem die Frage, ob die von Herrn Müller und Frau Navarro im Rahmen der Aufnahme genutzte KI-gestützte Tablet-Anamnese- und die EUS-Software der Risikoklasse I oder einer der anderen drei Klassen zuzuordnen ist. In letzterem Fall hätte die Software ein Konformitätsbewertungsverfahren durch Dritte, eine „Benannte Stelle", durchlaufen müssen und würde somit das zweite Kriterium zur Annahme eines Hochrisiko-KI-Systems aus Art. 6 Abs. 1 lit. b KI-VO, erfüllen. Und hier scheint der Fall nicht allzu komplex zu liegen, es erscheint sogar naheliegend, anhand der gegebenen Informationen eine genaue Klassifizierung anhand der Regel 11 aus Anhang VIII der MP-VO vornehmen zu können: Die Software nutzt die vom Patienten eingegebenen Informationen sowie „vergleichbare Fälle einer Datenbank eines Drittanbieters" und stellt darauf basierend „erste Einschätzungen" bereit, die auf einer Auswertung dieser Informationen basieren. Die Frage, woher diese vergleichbaren Fälle stammen, ist zentral für die Qualität der maschinellen Diagnosen und wird von der KI-VO auch stark thematisiert; diesen Punkt beleuchten wir gleich im Rahmen der Untersuchung des Herrn Müller. Hier geht es zunächst nur um das *Ob* der Regulierung. Und hier haben wir die recht eindeutige Angabe, dass die KI-Software erste Einschätzungen (hinsichtlich einer möglichen Diagnose) von Herrn Müllers Gesundheitszustand anbietet. Damit wären wir also bei Risikoklasse IIa im Sinn der MP-VO, ein Konformitätsbewertungsverfahren *durch Dritte* wäre demnach durchzuführen, und das heißt, dass das System damit zugleich als Hochrisiko-System im Sinn der KI-VO einzustufen ist.

Aber Moment: Wir haben ja noch den Hinweis, dass diese vorläufigen Einschätzungen nur als „Referenzpunkte" für Frau Navarro dienen und

die vorgebrachte Auslegung zu eng und spiegele nicht den Verordnungszweck wider; so verlange Regel 11 keine besondere Risikoerhöhung für eine Einordnung in Regel IIa, und dort, wo sie es doch tut, nämlich hinsichtlich einer Einordnung in die Risikoklassen IIb und III, gebe sie diese auch explizit an (S. 454). Funktionell erfülle die App hier ebenfalls Regel 11 S. 1, indem sie nicht ungefiltert alle Informationen des Patienten lediglich übermittelt, sondern weitergehende Fragen abhängig von den vorherigen Antworten des Patienten macht. Hinsichtlich einer hypothetischen Funktionalität, die mehr als nur bloße Informationslieferung bietet, also etwa selbst Diagnosen hinsichtlich der aufgenommenen Hautfotos vornimmt, hält das Gericht dann eher eine Klassifizierung nach Regel 10 für naheliegend (S. 453).

von ihr später noch einmal überprüft werden (sollen/müssen). Ist dieser Umstand menschlicher Kontrolle und Letztverantwortung, dieser – in der Diskussion um den Einsatz von KI immer wieder auftauchende – *Human in the loop*, an dieser Stelle vielleicht schon rechtlich relevant?

Auf den ersten Blick scheint es tatsächlich so zu sein: Der Wortlaut der Regel 11 – „[...] herangezogen *werden* [...]" – scheint nahezulegen, dass für die Erfüllung der Regel 11 das *konkrete* Handeln des jeweiligen Arztes entscheidend ist, also nur dessen Entscheidung, ob er die softwareseitig gelieferten Informationen im konkreten Fall für die nachfolgend getroffene diagnostische oder therapeutische Entscheidung tatsächlich nutzt – oder ob er oder sie alles noch einmal selbst prüft.[49] *Gegen* eine solche Interpretation lässt sich jedoch der oben bereits angesprochene Grundsatz anführen, dass maßgeblich für die Einordnung eines Medizinproduktes nicht der *tatsächliche* Einsatz, sondern die vom Hersteller stammende Zweckbestimmung ist. Nur so kann verhindert werden, dass der Hersteller für Einsatzzwecke zur Verantwortung gezogen wird, die er überhaupt nicht beabsichtigt hat.[50]

Für die Risikoklassifizierung der hier verwendeten Software nach der MP-VO ist es also ganz unerheblich, ob Frau Navarro die ausgeworfenen Ergebnisse nur als Referenz nutzt oder gar unbesehen zur Grundlage weiterer Behandlungen macht. Wichtig ist allein, ob der Hersteller gemäß der Zweckbestimmung seines Produktes eine Informationslieferung für diagnostische oder therapeutische Zwecke intendiert hat.

Aus einem anderen Grund sind Wortlaut und Struktur von Regel 11 Satz 1 für uns noch von Interesse: Sie zeigen nämlich, welche besonderen Herausforderungen daraus resultieren, dass ‚altes' Recht (hier konkret: aus der Zeit vor dem KI-Hype) nun auf ‚neue' Lebensrealitäten angewandt werden soll und muss (hier also: das KI-Tablet in den Händen von Herrn Müller). Fast immer wird Recht gemacht, um *Bekanntes*, Schon-so-Gesehenes für die Zukunft zu regeln. KI aber ist neu und war, als Regel 11 geschrieben wurde, in dem Maße ihrer heutigen Leistungsfähigkeit und Verbreitung unbekannt. Und dennoch kann das Recht hierzu nicht einfach schulterzuckend schweigen. Genau das lässt sich an Regel 11 schön studieren: Sie setzt offensichtlich eine ganz bestimmte *Arbeitsteilung* voraus, der zufolge die Software zwar Informationen liefert, die darauf aufbauenden „Entscheidungen für diagnostische oder therapeutische Zwecke" aber offenkundig[51] als *menschliche* angesehen werden. Der hier vorliegende Fall ist aber zu-

49 *Prütting/Wolk*, MedR 2020, 359 (363).
50 *Prütting/Wolk*, MedR 2020, 359 (363).
51 Da die MP-VO keine eigenen KI-Regulierungs-Komponenten enthält.

mindest *prima facie* insoweit anders, als die Software mehr leistet, als nur Informationen zu liefern, indem sie selbst Initialdiagnosen erstellt (unabhängig davon, ob diese für weitergehende menschliche Entscheidungen einen Beitrag leisten). Die hier verwendete Software schlussfolgert aus den erhaltenen Daten in Kombination mit Wissensgrundlagen, sie funktioniert eben mit KI-Methoden. Gleichzeitig ist die ausgeworfene Initialdiagnose selbst eine Information oder eine Zusammenstellung von Informationen, deren Zweck es offensichtlich ist, weitergehende Entscheidungen zu treffen, mögen sie diagnostischer oder therapeutischer Natur sein. Letztlich geht es also um Semantik, um die Bedeutung des Begriffs der *Information*; gerade deswegen macht das Beispiel deutlich, dass die Anwendung bestehender Gesetze auf neue Technologien alles andere als simpel ist.

#### 4.1.4.6 Ergebnis: Wir haben ein Hochrisiko-KI-System

Wir können davon ausgehen, dass die Software – nach dem soeben Gesagten – zumindest den ersten Satz der Regel 11 aus Anhang VIII der MP-VO erfüllt, also nochmals: Wir haben eine Zweckbestimmung dahingehend, dass „Informationen [geliefert werden sollen], die zu Entscheidungen für diagnostische oder therapeutische Zwecke herangezogen werden." Und das setzt nun die Normen-Abfolge in Gang, an deren Ende wir bei der Einordnung der Software als Hochrisiko-KI-System im Sinn der KI-VO landen: Es ist zumindest eine Einordnung in Risikoklasse IIa vorzunehmen, woraus die Anordnung eines der beiden Konformitätsbewertungsverfahren nach Art. 52 Abs. 6 MP-VO folgt; beide sehen die Bewertung der technischen Dokumentation vor, was die Beteiligung der *Benannten Stelle* bedeutet und somit für ein Konformitätsbewertungsverfahren *durch Dritte* im Sinne des Art. 6 Abs. 1 lit. b KI-VO sorgt.

Die kumulativen Anforderungen aus Art. 6 Abs. 1 der KI-VO wären somit erfüllt, d.h. die KI-Software stellt ein der MP-VO unterfallendes Medizinprodukt dar (erste Voraussetzung) und sie müsste einem Konformitätsbewertungsverfahren durch Dritte unterzogen werden (zweite Voraussetzung). Die Software wäre somit als Hochrisiko-KI-System einzuordnen und das gesamte komplexe Arrangement, das die KI-VO für den Einsatz solcher Systeme aufstellt, greift. Was dieses Arrangement unter anderem umfasst, erläutern wir beispielhaft in Station 3 (vgl. Kap. 4.3.4), weil dort ein besonders kritisch zu bewertendes KI-System zur Behandlung von Herrn Müller eingesetzt werden soll.

**Key take-aways**

- Zentrale Vorgaben für die rechtliche Einordnung medizinischer KI-Systeme enthalten die MP-VO und die KI-VO.
- Für die Einordnung einer KI-Anwendung als Medizinprodukt i. S. der MP-VO ist die entsprechende – wissenschaftlich haltbare – Zweckbestimmung des Herstellers entscheidend.
- KI-basierte Medizinprodukte werden in den allermeisten Fällen als Hochrisiko-KI-Systeme gem. Art 6 ff. KI-VO einzuordnen sein, nämlich dann, wenn sie der Risikoklasse IIa (oder höher) der MP-VO entsprechen.
- Die KI-VO trifft gesonderte Regelungen zu KI-Modellen mit allgemeinem Verwendungszweck, wie z.B. ChatGPT, die von den Risikoklassen der MP-VO unabhängig sind.

## *4.2 Station 2: Untersuchung und OP des Primärtumors*

Nach dem Ausfüllen des digitalen Anamnesebogens mit Hilfe seiner Frau dauert es noch einige Zeit, bis Herr Müller schließlich in ein Behandlungszimmer begleitet wird. Dort misst eine Pflegefachperson zunächst Herrn Müllers Herzfrequenz und seinen Blutdruck und gibt die Werte in die elektronische Patientenakte (ePA) des Krankenhausinformationssystems (KIS) ein. Kurz darauf kommt die Assistenzärztin Frau Navarro zusammen mit einem Medizinstudenten im PJ in das Zimmer. Während der Student die durch den Patienten eingegebenen Daten überprüft, führt Frau Navarro bei Herrn Müller erste körperliche und neurologische Untersuchungen durch (Herzauskultation, Motorik und Koordinationstests etc.), deren Ergebnisse über das Tablet gleich in die digitale Patientenakte von Herrn Müller eingetragen werden.

Die Ärztin kann nun auch auf bereits vorhandene Datenbestände aus vorherigen, an der Uniklinik behandelten Fällen sowie diversen medizinischen Datenbanken zugreifen und so eine erste Einschätzung von Herrn Müllers Gesundheitszustand vornehmen. Auf Grundlage der vorhandenen Informationen und in Rücksprache mit dem leitenden Oberarzt entscheidet sich Frau Navarro dazu, Herrn Müller Blut abzunehmen und eine Computertomographie (CT) des Kopfes in der Notaufnahme durchführen zu lassen.

In den CT-Aufnahmen erkennt Frau Navarro mit Hilfe einer KI Auffälligkeiten, die auf Metastasen im Gehirn hindeuten. Das Ergebnis bespricht sie wieder mit dem leitenden Oberarzt. Beide entscheiden sich dazu, Herrn Müller zu einer weiteren Untersuchung in die Radiologie zu überweisen.

Zur Lokalisation des die Metastasen verursachenden Primärtumors wird dort eine ganzkörperliche Bildgebung durchgeführt (durch PET-CT oder CT des Körpers). Die radiologische Untersuchung ergibt den dringenden Verdacht, dass Herr Müller Darmkrebs hat, konkret ein kolorektales Karzinom. Diese Diagnose wird durch weitere Verfahren wie eine Koloskopie mit Biopsie des Tumors durch die jeweils zuständigen Fachabteilungen bestätigt.

In einer multidisziplinären Tumorkonferenz mit Beteiligung aus der Gastroenterologie, Neurologie, Onkologie, Strahlenklinik und Radiologie werden daraufhin die Ergebnisse aller Untersuchungen besprochen. Aufgrund des ausgedehnten Befundes mit bereits vorhandenen Hirnmetastasen wird entschieden, Herrn Müller eine symptomatische Tumortherapie anzubieten; sie hat das Ziel, die Lebensqualität von Herrn Müller in den Monaten, die ihm bleiben, möglichst hoch zu halten.

Da eine Blockade des Dickdarms droht, wird sich für eine operative Entfernung des Tumors entschieden. Die OP verläuft komplikationsfrei. Im Anschluss empfiehlt die zuständige leitende Oberärztin die Behandlung von Herrn Müllers Hirnmetastasen in der Strahlenklinik des Universitätskrankenhauses.

## 4.2.1 Soziologische Betrachtung: Von Digital Doubles bis Datenschutz – Herausforderungen einer datengetriebenen Medizin

Stephan Graßmann, Sabine Pfeiffer und Lilian Zargartalebi

### 4.2.1.1 Einleitung

Nach der Aufnahme von Herrn Müller in der Klinik beginnt mit der zweiten Station der diagnostische Abschnitt seines Patientenwegs. Neben der digitalen Anamnese besteht dieser auch aus einer ersten Untersuchung und mündet in einer Verdachtsdiagnose. Durch die Digitalisierung der Anamnese und den Einsatz digitaler Tools bei der Erstuntersuchung ergeben sich in dieser Station eine Vielzahl unterschiedlicher arbeitsbezogener Konsequenzen, insbesondere hinsichtlich des Wechselspiels zwischen technischer Infrastruktur, ärztlichem Personal und dem Patienten Müller. Technik, Patient:in und Arzt bzw. Ärztin lassen sich dabei als drei Ecken eines Dreiecks vorstellen. Zentral für das Gelingen einer jeden Diagnose ist die Koordination und der Austausch von Informationen zwischen diesen drei Akteur:innen. Je besser und direkter die Schnittstellen zum Informationsaustausch, desto verlässlicher und reichhaltiger sind folglich die vorliegenden Informationen und Daten, die zur Diagnostik und Therapieplanung herangezogen werden können. Dies gilt auch in Zeiten der Digitalisierung, insbesondere für die Schnittstelle zwischen Ärztin und Patient, denn nur über die direkte menschliche Kommunikation können auch die subjektiven Empfindungen des Patienten erfasst oder gezielt adressiert werden (z.B. Angst vor der Diagnose und/oder Behandlung).

### 4.2.1.2 Datengetriebene Diagnostik: Neue Perspektiven und offene Fragen

In der Versorgung von Herrn Müller erweist sich die kontinuierliche Erhebung und Verarbeitung von Gesundheitsdaten als Grundlage für das medizinische Handeln. Durch die Echtzeit-Integration der Daten in die Behandlung erschließen sich für das ärztliche Personal schon während der Untersuchung personenbezogene Informations- und Wissensstände, die das Potenzial haben, die akute Untersuchung weitreichend (neu) zu kontextualisieren. Freilich ist die Kontextualisierung von Informationen im Zuge der Untersuchung nichts anderes als das Kernstück jeder diagnostischen Leistung in der Medizin. Eine erfolgreiche Diagnose besteht somit zunächst in der Sammlung und Bündelung aller zugänglichen Informationen und ihrer Kontextualisierung. Allerdings ist die Diagnostik – zumindest bislang – ein kognitiver und erfahrungsgeleiteter Prozess, bei dem der Arzt oder die Ärztin die zugängigen (objektiven wie subjektiven) Informationen kombiniert und interpretiert, um die wahrscheinlichste Erklärung für die Beschwerden des Patienten zu finden. Durch den zunehmenden Einsatz von Big Data und KI könnte diese bisher rein personen- und kontextgebundene Tätigkeit in Zukunft parallel durch digitale Anwendungen ergänzt werden. Dabei wird unter anderem die Rolle von Daten und des Datenschutzes zu einem zentralen Thema: Die Erfassung, Verarbeitung und Verfügbarkeit personen- und gesundheitsbezogener Daten über multiple digitale Schnittstellen hinweg erfordern angemessene Regulierung und ein differenziertes Verständnis der Dynamiken zwischen technischer und rechtlicher Kontrolle. Im Zuge der Digitalisierung zeigt sich deutlich, dass die Verbreitung neuer Technologien auch eine grundlegende Neuorientierung und Neubewertung im Umgang mit Daten, Informationen und Methoden mit sich bringt. Dabei stellt sich u.a. die Frage, welche Informationen als Grundlage für Entscheidungen herangezogen werden dürfen, sollen oder müssen, oder noch grundlegender: welche Daten überhaupt als valide gelten, welche Kriterien erfüllt sein müssen, damit sie als verlässliche Daten bezeichnet werden können – und für welche Akteursgruppen diese Definitionen schließlich relevant sind. Diese Fragen gewinnen im Kontext der fortschreitenden Datafizierung in der Medizin (Kent 2023) immer weiter an Dringlichkeit, da sich durch die Verbreitung datenverarbeitender Systeme und Algorithmen tiefgreifende Implikationen für die Wissensproduktion, genauso wie für die Entscheidungsfindung abzeichnen. Beispielsweise ist weitgehend ungeklärt, was passiert, wenn die Einschätzung des ärztlichen Personals und die Empfehlung eines datenbasierten KI-Systems zu grundsätzlich unterschiedlichen Diagnosen oder zu voneinander abweichenden Einschätzungen des Schweregrads bei gleicher Diagnose kommen.

Die durch die Digitalisierung ermöglichte Integration und Verfügbarkeit von Daten eröffnet neue Möglichkeiten für Diagnostik und Therapieplanung, wirft jedoch auch erhebliche Fragen zur Kontrolle, Sicherheit und Reliabilität[52] sensibler Gesundheitsdaten auf. Dies zeigt sich auch in der

---

52 Unter Reliabilität wird die Zuverlässigkeit oder Genauigkeit, mit der ein Messverfahren konsistente und wiederholbare Ergebnisse liefert, verstanden. Da Gesundheitsdaten von Lai:innen oft nicht unter kontrollierten Bedingungen erhoben werden (z. B. über Gesundheits-Apps oder Wearables), kann die Reliabilität dieser Daten mitunter problematisch sein. Messfehler, inkonsistente Anwendungsweisen oder fehlendes

Konstellation unseres Falles, in der die Assistenzärztin gemeinsam mit einem Medizinstudenten direkt auf die Patientenakte zugreift und dabei Daten aus früheren Behandlungen sowie aus aktuellen Forschungsergebnissen einbezieht. Diese Situation verweist auf die immer weiterwachsende Bedeutung und zentrale Rolle digitaler Systeme im klinischen Alltag und zeigt zudem exemplarisch, wie digitale Tools und Plattformen klinische Entscheidungsfindungen strukturieren und neue Interaktionsformen etablieren. Im Behandlungszimmer wird somit deutlich, wie digitale Technologien die Arbeitsabläufe verändern.[53] Die behandelnde Ärztin, Frau Navarro, kann auf die hinterlegten Informationen zugreifen und sich anhand der gegebenen Informationen ein Bild von ihrem Patienten machen. Die von ihr durchgeführten körperlichen Untersuchungen ergänzen die Daten, die bis dahin bereits von Herrn Müller erhoben wurden. Während Frau Navarro sich dabei auf einer ganzheitlich-perzeptiven Ebene einen Eindruck von ihrem Patienten verschaffen kann, arbeitet die sie unterstützende KI lediglich auf Basis der eingespeisten und formalisierten Daten.

Daten (ob objektiviert oder subjektiv) bilden die Grundlage jeglicher medizinischen Entscheidung und strukturieren die Interaktionen zwischen Ärzt:innen, Patient:innen und Technologie, indem sie z.B. festlegen, welches Wissen handlungsleitend wirksam wird. Im Fokus dieser zweiten Station möchten wir uns daher insbesondere der Bedeutung von Daten und des Datenschutzes im medizinischen Alltag widmen. Was bedeutet es eigentlich, in eine Datenschutzerklärung einzuwilligen? Wie wird Datenerhebung und Datenschutz im öffentlichen Diskurs verhandelt? Wie beeinflusst die Preisgabe persönlicher Informationen die (Macht-)Beziehungen zwischen den Akteur:innen einer Patientenbehandlung? Was bedeutet es schließlich, dass KI mit formalisierten Daten arbeitet? Das Thema Daten und Datenschutz spannt weit, insbesondere da es sich bei Gesundheitsdaten um besonders sensible Daten handelt, deren Offenlegung zu Diskriminierungen führen kann. Beginnen möchten wir unsere Analyse mit einer kurzen Darstellung des rechtlichen Rahmens des Datenschutzes in Deutschland, um daran einige allgemeine Überlegungen anzuschließen.

---

Fachwissen können die Genauigkeit stark beeinträchtigen, wodurch das Vertrauen in die Daten für medizinische Entscheidungen limitiert ist.

53 Die zunehmend zentrale Stellung digitaler Daten und darauf basierende KI-Aussagen bergen die Gefahr, dass für die Diagnose unter Umständen ebenfalls wichtige Informationen des:der Patient.in oder der Angehörigen und die zudem flankierende (oftmals kontextrelevante) emotionale Seite der Kommunikation in den Hintergrund geraten.

#### 4.2.1.3 Rechtliche Rahmenbedingungen und individuelle Perspektiven

Im Kontext sensibler personenbezogener Daten bildet in Deutschland das Recht auf informationelle Selbstbestimmung die Grundlage dafür, dass Individuen selbst darüber entscheiden können, welche personenbezogenen Daten sie preisgeben und wie diese verwendet werden dürfen (Steinbicker 2019, S. 81). Dies umfasst nicht nur den Schutz vor unbefugtem Zugriff, sondern auch den Schutz vor missbräuchlicher Nutzung. Ein darüber hinaus explizit im Grundgesetz festgeschriebenes ‚Datenschutzrecht' existiert jedoch nicht. Es handelt sich ferner um ein abgeleitetes Recht, das sich in den grundrechtlich geschützten Persönlichkeitsrechten begründet.[54] Seit 2016 wurde der Schutz personenbezogener Daten in Form der Datenschutz-Grundverordnung (DSGVO) durch die Europäische Union in Europa vereinheitlicht, wobei auch hier der Datenschutz primär dem Schutz der Grundrechte und Grundfreiheiten natürlicher Personen gilt. Das Deutsche Datenschutzrecht wurde so unter anderem um eine umfassende Dokumentationspflicht der Datenschutzumsetzung und einer Informationsverpflichtung der für die Erhebung Verantwortlichen gegenüber den Betroffenen ergänzt. Gleichzeitig wurden die Rechte der Betroffenen um das Recht auf Auskunft und das Recht auf Löschung ausgeweitet. So spiegelt die Gesetzgebung zunächst den Wert und die Sensibilität personenbezogener Daten. Gleichzeitig verdeutlichen sich dadurch auch die Machtverhältnisse zwischen Individuen auf der einen Seite und (gesellschaftlichen) kollektiven Akteuren, z.B. dem Staat, Organisationen oder Unternehmen, auf der anderen Seite. Das Bestreben, das Individuum in seinen Rechten weitestgehend zu stärken und kollektive Akteur:innen in ihrer Handlungsmacht zu beschränken, stellt vor diesem Hintergrund zugleich einen Versuch dar, die Machtposition von kollektiven Akteur:innen gegenüber Individuen einzuhegen.

54 Das Bundesverfassungsgericht leitete das Recht auf informationelle Selbstbestimmung schon 1983 im sogenannten Volkszählungsurteil aus dem allgemeinen Persönlichkeitsrecht (Art. 2 Abs. 1 i.V.m. Art. 1 Abs. 1 GG) ab. Damit betonten die Verfassungsrichter, dass die digitale Datenverarbeitung die Selbstbestimmung der freien Entfaltung der Persönlichkeit gefährdet, da eine umfassende Erfassung, Vernetzung und Auswertung von Daten zu einer lückenlosen Überwachung und Kontrolle einzelner Personen führen könnte. Das Verfassungsgericht erkannte hier die potenzielle Gefahr, dass Individuen ihre Handlungen (wie in Foucaults Panoptikum (Foucault 1994)) an der Möglichkeit einer Beobachtung durch Dritte ausrichten und dadurch in ihrer Freiheit und freien Entfaltung eingeschränkt werden könnten.

Die in unserer Fallkonstruktion zu tragen kommenden Gesundheitsdaten beinhalten besonders intime und sensible Daten, die dementsprechend als außerordentlich schützenswert gelten (BMI o. J.). Die Wichtigkeit dieser Daten wird besonders ersichtlich im Angesicht der negativen Auswirkungen und Gefahren einer Zweckentfremdung oder eines Missbrauchs. So können Empfänger sensibler Diagnosen, wie beispielsweise HIV- oder psychischer Erkrankungen, oft Opfer gesellschaftlicher Stigmatisierung werden (Deutsche Aidshilfe e.V. 2024; vgl. z.B. Mau 2017, 15ff., Pärli & Naguib 2012). Da der Schutz vor Datenmissbrauch und die Sicherstellung der Kontrolle personenbezogener Daten nicht allein juristische Thematiken darstellen, sondern auch ethische und – für uns besonders zentrale – soziale Dimensionen beinhalten, möchten wir uns im Folgenden diesen sozialen Implikationen datenschutzrechtlicher Prinzipien zuwenden.

Die Privatsphäre markiert einen essenziellen ‚Schutzraum' für die (politische) Souveränität des Individuums. Gerade in Hinsicht auf diese Funktion ist die mitunter technisch verstärkte, zunehmende Diffusion der öffentlichen Sphäre in die Sphäre des Privaten eine potenziell problematische Entwicklung. Denn in Abwesenheit eines geschützten Raumes, in dem das Individuum sich frei von normativer Kontrolle durch den sozialen und politischen Kontext entfalten kann, wird die Fähigkeit zur Selbstbestimmung signifikant eingeschränkt. In diesem Kontext müssen die Auswirkungen der Digitalisierung, insbesondere im Hinblick auf die Verarbeitung und Speicherung von Informationen in Form von digitalen Daten, kritisch hinterfragt werden. Denn die durch die Digitalisierung ermöglichte und geförderte Formalisierung, Strukturierung und Konservierung von Informationen bildet eine neue Grundlage für die Art und Weise, wie Wissen generiert, verwaltet und genutzt wird.

Während analoge Informationen einen zeitlich und örtlich begrenzten Zugriff erlauben und eine gewisse Vergänglichkeit aufweisen, zeichnen sich digitale Daten insbesondere durch ihre potenzielle Dauerhaftigkeit, unbegrenzte Verfügbarkeit und Vervielfältigungsmöglichkeiten aus. Informationen und Daten verbleiben im Digitalen – zumindest in der Theorie – zeitlich unbestimmt und unbegrenzt. Durch ihre Ortsunabhängigkeit, Kontinuität und Aggregationsfähigkeit bergen digitale Daten auf der einen Seite große Potenziale für die Qualität sowie Effizienz medizinischer Versorgung, auf der anderen Seite vervielfacht sich aber auch das negative Potenzial eines möglichen Missbrauchs. Aufgrund ihrer ambivalenten Funktion (zugleich Schutzinstrument und Verwertungsressource) erzeugen digitale Daten ein Spannungsfeld zwischen Datenschutz, Privatsphäre und dem öffentlichen Interesse an ihrer Nutzung. Die zunehmende Integration, Anwendung und die daraus resultierende Abhängigkeit von digitalen datenbasierten Systemen verstärkt die Machtasymmetrien zwischen Datenproduzent:in, -verwalter:innen und -nutzer:innen – eine Dynamik die bestehende soziale Ungleichheiten weiter verschärfen könnte.

Die Aggregation von Daten geschieht im medizinischen Kontext natürlich nicht im luftleeren Raum, sondern benötigt sowohl eine entsprechende Infrastruktur als auch qualifiziertes Personal und spezifische Anwendungen, um eine effektive Nutzung der Daten zu gewährleisten. Die zunehmende Erhebung und Ansammlung von Daten ermöglicht indes gänzlich neue Diagnosemöglichkeiten, verschiebt gleichzeitig aber auch die Praxis der Informationsgewinnung immer weiter in Richtung digitaler Daten und zementiert deren Stellenwert in der Versorgung. So entsteht allein durch die Agglomeration von Daten eine Art digitales Negativ bestimmter (digital abbildbarer) Aspekte einer Person. Durch die Kombination einer Vielzahl unterschiedlicher personenbezogener Variablen im Digitalen, lassen sich so schon heute digitale Abbilder unserer Selbst erzeugen, die eine Vielzahl unterschiedlicher Anwendungsmöglichkeiten eröffnen. Sogenannte *Digital Doubles*[55] sind digitale Doppelgänger, die allerdings die komplexe Wirklichkeit kaum zu fassen vermögen (Steinbicker 2019, 91).

In Abgrenzung zu der oft verbreiteten Vorstellung des *gläsernen Menschen* betont das Konzept der Digital Doubles, dass die im Digitalen hinterlassenen Abdrücke immer nur einen Teil der Wirklichkeit abbilden. Denn die Daten entstehen im Kontext ihrer Erhebung in Abhängigkeit zu den Anforderungskatalogen und Priorisierungen der herangezogenen Technik sowie den dahinterstehenden Unternehmen und Organisationen. Durch die Beschränkung der Datenerhebung auf objektivierbare Parameter ist freilich auch das resultierende Abbild nur eine Wirklichkeitsreduktion, die sich als eine spezifische Perspektive bzw. Verengung auf wenige Parameter ausdrücken lässt. Die daraus hervorgehende ‚Daten-Dimension' basiert auf einer systematischen Abstraktion, Reduktion und Standardisierung. Diese Dimension existiert allerdings nicht einfach parallel zu der direkt erfahr-

---

55 *Digital Doubles* (digitale Abbilder) sind virtuelle Repräsentationen von realen Personen, die durch die Erfassung, Analyse und Verarbeitung personenbezogener Daten erstellt werden. Diese Daten können aus verschiedenen Quellen stammen, etwa den sozialen Medien, Gesundheitsakten, Online-Interaktionen oder anderen digitalen Plattformen. In der Medizin sollen digitale Abbilder zu Erstellung personalisierter Behandlungspläne eingesetzt werden, indem sie individuelle Gesundheitsdaten analysieren. Zudem sollen sie helfen, Risikofaktoren bestimmter Therapieoptionen zu identifizieren oder bei der Patientenüberwachung unterstützen.

baren Wirklichkeit, sondern bindet einen neuen Interpretationskontext in unsere Realität ein, wodurch neue Interdependenzen und Reziprozitäten erzeugt werden.

Die zunehmende Fokussierung auf algorithmisch interpretierbare Daten in Diagnose- und Behandlungsprozessen ist somit als Ansatz zu verstehen, durch den Krankheitsbilder oder Symptome in Form von interpretationsfähigen Mustern und Korrelationen auch in der Daten-Dimension sichtbar gemacht werden. Allerdings ist die Reduktion der Realität auf messbare und standardisierte Variablen technisch begrenzt. Diese Limitation erzeugt ein verzerrtes Abbild der tatsächlichen Lebenswirklichkeit, da wichtige, jedoch schwer messbare Faktoren wie individuelle Lebensumstände oder subjektive Faktoren in Datenform nicht ausreichend abgebildet werden können. Viele dieser Faktoren gelten im Kontext medizinischer Daten hingegen eher als Störgrößen. Dieses Verhältnis liegt indes schon in der Funktionslogik der Erhebung begründet, da bereits vorab festgelegt werden muss, was später erfasst werden soll. Die vor der Erhebung getroffenen Entscheidungen werfen so immer einen Schatten voraus auf die erwartbaren Ergebnisse – die resultierenden Kategorien sind in diesem Sinne immer an die vorausgehenden Entscheidungen gebunden. Die Merkmale eines Individuums werden in diese Matrix integriert, durch sie eingehegt und entsprechend standardisiert erfasst (Matthäus 2023, 201). Doch was heißt das konkret?

Die eigentliche Wirkmacht eines Digital Doubles ergibt sich erst aus der Übersetzung individueller Eigenschaften in eine digitale Repräsentation, die durch standardisierte algorithmische Verfahren generiert und für nachfolgende Entscheidungsprozesse genutzt wird. So auch in unserem Fallbeispiel. Das digitale Abbild unseres Patienten Herr Müller wird durch seine Eingaben bei der digitalen Anamnese erzeugt: Seine Angaben werden durch eine KI (wahrscheinlich ein Sprachverarbeitungsmodell) in Kategorien sortiert. Komplexe oder schwammige Beschreibungen seines Zustandes werden dabei entsprechend der Funktionslogik (z.B. Natural Language Processing) der KI in semantische Interpretationskontexte gebracht bzw. mithilfe von Transformer-Architekturen[56] in strukturierte Informationen überführt. Das Bild, das KI von Herrn Müller zeichnet, hilft dabei sein

56 Unter einer Transformer-Architektur oder einem Transformer Modell wird eine spezielle Methodik zur Verarbeitung von sequenziellen Daten verstanden. Das Modell benutzt den sogenannten ‚Self-Attention-Mechanismus' (Vaswani et al. 2017), um Beziehungen zwischen allen Wörtern in einer Eingabesequenz parallel zu analysieren. Dazu wird der Text zunächst in numerische Darstellungen umgewandelt, die als ‚Token' bezeichnet werden. Anschließend erfolgt die Transformation dieser Token

digitales Double schnell und übersichtlich auf relevante und verarbeitbare Daten zu reduzieren, sodass eine Diagnose gestellt werden kann. Gerade in dieser Fähigkeit liegt eine große Stärke derartiger KI-Anwendungen. Gleichzeitig darf aber von uns nicht übersehen werden, was die KI übersieht. Diese ist nämlich blind gegenüber jeder Information, die in ihrem System nicht vorhanden ist. Hinter dieser trivialen Einsicht steckt jedoch eine wichtige Erkenntnis: Denn KI besitzt kein eigenes Metawissen, also ein Wissen über ihr eigenes ‚Wissen'. Genauso fehlt KI ein Sinn dafür, zu erkennen, welche Lücken in Informationen stecken (können) und welche blinden Flecken sie selber besitzt. Dazu fehlt es KI an Möglichkeiten, Sinnzusammenhänge, die zwischen den Zeilen liegen oder die im Kontext sinnlicher, leiblicher Erfahrungen emergieren, zu erfassen. Mit anderen Worten hat KI nicht das, was man in den Neurowissenschaften oder Psychologie als *Metakognition* bezeichnen würde, sie ‚weiß' also nicht, was sie eigentlich macht. Nicht nur deshalb bleiben die physische, perzeptive Untersuchung und der direkte Kontakt zwischen Frau Navarro und Herrn Müller weiterhin ein essenzieller Bestandteil einer umfänglichen medizinischen Anamnese. In der Kontaktsituation zwischen Ärztin und Patient spielen natürlich auch unterschiedliche soziale Faktoren eine entscheidende Rolle für die Dynamik der Interaktion. Einige davon sollen im folgenden Abschnitt etwas detaillierter betrachtet werden.

#### 4.2.1.4 Machtasymmetrien und institutionalisierte Routinen

Damit die Ärztin Frau Navarro dem Patienten Herrn Müller helfen kann, muss dieser Informationen über sich preisgeben.[57] Die Preisgabe erfolgt im rechtlichen Rahmen unter den Bedingungen der Zweckgebundenheit und ärztlichen Schweigepflicht. Der Patient muss dazu aktiv in die Verarbeitung und Speicherung seiner Daten einwilligen. Der Leistungsvollzug von Frau Navarro findet innerhalb der Organisation *Krankenhaus* statt, die Ärztin vertritt also die Organisation in der Interaktion mit dem Patienten. So muss sie sicherstellen, dass Herr Müller sich in die Funktionsabläufe

in Vektoren durch Worteinbettung. Modelle wie BERT oder ChatGPT basieren auf diesem Ansatz.

57 Natürlich gibt es Situationen, in denen Patient:innen nicht aktiv Informationen preisgeben können, etwa bei Sprachbarrieren, Bewusstlosigkeit oder schweren kognitiven Einschränkungen. In solchen Fällen müssen Ärzt:innen auf vorhandene medizinische Unterlagen, Notfalldaten oder Angaben von Angehörigen zurückgreifen.

des Krankenhauses einfügt. Die Einwilligungserklärung in die Datenverarbeitung lässt sich dabei als eine technisierte Routine verstehen, durch die das Rechtssystem in den Funktionsablauf der Krankenbehandlung integriert wird. Den beteiligten Akteur:innen – Ärztin und Patient – bleibt so nur ein begrenzter Handlungsspielraum, um von den vorformatierten Pfaden abzuweichen. Auf diese Weise limitieren Handlungsroutinen, prozedurale Normen und institutionalisierte Praktiken zunächst den möglichen Handlungsraum, allerdings ermöglichen diese Routinen gleichzeitig ein vergleichbar hohes Maß an Handlungssicherheit. Diese Sicherheit, bzw. Vertrautheit mit den Prozessen ist gerade in Hinsicht auf die Praktikabilität und Arbeitseffizienz von großer Bedeutung. So muss nicht bei jeder Patient:innenaufnahme erneut überlegt werden, was zu tun ist, um beispielsweise wie hier den rechtlichen Rahmen des Datenschutzes einzuhalten. Frau Navarro hat dadurch letztlich mehr Zeit und Ressourcen, sich auf das Wesentliche, also den Krankheitsfall von Herrn Müller, zu konzentrieren. Damit die Abläufe in der Organisation des Krankenhauses möglichst frei von Irritationen bleiben, müssen also gewisse (soziale, formale, rechtliche) Prozesse entsprechend der institutionalisierten Praxis eingehalten werden. Dies gilt natürlich auch für die Patient:innen, deren vorrangiges Interesse in einer möglichst hochwertigen Gesundheitsversorgung liegt, wodurch wiederum eine Abweichung von den vorgeschriebenen Handlungsroutinen, formal-rechtlichen Richtlinien und Vorgaben von Seiten der Patientin bzw. des Patienten in der Regel unwahrscheinlich ist. Um überhaupt behandelt zu werden, muss sich Herr Müller also den formalen Regularien und Abläufen anpassen (vgl. Hähnel et al. 2024): Die Prekarität seiner Position zeigt sich somit insbesondere im Angesicht einer möglichen Exklusion von medizinischen und gesundheitlichen Leistungen. Zugespitzt ließe sich formulieren, dass die Asymmetrie der Machtverhältnisse zwischen der Organisation Krankenhaus und dem Patienten bzw. der Patientin wohl nirgends anschaulicher kulminiert als in Form der Zustimmung erfordernden Einwilligungserklärungen. Entweder Herr Müller willigt in die Verarbeitung seiner Daten ein, oder…?

Was ohne Einwilligung passiert, bleibt meistens unklar, denn über die Folgen einer Nicht-Einwilligung wird in der Praxis zumeist nicht aufgeklärt. Möglich ist etwa, dass Herr Müller nicht oder nur eingeschränkt behandelt werden würde, sofern er die Einwilligung verweigern würde. Die Unklarheit der Folgen einer Nicht-Einwilligung erzeugt auf Seiten der Patient:innen ein Gefühl der Unvermeidbarkeit und birgt dadurch nicht zuletzt die Gefahr, Patient:innen in eine passive Rolle zu drängen, ungeachtet der eigentlichen Handlungsautonomie (Zuboff 2019). Gleichzeitig wirken hier die spezifischen sozialen Konventionen, der Interaktion zwischen Ärztin und Patienten. Hinsichtlich der rollenbezogenen Erwartungen des ärztlichen Handelns und des Handelns des Patienten sind die Zuweisungen der Handlungsabläufe klar definiert, sodass beide Parteien ihr Handeln an den institutionalisierten Verhaltensregeln und Handlungsskripten ausrichten können (Vogd 2012, 75). So gibt die Ärztin bzw. der Arzt beispielsweise Anweisungen, denen der:die Patient:in Folge leistet.[58] Ärzt:innen wird dabei (in der Regel) ein hohes Maß an Vertrauen und Respekt gewährt, eine Art Vertrauensvorschuss, der ihnen unabhängig von der eigenen Person, alleine aufgrund ihrer repräsentierten Rolle entgegen gebracht wird (Vogd 2012, 74). Herr Müller wird so vermutlich nicht an der Vertrauenswürdigkeit der Ärztin und dem Nutzen der Datenschutzerklärung zweifeln, sondern in die Verarbeitung und Speicherung seiner Daten einwilligen. Vorstellbar ist aber auch, dass er lediglich notgedrungen in die Risiken einwilligt, die mit der Preisgabe seiner Daten einhergehen.

Verstärkt wird die Machtasymmetrie zwischen Ärztin bzw. Arzt und Patient:innen zusätzlich durch die soziale Schichtzugehörigkeit. Herr Müllers Beruf als Lagerarbeiter lässt auf einen eher geringen sozioökonomischen Status schließen. Durch ihre eingeschränkten Ressourcen und schlechteren Zugang zu Informationen und (sozialen) Netzwerken befinden sich Personen mit niedrigerem sozioökonomischem Status in einer besonders prekären Situation. In diesem Kontext spielt auch die Verständlichkeit versorgungsrelevanter Informationen eine entscheidende Rolle. So können die mangelnde Verständlichkeit und hohe Komplexität verwendeter Formulierungen dazu führen, dass Patient:innen wichtige Inhalte nicht richtig erfassen und dadurch eine informierte Einwilligung oder Beteiligung an Entscheidungen erschwert wird. Nicht selten sind die Einwilligungserklärungen zum Datenschutz (sowie die Technik dahinter) für Lai:innen intransparent oder nur schwer nachvollziehbar. Die verwendete Rechtssprache einer Einwilligungserklärung kann schon von Vornherein den Zugang zu den darin enthaltenen Informationen verstellen und so ungewollt die Funktion eines Gatekeepers erhalten. In Form der unverständlichen Fachsprache wird auch symbolische Macht[59] (Bordieu 2012) auf unseren

58 Darüber, wie sich mögliche KI-Anwendungen als zusätzliche Entscheidungs- oder Informationsinstanz auf dieses Verhältnis auswirken wird lässt sich nur spekulieren.

59 Symbolische Macht bildet eine gesellschaftlich anerkannte Form von Gewaltausübung ab. Sie bezeichnet die Fähigkeit, durch die Kontrolle und Manipulation von Symbolen, Bedeutungen und sozialen Normen Einfluss auszuüben. Diese Form der

Patienten Herrn Müller ausgeübt: Sie trägt dazu bei, das asymmetrische Machtverhältnis zwischen der Organisation Krankenhaus und dem Patienten weiter aufrechtzuerhalten. Hinzu kommen nicht selten soziale Zwänge und Abhängigkeiten; so kann es Herrn Müller etwa unangenehm sein, sein Unverständnis zu offenbaren, bzw. um eine Erklärung zu bitten. Daneben befindet sich Herr Müller in einer grundsätzlich emotional höchst vulnerablen Situation: Er und seine Frau müssen schon vor der ersten Verdachtsdiagnose davon ausgehen, dass es sich unter Umständen um eine ernste und vielleicht sogar lebensbedrohliche Krankheit handelt. In einer derartigen Situation mit potenziell lebensverändernden Auswirkungen können Erwägungen zum möglichen und letztlich für die betroffene Person nicht einschätzbaren Risiko eines späteren Datenmissbrauchs vergleichsweise unwichtig erscheinen und stehen sicher weniger im Fokus der Aufmerksamkeit als das ärztliche Handeln an sich.

Die zugrundeliegende Praxis einer solchen Einwilligungserklärung, d.h. die Tatsache, dass die ‚schwache', zu schützende Partei – hier: der Patient in einer Notsituation – in die Erhebung und Speicherung ihrer Daten einwilligen muss, sieht über die genannten Machtasymmetrien hinweg. Die Verantwortung zum Umgang mit den erhobenen Daten wird damit in unserem Beispiel auf den Patienten Herrn Müller abgewälzt, obwohl das Risiko eines Datenmissbrauchs nicht in seiner Hand liegt, sondern in der des Krankenhauses, welches das Verfahren gestaltet (Rost 2013, S.86).

---

Machtausübung wirkt subtil, wird also in der Regel nicht als Machtmechanismus wahrgenommen. Sie prägt die Interpretation der sozialen Realität und formt dadurch soziale Hierarchien und Verhaltensweisen.

**Key take-aways**

- Diagnostik ist ein soziales Zusammenspiel: Ärzt:in, Patient:in und Technik stehen in einem dynamischen Wechselverhältnis. Eine gute Diagnose erfordert nicht nur präzise Daten, sondern auch soziale und kommunikative Schnittstellen, die menschliche Erfahrungswelten einbeziehen. Datenschutz ist dabei essenziell, da die Offenlegung sensibler Gesundheitsdaten soziale Ungleichheiten verstärken kann.
- Daten lenken Entscheidungen – aber wer lenkt die Daten? Die Digitalisierung schafft neue Wissensstrukturen, die ärztliche Entscheidungsprozesse beeinflussen. Während digitale Gesundheitsdaten die Versorgung verbessern können, verstärken sie mitunter Machtasymmetrien zwischen Institutionen und Individuen. Die Regulierung von Daten muss daher nicht nur technisch, sondern insbesondere auch sozial gerecht gestaltet werden.
- *Digital Doubles* – nützlich, aber nicht menschlich. Digitale Abbilder von Patient:innen sind stets eine selektive und normierte Reduktion der Realität. Sie können medizinische Prozesse beschleunigen, erfassen aber weder subjektives Erleben noch Sinnzusammenhänge. Es besteht das Risiko, dass individuelle Krankheitsgeschichten durch standardisierte Datenmodelle unsichtbar werden.
- Einwilligung zur Datennutzung: Verantwortung fair verteilen. Die routinierte Zustimmung zur Datenverarbeitung ist nicht nur ein rechtlicher, sondern auch ein sozialer Prozess. Patient:innen haben oft ungleichen Zugang zu Wissen und daher ein ungleiches Verständnis über ihre Datenrechte. Die Verantwortung für Datenschutz darf nicht einseitig auf sie abgewälzt werden, während Institutionen von den Daten profitieren.

## 4.2.2 Erkenntnistheoretische Betrachtung: Urteilskraft in medizinischer Forschung und klinischer Praxis

Rico Hauswald

### 4.2.2.1 Medizinische Urteilskraft

Die Untersuchungen, die Frau Navarro an Herrn Müller durchführt, zielen auf die Generierung von Informationen ab, aufgrund derer eine Diagnose ermöglicht wird, d.h. die Feststellung, dass Herr Müller eine bestimmte Krankheit hat, bzw. dass er in diese oder jene Krankheitskategorie fällt oder einer bestimmten „Krankheitsentität“ zugeordnet werden kann. Dafür braucht Frau Navarro etwas, was Immanuel Kant „bestimmende Urteilskraft“ genannt hat. Für Immanuel Kant ist Urteilskraft generell „das Vermögen, das Besondere als enthalten unter dem Allgemeinen zu denken“ (1977, 87). Kant unterscheidet zwei Typen: die „bestimmende“ und die „reflektierende“ Urteilskraft. Bei ersterer ist „das Allgemeine (die Regel, das Prinzip, das Gesetz) gegeben“ (ebd.), und das Besondere soll darunter subsumiert werden. Bei der reflektierenden Urteilskraft ist dagegen „das Besondere gegeben, wozu sie das Allgemeine finden soll“ (ebd.). Im Falle der Diagnose einer Krankheit ist die Urteilskraft „bestimmend", weil ein konkreter Einzelfall wie der von Herrn Müller mit seiner ganz bestimmten Symptomatik als in eine allgemeine diagnostische Kategorie fallend bestimmt werden soll.[60] Frau Navarro muss feststellen, ob Herr Müller diese oder jene Krankheit hat. Das kann gelingen oder misslingen. Im Misslingensfall sind wiederum prinzipiell zwei Formen von Fehlleistungen denkbar: 1. Frau Navarro diagnostiziert bei Herrn Müller Krankheit K, obwohl Herr Müller die Krankheit K gar nicht hat (falsch-positive Diagnose); oder 2. Frau Navarro schließt bei Herrn Müller Krankheit K aus, obwohl er die Krankheit hat (falsch-negative Diagnose) (vgl. dazu ausführlicher Hauswald 2014, Kap. 3).

Reflektierende Urteilskraft braucht es demgegenüber für die ursprüngliche Definition der Krankheitskategorien selbst. Stellen wir uns beispielsweise vor, dass eine neue oder bislang unbekannte Krankheit auftritt. Normalerweise wird es dann eine Reihe von Einzelfällen von Kranken geben, deren Fallbeschreibungen sich nicht gut in eine der bereits existierenden Krankheitskategorien einsortieren lassen. Die Mediziner müssen ausgehend von der Vielfalt dieser besonderen Vorkommnisse „reflektieren", ob diese Vorkommnisse ein gemeinsames Muster aufweisen, und falls ja, eine neue diagnostische Kategorie definieren und den einschlägigen Katalogen (etwa der ICD oder dem DSM) hinzufügen.[61] In diesem Fall ist also nicht das Allgemeine (die Krankheitskategorie) bereits gegeben und ein Einzelfall soll darunter subsumiert werden, sondern es sind Einzelfälle gegeben und eine entsprechende allgemeine Kategorie soll dafür definiert werden.

Die in der modernen Medizin verwendeten Klassifikationssysteme sind überwiegend *ätiologische* Systeme. Das heißt, für die Festlegung der klassifikatorischen Kategorien ist nicht primär die Krankheitssymptomatik entscheidend, sondern welche *Ursachen* die Symptome auslösen. Zwei

---

60 Wir treffen diesen Bestimmungsbegriff auch in anderen Bereichen an. So versteht man etwa unter der „biologischen Bestimmung" jenen Vorgang, bei dem ein einzelnes Exemplar, also ein konkretes Tier oder eine konkrete Pflanze, der jeweiligen Spezieskategorie zugeordnet werden soll.

61 Die ICD ist die „International Statistical Classification of Diseases and Related Health Problems" („Internationale statistische Klassifikation der Krankheiten und verwandter Gesundheitsprobleme"). Sie wird durch die WHO herausgegeben und ist inzwischen in der elften Version verfügbar (ICD-11). Das DSM, d.h. das „Diagnostic and Statistical Manual of Mental Disorders" („Diagnostischer und statistischer Leitfaden psychischer Störungen"), wird durch die Amerikanische psychiatrische Gesellschaft (APA) herausgegeben und ist aktuell in der fünften Auflage verfügbar (DSM-5).

Patienten können sehr ähnliche oder sogar identische Symptome aufweisen, gleichwohl aber in ganz unterschiedliche Krankheitskategorien fallen, weil ihre Symptome durch jeweils unterschiedliche Ursachen ausgelöst werden (z.B. verschiedene bakterielle oder virale Erreger). Aufgabe der sogenannten Differentialdiagnose ist es dann, durch genaue Untersuchungen herauszufinden, welche Ursache und damit welche Krankheit vorliegt. Zwar ist eine ätiologische Definition nicht immer möglich, insbesondere dann, wenn die medizinische Forschung die Krankheitsursachen (noch) nicht kennt. In diesem Fall muss dann doch (vorübergehend) auf eine symptombezogene Definition zurückgegriffen und beispielsweise sogenannte *Syndrome* (d.h. charakteristische Muster bestimmter Symptome) definiert werden. Die Klassifikation der diagnostischen Kategorien in der Psychiatrie erfolgt nach wie vor sogar überwiegend symptombezogen, da noch zu wenig über die genauen Ursachen von Depression, Schizophrenie usw. bekannt ist. In der somatischen Medizin wird dagegen standardmäßig – wenn auch nicht ausnahmslos – eine ätiologische Klassifikation praktiziert. Der Fall von Herrn Müller, bei dem letztlich Hirnmetastasen mit einem kolorektalen Primärtumor diagnostiziert werden, ist jedenfalls Beispiel einer solchen.

Die Informationen, die für Herrn Müllers Diagnose generiert bzw. gesammelt werden müssen, sind unterschiedlichen Typs. Einerseits greift die Diagnostik auf die Angaben zurück, die er selbst im Rahmen der Anamnese zu seinen Symptomen, seiner Krankengeschichte und seinen sonstigen biographischen Hintergründen gemacht hat. Da diese aber nicht für eine eindeutige Diagnose ausreichen, müssen weitere Untersuchungen veranlasst werden, die mit mehr oder weniger technischem Aufwand einhergehen können. So führt Frau Navarro etwa einfache körperliche und neurologische Untersuchungen durch (Blutdruck, Herzauskultation, Motorik, Koordinationstests usw.) und veranlasst weiterführende Untersuchungen (Hirn-CT und weitere radiologische Verfahren). Die Herausforderung besteht in diesem Zusammenhang darin, genau die Untersuchungen durchzuführen bzw. zu veranlassen, von denen zu erwarten steht, dass ihre Resultate dabei helfen werden, das Spektrum möglicher Erklärungen für Herrn Müllers Symptome zu reduzieren. Der Untersuchungs- und Diagnoseprozess erfolgt typischerweise über den Ausschluss infrage kommender Möglichkeiten: Solange die beobachteten Symptome und Testergebnisse mit einer Mehrzahl möglicher Diagnosen vereinbar sind, müssen weitere Untersuchungen durchgeführt werden, bis schließlich nur noch eine, nämlich *die* Diagnose übrig bleibt.

#### 4.2.2.2 Medizinische Forschung und klinische Praxis

Die Unterscheidung zwischen bestimmender und reflektierender Urteilskraft spiegelt sich in jenem Doppelcharakter, der die Medizin gängigen Beschreibungen zufolge prägt. Medizin, so heißt es oft, sei sowohl eine Art Kunst (oder ein Handwerk) als auch eine Wissenschaft (Bærøe 2017); sie erfolge einerseits in Form von klinischer Praxis, andererseits in Form von medizinischer Forschung. Während die medizinische Forschung – etwa im Rahmen randomisierter Studien (RCTs) – versucht, durch Betrachtung konkreter Fälle allgemeine Zusammenhänge zu entdecken, wird in der klinischen Praxis versucht, mittels bestimmender Urteilskraft dieses allgemeine Wissen auf den konkreten Einzelfall, den konkreten Patienten anzuwenden.

Während dieser Doppelcharakter weithin anerkannt wird, ist umstritten, wie das Verhältnis zwischen der klinischen Praxis und der medizinischen Forschung genau modelliert werden sollte. Vertreter der sogenannten evidenzbasierten Medizin (EBM) sind der Auffassung, die klinische Praxis solle sich möglichst umfassend an den Ergebnissen evidenzbasierter Forschung orientieren, wobei sogenannte Evidenzhierarchien berücksichtigt werden sollten: RCTs gelten mehr als bloße Beobachtungsstudien oder pathophysiologische Untersuchungen, diese wiederum gelten mehr als klinisches Erfahrungswissen und Intuition (Howick 2017). RCTs – der „Goldstandard" der evidenzbasierten Medizin – sind für unsere Diskussion nicht zuletzt deshalb von besonderem Interesse, weil sie eine Form von Black-Box-Charakter besitzen, der Ähnlichkeiten mit dem bei KI zu beobachtenden Black-Box-Charakter aufweist (Howick 2017, 118, 129; London 2019). Bei einem RCT werden typischerweise durch Zufallsauswahl zwei Teilnehmergruppen gebildet: eine Experimentalgruppe, die z.B. ein zu testendes Medikament verabreicht bekommt, und eine Kontrollgruppe, die ein Placebo erhält. Die Studie erfolgt in der Regel verblindet, d.h. die Mitglieder wissen nicht, zu welcher der beiden Gruppen sie gehören. Nach Abschluss der Experimentalphase wird dann anhand eines Vergleichs einschlägiger Kriterien (Verbesserung von Symptomen, Mortalität o.ä.) geprüft, welche Wirkungen das Medikament im Vergleich zum Placebo hatte. Der Black-Box-Charakter besteht nun darin, dass der RCT keinerlei Auskunft darüber gibt, welche pathophysiologischen Mechanismen dafür verantwortlich sind, dass die beobachtete Wirkung eingetreten ist. Wenn man z.B. beobachtet, dass das Medikament zu einer gewissen Reduktion der Mortalität führt, dann hat man eine gute Evidenz dafür, dass es diese Wirkung hat, aber man weiß nicht, zumindest nicht ohne weitere pathophysiologische Untersuchungen, was es im Körper macht, um diese Wirkung zu erzielen. Obwohl RCTs diese Frage offen lassen, wird ihr Platz an der Spitze der Evidenzhierarchie selten infrage gestellt. Das hat die Frage provoziert, wieso dann eigentlich der Black-Box-Charakter im Falle von KI so stark problematisiert wird (London 2019). Auch bei KI ist es oft schwer bis unmöglich, genau zu sagen, wie der Algorithmus bestimmte Inputs in bestimmte Outputs transformiert. Wenn das aber bei RCTs als unproblematisch erachtet wird, wieso wird es dann bei KI als so gravierendes Problem bewertet, dass umfangreiche Forschungsprogramme verfolgt werden, um den Black-Box-Charakter zu reduzieren (insbesondere das sogenannte XAI-Programm, das darauf abzielt, KI „erklärbar" zu gestalten)? Werden hier womöglich doppelte Standards angelegt?[62]

Zugunsten von RCTs spricht insbesondere, dass sie versprechen, eine Reihe von schwerwiegenden methodischen Voreingenommenheiten oder Biases zu vermeiden, für die nicht-randomisierte und nicht-verblindete Beobachtungsstudien anfällig sind, insbesondere den *self-selection bias*, den *allocation bias* und den *performance bias* (Howick 2017, 121ff.). RCTs sehen sich aber auch mit Einwänden konfrontiert. Zum einen sind auch sie nicht vor der Manipulation durch Akteure gefeit, die vor allem anderen eine bestimmte (z.B. kommerzielle) Agenda verfolgen (Jureidini/McHenry 2020). Wichtiger noch für unsere Belange ist der Einwand, dass es eine unüberbrückbare Kluft zwischen den Ergebnissen evidenzbasierter medizinischer Forschung und deren Anwendung in der klinischen Praxis gebe. Das Problem ist, dass ein RCT, selbst wenn er methodisch einwandfrei durchgeführt wird, lediglich Durchschnittswerte ergibt. Angenommen beispielsweise, in einem RCT werde ein Medikament zur Linderung der Art von Beschwerden getestet, an denen Herr Müller leidet. Dann könnte das Resultat der Untersuchung etwa lauten, dass das Medikament in der Experimentalgruppe im statistischen Mittel zu einer so und so starken Besserung der Beschwerden geführt hat. Ein solches Ergebnis lässt sich allerdings nicht ohne weiteres auf einen konkreten, individuellen Fall übertragen. Auch wenn das Medikament bei einem „Durchschnittspatienten" zu einer Besserung führt, kann es sein, dass es bei Patienten mit einem besonderen Merkmalsprofil nicht wirkt oder sogar kontraproduktiv ist. Herr Müller ist kein Durchschnittspatient, genauso wenig wie irgendeine andere konkrete Person. Vielleicht liegt z.B. sein Alter oberhalb oder un-

62 Für eine Diskussion dieses Doppel-Standard-Problems vgl. auch Grote (2024).

terhalb eines bestimmten Schwellenwerts, oder er hat irgendeine andere biologische, genetische oder sonstige Eigenschaft, oder weist eine bestimmte Kombination von Eigenschaften auf, die die Wirkung des Medikaments blockiert. Es gibt hier eine enorme Menge an Möglichkeiten, die selbst die aufwändigsten Forschungsprogramme schwerlich umfassend ausleuchten können.[63]

Kritiker der EBM haben aus Überlegungen wie diesen geschlossen, dass die Anwendbarkeit der Resultate von RCTs in der klinischen Praxis, in der man es ja nie mit Durchschnittspatienten, sondern stets mit konkreten Personen und ihren je individuellen Besonderheiten zu tun hat, keineswegs gewährleistet sei. Ein Standardvorwurf in diesem Zusammenhang ist der der „Kochbuchmedizin". Wenn man sich in der klinischen Praxis nur noch an den Ergebnissen von RCTs oder auch an Leitlinien und ähnlichen Standards orientiere, dann könne das zu einer Form von Therapie führen, die an der besonderen Situation und den Bedürfnissen der konkreten Patienten vorbeigehe (z.B. Tonelli 1999). Vertreter der „patienten-" und „personenzentrierten" Medizin setzen an dieser Stelle an und möchten die durch die EBM eingeforderte Evidenzbasierung der Medizin zumindest ergänzen durch eine stärkere Orientierung an den konkreten Individuen, für die letztlich doch wieder auf klinische Erfahrungen und Intuition zurückgegriffen werden muss (z.B. Marcum 2017). Für Vertreter dieses Ansatzes könnte Urteilskraft seitens des Klinikers zunächst erst einmal genau darin bestehen, die Kluft zwischen dem Allgemeinen, wie es in RCTs, Leitlinien usw. gegeben ist, und dem Besonderen, wie es in Gestalt konkreter Patienten in Erscheinung tritt, überhaupt als solche zu *sehen* und zu *würdigen*, um sie dann so gut wie eben möglich zu überbrücken. Die Frage ist aber, ob durch diese Inanspruchnahme von klinischer Erfahrung und Intuition nicht doch wieder auf genau jene Elemente zurückgegriffen werden muss, die die EBM mit guten Gründen als in hohem Maße fehleranfällig charakterisiert hat. Denn, so könnten Vertreter der EBM einwenden, woher soll denn ein Kliniker wissen, dass z.B. Herr Müller eines jener besonderen Merkmale aufweist, die bei der Anwendung des besagten Medikaments zur Vorsicht Anlass geben? Entweder es gibt bezüglich der Relevanz dieses Merkmals

63 Ein verwandtes Problem ergibt sich im Hinblick auf Wechselwirkungen zwischen Medikamenten. Wenn Herr Müller mehrere Medikamente gleichzeitig einnimmt, kann es zu unerwünschten Wechselwirkungen kommen. Angesichts der Vielzahl existierender Medikamente ist es aber unmöglich, für alle Kombinationen von zwei oder gar mehreren Medikamenten hochwertige RCTs durchzuführen, um entsprechende Wechselwirkungen zu untersuchen.

Studien, dann sollten für diese wieder die hohen Standards der EBM gelten. Oder es gibt diese Studien nicht, und der Kliniker muss seinen Erfahrungen und Intuitionen vertrauen, die jedoch notorisch unzuverlässig sind.

Doch vielleicht verspricht KI einen Ausweg aus diesem Dilemma. Das ist zumindest die Hoffnung jener, die mit dem zunehmenden Einsatz von KI ein Zeitalter *personalisierter evidenzbasierter Medizin* anbrechen sehen:

> „One may envision that future AI applications could help sift through scientific publications as they become available, perform meta-analyses, and integrate relevant data into patient records to provide optimized recommendations and follow-up of treatments at the individual level. Such a system could merge outcome data from many different interconnected health-care centers to reveal patterns in treatment effects or side effects that would otherwise go unnoticed, due to the small number of patients with specific rare disease variants seen in each clinic." (Svensson/Jotterand 2022, 159)

Die hier beschriebenen KI-Systeme unterscheiden sich wohlgemerkt grundlegend von den sogenannten Expertensystemen, die in der „GOFAI-Ära" zum Einsatz im klinischen Bereich entwickelt wurden.[64] Expertensysteme beruhen auf explizit einprogrammierten Regeln der Form „Wenn der Patient Symptom X hat, und wenn der Patient Symptom Y hat ..., dann ist die Diagnose Z zu stellen". Das macht sie sozusagen zu einer digitalen Inkarnation der „Kochbuchmedizin".

KI-Systeme, die zu einer personalisierten evidenzbasierten Medizin verhelfen sollen, beruhen demgegenüber auf künstlichen neuronalen Netzen. Sie enthalten keine explizit einprogrammierten Regeln, sondern sind in der Lage, durch maschinelles Lernen Muster in großen Datenmengen zu identifizieren. Herrn Müllers Untersuchungsergebnisse werden gleich automatisiert in seine digitale Patientenakte eingetragen, und man könnte sich vorstellen, dass sie – zusammen mit den Daten vieler anderer Patienten – einer KI zur Verfügung gestellt werden, die sie mit den verfügbaren Studienergebnissen abgleicht und neue, bislang unbekannte Zusammenhänge erkennt. Natürlich müsste ein solches System hohen Anforderungen etwa im Hinblick auf den Datenschutz entsprechen, um akzeptabel zu sein. Es ist ferner keineswegs klar, ob eine solche Vorgehensweise nicht doch wiederum für die bekannten Biases (*self-selection, allocation, performance bias*)

64 „GOFAI" steht für „Good old fashioned artificial intelligence" und bezieht sich auf den symbolischen Ansatz, der in der zweiten Hälfte des 20. Jahrhunderts die Forschung zu KI dominierte.

anfällig wäre bzw. ob sich diese irgendwie kontrollieren oder korrigieren ließen. Gleichwohl erscheint der Einsatz von KI zumindest als ein *prima facie* attraktiver, wenn auch weiter zu prüfender Weg, um die Kluft zwischen Forschung und klinischer Praxis zu reduzieren.

**Key take-aways**

- Sowohl in der klinischen Praxis als auch der medizinischen Forschung braucht es Urteilskraft, wobei „bestimmende" und „reflektierende" Urteilskraft mit unterschiedlichen Gewichtungen Relevanz besitzen.
- Bei der Anwendung von Forschungsergebnissen in der klinischen Praxis ergeben sich Herausforderungen, für deren Bewältigung die „evidenzbasierte" und die „patienten-" bzw. „personenzentrierte" Medizin unterschiedliche Vorschläge machen, die aber gleichermaßen mit Einwänden konfrontiert sind.
- Mit dem Einsatz von KI geht das Versprechen einer „personalisierten evidenzbasierten Medizin" einher, durch die sich neue Möglichkeiten der Bewältigung dieser Herausforderungen ergeben könnten.

### 4.2.3 Medizinethische Betrachtung: Informationelle Selbstbestimmung, die Integration von KI in das ärztliche Entscheiden und das Verhältnis zwischen Ärzt:in und Patient:in

Kathi Beier und Martin Hähnel

#### 4.2.3.1 Einleitung

Dieser Abschnitt im Krankenhauszyklus von Herrn Müller wirft aus ethischer Perspektive Fragen zu drei Themenkomplexen auf. Erstens geht es, wie schon bei der ersten Station, um Herrn Müllers informationelle Selbstbestimmung. Es werden Daten zu seiner Person und zu seinem Gesundheitszustand gesammelt, die zweckmäßig operationalisiert werden sollen. Wird mit diesen Daten auf Seiten des Krankenhauses ethisch verantwortlich umgegangen? Zweitens geht es um das ärztliche Handeln von Frau Navarro. Auf der Grundlage ihrer Untersuchung von Herrn Müller, des Einbezugs weiterer digitaler Daten, des fachlichen Austauschs mit dem leitenden Oberarzt und des Rückgriffs auf KI fällt sie Entscheidungen zur Behandlung von Herrn Müller, d.h. die KI wird als Entscheidungsunterstützungssystem (EUS, engl. CDSS: Clinical Decision Support System) eingesetzt. Wie integriert Frau Navarro diese Technologie in ihre Entscheidungsfindung? Und wie bindet sie sie in ihren Umgang mit Herrn Müller ein? Geschieht beides auf ethisch vertretbare Weise? Drittens rückt die Beziehung zwischen Frau Navarro und Herrn Müller, das sogenannte Arzt-Patient-Verhältnis, in den Fokus der Betrachtung. Was sollte beachtet werden, damit diese Beziehung von Vertrauen geprägt ist? Stärkt oder schwächt die Nutzung von KI das Vertrauensverhältnis? Natürlich wirken sich die Antworten auf die ersten beiden Fragen auf die Beantwortung der dritten Frage aus. Auch deswegen betrachten wir die verschiedenen ethischen Aspekte dieser zweiten Station in der angegebenen Reihenfolge.

#### 4.2.3.2 Datenethik und informationelle Selbstbestimmung

Es ist davon auszugehen, dass im Krankenhaus auf die Einhaltung der aktuell gültigen Datenschutzrichtlinien geachtet wird. Aus ethischer Sicht ist darüber hinaus das ethische Prinzip der Autonomie in Form der informationellen Selbstbestimmung interessant, das hier auf der zweiten Station im Krankenhauszyklus von Herrn Müller in vielerlei Hinsicht strapaziert wird. Dabei ist die informationelle Selbstbestimmung nicht mit der Patientenautonomie gleichzusetzen. So kann beispielsweise aus solidarischen Gründen oder in Notfallsituationen die informationelle Selbstbestimmung vorläufig suspendiert werden, ohne dass damit zwangsläufig die Patientenautonomie missachtet wird. Das findet jedoch selten statt, weil es schwer ist, das Gut der informationellen Selbstbestimmung gegen andere Güter – etwa Forschungsfreiheit oder öffentlicher Nutzen – abzuwägen (vgl. Ienca 2023). Auch im Falle von Herrn Müller ist eine solche Abwägung nicht nötig. Zudem scheint bei Herrn Müller ein Grundvertrauen in das medizinische Personal und die im Krankenhaus herrschenden Praktiken der Datensammlung und -verarbeitung vorhanden zu sein. Damit dieses Vertrauen nicht enttäuscht wird, sollten sowohl die Datenschutzverantwortlichen des Krankenhauses als auch Herr Müller gute Antworten auf die folgenden drei Fragen haben:

1. Welche Art der Einwilligung sollte Herr Müller dem Krankenhaus geben?
2. An welchem Ort werden die über ihn erhobenen Daten gespeichert (Stichwort: digitale Patientenakte)? Wer hat Zugriff auf diese Daten?
3. Wem gehören die über Herrn Müller gesammelten Daten?

Was hier jeweils gute Antworten sind, soll im Folgenden näher beleuchtet werden.

#### 4.2.3.3 Informierte Einwilligung

Es kann davon ausgegangen werden, dass Herr Müller hinreichend darüber in Kenntnis gesetzt worden ist, dass seine pseudonymisierten oder anonymisierten gesundheitsbezogenen Daten (in welcher Form auch immer) für die spätere Forschung gespeichert werden.[65] Dieser Hinweis muss jedenfalls Teil jeder *informierten* Einverständniserklärung sein. Er sollte alle relevanten Informationen zu Speicherung, Datenschutz- und Sicherheitsmaßnahmen sowie über die zeitliche Begrenzung der Nutzung der Daten umfassen. Nun gibt es verschiedene Formen der informierten Einwilligung (vgl. Rubeis 2024, 97-101, Müller et al. 2024, 546-547 sowie die erkenntnistheoretischen Überlegungen in Kap. 4.4.2).[66] Für Fälle wie den vorliegen-

---

65 Der Unterschied zwischen Anonymisierung und Pseudonymisierung liegt in der Rückverfolgbarkeit. Durch die *Pseudonymisierung* werden personenbezogene Daten nur soweit verändert, dass sie ohne Hinzuziehung zusätzlicher Informationen (typischerweise einer Zuordnungsliste) nicht mehr einer spezifischen Person zugeordnet werden können. Dabei müssen zwei Bedingungen erfüllt sein: i) die zusätzlichen Informationen werden gesondert aufbewahrt, und ii) die Aufbewahrung der Zuordnungsliste wird mit technischen und organisatorischen Maßnahmen abgesichert, die gewährleisten, dass die pseudonymisierten Daten nicht wieder re-identifiziert werden können (es sei denn durch einen gesondert geregelten und explizit angestoßenen Re-identifizierungsschritt). Eine Pseudonymisierung ist immer reversibel, wenn auch nicht für jeden, der Zugriff auf die pseudonymisierten Daten hat. Durch eine *Anonymisierung* dagegen werden die personenbezogenen Daten so sehr verändert, dass sie die Beziehbarkeit (also das begründbare In-Beziehung-Setzen) von Informationen auf konkrete Personen für alle Akteure verhindert, die Zugang zu den anonymisierten Daten haben oder haben können, selbst wenn sie besonderes Zusatzwissen haben oder dieses sich (auf legalem bzw. auf einem wahrscheinlichen Weg) aneignen können. Eine Anonymisierung ist im Gegensatz zur Pseudonymisierung nicht reversibel.

66 Das klassische Modell konzentriert sich auf die Bereitstellung *spezifischer* Informationen über die Forschung, an der Patient:innen teilnehmen, sowie über die Art ihrer Beteiligung, die Ziele und die erwarteten Ergebnisse (*specific consent*). Bei der pauschalen Einwilligung (*blanket consent*) erklären sich die betroffenen Personen bzw. Datensubjekte damit einverstanden, dass ihre Daten frei verwendet werden können, ohne dass bei neuen Forschungsvorhaben eine erneute Einwilligung erforderlich ist. Andere haben das Modell einer breiten Einwilligung (*broad consent*) entwickelt, um den spezifischen Anforderungen der Forschung mit Biobanken gerecht zu werden. Die abgestufte Einwilligung (*tiered consent*) bietet einen Mittelweg zwischen der klassischen spezifischen Einwilligung und der breiten Einwilligung. Sie ermöglicht es den betroffenen Personen, die Verwendung ihrer Daten innerhalb eines breiten Einwilligungsrahmens auszuwählen und zu spezifizieren, wie z. B. die Kategorie der Krankheiten, den Forschungsbereich und private oder öffentliche Forschungseinrichtungen. Die dynamische Einwilligung (*dynamic consent*) ist im Vergleich zu den anderen Modellen jüngeren Datums und wurde speziell im Kontext digitaler Tech-

den bietet sich eine Mischung aus *broad* und *dynamic consent* an. Während sich Herr Müller mit einem *broad consent* nicht auf einen bestimmten Verwendungszweck der Daten festlegt (vgl. Wiertz 2022), bietet ihm der *dynamic consent* die Möglichkeit, an der Nutzung seiner Daten (auch im Rahmen von aktuellen Forschungsaktivitäten) zu partizipieren und seine Zustimmung zu dieser Verwendung jederzeit bestätigen oder widerrufen zu können (vgl. Williams et al. 2015).

Diese für unseren Fall durchaus einschlägigen Formen der Einwilligung sind allerdings mit einer Reihe von Problemen konfrontiert. So bleibt der *broad consent* meist zu unspezifisch und kann so die informationelle Souveränität von Herrn Müller keineswegs gewährleisten. Wie der *dynamic consent* stellt er zudem hohe Anforderungen an die jeweilige IT-Umgebung und die Patient:innen, von denen eine hohe und oft nicht vorhandene digitale Bildung (*digital literacy*) erwartet wird. Hinzu kommt, dass beide Arten der Einwilligung nicht unbedingt zum verantwortlichen Umgang mit den Daten führen, im Gegenteil: In der Praxis hat die Einwilligung oft zur Folge, dass die Verantwortlichen ihre Eigenverantwortlichkeit für die Rechtmäßigkeit der Datenverarbeitung auf die Betroffenen abwälzen (*Responsibilisierung*) und ihnen im Schadensfall die Schuld zuweisen.

Personen, die – anders als Herr Müller – *keine* Einwilligung zur Sammlung und Verarbeitung ihrer personenbezogenen Daten geben, können durch eine sogenannte Datenspende (*data donation*) dazu ermuntert werden, durch eine begrenzte Zurverfügungstellung ihrer Daten einen freiwilligen Beitrag zur Forschung zu leisten.[67] In diesem Kontext wird auch über die sogenannte Datensolidarität gestritten, d.h. über die Frage, ob Einzelne

---

nologien entwickelt. Es handelt sich weniger um ein Modell, das eine theoretische oder konzeptionelle Grundlage für die Einholung und Erteilung von Einwilligungen bietet, vielmehr zielt es darauf ab, das Problem der fortlaufenden Einwilligung mit technologischen Mitteln zu lösen. Die Meta-Einwilligung (*meta consent*) kombiniert die breite Einwilligung und die dynamische Einwilligung und beinhaltet auch Optionen für eine pauschale Einwilligung.

67 Eine Datenspende setzt voraus, dass klar gemacht wird, dass die freigegebenen Daten nicht nur einem selbst, sondern auch anderen Menschen nützen können. Gerade bei KI gilt: Je mehr qualitativ hochwertige Daten zur Verfügung stehen, desto präzisere Diagnoseverfahren sind möglich. Weil das auch die Pharma-Branche weiß, kommt dort immer öfter die Praxis der „data philanthropy" vor, d.h. die Datenspende großer Privatunternehmen wie etwa Pfizer. Die UN begrüßt diese Praxis. Sie ist aber mit enormen Risiken verbunden, weil der Umlauf großer Datenmengen zur Re-identifizierung personenbezogener Daten führen kann. Und das wiederum verursacht ungewollte Effekte, wie Mariarosaria Taddeo beschreibt: „Re-identification and the subsequent breaching of individual privacy unveil a tension between individual rights

moralisch dazu verpflichtet sind, ihre Daten für das Allgemeinwohl zur Verfügung zu stellen (vgl. Prainsacker et al. 2022).

Trotz vielversprechender Ansätze im Feld der Datenethik (vgl. zu diesem Begriff Floridi/Taddeo 2016) zeigt sich also, dass selbst elaborierte Zustimmungsmodelle ungenügend sind, um echte informationelle Selbstbestimmung zu ermöglichen (vgl. Wiertz/Boldt 2022). Ohne effiziente „harte" technologische Lösungen werden die eher „weichen" Einwilligungskriterien nicht zu mehr ethischer Sensibilität in der Datenverarbeitung führen.

#### 4.2.3.4 Datenspeicherung und Datenzugriff

Das Krankenhaus trägt die Verantwortung dafür, dass alle erhobenen personenbezogenen Daten – auch die von Herrn Müller – an einem sicheren Ort gespeichert werden. Es muss im Falle pseudonymisierter Daten auch sicherstellen, dass die Informationen, mit denen eine Re-identifizierung der Daten möglich ist, gesondert aufbewahrt und technisch abgesichert werden.

Zur Sicherung aller Daten und damit zur Gewährung der informationellen Selbstbestimmung sind verschiedene technische Applikationen verfügbar. Zu nennen wären hier insbesondere bestimmte Verschlüsselungs- und Blockchain-Methoden[68] sowie das sogenannte verteilte maschinelle Lernen[69]. Die genannten Mittel sind allerdings nicht ausreichend, um

---

and data philanthropy, which if left unaddressed risks hindering the latter." (Taddeo 2017, 2) Daher spricht sie von der „moralischen Ambiguität" dieser Praxis.

68 Die Blockchain ist ein dezentrales Hauptbuch, das in einem Peer-to-Peer-Netzwerk gemeinsam genutzt wird. Die Informationen werden nicht in einer einzigen oder zentralisierten Datenbank gespeichert, sondern auf vielen Servern eines Netzwerks, die jeweils Teile der Informationen enthalten. Die Daten werden in geschlossenen Blöcken zusammengefasst, die eine bestimmte Menge an Informationen enthalten (mehr dazu bei Rubeis 2024, 102ff.).

69 „Verteiltes maschinelles Lernen" (vmL) ist der Oberbegriff für verschiedene Formen des dezentralen maschinellen Lernens. Die folgenden drei sind die bekanntesten und am weitesten entwickelten Methoden des vmL: *Split Learning* (SpL), *Federated Learning* (FL) und *Swarm Learning* (SwL). Bei SpL, der gängigsten Methode, wird das ML-Modell sowohl auf einem zentralen Server als auch auf verschiedenen Endgeräten trainiert. Im Gegensatz dazu findet bei FL – der vermutlich datenethisch vielversprechendsten Form des vmL – kein Training auf dem Server statt. Die Endgeräte werden beim FL mit einem lokalen Datensatz trainiert, dessen Parameter vom Server heruntergeladen werden. Lediglich die Trainingsergebnisse (‚weights') werden an denselben Server (zurück)gesendet. Mit dieser Technologie können zahlreiche Nutzer:innen und Datenquellen in den ML-Prozess integriert werden. Für

Privatheit und informationelle Selbstbestimmung zu garantieren. Gerade KI-basierte Anwendungen sind anfällig für „adversarial attacks", sodass es möglich ist, selbst anonymisierte Daten zurückzuverfolgen, d.h. zu re-identifizieren.

#### 4.2.3.5 Wem gehören die Daten?

Eine weitverbreitete Überzeugung lautet: ‚Meine Daten gehören mir.' Was bedeutet das für anonymisierte, also de-identifizierte Daten? Und was bedeutet es für Daten, die von einer KI erzeugt oder verteilt werden? Weil selbst de-identifizierte Daten Teile der Identität der Person enthalten, deren Daten sie sind, ist die Auffassung verbreitet, dass diese Person Rechte an diesen Daten hat, die unveräußerlich sind. Francis McKay, Darren Treanor und Nina Hallowell sprechen in diesem Sinne von der „inalienability of de-identified data" und meinen damit „a common belief about the ownership of health data, in which shared de-identified data is seen as a moral possession of the original data subject, even though the subject has been obscured as referent and has no clear legal rights of data ownership" (McKay/Treanor/Hallowell 2023, 1). Mit dieser Auffassung gehen Erwartungen darüber einher, welche Rechte Personen haben sollten, deren Daten geteilt werden. Werden diese Erwartungen nicht erfüllt, so argumentieren die Autor:innen, schwindet die Unterstützung der Öffentlichkeit für Big Data und für medizinische Forschung, die KI integriert.

Das kann auch im Falle von Herrn Müller relevant werden. Da KI-Technologien heutzutage hauptsächlich von privaten Firmen wie OpenAI oder Microsoft entwickelt und betrieben werden, hat das Krankenhaus bzw. das gesamte Gesundheitssystem eines Landes wie Deutschland dafür Sorge

---

medizinische KI-Anwendungen bedeutet dies, dass FL Auswirkungen auf nahezu alle Interessengruppen und den gesamten Behandlungszyklus hat, von der verbesserten medizinischen Bildanalyse, die Klinikern bessere Diagnoseinstrumente an die Hand gibt, über echte Präzisionsmedizin, indem sie hilft, ähnliche Patient:innen zu finden, bis hin zur kollaborativen und beschleunigten Arzneimittelentdeckung, die Kosten und Markteinführungszeiten für Pharmaunternehmen senkt (vgl. Rieke et al. 2020). Bei SwL werden die Parameter nicht mehr auf einem Server gespeichert, sondern in einer verteilten Datenbank, die von den Knoten eines Computernetzwerks gemeinsam genutzt wird (SwL kann beispielsweise mit einer Blockchain verknüpft werden). Im Gegensatz zu SpL und FL gibt es bei SwL keine Instanz, die Daten aggregiert. Für alle drei Formen des vmL gelten folgende Parameter: Es können mehrere Runden des lokalen Trainings, der Modellaktualisierung und der Aggregation erforderlich sein, bis man ein akzeptables und zufriedenstellendes Modell erhält.

zu tragen, dass nicht-medizinische Akteure mit ökonomischen Interessen ihren Hunger auf Gesundheits- und Patientendaten nicht im gleichen Umfang stillen können wie in anderen, eher kommerziellen Bereichen, etwa im Bereich der Social Media. So kann es durchaus passieren, dass Herr Müller seine Zustimmung zur Datensammlung widerruft, wenn ihm bewusst wird, dass sein Krankenhaus Daten spendet oder teilt oder Software von einem Anbieter verwendet, dessen kommerzielle Produkte er aus bestimmten Gründen ablehnt – schließlich ist jegliche Form der Einwilligung in die Nutzung personenbezogener Daten freiwillig. In diesem Falle kann das Vertrauen von Herrn Müller in das Krankenhaus erheblich geschwächt werden.

Abhilfe könnte das unter Umständen vertrauensfördernde Instrument des *data ownership* leisten (vgl. Hummel/Braun/Dabrock 2021, Piasecki/Cheah 2022); es beruht auf dem Gedanken, dass die Frage, wer Eigentümer der Gesundheitsdaten ist, entscheidend dafür ist, jemanden das Recht zuzubilligen, andere von der Nutzung dieser Daten auszuschließen. Wer also die Verantwortung für bestimmte Daten (ihre Genauigkeit, Integrität und Sicherheit) übernimmt, d.h. letztlich Kontrolle über Daten hat, die von einer Einzelperson oder Organisation erzeugt, gesammelt und gespeichert werden, dem wird die Pflicht auferlegt, einen guten Umgang mit diesen Daten zu garantieren und potenziellen Missbrauch zu vermeiden. Gegen das *data ownership*-Modell wird allerdings eingewendet, dass Daten eigentlich keinen eindeutigen Eigentümer haben und Eigentumsrechte hier beliebig erweitert oder beschnitten werden können (vgl. Liddell et al. 2021), was den klassischen Eigentumsbegriff ad absurdum führt. Überdies kann das Instrument als überflüssig erachtet werden, wenn regulatorische Maßnahmen das gleiche Ziel effektiver und rechtssicher erreichen können.

#### 4.2.3.6 Integration der KI in das ärztliche Handeln

Bei der ethischen Bewertung des Einsatzes von KI als Entscheidungsunterstützungssystem (EUS/CDSS) sollte möglichst differenziert vorgegangen werden. Der Deutsche Ethikrat (2023, 141) unterscheidet drei wesentliche Hinsichten: Um welche *Akteursgruppe* geht es (Software-Entwickler:innen, Zertifizierungsbeauftragte, medizinisch Forschende, Klinikpersonal, die von ihnen versorgten Menschen etc.)? In welchem *Bereich* wird das KI-Produkt genutzt (in der Grundlagenforschung oder in der klinischen Versorgung, in Prävention, Kuration oder Palliation, bei diagnostischen, therapeutischen oder prognostischen Maßnahmen etc.)? Welcher *Grad der Ersetzung* menschlicher Handlungssegmente durch das KI-Produkt liegt vor? Die Zentrale Ethikkommission der Bundesärztekammer (2021, A3) nennt noch einen vierten Aspekt: Welche *medizinische Fachdisziplin* wird adressiert (Dermatologie, Radiologie, Onkologie etc.)?

An der zweiten Station unseres Fallbeispiel wird das KI-System in der Klinik von der Ärztin Frau Navarro genutzt, um ihr bei der Auswertung des Hirn-CTs von Herrn Müller zu helfen, also für diagnostische Zwecke in der Onkologie, wobei von einer engen Ersetzung ausgegangen werden kann, weil lediglich ein einzelnes Segment ärztlichen Handelns – die Interpretation der CT-Ergebnisse – technisch substituiert wird. Wir haben es hier also mit einem KI-Tool zu tun, das in der Lage ist, „mittels computergestützter Analyse verschiedener Parameter der Labordiagnostik, der Bildbearbeitung sowie der automatisierten Durchsicht von Patientenakten und wissenschaftlichen Datenbanken Entscheidungsprozesse zu modellieren und zu automatisieren" (Deutscher Ethikrat 2023, 147). Was ist dabei ethisch zu beachten?

Blicken wir zuerst kurz auf die Maßnahmen, die *vor* der Nutzung des KI-Tools stattgefunden haben sollten. Da es wahrscheinlich ist, dass weder Frau Navarro noch Herr Müller den Algorithmus, mit dem das zum Einsatz kommende KI-System arbeitet, vollumfänglich verstehen, sind drei Dinge besonders wichtig. Erstens muss sichergestellt sein, dass das System technisch einwandfrei funktioniert und verantwortungsvoll eingesetzt wird; dazu ist „mittels geeigneter Prüf-, Zertifizierungs- und Auditierungsmaßnahmen sicherzustellen, dass die Verwendung der Daten rechtmäßig, fair, sicher, transparent und rechenschaftspflichtig erfolgt" (Zentrale Ethikkommission 2021, A5).[70] Zweitens muss Frau Navarro in der Nutzung des KI-Systems trainiert sein. Ein solches Training sollte u.a. ein Verständnis möglicher Fehlerquellen von KI-Algorithmen einschließen (siehe unsere Ausführungen in Kap. 4.1.3). Und drittens muss Frau Navarro Herrn Müller

70 Für KI-Systeme, bei denen nicht einmal ihre Entwickler:innen und Programmier:innen verstehen und nachvollziehen können, wie sie ihre Ergebnisse erreichen, kommt der Deutsche Ethikrat (2023, 144) zu einer eindeutigen Stellungnahme: „Zumindest insofern KI-Systeme medizinische Entscheidungsvorschläge mit schwerwiegenden Konsequenzen für das Überleben und grundlegende Aspekte der Lebensqualität unterbreiten, müssen deren grundlegende Funktionsweisen und Arbeitsprozesse erklär- sowie interpretierbar sein, um einen selbstbestimmten Einsatz zu gewährleisten. Lassen sich die anwendungsbezogenen Transparenzanforderungen – selbst unter Rückgriff auf Erkenntnisse der Forschungsdisziplin ‚Explainable AI' – nicht erfüllen, verbietet sich jedenfalls ein Einsatz in diesem Bereich der medizinischen Versorgung."

über die geplante Nutzung der KI informieren und seine Zustimmung einholen; nur so wahrt sie dessen Patientenautonomie. „Zum Schutz einer vertrauensvollen Interaktion zwischen Ärzt:innen und Patient:innen", so die Zentrale Ethikkommission (2021, A6), „ist hier ein hohes Maß an Kommunikation und Transparenz erforderlich. Die Zustimmung nach Aufklärung darf allerdings nicht als Delegation der Verantwortung auf die Patient:innen missverstanden werden." Die Beachtung und Einhaltung aller drei Maßnahmen ist Teil dessen, was man als Frau Navarros „forward looking responsibility" bezeichnen kann.

Auch *während* der Nutzung des KI-Tools sollte sich Frau Navarro sowohl der Grenzen ihres Wissens als auch der Grenzen des „Wissens" des KI-Systems bewusst sein; sie sollte also im besten Falle die Tugend der epistemischen Demut (*epistemic humility*) besitzen. Ein Bewusstsein der Grenzen *ihres* Wissens schließt zweierlei ein: Zum einen wird sie wissen, dass die KI aufgrund ihrer Rechenleistung einfach schneller und in der Regel auch besser in Bild- und Mustererkennung ist; das macht ihren Einsatz in der Onkologie ja so sinnvoll, weil auf diese Weise Pathologien früher erkannt und behandelt werden können. Und das wiederum kommt Herrn Müller zugute. Zum anderen sollte sie sich ihres Nichtwissens bezüglich der Funktionsweise des Algorithmus bewusst sein, denn das schärft den Blick dafür, dass sie ihre Verantwortung für den Einsatz der KI mit anderen teilt – mit den Entwickler:innen ebenso wie mit denen, die die KI zertifiziert haben etc. Ein Bewusstsein der Grenzen des „Wissens" des KI-Systems sollte indes dazu führen, dass Frau Navarro dem System nicht einfach blind vertraut, d.h. dem sogenannten *automation bias* erliegt. Vielmehr muss sie die Ergebnisse, zu denen die KI kommt, mithilfe ihrer Fachkenntnisse auf ihre Plausibilität prüfen. Dazu, das zu tun, kann das Design des KI-Systems beitragen, wie der Deutsche Ethikrat (2023, 149) festhält: „Da auch KI-basierte Instrumente nicht fehlerfrei arbeiten, sondern mitunter nur andere Fehler als Menschen begehen und die Nichtentdeckung dieser Fehler fatale Konsequenzen haben kann, sollten KI-gestützte Entscheidungssysteme immer so gestaltet werden, dass die konkrete Art der Übermittlung ihrer Analyseergebnisse (etwa in Gestalt einer Wahrscheinlichkeitsangabe für das Vorliegen einer pathologischen Veränderung) deutlich macht, dass hier noch eine ärztliche Plausibilitätsprüfung erforderlich ist. Da die Behandelnden moralisch und rechtlich dafür verantwortlich sind, den Betroffenen die aus ihrer Sicht beste Behandlung anzubieten, gehört auch die kritische Überprüfung der Ergebnisse der von ihnen eingesetzten technischen Instrumente zu den ärztlichen Sorgfaltspflichten, die als solche nicht delegierbar ist."

Und schließlich sollte Frau Navarro *nach* der Nutzung der KI darauf achten, dass ihr, nicht der Maschine, die freie Wahl der weiteren Behandlung von Herrn Müller zukommt; darin besteht ihre ärztliche Autonomie. Ärzt:innen, so die Zentrale Ethikkommission (2021, A6), müssen „weiterhin in der Lage sein, die Aufsicht über den Gesamtprozess von Diagnostik, Therapie, Prognostik und Prädiktion zu übernehmen, in den zunehmend auch Vorschläge von maschinenlernenden Systemen eingebunden sind. Diese Aufgabe ist nicht delegierbar." Frau Navarro scheint sich dieser Aufgabe bewusst zu sein, was man daran erkennt, dass sie die KI-generierten Ergebnisse des Hirn-Scans mit dem leitenden Oberarzt bespricht. Das setzt voraus, dass beide – Frau Navarro und der Oberarzt – ihre fachlichen Fähigkeiten schulen bzw. trainieren, also nicht graduell verkümmern lassen (*deskilling*), indem sie ihre Entscheidungen immer öfter einfach an die KI „abgeben". Aus Frau Navarros ärztlicher Autonomie folgt außerdem, dass sie mit Herrn Müller ihre Entscheidung zur weiteren Behandlung ausführlich bespricht. Wie der Deutsche Ethikrat (2023, 150) feststellt, steigt dieser Aufklärungsbedarf „zwangsläufig an, wenn nicht nur ein einzelnes Segment der ärztlichen Handlungssequenz ersetzt wird, sondern weitere Ersetzungen möglich werden."

Wenn also Ärzt:innen wie Frau Navarro zukünftig wohl immer öfter EUS/CDSS in die Behandlung ihrer Patient:innen integrieren, dann sind sie nach wie vor für alle Entscheidungen, die sie treffen, nicht nur rechtlich, sondern auch moralisch vollumfänglich verantwortlich. Anders geht es scheinbar nicht, denn Maschinen können keine Verantwortungsträger sein. Die Zentrale Ethikkommission (2021, A1) drückt das so aus:

> „Aufgrund des kategorialen Unterschieds zwischen Menschen und KI-Systemen kommen als Subjekt von Handlungen und Entscheidungen nur personale Akteur:innen in Betracht. KI-Systeme können zwar bestimmte intelligente Einzelvollzüge simulieren und vernünftige Entscheidungsprozesse von Ärzt:innen unterstützen, sie können aufgrund fehlenden Bewusstseins und Sprachverstehens aber nicht selbst Entscheidungen treffen oder handeln."

Dennoch sehen wir am ärztlichen Handeln von Frau Navarro, dass die moralische Verantwortung für ihre Entscheidung offenbar verteilt ist: Dafür, dass die KI richtig arbeitet, sind die Entwickler:innen, Designer:innen, Datenschutzverantwortlichen, die Zuständigen für die Zertifizierung etc. verantwortlich. Dafür, dass die Ergebnisse, die die KI liefert, richtig überprüft und eingeordnet werden, ist neben Frau Navarro auch der leitende Oberarzt, mit dem sie sich berät, mitverantwortlich. Und neben den beteiligten Menschen gehört irgendwie auch das KI-System zum Netz der Akteure, die zur ärztlichen Entscheidung und dann zum Handeln beitragen. Für solche neuen Fälle geteilter moralischer Verantwortung (engl. DMR für „distributed moral responsibility") hat Luciano Floridi ein Modell entwickelt, das dafür argumentiert, moralische Verantwortung allen Elementen des Netzes zuzuschreiben, die kausal relevant für die Handlung sind – unabhängig davon, ob sie intentional gehandelt haben. Floridi (2016, 11) spricht von DMAs (engl. für „distributed moral actions") und schreibt:

> „In a world where the complexity and long-term impact of human–machine and networked interactions are growing exponentially, we need to upgrade our ethical theory to take into account the highly distributed scenarios that are becoming so increasingly common. Too often 'distributed' turns into 'diffused': everybody's problem becomes nobody's responsibility. This is morally unacceptable and pragmatically too risky."

Sein Modell ist auch deswegen interessant, weil es Konzepte aus Soziologie, Rechtswissenschaft und Epistemologie aufnimmt: aus der (soziologischen) Netzwerktheorie den Gedanken der Ausbreitung von Verantwortung (*back propagation*), aus der Rechtswissenschaft den Begriff der strengen Haftung (*strict liability*) und aus der Erkenntnistheorie das Konzept geteilten Wissens (*common knowledge*). Worum es ihm im Kern geht, erläutert Floridi an folgendem Beispiel aus der Fahrradwelt der Niederlande:

> „The Dutch road traffic regulations allow at most two cyclists to ride next to each other, if they do not endanger others. What happens if a third cyclist joins them? Each binary action, describable as 'Alice and Bob cycling together', is considered to be safe, that is, morally neutral in the vocabulary of this article. But if several binary actions take place, hazard may emerge. The action C that comprises more than two people cycling together is morally loaded negatively. In a context where there are no DMAs and DMRs, one may assume that only the third person who joins the other two already cycling together is to be held responsible, that is, only the one most left (the Dutch drive on the right side of the road). Yet this is not the case. In 1948, the Dutch Supreme Court ruled that each of them is to be held entirely responsible, because it is very easy for each of them to rectify the situation (HR 9 March 1948, NJ 1948, 370). This back propagation of responsibility means that all cyclists pay attention not to be cycling together in more than two, not just in terms of not joining a

couple but also in terms of not being joined by a third cyclist.“ (Floridi 2016, 9)

Auf unser Fallbeispiel übertragen bedeutet das, dass nicht Frau Navarro allein die volle Verantwortung für den Einsatz der KI trägt, sondern alle, die kausal dazu beitragen, dass die KI in Frau Navarros Entscheidungsfindung einfließt.

#### 4.2.3.7 Von interpersonaler Vertraulichkeit zu einer kollektiven Kultur des Vertrauens

Vertrauen ist die Grundlage eines guten Arzt-Patient-Verhältnisses. Würde Herr Müller kein Grundvertrauen in die ärztlichen Fähigkeiten sowie in das deutsche Krankenhauswesen und Gesundheitssystem haben, hätte er sich wohl nicht in die Notaufnahme begeben. Der Einsatz von KI-Technologien setzt dieses Vertrauensverhältnis allerdings stark unter Druck. Das wird hier bei der zweiten Station bereits deutlich, denn Herr Müller muss nun auch darauf vertrauen können,

a) dass seine informierte Einwilligung ernst genommen, d.h. seine Daten so gut wie möglich geschützt werden,
b) dass er über den Einsatz der KI informiert und über ihre Arbeitsweise so gut wie möglich aufgeklärt wird,
c) dass seine Autonomie als Patient respektiert wird, d.h. er den Einsatz der KI auch ablehnen kann, wenn er das möchte,
d) dass die KI bei der Auswertung der Hirnscans verlässlich arbeitet,
e) dass Frau Navarro der KI nicht mehr vertraut als sich selbst (*automation bias*),
f) dass die ihn behandelnden Ärzte nicht denken, der Aufbau und die Pflege einer Vertrauensbeziehung zu ihm sei durch den Einsatz einer „vertrauenswürdigen“ Maschine nicht mehr notwendig.

Vermutlich hat Herr Müller seine sensiblen Daten nur deshalb zur Verfügung gestellt, weil er ausreichend Vertrauen in die ihn behandelnden Ärzte und die behandlungsunterstützenden Personen sowie die durch diese Personen vertretenen Institutionen und Organisationen hat. Dieses Vertrauen kann verspielt werden, wie gesehen. Zudem hängt der Erfolg der Behandlung von Herrn Müller davon ab, welche Art von Vertrauen er und die ihn behandelnden Ärzte den digitalen bzw. empfehlenden KI-gestützten Systemen entgegenbringen. Haben sie mögliche Fehlerquellen dieser Systeme im

Blick? Oder ist die Nutzung dieser Tools Ausdruck eines technologischen Paternalismus, der sich der Gefahren eines technokratischen Solutionismus nicht bewusst ist?

Ob Herr Müller in gutem Vertrauen die Einwilligung zur Speicherung und Verarbeitung seiner personenbezogenen Daten geben kann, hängt maßgeblich davon ab, ob und inwieweit in Einrichtungen des Gesundheitswesens Vertraulichkeit eines der obersten Gebote ist. Ohne Vertraulichkeit im klinischen Alltag lässt sich keine Kultur des Vertrauens aufbauen (vgl. Iott et al., 2019; Tegegne et al., 2022). Vertraulichkeit und Vertrauen werden umso wichtiger,[71] je öfter der Prozess der Datensammlung und -verarbeitung von unbekannten Faktoren und Outputs, wie sie disruptive KI-Technologien hervorrufen können, bestimmt ist (vgl. Nickel 2019).

Ob Herr Müller und die ihn behandelnden Ärzte den zum Einsatz kommenden KI-Systemen nicht nur negativ vertrauen, indem sie nicht hinterfragen, ob und inwieweit neue Technologien ethischen Prinzipien widersprechen, sondern auch positives Vertrauen entgegenbringen, hängt von verschiedenen Faktoren ab.[72] Nicht nur die umfassende Gewährleistung des Datenschutzes wirkt hier vertrauenserweckend, sondern auch die dauerhafte funktionale Sicherstellung, dass eine Technologie niemanden kurz- oder langfristig schädigt. Dies impliziert auch, dass Entwickler:innen und Nutzer:innen der Technologie nicht nur verlässlich handeln, sondern um ihre besondere ethische Verantwortung im Umgang mit neuen Technologien wissen. Damit diese Gruppen mit der Übernahme dieser besonderen ethischen Verantwortung nicht überfordert werden, müssen institutionelle Entlastungsstrukturen vorhanden sein oder neu geschaffen werden, in denen die Technologie einschließlich der Personen, die sie entwickeln und anwenden, so eingebettet sind, dass Zielkonflikte verhindert und gemeinsame Interessen umgesetzt werden können.[73]

---

71 Vertraulichkeit beschreibt eine mit der Haltung der Diskretion verwandte internalisierte Verhaltensregel, während Vertrauen auf die Sichtbarmachung und den Aufbau wert- und nachhaltiger Beziehungen zwischen Personen, Institutionen und evtl. auch KI-Systemen referiert.

72 Mit negativem Vertrauen beschreiben wir eine Einstellung, die vorliegt, solange sie nicht durch Gründe, die ein Misstrauen rechtfertigen, falsifiziert wird. So vertrauen wir negativ einem Arzt in der Abwesenheit von Zweifeln, dass dieser wirklich eine Zulassung für die Ausübung seines Berufs hat. Positives Vertrauen meint dagegen ein interpersonal gestärktes Zutrauen zu einer Person oder Institution, das meist über einen längeren Zeitraum und durch positive Verstärkung erworben wird.

73 In der aktuellen philosophischen Diskussion wird in Anlehnung an Ludwig Wittgenstein der Versuch unternommen, einen Vertrauensbegriff („hinge trust“) zu entwi-

**Key take-aways**

- Datenethik: Patient:innen sollten über die Nutzung ihrer Daten informiert und in die Entscheidung einbezogen werden. Datenschutzmaßnahmen und technologische Lösungen sind notwendig, aber oft unzureichend.
- KI-Integration: KI wird als Entscheidungsunterstützungssystem (EUS) genutzt, darf aber ärztliche Autonomie nicht ersetzen. Ärzt:innen müssen sich der Grenzen und möglichen Fehler der KI bewusst sein; das macht ein entsprechendes Training erforderlich.
- Verantwortung: Verantwortung für KI-gestützte Entscheidungen ist auf viele Akteure verteilt (Ärzt:innen, Entwickler:innen, Institutionen etc.). Transparente Prüf- und Zertifizierungsmaßnahmen sind essentiell für vertrauenswürdige KI.
- Vertrauen: Vertrauen in Ärzt:innen, KI-Systeme und Institutionen ist entscheidend für eine erfolgreiche medizinische Behandlung. Vertraulichkeit und Datenschutz müssen gewährleistet sein, um das Vertrauen der Patient:innen zu sichern.

## 4.2.4 Rechtswissenschaftliche Betrachtung: Vernetzte Akten, Datenschutz und KI-Training

Timo Rademacher und Raphael Schaarschmidt

### 4.2.4.1 Einleitung

Im zweiten Teil unseres Referenzfalles kommt es zum ersten Zusammentreffen von Patient und Ärztin in Form der Voruntersuchungen nach Durchführung der ersten Anamnese. Juristisch wollen wir uns in dieser Station der Einordnung medizinischer Daten sowie den rechtlichen Herausforderungen in Bezug auf deren mögliche Nutzungen widmen. Auf den ersten Blick handelt es sich dabei ‚nur' um Vorfragen des KI-Einsatzes, allerdings um ganz zentrale Vorfragen: Denn ohne gute Trainingsdaten und ohne einen Zugriff auf vernetzte Dateien wird künstliche Medizin-Intelligenz die in sie gesetzten Hoffnungen nicht erfüllen können.

Assistenzärztin Navarro nutzt hier zur Ersteinschätzung des gesundheitlichen Zustandes von Herrn Müller „bereits vorhandene Datenbestände". Die beiden in diesem Zuge genannten Datenquellen – zum einen die Herkunft „aus vorherigen, an der Uniklinik behandelten Fällen", zum anderen aus medizinischen Datenbanken – bringen unterschiedliche juristische Anforderungen mit sich. Diese Anforderungen ergeben sich hier primär aus den zwei ineinandergreifenden Regulierungsregimen der Datenschutz-

---

ckeln, der phänomenologisch, epistemologisch und normativ sowohl auf Menschen als auch Nicht-Menschen (Maschinen, Organisationen) anwendbar ist (Coliva 2025).

Grundverordnung (DSGVO) einerseits sowie, soweit es uns um die Datennutzung zu Zwecken des Trainings und Einsatzes KI-gestützter Systeme geht, der neuen EU-Verordnung über Künstliche Intelligenz (KI-VO) andererseits. Nicht erst, aber besonders im Rahmen der COVID-19-Pandemie sind gleichwohl praktische Probleme und Unwägbarkeiten im Bereich der Nutzung von Gesundheitsdaten, vor allem von deren *Sekundär*nutzung, sichtbar geworden, die sich mit dem Instrument der DSGVO alleine nicht bewältigen lassen – so scheint es zumindest die weitestgehend einhellige Ansicht der unionalen und deutschen Gesetzgeber zu sein. Aus diesem Grund werden nun weitere Rechtsakte, die vor allem die DSGVO in bestimmten Bereichen flankieren, besondere Bedeutung erlangen.

#### 4.2.4.2 Vernetzte Patientenakten

Die bei Herrn Müller durchgeführten körperlichen und neurologischen Untersuchungen werden von Frau Navarro in eine digitale Patientenakte eingetragen. Die Nutzung solcher Patientenakten ist grundsätzlich nichts ungewöhnliches, ihre elektronische Führung ist ebenso wie eine solche in Papierform zulässig (siehe § 630f Abs. 1 S. 1 BGB). Wichtig ist für beide Verfahren, dass ein hinreichender Manipulationsschutz besteht. Korrekturen und Änderungen in den Akten dürfen nur unter Sicherstellung der Erkennbarkeit des vorherigen Inhaltes vorgenommen werden (§ 630f Abs. 1 S. 2 BGB). Spannender wird es, wenn es, wie vorliegend, um vernetzte Patientenakten geht, in denen die Gesundheitsdaten *früherer* Patienten genutzt werden, um Aussagen zum Zustand *neuer* Patienten zu treffen.

Zur Klarstellung sei an dieser Stelle angemerkt, dass es bei den folgenden Überlegungen nicht primär um die neue elektronische Patientenakte geht, vielfach bekannt unter ihrem Kürzel ePA. Die Vorgabe an die Krankenkassen zur Einrichtung der ePA erfolgte durch das Patientendatenschutz-Gesetz[74] (PDSG). Nach dem durch dieses Gesetz neu gefassten § 341 des fünften Sozialgesetzbuches (SGB V) handelt es sich bei der ePA um eine *versicherten*geführte elektronische Akte, welche gemäß § 342 Abs. 1 SGB V von den Krankenkassen ihren Mitgliedern zur Verfügung gestellt werden muss. In diese Akte können bestimmte medizinische Informationen durch Ärzte und weitere medizinische Leistungserbringer eingestellt werden. Al-

74 Gesetz zum Schutz elektronischer Patientendaten in der Telematikinfrastruktur vom 14. Oktober 2020, BGBl. I 2020, S. 2115.

lerdings kann und darf dies nach § 346 Abs. 1 SGB V stets nur auf Verlangen des Patienten erfolgen. Primäres Ziel des Vorhabens ist eine Verbesserung der Patientensouveränität, indem alle Vorgänge rund um die Nutzung dieser Akte von Beginn an in die Hände der Patienten gelegt werden.[75] Auch bringt ihre Einrichtung weitere innovative Aspekte mit sich, die Relevanz für die forschungs- und innovationsbezogene Nutzung medizinischer Patientendaten haben, allen voran die Möglichkeit für versicherte Patienten, ihre Daten der Forschung zur Verfügung zu stellen, aber auch damit verbundene infrastrukturelle Maßnahmen, wie die Nutzung einheitlicher medizinischer Terminologie zur Sicherstellung semantischer Interoperabilität, Vergütungsregeln, Zugriffskonzepte und Zuständigkeiten.[76]

Bei der in unserem Fall genutzten digitalen Patientenakte handelt es sich allerdings *nicht* um eine solche *versicherten-*, also durch Herrn Müller, sondern durch das Krankenhaus geführte Akte. Nach den Informationen des Falles geht diese Akte in ihrer Funktion über die oben angesprochene bloß digital vorliegende Form einer ‚regulären' Patientenakte hinaus. Angenommen wird vielmehr, dass eine gewisse Form der Anbindung der Akte von Herrn Müller an die weitere Krankenhaus-IT-Infrastruktur besteht. Einen Hinweis darauf gibt die Formulierung im Fallbeispiel, nämlich dass die Ärztin „nun", also nachdem sie Durchführung und Ergebnisse der Voruntersuchungen an Herrn Müller in die Akte eingetragen hat, Zugriff auf kontextuelle Daten aus vorherigen, an der Uniklinik selbst behandelten Fällen sowie weiteren medizinischen Datenbanken erhält. Die Akte steht also nicht ‚für sich', sondern ist Teil eines vernetzten Pools von Patientendaten.

Wir setzen außerdem voraus, dass auch die direkt Herrn Müller betreffenden Gesundheitsdaten Teil dieses Pools sind und in späteren Behandlungen weiterer Patienten als Referenz herangezogen werden (sollen), womöglich sogar als Trainingsdaten für aktuelle und zukünftige KI-Anwendungen. Bevor es um die Frage geht, *was* genau mit diesen Daten hinsichtlich einer Nutzung in KI-Systemen geschehen darf, sind zunächst in der gebotenen Kürze die datenschutzrechtlichen Voraussetzungen einer (solchen) Nutzung von Patientendaten zu besprechen.

---

75 BT-Drucks. 19/18793, S. 3.

76 BT-Drucks. 19/18793, S. 3 f.

#### 4.2.4.3 Grundzüge des Datenschutzrechts

In der EU gilt seit Mitte 2018 die DSGVO als einheitliches Datenschutzrecht in allen Mitgliedstaaten. Sie gilt grundsätzlich gleichermaßen für private und öffentliche Akteure.[77] Neben der DSGVO gelten in Deutschland zudem weiterhin nationale Datenschutzgesetze, v. a. bestehend aus dem Bundesdatenschutzgesetz (BDSG) und den Landesdatenschutzgesetzen. Das ist deshalb zulässig, weil die DSGVO sogenannte Öffnungsklauseln enthält, die es den Mitgliedstaaten gestatten, *bestimmte* Vorgaben der DSGVO zu präzisieren, zu ergänzen oder auch zu verschärfen. Als Beispiel kann Art. 9 Abs. 4 DSGVO herangezogen werden. Die Norm gibt den Mitgliedstaaten in Verarbeitungssituationen, welche sogenannte „besondere Kategorien personenbezogener Daten" betreffen (worunter insbesondere Gesundheitsdaten fallen), die Möglichkeit, Bedingungen, einschließlich Beschränkungen, einzuführen oder aufrechtzuerhalten. Hinter den Vorgaben der DSGVO zurückbleiben dürfen diese Vorgaben grundsätzlich jedoch nicht.

Die nationalen Datenschutzgesetze richten sich an private und öffentliche Stellen des Bundes (im Falle des BDSG) oder öffentliche Stellen der Länder (dann gelten die jeweiligen Landesdatenschutzgesetze). In unserem Fall besucht Herr Müller eine Universitätsklinik. In Deutschland sind staatliche Universitäten sogenannte Körperschaften des öffentlichen Rechts und regelmäßig Einrichtungen der Länder. Auch wenn uns hier die Information fehlt, in welchem Bundesland Herr Müller die Uniklinik aufsucht, können wir anhand der Information über die Art des von ihm aufgesuchten Krankenhauses Rückschlüsse darauf ziehen, dass die anwendbaren Datenschutzvorschriften hier sowohl aus der DSGVO als auch aus einem Landesdatenschutzgesetz stammen dürften. Die Unterschiede zwischen den Landesdatenschutzgesetzen hinsichtlich der Datenverarbeitungsgrundsätze sind zumeist nur minimal.

77 Eine Ausnahme bilden die mitgliedstaatlichen Sicherheitsbehörden, deren Vorgaben im Wesentlichen in der sogenannte JI-Richtlinie zu finden sind und durch die Mitgliedstaaten in jeweils nationales Recht umzusetzen sind.

#### 4.2.4.3.1 Verfassungsrechtliche Grundlagen des Datenschutzrechts

Personenbezogene Daten, zumal medizinische Daten, genießen in der Europäischen Union und v. a. in Deutschland einen weltweit außergewöhnlich starken *verfassungsrechtlichen* Schutz. Das muss man wissen, um begreifen zu können, warum das gegenwärtige Datenschutzrecht (dazu gleich) es mitunter so schwierig macht/machen muss, diese Daten zu Behandlungs-, Forschungs-, KI-Trainings-Zwecken usw. zu nutzen. Diese verfassungsrechtlichen Grundlagen wollen wir hier kurz skizzieren. Ausgangspunkt ist, dass die „Hoheit" über die Verwendung personenbezogener Daten grundsätzlich bei den „betroffenen Personen" – also denjenigen, die die Daten betreffen – liegen soll und ihre Verarbeitung *ohne* deren Zustimmung nur dann erfolgen darf, wenn das durch eine Rechtsvorschrift ausdrücklich erlaubt ist.[78]

Sowohl das Grundgesetz (GG) wie auch die Europäische Grundrechtecharta (GRC) enthalten entsprechende Datenschutz-Grundrechte:

In Deutschland ist Art. 2 Abs. 1 in Verbindung mit Art. 1 Abs. 1 GG einschlägig. Aus diesen beiden GG-Normen wird das *Recht auf informationelle Selbstbestimmung* abgeleitet. *Ausdrücklich* geregelt ist dieses Recht im Grundgesetz nicht. Vielmehr ist es über die Zeit vom Bundesverfassungsgericht (BVerfG) durch Auslegung hergeleitet/ermittelt worden,[79] maßgeblich im sogenannten *Volkszählungsurteil* von 1983,[80] um das Grundgesetz adaptiv an die neuen Herausforderungen einer zunehmend digitalisierten Welt anpassen zu können. Während es Fragen des Datenschutzes auch vor 1983 schon gab, waren es die technologisch unterstützten und verstärkten Möglichkeiten moderner Datenverarbeitung, die hier den Ausschlag gaben.[81]

---

78 Nicht gemeint ist damit ein etwaiges „Eigentum" an diesen Daten. Ob ein solches überhaupt existieren kann, ist Gegenstand anhaltender rechtswissenschaftlicher Diskussion.

79 Eine echte Neuschöpfung von Grundrechten ist dem BVerfG nicht erlaubt, stattdessen muss bzw. kann es aus bestehenden Grundrechten neue, auf neue Entwicklungen angepasste Unterformen/Fallgruppen herausarbeiten (sogenannte Extensivierung durch eine erweiterte Interpretation), vgl. *Dreier*, in: Dreier (Hrsg.), GG, Vorbemerkungen vor Artikel 1 GG Rn. 23. Die Grenzen zur (unzulässigen) Verfassungsneugestaltung sind natürlich schmal.

80 BVerfG, Urteil v. 15. Dezember 1983, Az.: 1 BvR 209/83, 1 BvR 269/83, 1 BvR 362/83, 1 BvR 420/83, 1 BvR 440/83, 1 BvR 484/82.

81 *Grimm*, NJW 1989, 1305 (1308); *Dreier*, in: Dreier (Hrsg.), GG, Vorbemerkungen vor Artikel 1 GG Rn. 23.

Anders verhält es sich beim unionalen *Grundrecht auf Datenschutz* in der deutlich jüngeren EU-Grundrechte-Charta (GRC).[82] Dieses Recht ist ausdrücklich in Art. 8 Abs. 1 der Charta aufgeführt und lautet schlicht: „Jede Person hat das Recht auf Schutz der sie betreffenden personenbezogenen Daten." Wie das nationale Datenschutz-Grundrecht des GG stellt auch dasjenige der GRC eine Reaktion auf moderne informationstechnologische Möglichkeiten der Datenverarbeitung dar.[83] Es gibt aber einen subtilen Unterschied, denn ein *Recht auf informationelle Selbstbestimmung* soll hier bewusst nicht enthalten sein; vielmehr ging es darum, im Bereich des Umgangs mit personenbezogenen Daten von Anfang an ein Rahmenwerk zu schaffen, in dem zwischen den verschiedenen Interessen, die im Umgang mit personenbezogenen Daten betroffen sind, ein angemessener Umgang gefunden werden kann.[84] Die Interessen auch derjenigen, die Daten verarbeiten wollen, kommen damit – zumindest potentiell – deutlicher zum Ausdruck als im sehr subjektiv, fast schon eigentumsartig formulierten deutschen Grundrecht auf informationelle Selbstbestimmung.[85]

Für uns sind hier nun zwei miteinander verwobene Feststellungen zu treffen: Zum einen gibt es in Deutschland praktisch keine medizinische Datenverarbeitung mehr,[86] deren Betroffene nicht entweder vom deutschen Recht auf informationelle Selbstbestimmung oder vom europäischen Datenschutzgrundrecht oder sogar von beiden zugleich grundrechtlich geschützt sind. Und „grundrechtlich geschützt" bedeutet dabei, dass die jeweiligen Gesetzgeber ihre Regelungen, die sie erlassen, vor den Gerichten – insbesondere BVerfG und EuGH – rechtfertigen müssen, und dass jedenfalls „betroffene Personen", aber zum Beispiel auch Datenschutzbehörden

---

82 Die Grundrechtecharta der EU wurde 2000 feierlich proklamiert, stellte zum damaligen Zeitpunkt aber noch kein verbindliches EU-Recht dar, sondern war v.a. der Versuch, den bis dato vom Europäischen Gerichtshof (EuGH) nur richterrechtlich entwickelten Grundrechtsschutz der EU übersichtlich zusammenzustellen. 2009 allerdings wurde die GRC durch den Vertrag von Lissabon zu verbindlichem Recht erklärt, siehe Art. 6 Abs. 3 EU-Vertrag. Ungeschriebene Grundrechte der EU kann es seither zwar weiterhin geben, sie sind aber nur noch wenig relevant, insbesondere nicht im Feld des Datenschutzes.

83 *Bernsdorff*, in: Meyer/Hölscheidt (Hrsg.), GRC, Art. 8 GRC Rn. 12.

84 *Nettesheim*, in: Grabenwarter (Hrsg.), Europäischer Grundrechteschutz, § 10 Privatleben und Privatsphäre, S. 490 Rn. 51.

85 Ausf. zur entsprechenden Offenheit von Art. 8 Abs. 1 GRC *Marsch*, Das europäische Datenschutzgrundrecht, 2018, passim, bes. S. 128 ff.: „Ausgestaltungsdimension als Kern eines eigenständigen Datenschutzgrundrechts in Art. 8 GRC".

86 Jedenfalls dann nicht, wenn sie automatisiert/aktenmäßig ausgeführt wird und insbesondere, wenn sie medizinische Daten betrifft.

dagegen klagen können, wenn sie glauben, dass Gesetze nicht in diesem Sinn gerechtfertigt werden können. Für uns ist das deshalb wichtig, weil die Gesetzgeber eben nicht frei darin sind, ein Medizin-KI-Datenschutzrecht zu entwerfen, wie sie es politisch für opportun halten, sondern eines schaffen müssen, das gegebenenfalls auch grundrechtlich-gerichtlicher Kontrolle standhält.

Anders ausgedrückt: Dass das europäische Datenschutzrecht oftmals als kompliziert und innovationsunfreundlich wahrgenommen wird – das ist hier unser Punkt –, liegt also nicht allein am Gesetzgeber, sondern auch an seiner starken grundrechtlichen Vor- und Überformung.

##### 4.2.4.3.2 Einfachrechtliche Grundlagen

Und damit können wir nun wieder zu den einfachrechtlichen Grundlagen des unionalen Datenschutzrechts, im Wesentlichen folgend aus der DSGVO, übergehen.

Ob eine Datenverarbeitung rechtmäßig ist, bemisst sich grundsätzlich nach Art. 6 DSGVO. Eine Datenverarbeitung ist demnach unter anderem rechtmäßig, wenn sie auf eine Einwilligung der betroffenen Person gestützt ist (lit. a), zur Erfüllung eines Vertrages, bei dem die betroffene Person Partei ist, erforderlich ist (lit. b), oder wenn die Datenverarbeitung erforderlich ist, um lebenswichtige Interessen der betroffenen Person oder einer anderen natürlichen Person zu schützen (lit. d). Für Gesundheitsdaten ergeben sich darüber hinaus zusätzliche strenge Rechtmäßigkeitsanforderungen aus Art. 9 DSGVO. Nach Art. 4 Nr. 15 DSGVO handelt es sich bei Gesundheitsdaten um

> „personenbezogene Daten, die sich auf die körperliche oder geistige Gesundheit einer natürlichen Person, einschließlich der Erbringung von Gesundheitsdienstleistungen, beziehen und aus denen Informationen über deren Gesundheitszustand hervorgehen".

Der Begriff ist weit zu verstehen, er erfasst etwa bereits die Informationen, die über eine Person bei der Anmeldung zu einer Gesundheitsdienstleistung erhoben werden.[87] Auf den ersten Blick scheinen die Anforderungen von Art. 6 und Art. 9 dabei ähnlich zu sein (was natürlich sinnwidrig wäre).

87 *Albers/Veit*, in: Wolff/Brink/v. Ungern-Sternberg (Hrsg.), BeckOK Datenschutzrecht, Art. 9 DSGVO Rn. 45.

So ist etwa eine Verarbeitung von Gesundheitsdaten nach Art. 9 Abs. 2 lit. a DSGVO ebenfalls zulässig, wenn die betroffene Person ausdrücklich hierin eingewilligt hat. Der Unterschied zur Einwilligung aus Art. 6 Abs. 1 lit. a ist subtil, aber vorhanden, indem letztere Norm Einwilligungen auch konkludent (d. h. durch schlüssiges Verhalten) gelten lässt, Art. 9 Abs. 2 lit. a diese aber eben „ausdrücklich" fordert.[88]

Ein weiterer, für uns sogleich noch wichtiger Grundsatz der DSGVO für die Verarbeitung personenbezogener Daten ist die sogenannte Zweckbindung aus Art. 5 Abs. 1 lit. a. Sie bildet nach Auffassung vieler den eigentlichen „Grundstein des Datenschutzrechts".[89] Nach dieser Vorschrift müssen personenbezogene Daten „für festgelegte, eindeutige und legitime Zwecke erhoben werden und dürfen nicht in einer mit diesen Zwecken nicht zu vereinbarenden Weise weiterverarbeitet werden". Der Wortlaut der Norm lässt schon erkennen, dass die initiale eindeutige Zweckfestlegung nicht in Stein gemeißelt und eine Weiterverarbeitung zu anderen Zwecken grundsätzlich möglich ist. Gewisse Flexibilitäten sollten den Datenverarbeitern nach dem Willen des Unionsgesetzgebers also erhalten bleiben.[90] Entscheidend für eine Weiterverarbeitung sind der Zusammenhang, in welchem die initiale Datenerhebung stattfand, sowie die Erwartungen der betroffenen Person, von der die Daten erhoben werden, zum Zeitpunkt der Erhebung.[91]

#### 4.2.4.4 Primärnutzung der medizinischen Daten Herrn Müllers

Schauen wir uns vor diesem Hintergrund nun den Fall von Herrn Müller an. Herr Müller hat eine „Datenschutzerklärung" unterzeichnet, deren Vollständigkeit und inhaltliche Korrektheit wir hier voraussetzen. Im Umfang der Einwilligung (Stichwort Zweckbindung, siehe soeben) ist die Verarbeitung seiner Gesundheitsdaten also zunächst unproblematisch möglich. Zudem wurde bereits kurz auf die Möglichkeit hingewiesen, Daten zwecks Vertragserfüllung zu verarbeiten, Art. 6 Abs. 1 lit. b DSGVO. Wie wir im ersten Teil dargelegt haben, liegt zwischen Herrn Müller und dem Universitätsklinikum ein Behandlungsvertrag gem. § 630a BGB vor, für dessen Erfüllung die

88 *Schiff*, in Ehmann/Selmayr (Hrsg.), DSGVO, Art. 9 Rn. 34.
89 *Schantz*, in: Wolff/Brink/v. Ungern-Sternberg (Hrsg.), BeckOK Datenschutzrecht, Art. 5 DSGVO Rn. 12.
90 *Schantz*, in: Wolff/Brink/v. Ungern-Sternberg (Hrsg.), BeckOK Datenschutzrecht, Art. 5 DSGVO Rn. 18.
91 *Schantz*, in: Wolff/Brink/v. Ungern-Sternberg (Hrsg.), BeckOK Datenschutzrecht, Art. 5 DSGVO Rn. 19.

Erfassung der Daten des Herrn Müller unbedingt erforderlich sein dürfte. Hinsichtlich seiner Gesundheitsdaten genügt dies allein jedoch *nicht*. Art. 9 Abs. 2 lit. h stellt für die Datenverarbeitung im Bereich der individuellen Gesundheitsversorgung höhere Anforderungen auf.[92] Das betrifft Datenverarbeitungen im Rahmen „medizinische[r] Diagnostik", der „Versorgung oder Behandlung im Gesundheitsbereich- oder Sozialbereich" oder „aufgrund eines Vertrages mit einem Angehörigen eines Gesundheitsberufs". Neben der Erforderlichkeit dieser Verarbeitung sind besondere Bedingungen und Garantien zu erfüllen, die sich aus Art. 9 Abs. 3 DSGVO ergeben. Danach dürfen (neben weiteren besonderen Kategorien personenbezogener Daten) Gesundheitsdaten für die zuvor genannten Zwecke verarbeitet werden, wenn diese Verarbeitung unter anderem „von Fachpersonal oder unter dessen Verantwortung" geschieht „und dieses Fachpersonal nach dem Unionsrecht oder dem Recht eines Mitgliedstaates oder den Vorschriften nationaler zuständiger Stellen dem Berufsgeheimnis unterliegt". Für Deutschland und unseren Fall einschlägig ist hier die ärztliche Schweigepflicht. Diese ergibt sich zum einen aus dem ärztlichen Berufsrecht aus § 9 Abs. 1 der Musterberufsordnung für Ärztinnen und Ärzte (MBO-Ä), sie folgt aber auch aus dem Strafrecht, welches die Verletzung der Schweigepflicht sanktioniert, § 203 Abs. 1 S. 1 StGB.[93] Daneben ist die Schweigepflicht zwar keine ausdrücklich niedergeschriebene, jedoch anerkannte Pflicht im Rahmen des Behandlungsvertrags.[94] Herrn Müllers Behandlung wird hier verantwortet von der Assistenzärztin Frau Navarro, später auch dem Assistenzarzt Herrn Mettin sowie den zuständigen Oberärzten und der Chefärztin. Alle unterliegen der ärztlichen Schweigepflicht, in ihre Zuständigkeit fällt auch die Datenverarbeitung, sodass die Anforderungen der Art. 6 und 9 DSGVO als erfüllt angesehen werden können. Fraglich könnte noch die Hinzuziehung des Medizinstudenten im Rahmen der Erstuntersuchung von Herrn Müller sein. Hierzu ist zu sagen, dass Art. 9 Abs. 3 DSGVO eine Verarbeitung unter anderem von Gesundheitsdaten auch durch andere Personen als Fachpersonal gestattet, wenn diese „ebenfalls nach dem Unionsrecht oder dem Recht eines Mitgliedstaats oder den Vorschriften nationaler zuständiger Stellen einer Geheimhaltungspflicht unterliegt". Hier darf davon ausgegangen werden, dass der Student im Rahmen seiner Tätigkeit, welche wohl als Praktikum

92 *Petri*, in: Simitis/Hornung/Spiecker (Hrsg.), Datenschutzrecht, Art. 9 DSGVO Rn. 75.

93 *Petri*, in: Simitis/Hornung/Spiecker (Hrsg.), Datenschutzrecht, Art. 9 Rn. 88.

94 *Kern/Rehborn*, in: Laufs/Kern/Rehborn (Hrsg.), Handbuch des Arztrechts, § 15 Berufspflichten Rn. 18.

oder Teil des Praktischen Jahres liegen dürfte, selbst hinreichend auf die Verschwiegenheit verpflichtet wurde, sodass keine Bedenken bestehen.

#### 4.2.4.5 Sekundärnutzungen der medizinischen Daten Herrn Müllers

Kommen wir nun zur eigentlich spannenden, nämlich unmittelbar KI-bezogenen Frage. Wie sieht es mit einer weiterführenden Nutzung medizinischer Daten aus, wenn die Daten, wie hier, nicht nur unmittelbar für die individuelle Behandlung verwendet werden sollen, sondern für darüberhinausgehende, *andere* Zwecke, wie etwa die digitale Vernetzung innerhalb des Krankenhauses, das Training von KI-Modellen, Vergleichsdiagnosen etc.?

Wie besprochen ist eine Zweckänderung nicht komplett ausgeschlossen; allerdings müssen dabei die gemäß Art. 5 Abs. 1 lit. b DSGVO geltenden Grundsätze beachtet werden, welche von Art. 6 Abs. 4 DSGVO näher konkretisiert werden. Diese Norm bietet zwei wesentliche Optionen: zum einen, dass eine Datenverarbeitung durch den für die initiale Datenerhebung Verantwortlichen auch zu einem anderen als dem ursprünglichen Zweck zulässig ist, sofern eine „Vereinbarkeit" zwischen eigentlichem und neuem Verarbeitungszweck besteht;[95] und zum anderen, dass, wenn diese Vereinbarkeit nicht gegeben ist, eine zweckändernde Verarbeitung dann dennoch möglich ist, sofern sie auf einer Einwilligung oder einer unionalen oder nationalen Rechtsvorschrift basiert.[96] Ergänzend regelt dann wiederum Art. 5 Abs. 1 lit. b, dass eine Weiterverarbeitung unter anderem für wissenschaftliche Zwecke „nicht als unvereinbar" mit den ursprünglichen Zwecken gilt, wenn dabei den Anforderungen aus Art. 89 Abs. 1 DSGVO genügt wird. Da es in unserem Fall primär um Gesundheitsdaten geht, ist daneben auch noch Art. 9 Abs. 2 lit. j DSGVO zu beachten, welcher den wesentlichen Inhalt des Art. 5 Abs. 1 lit. b DSGVO wiederholt, zusätzlich aber den Hinweis enthält, dass die unions- oder nationalrechtliche Grundlage „in angemessenem Verhältnis zu dem verfolgten Ziel steht, den Wesensgehalt des Rechts auf Datenschutz wahrt und angemessene und spezifische Maßnahmen zur Wahrung der Grundrechte und Interessen der betroffenen Person vorsieht".

Suchen wir also einmal nach solchen „unionalen oder mitgliedstaatlichen Rechtsgrundlagen", die hier eine zweckändernde Weiterverarbeitung

95 Hier ist vieles umstritten, wir machen es uns und Ihnen, liebe Leserinnen und Leser, einmal – relativ – einfach.

96 *Schulz*, in: Gola/Heckmann (Hrsg.), DS-GVO BDSG, Art. 6 DSGVO Rn. 134.

der Daten von Herrn Müller erlauben könnten. Und hier ist, wie wir oben bereits besprochen haben, sowohl Datenschutzrecht auf Bundes- als auch auf Landesebene vorhanden. Der Föderalismus hält hier durch die Tatsache, dass neben bundesrechtlichen Vorgaben - einerseits aus dem BDSG, andererseits aber auch aus dem SGB V oder SGB X - auch sechzehn Datenschutzgesetze der Länder existieren, einige Herausforderungen bereit.[97] Dabei ist es wichtig festzuhalten, dass Bundes- und Landesgesetzgeber und EU Sekundärnutzungen von medizinischen Daten mitnichten verhindern wollen – ganz im Gegenteil wird dieses Anliegen national und unional mittlerweile mit hoher Priorität verfolgt. Es gilt jedoch, je nach Zweck der Sekundärnutzung genau zu unterscheiden. Wenn wir noch einmal die zu Beginn dieser Fallstation ausgemachten Besonderheiten durch die Nutzung einer vernetzten Patientenakte mit KI-Funktionalität betrachten, dann können wir drei konkrete Bereiche definieren, innerhalb derer jeweils die Frage im Raum steht, wie sich eine Sekundärnutzung der medizinischen Daten von Herrn Müller (und anderer Patienten) rechtfertigen lässt: die Vernetzung dieser Akten (1.), die Nutzung der enthaltenen Daten zum Training von KI (2.) und, da wir es hier mit einer Uniklinik zu tun haben, welche das verwendete KI-System möglicherweise selbst entwickelt, auch die Nutzung der Daten zu Forschungszwecken (3., wobei es hier auch Überschneidungen mit den beiden erstgenannten Bereichen geben kann).

#### 4.2.4.5.1 Rechtsgrundlagen verschiedener Formen einer Akten-Vernetzung

Trifft unsere Annahme zu, dass Frau Navarro – und damit die Uniklinik – ein *eigenes* System für Patientenakten nutzt, innerhalb dessen die Akten zum einen miteinander und zum anderen mit externen Informationsquellen verbunden werden, dann stellt sich die Frage, welche rechtliche Grundlage es hierfür gibt. Wir konzentrieren uns hier auf die Suche nach einer spezifischen *gesetzlichen* Rechtsgrundlage, die sich von der Patienteneinwilligung unterscheidet, welche nun einmal immer individuell ist und keine verlässliche Grundlage einer Datennutzung darstellt, wie sie hier in Betracht kommt (nicht zuletzt, da sie jederzeit widerrufen werden kann).

97 *Werry/Ntanas*, MMR 2024, 641 (642); unter anderem deshalb bezeichnet *Weichert*, MedR 2025, 500 (500) den Status Quo als „[r]egulatorisches Chaos".

- Strukturen und Chancen der Vernetzung

Bei der Suche nach der Rechtsgrundlage ist es hilfreich, ein paar Hypothesen dazu aufzustellen, was die *technische* Grundlage bzw. Ausgestaltung der Akten-Vernetzung ist bzw. sein könnte. Hier kommt etwa in Betracht, dass die Akten systematisch auf Grundlage der in ihnen enthaltenen Daten sortiert sind (sei es händisch, sei es durch entsprechende KI automatisiert) und ihnen eine Vielzahl an ‚Keywords' zugewiesen werden, die Bezug auf die Person, Symptomatik/Diagnose (zum Beispiel in Form der ICD-10-Kodierung[98]), Therapie und Outcome des konkreten Patienten nehmen und anhand derer alle vorhandenen Datensätze durchsucht werden können. Als Beispiel könnten die von Herrn Müller zum Zeitpunkt kurz nach der Anamnese erhobenen Daten in seiner Akte in Form der Keywords ‚Mann', ‚Alter: 58', ‚Cephalgie/Kopfschmerz (ICD-10: G44, Sonstige Kopfschmerzsymptome)', ‚Aphasie/Wortfindungsstörung (ICD-10: R47.0: Dysphasie und Aphasie)', ‚Therapie: Ibuprofen, ohne Verbesserung' systematisch aufbereitet und entweder nur im eigenen Krankenhaus- oder gar in einem mehrere Gesundheitseinrichtungen übergreifenden System indiziert werden. Anhand einer Suche nach diesen Keywords oder solchen, die dem jeweils relevanten Datenformat entsprechen – Daten zur Person liegen etwa in einem anderen Format vor als solche zur Diagnose –, könnten konkrete Akten gefunden werden, in denen möglichst viele dieser Keywords ebenfalls enthalten sind. Hieraus ließen sich Rückschlüsse auf in der Vergangenheit vorgenommene und damit auch in diesem Fall naheliegende Diagnosen und dann gegebenenfalls auch Therapien ziehen. Bei all den genannten Schritten – Klassifikation von Roh-Patientendaten, Systematisierung, Suche und Auswertung, Ausarbeitung von Diagnose- und Therapievorschlägen, Rückfrage-Möglichkeiten – kann KI eine wertvolle Rolle spielen - vorausgesetzt, die Vernetzung findet tatsächlich statt.

- Rechtliche Initiativen zur Umsetzung auf nationaler und Unionsebene

Unseres Wissens existiert eine so weitreichende und grundlegende Akten-Vernetzung, wie wir sie soeben beschrieben haben, derzeit noch nicht. Der deutsche Gesetzgeber hat sich diesem Anliegen jedoch mit dem 2024

98 https://klassifikationen.bfarm.de/icd-10-gm/kode-suche/htmlgm2025/index.htm (Letzter Aufruf: 11.5.2025).

in Kraft getretenen Gesundheitsdatennutzungsgesetz[99] (GDNG) angenommen. § 1 Abs. 1 des GDNG fasst das dahinterliegende Ziel so zusammen:

> „Dieses Gesetz dient der Regelung der Nutzung von Gesundheitsdaten zu gemeinwohlorientierten Forschungszwecken und zur datenbasierten Weiterentwicklung des Gesundheitswesens als lernendes System. Das Ziel der Nutzung von Gesundheitsdaten ist, eine sichere, bessere und qualitätsgesicherte Gesundheitsversorgung und Pflege zu gewährleisten, Forschung und Innovation zu fördern und das digitalisierte Gesundheitssystem auf Grundlage einer soliden Datenbasis weiterzuentwickeln."

Um dieses Ziel zu erreichen, soll das GDNG den Zugang zu medizinischen Daten wie auch deren Verarbeitung zu weiterführenden Zwecken verbessern. Für den Datenzugang ist vorgesehen, dass beim Bundesinstitut für Arzneimittel und Medizinprodukte (BfArM) eine „zentrale Datenzugangs- und Koordinierungsstelle für Gesundheitsdaten" eingerichtet wird (§ 3 Abs. 1), welche „Datennutzende beim Zugang zu Gesundheitsdaten [berät]" (§ 3 Abs. 2). Was diese Beratung im Einzelnen umfasst, ist detailliert in Absatz 2 geregelt.

Hinsichtlich der Datenverarbeitung bietet das GDNG mehrere Neuerungen, darunter auch ganz spezifisch eine Verknüpfung medizinischer Daten aus unterschiedlichen Quellen. So wird es gem. § 4 Abs. 1 GDNG dem Forschungsdatenzentrum Gesundheit[100] gestattet, eigene pseudonymisierte Daten mit pseudonymisierten Daten der klinischen Krebsregister der Länder[101] zu verknüpfen und diese Daten auch für Forschungsvorhaben zu verarbeiten;[102] vorausgesetzt, die gerade erwähnte Datenzugangs- und Koordinierungsstelle für Gesundheitsdaten genehmigt das. § 4 Abs. 2 GDNG

---

99 Gesetz zur verbesserten Nutzung von Gesundheitsdaten vom 22. März 2024, BGBl. 2024 I Nr. 102.

100 Bei diesem Forschungsdatenzentrum handelt es sich gem. § 303a Abs. 2 SGB V um eine der Rechtsaufsicht des Bundesministeriums für Gesundheit unterstellte und ansonsten „räumlich, organisatorisch und personell eigenständig[e]" öffentliche Stelle des Bundes, welche gemeinsam mit der sogenannte Vertrauensstelle gem. § 303a Abs. 1 SGB V „Aufgaben der Datentransparenz" wahrnimmt. Die Datentransparenz in diesem Kontext soll vor allem Versicherten und Leistungserbringern eine „verbesserte Datenbasis für gesundheitspolitische Entscheidungen" liefern, wobei die konkreten Zwecke in § 303e Abs. 2 S. 1 SGB V aufgeführt sind, *von Dewitz*, in: Rolfs/Giesen/Meßling/Udsching (Hrsg.), BeckOK Sozialrecht, § 303a SGB V, Rn. 1.

101 Die klinischen Krebsregister werden auf Grundlage von § 65c SGB V von den Ländern „[z]ur Verbesserung der Qualität der onkologischen Versorgung" geführt.

102 Kritisch anzumerken ist zugleich, dass keine Regelung hinsichtlich der Anbindung an andere medizinische Register erfolgt, vgl. *Weichert*, MedR 2025, 500 (500).

regelt die Voraussetzungen, unter denen eine Genehmigung zu erteilen ist. Für eine Datenverwendung zu Forschungszwecken sind die dafür stets geltenden datenschutzrechtlichen Vorgaben zu beachten.[103]

§ 6 GDNG wiederum gestattet es „[d]atenverarbeitende[n] Gesundheitseinrichtungen" (und dazu gehören v. a. Kliniken), nach Art. 9 Abs. 2 lit. h und lit. i DSGVO rechtmäßig erhobene Gesundheitsdaten (siehe die Anforderungen hierzu oben S. 116f.) weiterzuverarbeiten zu: Zwecken der Qualitätssicherung und Förderung der Patientensicherheit, zur medizinischen, rehabilitativen und pflegerischen Forschung sowie zu statistischen Zwecken, einschließlich der Gesundheitsberichterstattung; vorausgesetzt, dass diese Daten pseudonymisiert und, sobald möglich, auch anonymisiert werden. Auch wenn eine vollständige Subsumtion unseres Falles unter diese Vorgaben mangels genauerer Angaben hier nicht möglich ist, wird doch erkennbar, dass die rechtliche Ermöglichung innovativer Nutzungen medizinischer Daten voranschreitet.

Die vielfachen Herausforderungen und, in Zeiten zunehmender Digitalisierung, vermehrt auch Probleme hinsichtlich des Umgangs mit medizinischen Daten haben auch die EU dazu veranlasst, rechtliche Mechanismen zu schaffen, die die weitergehende Nutzung solcher Daten vereinfachen und rechtssicher gestalten sollen. Auf Unionsebene angesiedelt ist das Vorhaben, einen *European Health Data Space* (EHDS) ins Leben zu rufen. Er ist Teil der Europäischen Datenstrategie[104], soll nach der Begründung des entsprechenden Kommissionsvorschlages „Herausforderungen im Zusammenhang mit dem Zugang zu elektronischen Gesundheitsdaten und ihrem Austausch an[…]gehen"[105] und wurde am 5. März 2025 im Amtsblatt der EU veröffentlicht. Im EHDS geht es neben vielen weiteren vor allem auch um Fragen der Vernetzung.[106] In diesem Zusammenhang regelt der EHDS auch explizit „System[e] für elektronische Gesundheitsaufzeichnungen" bzw. „EHR-System[e]". Diese werden in Art. 2 Abs. 1 lit. k EHDS definiert als

> „jedes System, bei dem die Software oder eine Kombination aus Hardware und Software des Systems es ermöglicht, personenbezogene elektronische Gesundheitsdaten, die zu den durch diese Verordnung ein-

103 Siehe hierzu unten 3. Rechtsgrundlage (sonstige) Forschung.

104 Ein Überblick über die Europäische Datenstrategie findet sich auf: https://commission.europa.eu/strategy-and-policy/priorities-2019-2024/europe-fit-digital-age/european-data-strategy_de (Letzter Aufruf: 11.5.2025).

105 COM(2022) 197 final, S. 1.

106 Siehe allgemein zum EHDS *Markschies*, in: Gsenger/Sekwenz (Hrsg.), Digital Decade, 2025, S. 425 ff.

geführten prioritären Kategorien personenbezogener elektronischer Gesundheitsdaten gehören, zu speichern, zu vermitteln, zu exportieren, zu importieren, zu konvertieren, zu bearbeiten oder anzuzeigen und das vom Hersteller zur Verwendung durch Gesundheitsdienstleister bei der Patientenversorgung oder durch Patienten für den Zugang zu ihren elektronischen Gesundheitsdaten bestimmt ist".

Der EHDS regelt sodann ausführlich Fragen der Vernetzung der Akten. Darunter fallen Vorgaben dazu, unter welchen Bedingungen sogenannte „Gesundheitsdatennutzer"[107] (Art. 2 Abs. 1 lit. u) auf welche Arten von in elektronischen Patientenakten enthaltenen Daten (Art. 51) Zugang erhalten und zu welchen Zwecken diese im Rahmen einer Sekundärnutzung verarbeitet werden dürfen (Art. 53). Art. 54 regelt, zu welchen Zwecken eine solche Sekundärnutzung explizit verboten ist. Als nach Art. 53 Abs. 1 lit. e sublit. ii EHDS explizit zugelassene Sekundärnutzung wird das „Trainieren, Testen und Bewerten von Algorithmen, auch in Medizinprodukten, In-vitro-Diagnostika, KI-Systemen und digitalen Gesundheitsanwendungen" genannt.

Die praktische Entwicklung und die Auswirkung beider Vorhaben, des GDNG und des EHDS, bleiben abzuwarten.[108] Kritisch wurde bereits angemerkt, dass der deutsche Gesetzgeber überhaupt zur Regelung angesetzt hat, wenn doch schon ein unionales Regelungswerk auf dem Weg war.[109] Insgesamt erscheint gesetzgeberischer Enthusiasmus mit Blick auf die Lösung konkreter Probleme einer Stagnation in nicht zufriedenstellenden Umständen jedoch vorzugswürdig.

- Insbesondere: sogenanntes *Data Mining*

Technisch und rechtlich nochmals komplexer wird es bei einer zweiten möglichen Variante der Aktenvernetzung: Sie könnte auch mit bzw. durch sogenanntes *Data Mining* erfolgen. Beim *Data Mining* geht es unter ande-

107 Art. 2 Abs. 1 lit. u EHDS definiert diese wie folgt: „'Gesundheitsdatennutzer' bezeichnet eine natürliche oder juristische Person, einschließlich der Organe, Einrichtungen oder sonstigen Stellen der Union, die aufgrund einer Datengenehmigung, einer Genehmigung einer Gesundheitsdatenanfrage oder einer Zugangserlaubnis eines befugten Teilnehmers der HealthData@EU rechtmäßig Zugang zu elektronischen Gesundheitsdaten für die Sekundärnutzung erhalten hat". Erfasst sind also keine typisierten Akteure, vielmehr hängt die Einordnung als Gesundheitsdatennutzer maßgeblich von einer Datennutzungsermächtigung ab.

108 Dazu, wie sich diese neuen Regulierungsinstrumente auf das Verhältnis „zwischen Patientensouveränität und Forschungsaktivitäten" auswirken werden, siehe *Buchholtz/Schmalhorst/Brauneck*, MedR 2024, 471 ff.

109 *Jäkel*, PharmR 2024, 287 (289); *Roos/Maddaloni*, RDi 2023, 225 (232).

rem darum, mithilfe von KI-Modellen in strukturierten oder auch unstrukturierten Datensätzen Muster und Zusammenhänge sichtbar zu machen, die sich eher ‚unter der Oberfläche' befinden. So könnte, als hypothetisches Beispiel, eine *Data-Mining*-Analyse unter Zuhilfenahme eines KI-Modells einen Zusammenhang dahingehend herstellen, dass Patienten z. B. als Angehörige eines bestimmten Berufes, aufgrund einer bestimmten Wohnlage, epigenetischer Faktoren oder Besonderheiten in der Familienhistorie vergleichbare Diagnosen und medizinische Outcomes aufweisen, was sich bei einer Konzentration alleine auf die medizinische Symptomatik so nicht ohne weiteres gezeigt hätte. Das Besondere am *Data Mining* ist, dass es hier nicht primär darum geht, neue Daten zu erhalten, sondern bestehende Daten auf neue Art und Weise zu untersuchen (weshalb der Name auch irreführend ist und passender vielleicht *Mining from Data* wäre).

Die Praxis des *Data Mining* hat in jüngerer Zeit vor allem Aufmerksamkeit im Rahmen nachrichtendienstlicher und polizeilicher und somit sicherheitsrechtlicher Sachverhalte erlangt,[110] deren sektorspezifische Besonderheiten jedoch eine Übertragung hierzu angestellter Überlegungen auf den medizinischen Bereich verbieten.[111] Doch auch in der Medizin wurde und wird über die Nutzung dieser Art von Datenanalyse diskutiert, etwa schon in einem Aufsatz im Deutschen Ärzteblatt von 1999, welcher aus den USA und dem dortigen „Aufbau von gewaltigen Datenbanken mit möglichst vollständigen Daten über die gesamte Lebenszeit aller versicherten Patienten" und einem damit einhergehenden möglichen „Paradigmenwechsel" der wissenschaftlichen Medizin berichtete.[112]

Dieser Paradigmenwechsel blieb bislang zumindest in Deutschland aus. 2023 stellte der Ausschuss für Bildung, Forschung und Technikfolgenabschätzung des Bundestages in einem Bericht fest, dass weder die bisherige Form arztgeführter Patientenakten noch klassische Krankenhausinformationssysteme für eine weitergehende Nutzung im Rahmen komplexer Datenanalysen oder Data-Mining-Prozesse konzipiert seien.[113] Vor einer

---

110 Siehe im Zusammenhang mit landesrechtlichen Vorschriften in Hessen und Hamburg die Entscheidung des BVerfG, NJW 2023, 1196; zum Einsatz auf Bundesebene siehe BVerfG NVwZ 2021, 226 sowie hierzu die Anmerkungen von *Groß/König*, RDi 2021, 152 ff. sowie *Ruschemeier*, Verfassungsblog vom 16.12.2020.

111 Dazu, dass die in der Vergangenheit oft praktizierte Maßstabsmigration aus dem Sicherheitsdatenschutzrecht in andere Sachbereiche abzustellen ist, *Marsch/Rademacher*, Generalklauseln im Datenschutzrecht, Die Verwaltung 54 (2021), S. 1 (19 ff.).

112 *Bothner/Meissner*, DÄBl. 1999, A-1336.

113 Bericht des *Ausschusses für Bildung, Forschung und Technikfolgenabschätzung (18. Ausschuss)* gem. § 56a der Geschäftsordnung: Technikfolgenabschätzung (TA) Da-

entsprechenden Nutzung müssten die enthaltenen Daten erst aufwändig aufbereitet[114] und die verschiedenen Arten von Daten in maschinenlesbare Formate umgewandelt werden, damit Datenanalysetools sie überhaupt verarbeiten können.[115]

Großes Potenzial könnten hingegen Vorhaben wie die patientengeführte elektronische Patientenakte ePA haben, da ein systematisches Zusammenführen von Behandlungs-, Vital- und bei den Krankenkassen gespeicherten Daten sowie deren Nutzung zu Forschungszwecken bereits in deren Konzeption angelegt ist (wobei der Erfolg hier mit der noch unsicheren Akzeptanz der Nutzung dieser Form von Patientenakte steht und fällt).[116] Der Bericht erwähnt des Weiteren einige Anwendungsbeispiele, in denen *Data-Mining*-Konzepte bereits erfolgreich medizinisch eingesetzt werden.[117]

#### 4.2.4.5.2 Rechtsgrundlage eines möglichen KI-Trainings

Nützlich könnte es sein, die Daten von Herrn Müller nicht nur für dessen eigene und – durch Vernetzung – auch für die Behandlung anderer Patienten, sondern für die (Weiter-)Entwicklung der medizinischen KI-Systeme der Uniklinik verwenden zu können (KI-Training). Soweit das Training nicht auf vollständig anonymisierten Datensätzen erfolgen kann, gilt auch insofern das europäische und deutsche Datenschutzrecht, d. h. die Klinik braucht für das Training eine passende Erlaubnis bzw. Rechtsgrundlage. Wenn wir wieder davon ausgehen, dass eine Einwilligung von Herrn Müller für diesen Zweck entweder nicht (mehr) vorliegt oder der Klinik z. B. wegen deren Widerruflichkeit zu unsicher ist, muss auch hier wieder nach einer gesetzlichen Verarbeitungserlaubnis gesucht werden. Zum einen könnten sogenannte Forschungsklauseln greifen, welche wir sogleich besprechen. Die Forschungsprivilegien sind, was ihre Reichweite anbelangt, umstritten, aber es spricht viel dafür, dass sie im Fall des KI-Trainings dann *nicht* greifen, wenn es

ta-Mining – gesellschaftspolitische und rechtliche Herausforderungen vom 9.1.2023, BT-Drucks. 20/5149, S. 100.

114 In anderen Sachgebieten ist *Data Mining* spezifisch für die Anwendung auf unstrukturierten Daten von Interesse, sicherlich gewinnbringend und wohl auch schon die Regel; wir bezweifeln aber, dass die damit verbundenen Fehlerrisiken in absehbarer Zeit im Fall von vernetzten medizinischen Akten/Dateien u.ä. akzeptabel sein werden.

115 BT-Drucks. 20/5149, S. 100.

116 BT-Drucks. 20/5149, S. 100.

117 BT-Drucks. 20/5149, S. 110 ff.

primär darum geht, ein sich bereits im klinischen Einsatz befindliches System nur zu verbessern oder die Entwicklung eines Systems anhand bekannter und bewährter KI-Trainingsmethoden im Vordergrund steht.

Zulässig könnte eine Verarbeitung medizinischer Daten aber auf den ersten Blick nach Art. 10 Abs. 5 der KI-VO sein. Art. 10 befasst sich mit dem Bereich „Daten und Daten-Governance" und stellt Anforderungen an „Hochrisiko-KI-Systeme, in denen Techniken eingesetzt werden, bei denen KI-Modelle mit Daten trainiert werden [...]" (Abs. 1). Solche KI-Systeme müssen mit Trainings-, Validierungs- und Testdatensätzen entwickelt werden, an die bestimmte Anforderungen gestellt werden. Im Rahmen dieses KI-Trainings ist es unter bestimmten Umständen nach Absatz 5 auch zulässig, besonders geschützte Kategorien personenbezogener Daten, also auch Gesundheitsdaten, zu verarbeiten.

Das Besondere an dieser Norm ist, dass diese Daten hier zu spezifischen Zwecken eingesetzt werden sollen, die eine Nutzung zur medizinischen Behandlung nur mittelbar betreffen. Vielmehr geht es darum, dass auch solche Daten im Rahmen des KI-Trainings eingesetzt werden können, um den Anforderungen aus Art. 10 Abs. 2 lit. f und g KI-VO zu genügen, die sich damit befassen, Verfahren einzurichten, mit denen „mögliche Verzerrungen (Bias), die die Gesundheit und Sicherheit von Personen beeinträchtigen, sich negativ auf die Grundrechte auswirken oder zur einer nach den Rechtsvorschriften der Union verbotenen Diskriminierung führen könnten", erkannt, verhindert und abgeschwächt werden sollen. Damit dies gem. Absatz 5 „ausnahmsweise" der Fall ist, muss die Nutzung dieser Daten allerdings „unbedingt erforderlich" sein und es müssen „angemessene Vorkehrungen für den Schutz der Grundrechte und Grundfreiheiten natürlicher Personen" getroffen werden. Art. 10 Abs. 5 stellt einen umfassenden Katalog an Anforderungen auf, die alle erfüllt sein müssen, damit eine Verarbeitung besonderer Kategorien personenbezogener Daten zu Zwecken des KI-Trainings zulässig ist. Fraglich ist allerdings, ob es sich bei dieser Norm um eine ‚echte' Verarbeitungsermächtigung im Sinne der DSGVO handelt. Anlass, daran zu zweifeln, bietet Erwägungsgrund 63 der KI-VO, in dessen Satz 3 es heißt:

> „Diese Verordnung sollte nicht so verstanden werden, dass sie eine Rechtsgrundlage für die Verarbeitung personenbezogener Daten, gegebenenfalls einschließlich besonderer Kategorien personenbezogener Daten, bildet, es sei denn, in dieser Verordnung ist ausdrücklich etwas anderes vorgesehen."

Nun könnte Art. 10 Abs. 5 KI-VO natürlich eine solche ausdrückliche Ausnahme darstellen. Allerdings bestehen in der Systematik der DSGVO begründete Zweifel daran. Zunächst ist festzustellen, dass Art. 10 Abs. 5 KI-VO ausdrücklich die Verarbeitung *besonderer* Kategorien personenbezogener Daten zu bestimmten Zwecken gestattet. Dabei handelt es sich um eine Rechtfertigung im Sinn des Art. 9 Abs. 2 lit. g DSGVO.[118] *Rechtfertigung* deshalb, da Art. 9 Abs. 2 DSGVO keine eigenen Erlaubnistatbestände enthält, sondern lediglich beschreibt, wann welche Ausnahmen von Art. 9 Abs. 1 DSGVO, der ein grundsätzliches Verarbeitungsverbot besonderer Kategorien personenbezogener Daten aufstellt, gelten.[119] Diese Ausnahmen, so sie gelten, ersetzen deshalb auch nicht das allgemeine Erfordernis einer Rechtsgrundlage nach Art. 6 DSGVO, sondern treten zu diesem hinzu.[120] Während Art. 10 Abs. 5 KI-VO somit nur, aber immerhin die ‚Sperre' des Art. 9 Abs. 1 DSGVO beseitigt, ist weiterhin eine Verarbeitungsgrundlage nach Art. 6 DSGVO erforderlich. Da es sich bei unserer Uniklinik um eine öffentliche Stelle handelt, könnte sich solch eine Verarbeitungsermächtigung freilich aus Art. 6 Abs. 1 lit. e DSGVO ergeben, welcher eine Datenverarbeitung gestattet, wenn „die Verarbeitung [...] für die Wahrnehmung einer Aufgabe erforderlich [ist], die im öffentlichen Interesse liegt [...]". Art. 6 Abs. 3 DSGVO gibt vor, dass eine entsprechende Rechtsgrundlage aus Unions- oder nationalem Recht stammen kann und dass

> „[d]er Zweck der Verarbeitung [...] in dieser Rechtsgrundlage festgelegt oder hinsichtlich der Verarbeitung gemäß Absatz 1 Buchstabe e für die Erfüllung einer Aufgabe erforderlich sein [muss], die im öffentlichen Interesse liegt [...]".

Und hier könnte der Art. 10 KI-VO *insgesamt*, als unionale Rechtsgrundlage, womöglich noch einmal helfen, indem er ein solches öffentliches Interesse dahingehend begründet, „Hochrisiko-KI-Systeme, in denen Techniken eingesetzt werden, bei denen KI-Modelle mit Daten trainiert werden [...]", derart zu trainieren, dass die oben genannten Risiken minimiert werden. Satz 1 von Erwägungsgrund 67 zur KI-VO stellt klar, dass es diesbezüglich besonders wichtig ist, „dass das Hochrisiko-KI-System bestimmungsgemäß und sicher funktioniert und nicht zur Ursache für Diskriminierung

---

118 *Braun Binder/Egli*, in: Martini/Wendehorst (Hrsg.), KI-VO, Art. 10 Rn. 80.

119 *Petri*, in: Simitis/Hornung/Spiecker (Hrsg.), Datenschutzrecht, Art. 9 Rn. 2 mit weiteren Nachweisen.

120 *Petri*, in: Simitis/Hornung/Spiecker (Hrsg.), Datenschutzrecht, Art. 9 Rn. 2 mit Verweis auf Erwägungsgrund 51 zur DSGVO, zu beachten dort insbesondere der S. 5.

wird, die nach dem Unionsrecht verboten ist". Der Verordnungsgeber stellt also grundsätzlich die Vorgabe auf, dass KI-Training zwar durchaus durchgeführt werden kann, allerdings nur in einer derartigen Weise, dass bestimmte, dem Training inhärente Risiken minimiert oder besser sogar ausgeschlossen werden. Ob ein solches Verständnis für die Annahme eines öffentlichen Interesses und eine Datenverarbeitung damit nach Art. 6 Abs. 1 lit. e DSGVO genügt, bleibt abzuwarten.

Eine eindeutige Grundlage für eine Nutzung medizinischer Daten, genauer „elektronischer Gesundheitsdaten", zum KI-Training bietet der oben bereits angesprochene EHDS. Dessen Art. 53 regelt „Zwecke, für die elektronische Gesundheitsdaten zur Sekundärnutzung verarbeiten werden können". Die relevanten „Mindestkategorien elektronischer Daten für die Sekundärnutzung" sind in Art. 51 Abs. 1 geregelt und äußerst vielfältig, enthalten sind nach Abs. 1 lit. a dezidiert auch "elektronische Gesundheitsdaten aus EHR", wobei es sich, wie wir uns erinnern, bei "EHR" um "Electronic Health Records", also digitale Gesundheitsakten handelt. Art. 53 Abs. 1 lautet dann wie folgt: „Die Zugangsstellen für Gesundheitsdaten gewähren einem Gesundheitsdatennutzer nur dann Zugang zu den in Artikel 51 genannten elektronischen Gesundheitsdaten für die Sekundärnutzung, wenn die Verarbeitung der Daten durch diesen Gesundheitsdatennutzer für einen der folgenden Zwecke erforderlich ist", wobei Abs. 1 lit. e sublit. ii als einen solchen Zweck ausdrücklich anführt:

> „Trainieren, Testen und Bewerten von Algorithmen, auch in Medizinprodukten, In-vitro-Diagnostika, KI-Systemen und digitalen Gesundheitsanwendungen".

Der korrespondierende Erwägungsgrund 61 zum EHDS trifft ebenfalls einige für uns hilfreiche Aussagen, indem er unter anderem folgendes beschreibt:

> „Der Begriff der Zwecke wissenschaftlicher Forschung sollte weit ausgelegt werden und die technologische Entwicklung und die Demonstration, die Grundlagenforschung, die angewandte Forschung und privat finanzierte Forschung einschließen. Zu den Tätigkeiten im Zusammenhang mit der wissenschaftlichen Forschung zählen Innovationstätigkeiten, *wie etwa das Trainieren von KI-Algorithmen, die in der Gesundheitsversorgung oder in der Pflege natürlicher Personen eingesetzt werden könnten, sowie die Bewertung und Weiterentwicklung bestehender Algorithmen und Produkte für solche Zwecke.* Es ist erforderlich, dass der

EHDS auch zur Grundlagenforschung beiträgt, und auch wenn die Vorteile für Endnutzer und Patienten in der Grundlagenforschung weniger unmittelbar sein könnten, ist diese Forschung für den langfristigen gesellschaftlichen Nutzen von entscheidender Bedeutung."[121]

Zu beachten ist hierbei, dass diese Möglichkeit nur „öffentlichen, privaten, nicht gewinnorientierten Einrichtungen sowie einzelnen Forschern" geboten werden und „dem allgemeinen Interesse der Gesellschaft dienen" soll. All diese und weitere Punkte wären bei einer Nutzung von Herrn Müllers Daten zum KI-Training zu beachten, wenn dieses auf den EHDS gestützt werden soll. Festhalten können wir, dass unional ganz konkrete Bestrebungen auf den Weg gebracht wurden, um ein KI-Training auch mittels Gesundheitsdaten zu ermöglichen. Wie sich die damit verbundenen Vorgaben praktisch auswirken werden, bleibt abzuwarten.

#### 4.2.4.5.3 Rechtsgrundlagen zu Forschungszwecken?

Wie schon angedeutet könnte eine passende Rechtsgrundlage zu einer Verarbeitung medizinischer Daten zum Zwecke der krankenhausinternen und -externen Vernetzung von Patientenakten und deren jeweiligen Inhalten auch deshalb existieren, da es sich bei dem Herrn Müller behandelnden Krankenhaus um eine Uniklinik handelt. Dem Zuschnitt einer solchen Einrichtung entspricht es, dass die rein kurative Behandlung von Patienten immer nur ein Teil des Auftrags ist, wobei der andere in der Durchführung von wissenschaftlicher Forschung liegt. Eine Datenverarbeitung könnte deshalb auf Forschungsklauseln in den diversen Datenschutzgesetzen gestützt werden, die vom sogenannten *Forschungsprivileg* profitieren.

Zwar gilt heutzutage eine Einwilligung des Patienten regelmäßig als die zentrale Rechtsgrundlage für eine Datenverarbeitung durch forschende Institutionen;[122] teilweise wird, wie uns zu Ohren gekommen ist, von Ethik-

121 Hervorhebung hier.

122 Auch was die Einwilligung angeht, enthält die DSGVO gewisse Forschungs-Erleichterungen mit Blick darauf, dass konkrete Forschungszwecke zum Zeitpunkt der Datenerhebung häufig noch nicht vollständig erkennbar sind und betroffene Personen daher „für bestimmte Bereiche wissenschaftlicher Forschung" einwilligen können sollen, wobei eine Eingrenzung auf „bestimmte Forschungsbereiche oder Teile von Forschungsprojekten" erfolgen soll (Erwägungsgrund 33). Nicht gebilligt wird hiermit aber wohl das Konzept eines *broad consent*, also einer weitreichenden Einwilligung für *jegliche* Arten von Forschungszwecken (kritisch dazu *Caspar*, in:

stellen und ähnlichen universitären Einrichtungen sogar Druck auf Forschende ausgeübt, möglichst auf Grundlage von Einwilligungen zu arbeiten (mit dem auch rechtlich verkleideten Argument, durch sie komme die informationelle Selbstbestimmung der Patienten[123] auch in der Forschung am besten zur Geltung). Doch die informationelle Selbstbestimmung ist eben nicht die alleinige verfassungsrechtliche Maxime, die hier Geltung beansprucht; vielmehr ist sie in einen Ausgleich zur Freiheit der Forschung zu bringen, welche oft auf personenbezogene Daten angewiesen ist und durch ihren antizipierten Nutzen für das Gemeinwohl ebenfalls hohes verfassungsrechtliches Gewicht besitzt.[124] Aus diesem Grund gibt es in den verschiedenen relevanten Rechtstexten Forschungsklauseln, die diesen Ausgleich vornehmen. Dabei ist zweierlei zu unterscheiden: zum einen die Frage, *ob* an/mit personenbezogenen Daten geforscht werden darf (Datenverarbeitungserlaubnis), zum anderen die Frage, *wie* das geschehen darf/muss.

- Die Frage des ‚Ob'

Zum Ob kann hier beispielhaft auf § 13 Abs. 1 des Niedersächsischen Landesdatenschutzgesetzes (NDSG) verwiesen werden. Er regelt Folgendes:

> „Öffentliche Stellen dürfen personenbezogene Daten einschließlich Daten im Sinne des Artikels 9 Abs. 1 der Datenschutz-Grundverordnung für ein bestimmtes wissenschaftliches oder historisches Forschungsvorhaben verarbeiten oder an andere Stellen zu diesem Zweck übermitteln, wenn die Art und Verarbeitung der Daten darauf schließen lassen, dass ein schutzwürdiges Interesse der betroffenen Person der Verarbeitung der Daten nicht entgegensteht oder das öffentliche Interesse an der

Simitis/Hornung/Spiecker (Hrsg.), Datenschutzrecht, Art. 89 DSGVO Rn. 40). Teils kritisch bewertet werden deshalb auch Projekte wie die der Medizininformatik-Initiative, eines Zusammenschlusses der deutschen Unikliniken, welche eine Mustereinwilligung entworfen hat, die genau solch eine weitreichenden Einwilligung ermöglichen soll (siehe *Fröhlich/Spiecker gen. Döhmann*, GesR 2022, 346).

123 Siehe hierzu unsere Ausführungen oben.

124 *Schickhardt/Winkler/Sax/Buchner*, Bundesgesundheitsblatt 2023, 160 (163); Wenn Sie sich erinnern, was wir kurz zuvor zum unionalen Grundrecht auf Datenschutz aus der EU-GRC geschrieben haben, dann ist diese Auffassung zumindest auf Unionsebene auch gar nicht überraschend, da hier ja gerade kein Recht auf informationelle Selbstbestimmung als Maxime geschaffen werden sollte, dessen mögliche Berührung besonders rechtfertigungsbedürftig ist, sondern ein konzeptueller Rahmen für die Nutzung personenbezogener Daten, in dem das Recht auf Datenschutz im Sinne eines Abwehrrechts ‚nur' einen – freilich äußerst gewichtigen – von mehreren auch konfligierenden Abwägungsgesichtspunkten darstellt.

Durchführung des Forschungsvorhabens das schutzwürdige Interesse der betroffenen Person überwiegt. Das Ergebnis der Abwägung und seine Begründung sind aufzuzeichnen. Über die Verarbeitung ist die oder der Datenschutzbeauftragte nach Artikel 37 der Datenschutz-Grundverordnung zu unterrichten."

Zurückhaltender, weil stärker das (vermeintliche) Primat der Einwilligung betonend, ist § 13 Abs. 1 des Baden-Württembergischen Landesdatenschutzgesetzes (LDSG-BW) verfasst. Er gestattet eine Datenverarbeitung zu Forschungszwecken,

> „wenn die Zwecke auf andere Weise nicht oder nur mit unverhältnismäßigem Aufwand erreicht werden können und die Interessen der öffentlichen Stelle an der Durchführung des Forschungs- oder Statistikvorhabens die Interessen der betroffenen Person an einem Ausschluss überwiegen."

Wichtig ist, dass es sich jeweils um Forschung handeln muss, d.h. es müssen „wissenschaftliche Methoden zur Anwendung kommen, um einen Erkenntnisgewinn zu erzielen".[125] Dieser Forschungsbegriff ist denkbar weit, gerade mit Blick auf unser Thema aber auch nicht grenzenlos: Mit Blick auf das schon behandelte KI-Training, bei dem – gegebenenfalls – schon bekannte und bewährte Methoden Anwendung finden, um einen Algorithmus für einen vordefinierten Zweck zu trainieren – z.B. das Erkennen von Tumoren oder die möglichst freundliche und sachlich richtige Chat-Aufklärung eines Patienten –, ist es zumindest zweifelhaft, ob es hier noch um einen Erkenntnisgewinn geht oder nicht doch eher um eine rein praktische Anwendung schon gewonnener Erkenntnisse (eine höchstrichterliche Rechtsprechung zu dem Thema, die verbindlich klären könnte, ob jedes oder manches KI-Training „Forschung" z.B. im Sinn von § 13 NDSG ist, liegt noch nicht vor[126]).[127] Liegt

---

125 So knapp zusammenfassend *Koch*, in: Wolff/Brink/v. Ungern-Sternberg (Hrsg.), BeckOK Datenschutzrecht, § 27 BDSG Rn. 15c m.w.N. Wichtig ist in diesem Zusammenhang ErwGr. 159 zur DSGVO, der einen weiten, richtigerweise auch kommerzielle und Auftragsforschung umfassenden Forschungsbegriff vorgibt.

126 Siehe bis dahin zum Diskussionsstand *Caspar*, in: Simitis/Hornung/Spiecker (Hrsg.), Datenschutzrecht, Art. 89 Rn. 18.

127 Zur naheliegenden Frage, ob *Big Data Analytics* – als Grundlage vieler KI-Anwendungen – den Statistikbegriff der DSGVO erfüllt und deshalb u.U. privilegiert ist, siehe *Koch*, in: Wolff/Brink/v. Ungern-Sternberg (Hrsg.), BeckOK Datenschutzrecht, § 27 BDSG Rn. 26 m.w.N. und v.a. ErwGr. 162 S. 5: „Im Zusammenhang mit den statistischen Zwecken wird vorausgesetzt, dass die Ergebnisse der Verarbeitung zu statistischen Zwecken keine personenbezogenen Daten, sondern aggregierte Da-

Forschung vor, dann gilt bei allen Unterschieden im Detail: Alle bundes- und landesrechtlichen Datenschutzgesetze enthalten Erlaubnisnormen, die ihren jeweiligen öffentlichen Stellen mehr oder weniger breite Forschung an rechtmäßig erhobenen Daten als Sekundärnutzung erlauben.[128] Und das gilt auch für die besonders geschützten Daten i.S. von Art. 9 Abs. 1 DSGVO, also namentlich die uns interessierenden Gesundheitsdaten (Art. 9 Abs. 2 lit. j) DSGVO erlaubt eine solche Regelung im mitgliedstaatlichen Recht ausdrücklich.). Soviel zum – wichtigen – Ob.

- **Die Frage des ‚Wie'**

Nun zum Wie und dem sogenannten Forschungsprivileg. Die DSGVO erlaubt es nämlich den Mitgliedstaaten der EU für den Fall, dass „Forschung" vorliegt, verschiedene Erleichterungen und Ausnahmen von den teils mühsamen Vorgaben der DSGVO zu gestatten. Z.B. dürfen nach Art. 89 Abs. 2 DSGVO Ausnahmen von den Rechten nach Art. 15 DSGVO (Auskunftsrecht), Art. 16 DGSVO (Recht auf Berichtigung), Art. 18 DSGVO (Recht auf Einschränkung der Verarbeitung) und Art. 21 DSGVO (Widerspruchsrecht) gemacht werden, um den Forschenden die Arbeit zu erleichtern. Beispielhaft hat der niedersächsische Gesetzgeber von diesen Möglichkeiten in § 13 Abs. 5 NDSG Gebrauch gemacht. Als Ausgleich für dieses Weniger an datenschutzrechtlichen Individualrechten verlangt die DSGVO jeweils, dass das durch ein besonderes Maß an technischen und organisatorischen Sicherungen ausgeglichen wird.[129] In der DSGVO finden sich solche Vorgaben an mehreren Stellen, z.B. eben in Art. 9 Abs. 2 lit. j, Art. 89 Abs. 1 DSGVO. Während Art. 9 Abs. 2 lit. j „spezifische Maßnahmen zur Wahrung der Grundrechte und Interessen der betroffenen Person" fordert, spricht Art. 89 Abs. 1 von „geeigneten Garantien für die Rechte und Freiheiten der betroffenen Person" und „technische[n] und organisatorische[n] Maßnahmen [...], mit denen insbesondere die Achtung des Grundsatzes der Datenminimierung gewährleistet

---

ten sind *und diese Ergebnisse oder personenbezogenen Daten nicht für Maßnahmen oder Entscheidungen gegenüber einzelnen natürlichen Personen verwendet werden.*" Hervorhebung hier.

128 Zu restriktiv *Caspar*, in: Simitis/Hornung/Spiecker, Datenschutzrecht, Art. 89 DSGVO Rn. 41, unter Verweis auf die sogenannte *Petersberger Erklärung* der DSK v. 24.11.2022, demzufolge „nur eine Spezialregelung, die das Spannungsverhältnis zwischen den Forschungsinteressen im Gesundheitsbereich und den Rechten Betroffener angemessen zum Ausgleich [...] bringt, eine rechtssichere Grundlage schaffen [kann]". Warum das so sein soll, erschließt sich nicht. Dazu, dass Generalklauseln im Datenschutzrecht zu Unrecht marginalisiert werden, ausf. *Marsch/Rademacher*, Die Verwaltung 54 (2021), S. 1 ff.

129 *Schickhardt/Winkler/Sax/Buchner*, Bundesgesundheitsblatt 2023, 160 (163).

wird." Unterschiede in der Sache dürften hier keine bestehen, die DSGVO ist hier einfach nicht besonders sauber – i.S. von einheitlich – redigiert. Soweit Art. 89 Abs. 1 S. 4 DSGVO eine Konkretisierung dazu enthält, welche technischen Maßnahmen auf jeden Fall geeignet sind, um die „Rechte und Interessen usw. von betroffenen Personen" zu wahren, hat das daher auch Bedeutung für Art. 9 DSGVO. Dort heißt es: „In allen Fällen, in denen diese Zwecke durch Weiterverarbeitung, bei der die Identifizierung von betroffenen Personen nicht oder nicht mehr möglich ist, erfüllt werden können, werden diese Zwecke auf diese Weise erfüllt." Diese unsäglich sperrige Formulierung meint im Prinzip nichts anderes als die Anonymisierung der jeweiligen Daten. Die Landesdatenschutzgesetze spiegeln diese Möglichkeit, nennen die Anonymisierung jedoch erfreulicherweise auch so.[130]

Anonymisierung ist ein Vorgang, der in der DSGVO nicht legaldefiniert wird; sie beschreibt aber anerkanntermaßen den Prozess einer Veränderung personenbezogener Daten dahingehend, „dass die hinter den Einzelangaben über persönliche oder sachliche Verhältnisse stehende betroffene Person nicht oder nicht mehr identifiziert werden kann", wobei die „Gehalte eines Datensatzes" weiterhin erhalten bleiben.[131] Vollständig anonymisierte – also anonyme – Daten sind das Gegenteil personenbezogener Daten, sie enthalten zwar Informationen zu einer bestimmten Person, diese kann jedoch nicht mehr identifiziert werden und ist auch nicht identifizier*bar*.[132] Da anonyme Daten keine personenbezogenen Daten (mehr) sind, findet auf ihre weitere Verarbeitung das Datenschutzrecht schlicht keine Anwendung mehr.[133] Aus diesem Grund eignen sie sich zum Beispiel auch für die rechtssichere Verwendung im Kontext der Entwicklung von KI-Systemen.[134] Die Anonymisierung selbst ist zwar eine Datenverarbeitung, ihre Durchführung dürfte jedoch regelmäßig für öffentliche Stellen bei entsprechender Rechtsgrundlage und öffentlichem Interesse nach Art. 6 Abs. 1 lit. e i.V.m. Abs. 3 DSGVO, bei privaten Akteuren mit Verweis auf berechtigte Interessen des Verantwortlichen und fehlende entgegenstehende Interessen der betroffenen Person gem. Art. 6 Abs. 1 lit. f DSGVO zulässig sein.[135] Die Anonymisierung ist in der Theorie also das ideale Instrument,

---

130 Siehe z.B. § 13 Abs. 2 S. 1 NDSG; § 13 Abs. 2 S. 1 LDSG-BW; § 11 Abs. 2 S. 1 Hamburgisches Datenschutzgesetz.

131 *Ernst*, in: Paal/Pauly (Hrsg.), DSGVO BDSG, Art. 4 DSGVO Rn. 48.

132 *Roßnagel/Geminn*, ZD 2021, 487 (487).

133 Man spricht deshalb mitunter auch von einer „Flucht aus dem Datenschutzrecht".

134 *Roßnagel/Geminn*, ZD 2021, 487 (487).

135 *Roßnagel/Geminn*, ZD 2021, 487 (487).

um besonders Gesundheitsdaten im Rahmen einer Sekundärnutzung für eine vernetzte Krankenhausinfrastruktur oder auch das Training medizinischer KI-Systeme zu nutzen. Praktisch gestaltet sie sich gleichwohl oftmals schwierig, da der Nachweis der tatsächlich vollständigen Anonymisierung nicht immer einfach zu erbringen ist.[136]

#### 4.2.4.6 Ausblick: Grund zum Optimismus

Es lässt sich festhalten, dass die Sekundärnutzung medizinischer Daten auch zum Zwecke der KI-Entwicklung Stand heute durchaus bereits möglich ist. Das Hauptproblem sind allerdings die fragmentarischen Vorgaben dazu,[137] wie dies datenschutzkonform erreicht werden kann und die damit verbundene Unsicherheit, die wohl auch im derzeitigen, durchaus ja noch vergleichsweise frühen Stadium medizinischer KI-Nutzung dafür verantwortlich ist, dass nur wenige Kliniken in die Entwicklung und Erprobung solcher Systeme involviert sind.

**Key take-aways**

- Die Ermöglichung einer einfacheren Sekundärnutzung medizinischer Daten ist unter Wahrung des Datenschutzes zentrales Anliegen des unionalen und nationalen Gesetzgebers.
- Das Recht auf Datenschutz hat zwei grundrechtliche Entsprechungen. National wird das Recht auf informationelle Selbstbestimmung aus Art. 2 Abs. 1 in Verbindung mit Art. 1 Abs. 1 des Grundgesetzes hergeleitet. Unional existiert ein ausdrückliches Recht auf Datenschutz in Art. 8 der Charta der Grundrechte der Europäischen Union.
- Jede Datenverarbeitung bedarf einer Rechtsgrundlage, wobei an die Verarbeitung von Gesundheitsdaten erhöhte Anforderungen gestellt werden.
- Eine Sekundärnutzung von Gesundheitsdaten muss den Vorgaben des Grundsatzes der Zweckbindung entsprechen. Unional und national sind mit dem Europäischen Gesundheitsdatenraum (EHDS) beziehungsweise dem Gesundheitsdaten-Nutzungsgesetz (GNDG) rechtliche Vorhaben in Arbeit, um die Sekundärnutzung von Gesundheitsdaten zu vereinfachen.

---

136 Zur zunehmenden Komplexität erfolgreicher Anonymisierung *Jäger/Meier/Möhring/Nida-Rümelin/Peters*, ZD 2024, 490.

137 Dazu, wie komplex die Suche nach einschlägigen datenschutzrechtlichen Verarbeitungsgrundlagen im medizinischen Bereich bereits vor der DSGVO war, siehe *Kingreen/Kühling*, JZ 2015, 213 (214)

## *4.3 Station 3: Bestrahlungs- und Therapieplan zur Behandlung der Metastasen*

In der Strahlenklinik werden erneut Untersuchungen durchgeführt, die der dort behandelnde Assistenzarzt, Herr Mettin, einbezieht, um gemeinsam mit seinem leitenden Oberarzt einen Therapie- und Behandlungsplan (Bestrahlung) für Herrn Müller auszuarbeiten. Dazu benutzt Herr Mettin verschiedene KI-Systeme. So hat er zum einen eine KI-Anwendung zur Verfügung, die die CT-Aufnahmen automatisch nach Metastasen durchsucht und diese anzeigt. Zum anderen hilft ihm eine KI-unterstützte Software dabei, in den Scans wichtige und sensible organische Strukturen einzuzeichnen, wie etwa den Sehnerv oder das Kleinhirn. Anschließend wird eine detaillierte Bildgebung durchgeführt, meist durch CT oder Kernspintomographie (MRT), um die exakte Position und Größe der Hirnmetastasen festzustellen. Die bearbeiteten Scans bespricht Herr Mettin mit der leitenden Chefärztin und erstellt basierend auf diesen Bildern einen individuellen Bestrahlungsplan, der darauf abzielt, das Tumorgewebe maximal zu treffen und das umliegende gesunde Gewebe so weit wie möglich zu schonen.

Nicht nur während, sondern schon vor der Behandlung in der Strahlenklinik, die sich über mehrere Sitzungen erstreckt, wird KI überdies dazu verwendet, Herrn Mettin zusätzliche Informationen über die Verfassung seines Patienten zur Verfügung zu stellen. Zu Beginn der Untersuchung und im weiteren Verlauf der Therapie werden dazu regelmäßig Fotoaufnahmen von Herrn Müllers Gesicht gemacht und durch eine KI ausgewertet. Das hilft Herrn Mettin, Aufschluss über den gesundheitlichen Zustand von Herrn Müller zu bekommen. Außerdem kann eine neuartige KI-Anwendung, die im Rahmen einer Studie erprobt wird, anhand der Gesichtsaufnahmen jeweils die Überlebenswahrscheinlichkeit bzw. die wahrscheinliche restliche Lebenszeit von Herrn Müller sowie die Erfolgsaussichten der Therapie berechnen. Diese Informationen helfen Herrn Mettin, den Therapieverlauf zu bewerten und die jeweils folgenden Schritte zu planen, etwa weitere Maßnahmen einzuleiten oder auszusetzen.

Anhand der anfallenden Daten aus der Anamnese sowie dem ausgefertigten Therapieplan errechnet eine KI zudem den Betreuungsbedarf von Herrn Müller und kann davon auch den Bedarf an weiteren Behandlungen ableiten. Die KI unterbreitet Herrn Mettin Vorschläge zur Anpassung der laufenden Therapie oder empfiehlt Schritte zur weiteren, langfristigen Betreuung.

### 4.3.1 Soziologische Betrachtung: KI in der Praxis – zwischen Entlastung und Entfremdung

Stephan Graßmann und Sabine Pfeiffer

#### 4.3.1.1 Einleitung

In der vorliegenden dritten Station unseres Planspiels wird der Einsatz von KI-Systemen in der Strahlenklinik beschrieben, wobei insbesondere die Diagnostik und Therapieplanung für den Patienten Herrn Müller im Fokus stehen. Die dritte Station unseres Patientenverlaufs verdeutlicht damit, wie verschiedene KI-Anwendungen in Arbeitsprozesse rund um die Therapieplanung und Behandlung eingebunden werden könnten. In diesem Abschnitt wollen wir uns vorrangig auf eine Analyse der verwendeten KI-Systeme konzentrieren. Die im Nachfolgenden dargelegten Überlegungen sollen so einen Einblick in einige der wichtigsten aktuellen Entwicklungen und zukünftigen Tendenzen rund um die Transformation medizinischer Praxis im Zuge der Digitalisierung und des Einsatzes von KI geben. Dabei werden einzelne arbeits- und techniksoziologische Aspekte moderner medizinischer Arbeitsprozesse betrachtet, die aber nur einen Teil der Gesamtkomplexität berücksichtigen.

*Abb. 1: Verbreitung von KI an Arbeitsplätzen im Gesundheitswesen*

Betrachten wir zunächst detaillierter die zum Einsatz kommenden KI-Anwendungen. Dabei geht es uns nicht in erster Linie um die technische Funktionsweise, sondern um die Rolle von KI innerhalb der im Fallbeispiel beschriebenen Arbeitsprozesse. Und es geht uns in diesem Zusammenhang auch darum, das handelnde medizinische Personal mit ihrer Professionalität, ihren subjektiven Erfahrungen und ihrer Arbeitssituation ernst zu nehmen.

Vor diesem Hintergrund tritt ein weiterer zentraler Punkt in den Fokus unserer Betrachtung: Die mit der voranschreitenden digitalen Durchdringung der Medizin zunehmende Abhängigkeit des medizinischen Handelns von technischen und digitalen Systemen. Zwar bildet Künstliche Intelligenz (noch) nicht im gleichen Maße das Fundament medizinischer Praxis wie andere digitale Systeme, es ist jedoch davon auszugehen, dass sich die

Rolle von KI mit dem Grad ihrer Reife in Zukunft von einer peripher-ergänzenden hin zu einer zentral-essenziellen wandeln wird. Aktuell geben in unserer Umfrage im Gesundheitswesen 14% der Beschäftigten an, dass KI bereits an ihrem Arbeitsplatz angekommen ist und bei weiteren 13% ist der Einsatz von KI bereits konkret geplant (vgl. Abbildung 1).

Daher möchten wir in diesem Abschnitt die damit verbunden Auswirkungen auf die Tätigkeits- und Arbeitsprofile und die daraus hervorgehenden Anpassungsanforderungen hinsichtlich der Fähigkeiten und Kompetenzen des medizinischen Personals thematisieren. Dazu gehört u.a. das immer wieder befürchtete Phänomen eines „Deskilling" – also der technisch bedingten Abnahme bzw. Verlust von Kompetenzen (Braverman 1998). Im Kontext des Spannungsfeldes zwischen technologischer Abhängigkeit und menschlicher Verantwortung treten auch Fragen hinsichtlich der zukünftigen Rolle KI-basierter Entscheidungsunterstützung und ihrer Folgen für die Handlungsautonomie medizinischen Personals in den Vordergrund.

#### 4.3.1.2 Arbeit mit KI und KI in der Arbeit

Für das weitere Vorgehen ist zunächst eine Unterscheidung der drei im Beispiel beschriebenen KI-Anwendungen wichtig. Im Diagnoseprozess hilft Herrn Mettin zunächst eine automatisierte KI dabei, Metastasen in den angefertigten CT-Scans zu finden. Derartige Anwendungen Künstlicher Intelligenz befinden sich aktuell bereits vielerorts in der Erprobung. Hierbei übernimmt die KI in der Regel eine Voranalyse und markiert verdächtige Bereiche, die anschließend von einem Arzt oder einer Ärztin überprüft werden. Arbeitspraktisch ist es dabei essenziell, in welcher Form derartige KI-Anwendungen in die Arbeitsabläufe integriert werden. Denn schon kleine Unterschiede können große Auswirkungen nach sich ziehen: Werden die KI-Ergebnisse angezeigt, bevor die Ärztin oder der Arzt den Scan zu Gesicht bekommen hat? Oder dienen die Ergebnisse der KI als ‚Backup', um am Ende die vom Arzt oder der Ärztin markierten Stellen zu überprüfen und ggf. weitere Stellen anzuzeigen, die vom Menschen möglicherweise übersehen wurden? [138]

---

138 Die Unterscheidung, ob KI-Ergebnisse vorab oder lediglich als unterstützendes Backup angezeigt werden, ist auch für die die rechtswissenschaftliche Bewertung der Umsetzung gesetzlicher Vorgaben zur menschlichen Aufsicht von Bedeutung.

Bekommt der Arzt oder die Ärztin das Ergebnis noch vor der eigenen Auswertung, besteht die Gefahr eines sogenannten *confirmation bias,*[139] d.h. es kann die meist unbewusste Tendenz entstehen, nur noch die Bereiche zu überprüfen, die bereits von der KI als kritisch identifiziert wurden. So könnten bspw. weitere medizinisch relevante Nebeninformationen übersehen werden. Grundlegend müsste sich im Zuge dieser Praxis dazu verhalten werden, dass ob oder wie die untersuchende Ärztin bzw. der untersuchende Arzt möglichst (un-)voreingenommen an das Material herantritt.

Zeigt das System hingegen erst nach der menschlichen Auswertung die Ergebnisse der maschinellen Prüfung, wäre der Effizienzgewinn derartiger KI-Anwendung nur noch marginal oder sogar defizitär. Zudem könnte dieses Verfahren vom medizinischen Personal als eine Art Kontrolle des eigenen Handelns empfunden werden und als zusätzlicher Arbeitsschritt sogar zu einer Erhöhung der Auswertungszeit führen. Im sowieso hektischen Klinikalltag unter hohem Kostendruck und bei stark belastetem Personal wäre das keine gute Option. In diesem Fall könnte sich der entstehende Mehraufwand letztlich negativ auf die Akzeptanz derartiger Anwendungen auswirken. So haben viele der von uns interviewten Ärztinnen und Ärzte vor allem den subjektiv beigemessenen Nutzen der jeweiligen KI-Systeme als entscheidend für die Akzeptanz und Verwendung derartiger Systeme angegeben – d.h. entsteht für ihr eigenes medizinisches Handeln ein Mehrwert oder nicht? Ein Mehrwert kann dabei unterschiedlich definiert werden und beispielsweise einen Nutzen oder Gewinn für das eigene Arbeitshandeln, eine Reduktion der Arbeitsbelastung, die Entlastung von als lästig wahrgenommenen Aufgaben oder eine Zeitersparnis bedeuten. Wie groß diese bemessen werden, hängt letztlich davon ab wie genau die betreffende KI konzipiert ist, wie gut sie an die realen Arbeitsbedingungen angepasst ist und wie gut sie zu den jeweiligen individuellen Vorlieben und Arbeitsabläufen passt.

Vor diesem Hintergrund, insbesondere im Hinblick auf die Praxisreife und Anwendbarkeit von KI im medizinischen Arbeitsalltag und in Bezug

139 Der *confirmation bias* bezeichnet eine Form kognitiver Verzerrung, bei der Menschen eher dazu neigen, Informationen so auszuwählen und zu interpretieren, dass sie ihre Überzeugungen oder Erwartungen bestätigen. Im hier geschilderten Kontext ließe sich etwa davon sprechen, wenn der Arzt bzw. die Ärztin sich (zu) stark auf die von der KI markierten Bereiche konzentriert und andere potenzielle Auffälligkeiten übersieht. Dieses Verhalten ließe sich auch als eine Form der positiven Teststrategie verstehen, dabei handelt es sich um eine spezifische Ausprägung des *confirmation bias*, bei der gezielt nach Belegen gesucht wird, die eine vorgegebene Hypothese – hier die von der KI nahegelegte Diagnose – stützen, anstatt systematisch nach potenziellen Widerlegungen oder alternativen Diagnosen zu suchen.

auf die Entwicklung von KI-Systemen möchten wir hier das Spannungsverhältnis zwischen *Sensitivität*[140] und *Spezifität*[141] kurz ansprechen um auf die Herausforderungen hinzuweisen, die sich aus der unterschiedlichen Gewichtung dieser Kennzahlen für die klinische Entscheidungsfindung und die praktische Anwendung von KI im täglichen Berufsalltag ergeben.

Beide Kennzahlen sind essenzielle Leistungsmetriken diagnostischer KI-Systeme, deren unterschiedliche Schwerpunktsetzung in der Praxis zu einem Spannungsverhältnis bzw. einem Zielkonflikt führt. Denn die Verbesserung der einen Metrik verschlechtert die andere tendenziell. Sensitivität und Spezifität eines KI-Systems müssen dementsprechend sorgsam gegeneinander abgewogen werden, um ein möglichst gutes Ergebnis zu erzielen. In unserem Beispiel hieße das, zunächst durch eine Maximierung der Sensitivität möglichst viele echte Metastasen zu identifizieren. Werden die Schwellenwerte für die Erkennung jedoch zu niedrig eingestellt, werden zwar mehr vermeintliche Metastasen erkannt, simultan führt dies jedoch zu einem Anstieg von falsch-positiven Ergebnissen (es werden in gesundem Gewebe fälschlicherweise Metastasen detektiert). Arbeitspraktisch wären ein erhöhter Arbeitsaufwand sowie die stete Unsicherheit, ob ein Befund korrekt ist, die Folgen.

Auf der anderen Seite führt eine Fokussierung auf eine möglichst hohe Spezifität der Detektion dazu, dass sich der Anteil falsch-positiver Ergebnisse zunächst verringert – dabei wächst aber gleichzeitig die Gefahr, dass tatsächlich positive Befunde durch das Raster fallen. Es erhöht sich also die Wahrscheinlichkeit sogenannter falsch-negativer Befunde mit der ggf. lebensbedrohlichen Folge, dass vorhandene Metastasen unentdeckt bleiben. Arbeitspraktisch wäre hier wiederum einer Unsicherheit zu begegnen, ob die KI auch alle positiven-Befunde korrekt anzeigt.

In der Praxis erweist sich das Tarieren dieser beiden Metriken als ein herausfordernder Balanceakt, insbesondere in Anbetracht der jeweiligen potenziellen Folgen. Das Erreichen einer praktikablen Balance zwischen Sensitivität und Spezifität setzt eine Vielzahl getroffener Entscheidungen hinsichtlich der verwendeten Datenbasis, Algorithmen, Verfahren und Ge-

140 Die Sensitivität misst den Anteil der tatsächlich positiven Befunde (z.B. Metastasen), die korrekt als solche erkannt wurden. Eine hohe Sensitivität bedeutet folglich, dass das System besonders zuverlässig pathologische Befunde erkennt bzw. vice versa wenige Fälle übersieht.

141 Die Spezifität misst hingegen den Anteil der tatsächlich negativen Fälle (z.B. gesundes Gewebe), die korrekt als solche identifiziert werden. Eine hohe Spezifität bedeutet, dass das System erfolgreich, gesunde Bereiche als solche erkennt und nicht fälschlicherweise als pathologisch kennzeichnet.

wichtung der Daten voraus. Das Beispiel derartiger KI-Systeme verdeutlicht, dass diese nicht als rein objektive, IT-technische Funktionssysteme betrachtet werden können, sondern dass ihre Ausrichtung und Funktionsweise maßgeblich durch menschliche Eingriffe und Wertungen geformt werden.

Die Funktion der zweiten KI-Anwendung im Fallbeispiel besteht darin, den Assistenzarzt Herrn Mettin bei der Vorbereitung der Bestrahlungsplanung zu unterstützen. Dazu markiert die KI in den Scans gesundes Gewebe und insbesondere sensible Bereiche (z.B. Risikoorgane), die bei der späteren Bestrahlung möglichst ausgespart werden sollen. Dabei treten die gleichen Problematiken wie bei der Metastasendetektion auf den Plan. Denn auch hier stellen sich ähnliche Fragen: Wer entscheidet zuerst? Sind Sensitivität und Spezifität perfekt austariert? Da beide KI-Anwendungen aufeinander folgen, könnte es bei nicht korrekten Ergebnissen der KI im schlimmsten Fall zu einer Aufschichtung von Fehlentscheidungen kommen. Herr Müller würde ggf. an den falschen Stellen bestrahlt. Im besten Fall könnte der zweite KI-Schritt indirekt zur Qualitätssicherung des ersten beitragen. In den beiden KI-Anwendungen auf Basis bildgebender Verfahren kommt zudem hinzu, dass die eigentlichen Entstehungsbedingungen der Scans auch Einfluss auf das Funktionieren oder Nicht-Funktionieren der auswertenden KI haben: Welche Auflösung liefert die verwendete Technik? Ist diese noch mit der Technologie kompatibel, mit der die Scans produziert wurden, auf deren Basis die KI initial gelernt hat? Inwiefern müssen oder werden bestimmte Parameter extrapoliert oder abgeleitet? Gab es bspw. bei der letzten Wartung des CT-Geräts durch den Hersteller einen Wechsel der eigentlichen Bildgenerierungstechnik, usw.? Auch das Zusammenspiel der unterschiedlichen Technologien beeinflusst folglich die Güte der Ergebnisse der KI.

Kommen wir nun zur dritten und wohl ungewöhnlichsten KI-Anwendung in unserem Fallbeispiel: Diese blickt nicht in den Körper von Herrn Müller, sondern liefert auf der Basis von Fotos des Gesichts des Patienten Informationen zu dessen Gesundheitszustand, Therapieerfolg und Überlebenswahrscheinlichkeit. Die im Folgenden als Gesundheitsdiagnose-KI (GHD) bezeichnete KI unterscheidet sich kategorial von den zuvor beschriebenen Bildver- bzw. Bildbearbeitungs-KIs. Der für uns zentrale Unterschied liegt dabei jedoch weniger in den verarbeiteten Daten[142], sondern in der Zielsetzung und Funktionsbestimmung der KI.

142 Die beiden zuerst behandelten KIs verwenden direkte, diagnostische Bilddaten in Form von detaillierten anatomischen und physiologischen Informationen, die unmittelbare pathologische Zustände (z.B. Tumorwachstum, Metastasen) abbilden.

So zielen die beiden Bildverarbeitungs-KIs in erster Linie darauf ab, bestehende Arbeitsschritte zu (teil-)automatisieren bzw. das handelnde medizinische Personal dabei zu unterstützen, diagnostisch und therapeutisch die richtigen Entscheidungen zu treffen. Dabei geht es immer um Wissens- und Erfahrungswerte, die bereits ohne KI im Umgang mit technisch produzierten und digital verarbeiteten Informationen zu verorten sind. Substituiert werden hier somit vor allem Tätigkeiten und Arbeitsinhalte, die im Kontext technischer Abbildungen, der Abstraktion von Wirklichkeit und der daran anschließenden menschlichen Interpretation dieser maschinellen Outputs nötig sind.[143] Die menschliche Auswertung dieser Scans erfordert oftmals eine spezielle Vorbereitung und Vorprozession der Daten, um anschließend die relevanten anatomischen Strukturen und pathologischen Anomalien aus dem Scan interpretieren zu können. KI hingegen ist in der Lage, die gesamten Daten des CT-Scans in ihrer Rohform direkt zu verarbeiten, sie kann so das gesamte Bilddatenvolumen gleichzeitig analysieren – mit allen Vor- und Nachteilen, die damit einhergehen.

---

Dementgegen enthält das Gesicht als Datenquelle in erster Linie äußerliche Indikatoren, aus denen Informationen zum Gesundheitszustand extrapoliert werden (z.B. Gewichtsverlust, Hautveränderungen). Die Verknüpfung von äußerlichen Gesichtsmerkmalen zur Berechnung der Überlebenswahrscheinlichkeit und des Behandlungserfolges ist dementsprechend weniger direkt und basiert auf statistischen Korrelationen, die aus klinischen Studien abgeleitet werden könnten, jedoch nicht notwendigerweise auf einem klaren pathophysiologischen Mechanismus beruhen.

143 Das Ergebnis eines CT-Scans stellt kein unmittelbares Abbild der Wirklichkeit dar, sondern ist das Produkt einer Vielzahl technischer Prozesse. So basiert die von Ärztinnen und Ärzten ausgewertete digitale Darstellung der CT-Ergebnisse bereits auf einer algorithmischen Verarbeitung der elektromagnetischen Originaldaten und repräsentiert somit ein technisch verarbeitetes Produkt, das in ein Format überführt wurde, welches für den Menschen interpretierbar und handhabbar ist. Während dieses Vorgangs werden zunächst die Strahlungsmuster der erzeugten Röntgenstrahlen detektiert und technisch verarbeitet, um die erhaltenen Daten anschließend in eine visuelle Form zu überführen. Eine Vielzahl von Einstellungsmöglichkeiten, wie die Anzahl der Querschnitte, der Abstand zwischen den Schnitten und die Auflösung, beeinflussen das Endergebnis. Der fertige Scan ist daher ein im höchsten Maße technisches und stark verarbeitetes Produkt, das dem Betrachter bzw. der Betrachterin letztlich nur ein entweder reduktives oder extrapoliertes Abbild der ursprünglichen Daten präsentiert, deren Darstellung bereits die Integration der zuvor stattgefundenen Datenverarbeitungsprozesse voraussetzt. Durch die digitale Darstellung der Scans wird letztlich ein Faktum konstituiert, das in den folgenden Behandlungs- und Arbeitsprozessen wirklichkeitswirksam ist und in diesem Sinne auch als ein Wissen generierendes Instrument zu verstehen ist (vgl. dazu auch die erkenntnistheoretischen Überlegungen in Kap. 4.3.2, S. 156ff.).

Entgegen der CT-Auswertungs- und Bearbeitungs-KIs zielt die GHD darauf ab, eine bislang menschliche Fähigkeit zu ersetzen. Dabei handelt es sich um die (fachlich fundierte und erfahrungsgeleitete) menschliche Intuition. Diese genuin menschliche Fähigkeit bildet sich nicht isoliert im Kontext einzelner medizinischer Diagnose- und Behandlungsschritte heraus, sondern basiert oft auf dem Zusammenspiel unterschiedlicher Interaktionsformen und Informationskanäle. Etwa durch den internen Austausch des medizinischen Personals sowie einer Kontextualisierung medizinischer Befunde durch eine Fülle von Aussagen von Patient:innen und der Angehörigen.[144] Durch den Einsatz prädiktiver Analysetools soll also ein – üblicherweise über Jahre gewonnener und subjektiv geprägter – Erfahrungswert algorithmisch objektiviert werden.[145] In Form der GHD wird so nicht nur eine neue (vermeintlich objektive) Informationsgrundlage in den Behandlungsprozess integriert, sondern es wird auch versucht, eine menschliche Interpretationsleistung zu technifizieren. Es geht also um die Ersetzung spezifischer menschlicher Interpretationsleistungen, die sich auf Erfahrungswerte und Intuition stützen und sich als Facetten eines „lebendigen Arbeitsvermögens“[146] (Pfeiffer 2004) einer Formalisierung bisher weitestgehend entziehen.

Durch KI-Systeme wie die GHD wird letztlich versucht, Teile dieses (impliziten) Erfahrungswissens durch methodische Objektivierung und Formalisierung zu externalisieren, um es für technologische Systeme zugänglich und verwertbar zu machen. Dabei stellt sich hier verstärkt die Frage nach der Transparenz und Kontrollierbarkeit der durch Algorithmen generierten Outputs. So ist die menschliche Intuition und Erfahrung zwar subjektiv geprägt und im strengeren Sinne nicht reproduzierbar, doch bleibt sie stets reflektierbar und verhandelbar. In der Arbeitspraxis könnte das etwa so

144 Dieser ‚kleine aber feine‘ Unterschied steht hier gleichzeitig beispielhaft für einen bedeutenden Wandel hinsichtlich des unterschiedlichen Ersetzungspotenzials von Künstlicher Intelligenz.

145 Die genannten KIs lassen sich somit sowohl hinsichtlich ihres Grades an Autonomität, ihrer Rolle im Arbeitsprozess und der Funktion ihres Surrogats differenzieren.

146 Arbeitsvermögen bezeichnet die Gesamtheit der Fähigkeiten, Kenntnisse und Erfahrungen, die Menschen in ihre Arbeit einbringen. Das Arbeitsvermögen umfasst somit neben der Arbeitskraft insbesondere subjektiv veranlagte Fähigkeiten und Kompetenzen, implizites Wissen oder körperlich gebundene, sinnliche Erfahrungswerte. Damit geht Arbeitsvermögen weit über formal erlernbares und objektivierbares Wissen hinaus. Arbeitsvermögen zeigt sich dementsprechend oftmals insbesondere in Formen der Kreativität und intuitiven Problemlösungskompetenz, sowie in der Fähigkeit, mit Unsicherheiten und Unwägbarkeiten adäquat umzugehen zu können.

aussehen, dass ein Pfleger der Nachtschicht dem Assistenzarzt morgens möglicherweise berichten würde, dass Herr Müller schlecht schläft und sich in Bezug auf den Erfolg der Behandlung sehr negativ und fatalistisch äußert. Herr Mettin würde vor diesem Hintergrund die aktuellen Vitalwerte des Patienten vielleicht konkreter prüfen oder sich Zeit für ein Gespräch mit ihm nehmen und sich bei Gelegenheit eventuell zur Einschätzung des Gesamtzustands des Patienten mit dem Pflegepersonal der Tagschicht erneut austauschen (immer vorausgesetzt, Personalschlüssel und Bettenbelegung lassen im Klinikalltag für solche Interaktionen die nötige Zeit...).

Demgegenüber entzieht sich der Weg der Entscheidungsfindung bei KI-Systemen weitgehend der Nachvollziehbarkeit oder Rekonstruktionsmöglichkeit. Durch KI wird hier ein *scheinbar* objektives Beobachtungs- und Evaluationsinstrument eingeführt. Scheinbar – denn die Ergebnisse sind technisch erzeugt und basieren auf der statistischen Verarbeitung von Daten durch Algorithmen. Damit einher geht ein Objektivitätsanspruch, der aus der vermeintlichen Neutralität der Daten, standardisierten und reproduzierbaren Verfahren der Auswertung und dem Aussparen menschlicher Einflussnahme in Form von kognitiven Verzerrungen, subjektiven Einschätzungen oder sozialen Faktoren, herrührt. Gleichzeitig stützt sich die Funktion des GHD jedoch auf eine wahrscheinlichkeitsbasierte Auswertung von Gesichtsfotos, auf deren Grundlage eine Einschätzung generiert wird – man weiß nur, dass die Vorhersage des Systems mit einer gewissen Wahrscheinlichkeit richtig liegt, ohne aber die dahinter liegenden Zusammenhänge zu kennen.

Natürlich ist das Erfassen des optischen Zustands von Patient:innen nichts Neues in der medizinischen Praxis. Jedoch bilden sich diese Eindrücke im Laufe des Untersuchungs- und Behandlungsprozess subjektiv heraus und basieren dementsprechend auf einer Vielzahl unterschiedlicher Erfahrungen, Wahrnehmungen, Empfindungen, Interaktionen und erhobener Daten. Der aus dieser komplexen zwischenmenschlichen Interaktion hervorgehende Gesamteindruck ist im Kern subjektiv und abhängig von den individuellen und subjektiven Hintergründen der Beteiligten. Wie dieser Eindruck zustande kommt, ist selbst ein Kriterium für die Validität und Aussagekraft der Wahrnehmung und somit auch für den Stellenwert, den diese Interpretationsleistung innerhalb einer Behandlungsplanung oder -anpassung einnimmt. Mit einer KI wie der GHD könnte durch eine vermeintliche Objektivierung dieses Interpretationsvermögens solcher Einschätzungen u.U. ein höherer Stellenwert für den Behandlungsprozess eingeräumt werden. Es stellt sich also die dringende Frage, in welcher Form vergleichbare Anwendungen in die Behandlungs- und Entscheidungsprozesse eingebunden werden: Bildet die KI-Prognose eine weitere Facette für den beschriebenen subjektiven und aus vielen Quellen gespeisten Gesamteindruck? Oder tritt die errechnete Prognose anstelle der zuvor subjektiv abhängigen Einschätzung, sodass KI die intuitive und erfahrungsbasierte Urteilsbildung vollständig ersetzt? Und was passiert, wenn menschliche (also ärztliche und pflegerische) Intuition und KI-basierte Prognose zu unterschiedlichen Einschätzungen kommen?

Daran anschließend stellt sich die Frage, welche Auswirkungen die Prognosen einer KI wie der GHD auf die Behandlung von Patient:innen haben (könnte). Gerade hinsichtlich der Aufklärung und Transparenz (Van Calster et al. 2019) wäre es bei derartigen Systemen wichtig, Patient:innen eine klare Vorstellung davon zu vermitteln, inwiefern die gewonnenen Erkenntnisse ihrer individuellen Behandlung zuträglich (Dahm et al. 2020) sind und ob bzw. wie sie davon profitieren. Da es hier allerdings um die Prognose von Genesungs- und Überlebenswahrscheinlichkeiten geht – einem im höchsten Maße sensiblen und privaten Themenbereich – ist in jedem Fall davon auszugehen, dass die Anwendung derartiger Systeme mitunter auf Akzeptanzhürden unter den Patient:innen stoßen könnten.[147]

Auch Rückwirkungen des KI-Outputs auf das ärztliche Handeln können problematisch werden: Wenn der Arzt Mettin etwa die Bestrahlungsbehandlung rein medizinisch betrachtet als höchst aussichtsreich einschätzen und daher eigentlich eine entsprechend positive Kommunikation mit Herrn Müller und seiner Frau wählen würde, dann aber eine negative Einschätzung der GHD-KI erhält, die Herrn Müller auf Basis seines Gesichtsfotos eine geringe Überlebenswahrscheinlichkeit prognostiziert: Wie würde dies – bewusst oder unbewusst – zum einen das ärztliche Handeln und zum anderen die Kommunikation mit Herrn Müller beeinflussen? Und wer weiß: vielleicht kommt die negative Einschätzung der KI nur daher, dass im Lerndatensatz nur Gesichter und Krankengeschichten von Patient:innen in den USA verarbeitet wurden und aufgrund der nicht flächendeckend vorhandenen Krankenkassen Menschen mit einem beruflichen Hintergrund wie dem des Lagerarbeiters Herr Müller unterdurchschnittlich vertreten waren? Das unter Umständen schlicht von lebenslanger harter, körperlicher Arbeit stärker geprägte Gesicht von Herrn Müller interpretiert die GHD-KI dann möglicherweise nur deswegen negativer im Hinblick auf die Behandlungsprognose.

147 Die Funktion der GDH-KI berührt letztlich auch den Diskurs um das Recht auf Nichtwissen, das Individuen davor bewahren soll, unerwünschte Informationen zu erhalten – insbesondere, wenn deren Kenntnis die persönliche Lebensführung negativ beeinflussen könnte.

Dieses hypothetische Beispiel zeigt: Gerade weil KI-Algorithmen immer nur eine Prognose auf Basis von Wahrscheinlichkeiten abgeben, wäre es wünschenswert, die Wirkungs- und Funktionsweise der verwendeten Algorithmen offen zu legen. Das wäre allerdings voraussetzungsvoll, von der Herstellerseite auch nicht immer gewollt und zudem nur bedingt hilfreich, denn die Ergebnisse von auf Wahrscheinlichkeiten basierenden Systemen lassen sich im Einzelnen nicht immer bis ins Letzte nachvollziehen. Das medizinische Personal, das KI nutzt, sollte sich aber dieser grundlegenden Charakteristik der verwendeten Systeme bewusst sein.[148] Zum anderen geht es um einen reflektierten Umgang mit den Grenzen und den Folgen KI-basierter Ergebnisse und der Fähigkeit, dies auch in verantwortlicher Weise mit Patient:innen und Angehörigen zu kommunizieren. Dies würde neue Anforderungen auch an diese Kompetenzen in der medizinischen Ausbildung nach sich ziehen.

Letztlich lassen sich die tatsächlichen Folgen einer solchen Prognose jedoch nur unzureichend abschätzen. So mag das Ergebnis formal in den Behandlungsablauf integriert und leitlinienkonform umgesetzt werden, welche Auswirkungen sich durch das erlangte Wissen aber auf die Einstellung der Beteiligten ergeben, kann wohl nie mit Sicherheit abgeklärt werden. Schmeißt Herr Müller innerlich schon vor Beginn der Behandlung das Handtuch, weil seine Prognose schlecht ausfällt? Oder entwickelt er eine innerliche Reaktanz gegen das Ergebnis? Wie beeinflusst dies das Engagement von Herrn Mettin? Wie prägen persönliche Erfahrungen mit einer solchen KI-Anwendung über Monate und Jahre hinweg das subjektive Erfahrungsbild von Ärztinnen und Ärzten? Gleichen sich KI-Empfehlung und subjektive Bewertungsmuster mit der Zeit an oder klaffen sie zunehmend auseinander? Und wie soll mit möglichen Differenzen individuell und organisational verfahren werden?

Dieser Umstand der Unklarheit und Kontingenz ist ein zentrales und unvermeidbares Charakteristikum von derartigen KI-Systemen, weil diese letztlich immer nur eine Prognose abgeben. Das dahinterstehende Problem besteht nicht zuletzt in der Unmöglichkeit einer Verifikation bzw. Falsifizierung der produzierten Ergebnisse[149] und mündet letztlich in einem Paradox. Denn jede Prognose – ist sie erst einmal gemacht – setzt einen

---

148 Art. 14 KI-VO versucht diesen Umstand direkt zu adressieren.

149 Die fehlende Möglichkeit zur Falsifikation führt dazu, dass die erzielten Ergebnisse strenggenommen den wissenschaftlichen Standards nicht genügen, da sie weder überprüfbar noch widerlegbar sind. Ohne die Möglichkeit, Hypothesen durch empirische Tests zu bestätigen oder zu widerlegen, fehlt es aber an wissenschaftlicher

Rahmen für mögliche Handlungsweisen. Frau Navarro oder Herr Mettin können die KI-Prognose nicht ungehört machen. Sie müssen sich auf sie beziehen sobald sie von der KI gemacht wurde – selbst ein bewusstes Ignorieren der Prognose ist letztlich eine Reaktion auf sie. Es sind praktisch dann nur noch zwei alternative Szenarien möglich: die KI-Prognose wird entweder zur selbst-erfüllenden (*self-fullfilling*, Merton 1948) oder zur selbst-verleugnenden (*self-denying*) Prophezeiung.

Prognosen sollten nicht als Ankündigung eines unvermeidlichen Ereignisses missverstanden werden, sondern es gilt, ihre soziale und psychologische Wirkmächtigkeit zu verstehen und mit den sich daraus ergebenden sozialen Dynamiken auch umgehen zu können. Prognosen schaffen allein durch ihre Existenz soziale Realitäten (bzw. verändern diese) und erzeugen Erwartungen, die sich auf das Verhalten von Menschen auswirken (Merton 1948; Hong 2022). Die Paradoxie besteht somit darin, dass eine Prognose sich auf die eigene Kontingenz bzw. auf das Potenzial ihrer Erfüllung auswirkt. Diese Rückbezogenheit erhöht gleichermaßen die Unsicherheit und den Bedarf an weiteren Prognosen. Zukunftsannahmen verändern den Gegenstand ihrer Prognose. Insofern greifen sie reflexiv in jene sozialen Prozesse ein, die sie antizipieren möchten. Sie entfalten dabei eine performative Wirkmacht, die entweder in einer selbsterfüllenden oder in einer selbstverhindernden Dynamik resultiert – und damit zur Paradoxie jeder Zukunftsbeschreibung beitragen: Dass sie durch ihre Artikulation die Bedingungen ihrer eigenen (Un)Wahrscheinlichkeit mitgestaltet.[150]

Die drei im Fallbeispiel beschriebenen Anwendungsfälle von KI zeigen hinsichtlich ihrer Auswirkungen auf die Tätigkeits- und Kompetenzprofile in der Medizin ein grundlegendes Unterscheidungsmerkmal. Gerade KI-Anwendungen, deren Funktion auf die Ersetzung von im Kern menschlichen Fähigkeiten und Kompetenzen zielt, führen nicht ‚nur' zu Veränderungen von Arbeitsprozessen, sondern werfen grundsätzliche Fragen nach der Rolle des Menschen in der medizinischen Praxis auf. Es geht also letztlich um das Verhältnis zwischen Mensch und Technik in der Medizin, dem wir uns nun im dritten Abschnitt widmen.

---

Belastbarkeit und methodischer Nachvollziehbarkeit, wodurch ihre Aussagekraft erheblich eingeschränkt wird.

150 Gemeint ist, dass durch das Treffen einer Prognose die Handlungsmöglichkeiten in der Gegenwart verändert werden. Das heißt, die getroffene Annahme über die Zukunft kann die Zukunft so beeinflussen, dass sie nicht mehr der ursprünglichen Prognose entspricht. Eine Prognose könnte zum Beispiel Erwartungen wecken, die dann durch (angepasstes) Verhalten zu einem anderen Ergebnis führen als ursprünglich erwartet.

#### 4.3.1.3 Die Rolle von Technik (und KI) in der medizinischen Praxis

Die moderne Medizintechnik ermöglicht präzisere Diagnosen und innovative Behandlungsmethoden, die früher undenkbar waren, wie etwa Organtransplantationen oder minimalinvasive Chirurgie. Neben einer Verbesserung der Behandlungsqualität sind diese technischen Fortschritte jedoch auch ein Faktor einer zunehmenden Ökonomisierung der Medizin (Groß et al. 2021; Bär 2011). So sind viele technische Weiterentwicklungen in der Medizin längst zu einem zentralen Wettbewerbsfaktor avanciert. Geräte und Technologien sind demnach nicht nur Mittel zur Verbesserung der Patientenversorgung, sondern auch wettbewerbsrelevante Statussymbole, die sich durch ihre Reputation als *Unique Selling Proposition* (USP) mitunter auf den wirtschaftlichen Erfolg von Kliniken und Praxen auswirken können. Die Ökonomisierung der Medizin, also die zunehmende Ausrichtung und Steuerung medizinischer Einrichtungen, Praktiken und Entscheidungen durch Kriterien wie Kosten, Effizienz und Rentabilität mündet so in einer Art ‚technischem Wettrüsten', wodurch es erschwert wird, zwischen sinnvoller Digitalisierung und Digitalisierung als Selbstzweck zu unterscheiden. Wie bereits erläutert ist aber der Einsatz gerade von KI stark mit dem subjektiv empfundenen Nutzen verknüpft, der sich selbst innerhalb eines Funktionsspektrums stark unterscheiden kann. Dies zeigt sich auch in den Daten unserer Befragung: So bewerteten die von uns befragten Beschäftigten die Sinnhaftigkeit von KI für eine Therapieempfehlung (62% sinnvoll/ sehr sinnvoll) mehrheitlich als sinnvoll, und mit 61% sehen fast ebenso viele den KI-Einsatz als (sehr) sinnvoll bei der Therapiedurchführung an; gänzlich anders als hinsichtlich der Entscheidung über einen Therapieabbruch (66% kaum sinnvoll/ gar nicht sinnvoll).

Der Einsatz von moderner Technik und KI im Gesundheitssystem ist dementsprechend nicht allein auf den Wunsch einer qualitativ besseren Gesundheitsbehandlung zurückzuführen, sondern ist mitunter auch Ausdruck wirtschaftlicher Interessen und ökonomischen Kalküls. Mit anderen Worten verlangt allein die Markt- und Wettbewerbslogik immer weitere Investitionen in Technik, um konkurrenzfähig zu bleiben. Die ökonomische Steuerung verstärkt indes die Orientierung an wirtschaftlichen Zielen und birgt dadurch die Gefahr zu Lasten einer patientenzentrierten Versorgung voranzuschreiten.

*Abb. 2: Wie sinnvoll sehen Beschäftigte im Gesundheitswesen den Einsatz von KI in der Therapie?*

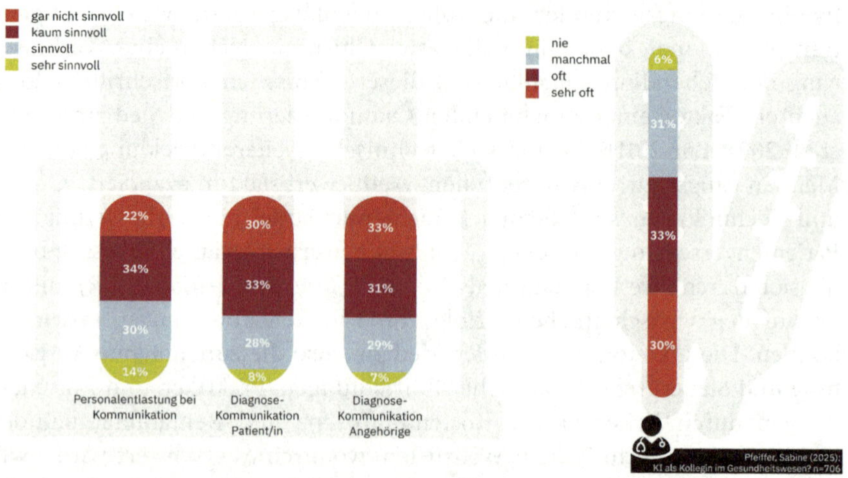


Gleichzeitig ist die Verwendung von Technik ein entscheidender Faktor für die unmittelbare Arbeitsgestaltung in der Medizin. Technik wirkt sich hier nicht nur auf die Gestaltung und Organisation von Arbeitsprozessen aus (Herrmann & Pfeiffer 2022), sondern auch auf die Arbeitsanforderungen an das medizinische und pflegerische Personal. Diese Veränderung der Arbeitsprofile geht häufig mit einer Flexibilisierung und Intensivierung der Arbeit einher, die von Beschäftigten im Gesundheitswesen schon lange zunehmend technisches Wissen sowie eine erweiterte Verantwortungsübernahme und Selbstmanagementfähigkeiten verlangt (Pongratz & Voß 1998; Bröckling 2019). Dies führt zu einer neuen Dynamik in der Arbeitsteilung und beeinflusst die Rolle von Mediziner:innen und Pflegenden in der medizinischen Versorgung nachhaltig.

In der Beziehung zwischen Arzt bzw. Ärztin und Patient:innen tritt Technik nicht nur, wie in unserem Beispiel, als Vermittlungsinstanz einer dem Menschen nicht zugänglichen Wirklichkeit in Erscheinung, sondern sie fungiert auch als Vermittler zwischen der Ärztin bzw. dem Arzt und den Patient:innen. Unter dem Stichwort *Apparatemedizin* werden z.B. schon seit längerer Zeit die Auswirkungen des zunehmenden Einsatzes technischer Gerätschaften auf die zwischenmenschlichen Interaktionen in der Gesundheitsversorgung diskutiert. Dabei stehen Prozesse wie die Digitalisierung und der Einsatz von KI im Verdacht, technische Handlungen (bzw. digitale

Abläufe) auf Kosten kommunikativer (zwischenmenschlicher) Elemente zu begünstigen, wodurch die Qualität der Ärzt:in-Patient.in-Beziehung nachhaltig beeinträchtigt werden könnte (Merl 2011). Die Technisierung der Medizin birgt schließlich auch ohne KI das Potenzial einer Übergewichtung technischer, ‚objektiver' Rationalität gegenüber dem subjektiven menschlichen und empathischen Handeln.[151]

Digitale Technologien wirken sich allerdings weit mehr als nur auf die Gestaltung der medizinischen Praktiken aus. Insbesondere hinsichtlich der zunehmenden Verbreitung von KI gilt, dass sich nicht allein die Arbeitshandlungen und Tätigkeiten des Gesundheitspersonals verändern, vielmehr befindet sich das gesamte Gesundheitssystem in einem Wandel, der sich nicht zuletzt auf die Patient:innen und ihre Rolle in Vorsorge-, Diagnose- Behandlungs- und Nachsorgeprozessen auswirkt. Dieser Aspekt soll hier nur kurz erwähnt werden; ausführlicher wollen wir uns dieser Dynamik in Kap. 4.5.1 zuwenden. Mit zunehmender Technisierung und Digitalisierung, inklusive des Einsatzes von KI, steht jedoch besonders das Verhältnis zwischen ärztlicher Profession und dem Handlungs- und Verantwortungsbereich der Patient:innen unter starkem Veränderungsdruck. Einerseits wird die Dynamik einer Subjektivierung der Gesundheitsversorgung verstärkt (Lupton 2018), wodurch sich u.a. die Art und Weise verändert, wie wir und das medizinische System unseren Körper wahrnehmen und mit ihm umgehen. Andererseits wandeln sich die Rollen im Verhältnis zwischen Ärzt:in und Patient:in.[152] Die Zunahme digitaler Gesundheitsdienstleistungen wie Telemedizin, KI-basierter Gesundheitsapps und tragbarer Gesundheitsgeräte (*Wearables*) ermöglicht es Patient:innen, ihre Gesundheitsversorgung zunehmend unabhängig (und räumlich wie auch zeitlich flexibel) zu organisieren. KI-gestützte (semantische) Suchmaschinen, Chatbots und virtuelle KI-Assistenzen eröffnen indes immer weitreichendere und verlässlichere Möglichkeiten, an medizinisches Fachwissen zu gelangen. Patient:innen können so zunehmend Aufgaben übernehmen, die früher im Kompetenzbereich des Gesundheitspersonals lagen. Die zunehmenden Möglichkeiten, Gesundheitsdaten eigenständig (bzw. digital ermöglicht) erfassen und analysieren zu können, um auf Grund-

151 Nicht zuletzt spiegelt sich diese Entwicklung auch in dem Vergütungssystem, in dem technische Leistungen gegenüber dem ärztlichen Gespräch bevorzugt werden und so zu einer Entwicklung in Richtung einer ‚stummen Medizin' beiträgt.

152 In Verbindung mit der oben skizzierten und sich weiter verschärfenden ökonomischen Durchdringung des Gesundheitssystems lässt sich im Verhältnis zwischen Arzt bzw. Ärztin und Patient:in schon länger eine Verschiebung in Richtung eines Dienstleistungsverhältnisses (Dienstleister:in und Kund:in) beobachten (Rogler 2008).

lage dieser Daten unabhängig(ere) Entscheidungen zu treffen, lässt sich als eine Form der Emanzipation begreifen.

Zugleich setzen diese Möglichkeiten Dynamiken frei, durch die der:die Einzelne zunehmend in die Verantwortung für die eigene Gesundheit genommen wird. Denn unter einer kommerziellen Marktlogik und unter ökonomischen Anreizstrukturen fördern Skalierbarkeit und Kosteneffizienz die Expansion digitaler Gesundheitsdienstleistungen, wobei Patient:innen zunehmend als aktive Konsument:innen adressiert werden. Zugleich begünstigt der Wettbewerbsdruck im Gesundheitssektor die Verlagerung medizinischer Aufgaben auf automatisierte Systeme und in die individuelle Verantwortlichkeit. Die zunehmende Verschiebung der Verantwortung für das gesundheitliche Wohlergehen auf die Patient:innen lässt sich als eine Form zunehmender Individualisierung (Beck 2016) begreifen. Eine weitreichende Individualisierung der Gesundheitsverantwortung kann jedoch problematische Folgen haben: Sie verschiebt etwa Risiken und Kosten auf den:die Einzelne:n, sodass Gesundheit weniger als eine kollektive Aufgabe verstanden wird, sondern mehr als persönliche Leistung – mit der Konsequenz, dass Erkrankungen potenziell als individuelles Versagen gewertet werden.

In Anlehnung an die Theorie des „Arbeitskraftunternehmers“ (Pongratz & Voß 1998) ließen sich Patient:innen immer mehr als Manager:innen ihrer eigenen Gesundheit verstehen. In einer zunehmend digitalisierten Gesundheitslandschaft werden Patient:innen vermehrt von einer passiven ‚Konsument:innenrolle‘ in die Rolle eines/einer aktiven Manager:in ihrer Gesundheit gedrängt.[153] Inwiefern Patient:innen in Zukunft auch im Bereich der Diagnose stärker involviert werden oder aus dem ‚Können‘ ein ‚Sollen‘ oder ‚Müssen‘ wird, hängt allerdings von vielen Faktoren ab.

Die Rollen von Ärzten und Patientinnen unterliegen somit einem Wandel, der zu einer Verschiebung der traditionellen Grenzen führt. Patient:innen übernehmen vermehrt Aufgaben, die früher ausschließlich in den Verantwortungsbereich der Professionellen fielen, während Ärzt:innen neue Bereiche erschließen, die technologische und datenbasierte Expertise erfordern. Diese, durch den Einsatz von KI weiter zunehmenden Entwicklungen betreffen folglich Ärzt:innen und Patient:innen gleichermaßen. Für Ärzt:innen sind diese Veränderungen sogar mit einer doppelten Herausfor-

---

153 In dieser Entwicklung spiegelt sich nicht zuletzt die Tendenz wider, dass ökonomische Prinzipien wie Selbstmanagement und Effizienzsteigerung in immer mehr gesellschaftliche Sphären durchdringen, wobei die Grenze zwischen professioneller Expertise und individueller Verantwortung zunehmend verschwimmt.

derung verbunden. Zum einen verlagern sich ihre Tätigkeitsprofile und wandeln sich damit ihre Rollen in der Gesundheitsversorgung,[154] zum anderen resultiert das in verschiedenen Anforderungen hinsichtlich professioneller Fort- und Weiterbildungen. Sie müssen nicht nur auf professioneller Ebene ihre Kenntnisse und Fähigkeiten, sondern auch im Umgang mit den Patient:innen ihre kommunikativen und Sozialkompetenzen erweitern. Dies beinhaltet auf der Ebene der professionellen Expertise den Umgang mit einer Vielzahl neuer Daten, Programmen und Apparaturen und auf der sozialen Ebene die Intensivierung und Diversifizierung des Patientenkontakts (etwa virtuell, digital und analog) sowie die Entwicklung neuer Wege der Interaktion und Betreuung. Die damit verbundenen Herausforderungen erfordern von den Ärzt:innen eine ausgeprägte Fähigkeit, soziale und kommunikative Kompetenzen in den veränderten Kontaktstrukturen einzubringen (Tretter et al. 2024).

#### 4.3.1.4 Upskilling, Reskilling und Deskilling

Die Verlagerungen von Tätigkeitsprofilen und der Wandel der Rolle von Ärztinnen und Ärzten im Behandlungsprozess ziehen somit weitreichende Auswirkungen auf den Arbeitsinhalt und die Arbeitsausgestaltung medizinischen Personals nach sich. In diesem Kontext stellt sich die Frage, wie genau sich diese Veränderungen auf die damit verbundenen Kompetenzen und Fähigkeiten auswirken. Kompetenzen und Wissen sind eng mit den spezifischen Bedingungen und Kontexten ihrer Bezogenheit verbunden. Mit anderen Worten können in einem bestimmten Arbeitsprozess spezifische Kompetenzen und mit diesem speziellen Prozess verbundenes Wissen herausgebildet werden. Neue Arbeitsprozesse und -inhalte erfordern mitunter andere Voraussetzungen und führen folglich zur Herausbildung neuer Kompetenzen

154 Ein Wandel von einem asymmetrischen, paternalistischen Modell der Ärzt:in-Patient:innen-Beziehung, in dem die Entscheidungsgewalt primär bei der zuständigen Ärzt:in lag, hin zu einer kooperativen, partizipativen Gesundheitsversorgung, bei der die Patient:innen vermehrt und weitreichender in Entscheidungsprozesse einbezogen werden.

und anderen Wissens (Reskilling[155] bzw. Upskilling[156]). Dabei können aber auch Fähigkeiten verloren gehen, die im Kontext eines ehemaligen Arbeitsprozesses herausgebildet werden konnten (Deskilling[157]). Der Wandel von Arbeitsinhalten ist somit immer eine ambivalente Angelegenheit, die gleichzeitig Chancen für den Erwerb neuer Kompetenzen und Entwicklungen bietet, dabei jedoch das Risiko birgt, dass wichtiges prozess- oder inhaltsbezogenes Wissen (resp. Kompetenzen) in neuen Arbeitsabläufen/Tätigkeitsprofilen nicht mehr oder nur ungenügend herausgebildet werden kann.

**Key take-aways**

- KI als Unterstützung statt als Verzerrung nutzen: Die Integration von KI in Arbeitsabläufe beeinflusst ärztliche Entscheidungen. Wird eine KI-Analyse vor der eigenen Auswertung präsentiert, besteht die Gefahr eines *confirmation bias*. Gleichzeitig kann eine späte KI-Einbindung den Effizienzgewinn minimieren oder ins Gegenteil verkehren. Der subjektiv empfundene Nutzen entscheidet maßgeblich über die Akzeptanz. Prädiktive KI ersetzt menschliche Intuition durch scheinbar objektive Vorhersagen – dies erfordert ein kritisches Verständnis ihrer Wirkmacht.
- Technik verändert Arbeit – aber nicht nur positiv: Die Digitalisierung flexibilisiert und intensiviert die Arbeit in der Medizin. Sie erfordert auf ärztlicher Seite vermehrt technisches Wissen und bei Patient:innen mehr Selbstmanagement und Verantwortungsübernahme. Gleichzeitig droht eine Verschiebung des ärztlichen Fokus: Menschliche Interaktion kann zugunsten technischer Prozesse verdrängt werden, wodurch die Qualität der Ärzt:in-Patient:in-Beziehung leidet.
- Kompetenzgewinne und Deskilling im Gleichgewicht halten: Während neue Technologien Weiterentwicklung und neue Kompetenzen ermöglichen, besteht auch die Gefahr des Deskilling: Elementare Fähigkeiten können durch Automatisierung und Umstrukturierung von Arbeitsprozessen verloren gehen. Ein bewusster Umgang mit Technik ist notwendig, um fachliche Erfahrungswerte und menschliche Expertise langfristig zu erhalten.

---

155 Reskilling beschreibt den strategischen Prozess der Neuzuweisung von Qualifikationen, um Arbeitskräfte in die Lage zu versetzen, gänzlich neue Aufgabenfelder oder Positionen einzunehmen. Theoretisch kann Reskilling als eine Reaktion auf technologische Disruptionen, sich wandelnde Marktbedingungen oder den veränderten Bedarf an Expertise verstanden werden, die eine Transformation des Kompetenzspektrums erforderlich machen. Es umfasst somit insbesondere den Erwerb neuer, nicht im bisherigen Profil vorhandener Fähigkeiten.

156 Upskilling hingegen impliziert eine vertiefte Erweiterung und Optimierung bestehender Fähigkeiten und Wissensbestände innerhalb des aktuellen beruflichen Kontexts. Dieser Prozess wird oft als Teil einer adaptiven Kompetenzentwicklung verstanden, die darauf abzielt, die Fähigkeiten des Individuums an kontinuierlich steigende fachliche und technologische Anforderungen anzupassen.

157 In der heutigen Diskussion wird Deskilling oft im Zusammenhang mit der Art und Weise verhandelt, wie durch den Einsatz von Technologien Aufgaben fragmentiert und automatisiert werden. In Folge dieser Entwicklungen lassen sich Dequalifizierungen beobachten, etwa in dem zuvor qualifizierte Arbeitskräfte aufgrund von technologischen oder strukturellen Veränderungen in ihrem Arbeitsbereich ihre Fähigkeiten und Kompetenzen nicht mehr effektiv einsetzen können.

## 4.3.2 Erkenntnistheoretische Betrachtung: Epistemisches Vertrauen und Paternalismus

Rico Hauswald

### 4.3.2.1 Kann man medizinischen KI-Anwendungen „vertrauen"?

In der Strahlenklinik wird Herr Müller unter Verwendung verschiedener KI-Systeme untersucht, u.a. einer Anwendung, die CT-Aufnahmen automatisch nach Metastasen durchsucht, einer Anwendung, die in diese Aufnahmen organische Strukturen einzeichnet, und einer Anwendung, die anhand von Gesichtsaufnahmen die Überlebenswahrscheinlichkeit bzw. die wahrscheinliche restliche Lebenszeit von Herrn Müller sowie die Erfolgsaussichten der Therapie berechnet. Der vermehrte Einsatz von KI in der klinischen Praxis provoziert häufig die Frage, ob diese Technik denn überhaupt „vertrauenswürdig" sei (für eine Analyse der verbreiteten „Vertrauens"-Rhetorik im Zusammenhang mit KI vgl. Reinhardt 2023). Diese Frage wird in der Philosophie häufig skeptisch betrachtet und als Kategorienfehler – als begrifflich falsch gestellt – zurückgewiesen. Vertrauen, so heißt es oft, sei ein genuin interpersonaler Zustand, der voraussetzt, dass die Person, der vertraut wird, über emotionale Zustände verfügt oder in einem starken Sinn normative Verantwortung übernehmen kann. Da KI-Systeme aber wie andere technische Geräte weder Emotionen haben noch Verantwortung übernehmen können, könne man ihnen auch nicht vertrauen; bestenfalls könne man sich auf sie „verlassen" (vgl. z.B. Ryan 2020).[158] Wie in Hauswald (2024b) ausführlich dargelegt wird, ist diese Konklusion aber nicht schlüssig. Es gibt genuine Formen von Vertrauen, die auch gegenüber KI-Systemen bestehen können, insbesondere eine Form, die wir in Anlehnung an Nguyen (2023) „Vertrauen als Einstellung nicht-hinterfragender Akzeptanz" bezeichnen können. Einem KI-System (oder auch einer Person) in diesem Sinne zu vertrauen, heißt, die Performance des Systems zu akzeptieren, ohne seine Funktionstüchtigkeit aktiv infrage zu stellen (Nguyen spricht von einer „attitude of not questioning"). Für den Spezialfall, dass das KI-System als epistemisches Instrument fungiert, also die Funktion hat,

158 Die Debatte über den Vertrauensbegriff im Hinblick auf KI ist kontrovers geführt worden u.a. bei Alvarado (2022; 2023a), Braun/Bleher/Hummel (2021), Durán/Jongsma (2021), Ferrario/Loi/Viganò (2021), Freiman (2023), Hatherley (2020), Kerasidou et al. (2022) und von Eschenbach (2021).

bestimmte Informationen über die Welt bereitzustellen (dieser Fall liegt im Beispiel von Herrn Müller vor), lässt es sich so formulieren, dass einem solchen System zu vertrauen, heißt, seine Outputs zu akzeptieren, ohne diese Outputs aktiv infrage zu stellen oder noch einmal gegenzuprüfen.

Wenn man diesen Überlegungen bis hierhin gefolgt ist, liegt der Einwand nahe, dass nach wie vor unklar ist, ob man medizinischen KI-Systemen wie denen, die uns im Beispiel von Herrn Müller begegnen, nun auch tatsächlich vertrauen *kann* bzw. *sollte*. In der Tat haben wir bislang lediglich argumentiert, dass die Rede von „Vertrauen gegenüber KI" sinnvoll ist und nicht auf einen Kategorienfehler hinausläuft. Um die Frage zu beantworten, ob bzw. unter welchen Bedingungen man medizinischen KI-Systemen vertrauen *kann* oder *sollte*, seien zunächst zwei Klarstellungen formuliert, worauf Vertrauen im Sinne einer nicht-hinterfragenden Einstellung *nicht* hinausläuft. Erstens schließt Vertrauen nicht (oder zumindest nicht zwangsläufig) aus, dass man das KI-System (oder allgemeiner: das technische Gerät oder auch die Person) zunächst gründlich auf seine (bzw. ihre) Zuverlässigkeit hin geprüft hat. Vernünftiges Vertrauen dürfte sogar in der Regel voraussetzen, dass man eine solche Prüfung durchgeführt und mit positivem Ausgang abgeschlossen hat. Vertrauen heißt, dass man, *nachdem* eine solche Prüfung durchgeführt wurde, das System verwendet, ohne es auch weiterhin permanent zu hinterfragen und zu prüfen. Zweitens darf Vertrauen nicht mit *blindem* Vertrauen verwechselt werden, wobei man unter blindem Vertrauen verstehen kann, schlichtweg jede Performance oder jeden Output bedenkenlos hinzunehmen. Vertrauen ist kompatibel mit epistemischer Wachsamkeit, worunter man eine Disposition verstehen kann, im Falle des Fehlens einer gewissen Minimalplausibilität der Performance oder des Outputs des KI-Systems die nicht-hinterfragende Einstellung (vorübergehend) zu suspendieren und das System gegebenenfalls erneut auf seine Funktionstüchtigkeit hin zu prüfen. Epistemische Wachsamkeit an den Tag zu legen, könnte für Herrn Mettin beispielsweise bedeuten, dem KI-System, das die Überlebensdauer von Herrn Müller vorhersagt, nicht einfach blind Glauben zu schenken, wenn es einen absurd kurzen oder absurd langen Zeitraum prognostiziert (z.B. wenige Minuten oder hundert Jahre).

Nach diesen Vorbemerkungen sollte sich die Frage, ob man medizinischen KI-Systemen vertrauen kann bzw. sollte, so beantworten lassen, dass ein Vertrauen im Sinne einer nicht-hinterfragenden Akzeptanz angebracht sein kann, sofern das System hinreichend gründlich auf seine Zuverlässigkeit hin geprüft wurde und sofern die benutzenden Personen auch während des Gebrauchs des Systems ein hinreichendes Maß an epistemischer Wachsamkeit an den Tag legen. Diese Einschätzung ist zugegebenermaßen recht pauschal und allgemein, angesichts des breiten Spektrums existierender und in absehbarer Zeit vermutlich entstehender Systeme lässt sich eine präzisere Charakterisierung an dieser Stelle allerdings auch schwerlich formulieren.

Worauf aber noch hingewiesen sei, ist der Unterschied zwischen der Frage, ob man KI-Systemen vertrauen kann bzw. sollte, und der Frage, ob die beteiligten Personen – Verantwortliche im Gesundheitswesen, medizinisches Personal, Patienten – ihnen *de facto* vertrauen. Ein Gerät (dasselbe gilt für Personen) kann vertrauenswürdig sein, ohne dass ihm vertraut wird; umgekehrt ist der Fall möglich, dass einem Gerät vertraut wird, obwohl es nicht vertrauenswürdig ist. Wenn beispielsweise Verantwortliche im Gesundheitswesen zu der Einschätzung gelangen, dass KI-Systeme sehr viel vertrauenswürdiger sind als menschliche Mediziner, könnte das vielleicht mittel- oder langfristig dazu führen, dass Bestrebungen unternommen werden, letztere durch erstere *in toto* zu ersetzen. Eine solche Entwicklung ist tatsächlich von einigen Autoren antizipiert worden, mit Blick auf die Radiologie etwa von Hinton (2016). Alvarado (2022) hat diesen Vorschlag allerdings mit der Begründung zurückgewiesen, medizinische KI-Systeme seien bis auf weiteres nicht zuverlässig genug, um ihnen gerechtfertigterweise vertrauen zu können.

Aber auch wenn Mediziner in absehbarer Zukunft nicht komplett durch KI-Systeme ersetzt werden, steht doch zu erwarten, dass sie verstärkt zur Unterstützung des menschlichen Personals eingesetzt werden. In diesem Zusammenhang stellt sich dann die Frage, ob die Systeme aus Sicht des Personals hinreichend vertrauenswürdig sind. Andernfalls werden sie vermutlich zögerlich sein, sie zu verwenden oder ihre Verwendung ablehnen – selbst dann, wenn die Systeme objektiv eigentlich vertrauenswürdig sein sollten. In diesem Kontext zeichnen sich ganz neue Problemkonstellationen ab. Wie sollte sich ein Mediziner beispielsweise verhalten, wenn er bei der Betrachtung eines Falls zu einer bestimmten Einschätzung gelangt, wohingegen die Outputs des verwendeten KI-Unterstützungssystems eine gegenteilige Schlussfolgerung nahelegen?[159]

Eine relevante Gruppe sind natürlich ferner auch die Patienten. Was, wenn Patienten kein hinreichendes Vertrauen in medizinische KI-Systeme haben? Eine mögliche Antwort auf diese Frage haben Ploug/Holm (2020)

159 Diese Fallkonstellation wird von Kempt/Heilinger/Nagel (2023) diskutiert.

und de Miguel Beriain (2020) formuliert. Sie argumentieren, dass Patienten ein Recht eingeräumt werden sollte, durch KI erstellte Diagnostik und Behandlungsplanung zu verweigern. Hier dürfte allerdings der Einwand naheliegen, dass selbst wenn sich für ein solches Recht argumentieren lässt, fraglich erscheint, ob es praktisch realisierbar wäre. Denn in dem Maße, in dem KI-Systeme zunehmend in den medizinischen Alltag integriert werden, dürfte es schwieriger werden, den Wünschen von Patienten zu entsprechen, die eine „KI-freie Medizin" in Anspruch nehmen möchten. Die Unterhaltung zweier paralleler Medizinsysteme – eines mit KI und ein „KI-freies" – dürfte auf Dauer ökonomisch und logistisch unpraktikabel sein.

#### 4.3.2.2 Recht auf (Nicht-)Wissen und epistemischer Paternalismus

Eine grundlegende Problematik der Epistemologie der Medizin betrifft die Frage, in welchem Umfang dem Patienten bestimmte Informationen gegeben oder auch vorenthalten werden dürfen oder sogar sollten. Im Falle von Herrn Müller errechnet die KI anhand von Gesichtsaufnahmen regelmäßig seine Überlebenswahrscheinlichkeit bzw. seine wahrscheinliche restliche Lebenszeit sowie die Erfolgsaussichten der Therapie. Sollten diese Ergebnisse Herrn Müller mitgeteilt oder nicht mitgeteilt werden? Um diese Frage zu beantworten, müssen komplexe Erwägungen angestellt und gegenläufige Aspekte abgewogen werden.

Wissen wird in der Erkenntnistheorie häufig als Gut von potentiell hohem Wert betrachtet, der sowohl instrumentell als auch intrinsisch sein kann. Wissen ist instrumentell wertvoll in dem Sinne, dass es zur Erreichung unserer Ziele wichtig ist, bestimmte Dinge zu wissen. Wenn man z.B. das Ziel hat, eine bestimmte Krankheit zu heilen, dann hat das Wissen, dass X ein effektives Mittel zur Heilung dieser Krankheit ist, instrumentellen Wert: Um das Ziel zu erreichen, braucht man dieses Wissen. Wissen hat nach Meinung vieler Erkenntnistheoretiker aber auch einen intrinsischen Wert. Als Menschen haben wir eine tief verwurzelte, anthropologisch verankerte Disposition, nach Wissen zu streben. Daher hat Wissen für uns auch einen Wert an sich. Wir wollen Wissen erwerben, auch wenn es nicht unmittelbar instrumentell „anwendbar" ist (vgl. ausführlicher Pritchard/Turri/Carter 2022). Umgekehrt erscheint dadurch *Unwissenheit* als *Unwert* – und zwar ebenfalls in instrumenteller wie in intrinsischer Hinsicht (für eine Diskussion vgl. Meylan 2020).

Diese Überlegungen scheinen nahezulegen, dass es für Herrn Müller von Wert ist, möglichst viel Wissen über seinen medizinischen Zustand, seine Prognose, mögliche Therapieaussichten usw. zu erwerben. Dass die Sache nicht ganz so einfach ist, zeigt sich aber recht schnell, wenn man bedenkt, dass es viele Dinge gibt, die zu wissen äußerst negative Konsequenzen haben könnte und die man entsprechend lieber nicht wissen möchte. Angenommen beispielsweise, die KI erstellt für Herrn Müller die zuverlässige Diagnose, dass er nur noch eine kurze Zeitspanne zu leben hat. Weiter angenommen, dieses Wissen sei nicht instrumentell wertvoll in dem Sinne, dass Herr Müller mithilfe dieses Wissens irgendwelche Therapieentscheidungen treffen könnte, die seine verbleibende Lebensspanne verlängern oder seinen bevorstehenden Zustand verbessern könnte. In einer solchen Situation erscheint es vielleicht, dass dieses Wissen unter Umständen eine deutlich negative Auswirkung auf Herrn Müllers Leben haben könnte. In medizinischer Hinsicht wäre es irrelevant, aber er würde das Wissen um sein bevorstehendes Ende in seinen verbleibenden Monaten oder Jahren womöglich als schwerwiegende Belastung empfinden. Seine Lebensqualität wäre wesentlich höher *ohne* dieses Wissen. Herr Müller könnte in einer solchen Situation also ein Interesse daran haben, dieses Wissen *nicht* zu haben.

Einerseits haben Personen also in der Regel ein Interesse daran, bestimmtes Wissen zu erlangen, insbesondere wenn es ihre eigene medizinische Konstitution betrifft, andererseits kann es Situationen geben, in denen sie ein Interesse daran haben, bestimmte Wissensinhalte *nicht* zur Kenntnis zu nehmen. Daraus ergeben sich schwierige Herausforderungen für die klinische Praxis, die unter Stichworten wie dem des „Rechts auf Wissen“, des „Rechts auf Nichtwissen“ und des „epistemischen Paternalismus“ diskutiert worden sind. Grundsätzlich haben Patienten nach verbreiteter medizintheoretischer Meinung ein Recht darauf, Informationen zu bekommen, die bei ärztlichen Untersuchungen anfallen und die sie selbst betreffen, woraus sich eine *Pflicht* für das medizinische Personal ergibt, diese Informationen mitzuteilen. Häufig wird angenommen, dass Patienten darüber hinaus aber auch ein „Recht auf Nichtwissen“ haben und dass diesem eine Pflicht seitens des medizinischen Personals entspricht, bestimmte Informationen *zurückzuhalten*, es sei denn, der Patient hat ausdrücklich zugestimmt, dass er diese Informationen erhalten möchte (für eine Diskussion vgl. z.B. Davies 2020). Hier ergeben sich freilich nicht unerhebliche Schwierigkeiten, denn es fragt sich, wie genau diese Rechte bzw. Pflichten in der Praxis realisiert werden können. Herr Mettin kann Herrn Müller schließlich schlecht fragen, ob er wissen möchte, dass er laut KI nur noch so-und-so lange zu leben hat, denn mit dem Stellen dieser Frage erhält Herr Müller ja bereits genau die Information, deren Übermittlung zur Disposition steht. Sicherlich lässt sich die Frage auch auf andere Weisen stellen, die diese Information nicht bereits enthalten (z.B. „Möchten Sie wissen, wie Ihre Prognose ist?“), aber es ist keineswegs klar, ob dies in allen denkbaren Situationen möglich ist.[160]

In diesem Zusammenhang wird auch die Problematik des epistemischen Paternalismus relevant (vgl. dazu die Beiträge in Bernal/Axtell 2020, insbes. Bandini 2020 und Respess 2020). Epistemischer Paternalismus lässt sich näherungsweise als Verhaltensweise einer Person A charakterisieren, die in die epistemische Aktivität einer anderen Person B interveniert (Interventions-Bedingung), ohne dazu Bs Zustimmung eingeholt zu haben (Nicht-Zustimmungs-Bedingung), mit dem Ziel, Bs epistemischen Zustand zu verbessern (Verbesserungs-Bedingung). Diese Bedingungen sind beispielsweise dann erfüllt, wenn ein Arzt sich dazu entschließt, eine bestimmte medizinische Information gegenüber einem Patienten zurückzuhalten, um dadurch dessen Wohl zu befördern. Der klassische medizinische Paternalismus wurde lange Zeit mit der epistemischen Autorität des Arztes begründet („Doctor knows best“). In den letzten Jahrzehnten ist das paternalistische Paradigma zunehmend einem Ideal des „Shared Decision Making“ gewichen, bei dem die Autonomie des Patienten so weit wie möglich gewahrt werden soll (vgl. Brock 1991) und Behandlungen von dessen informierter Zustimmung abhängig gemacht werden, was aber voraussetzt, dass er auch tatsächlich umfassend informiert wird. Ob und inwieweit unter diesen Voraussetzungen der epistemische Paternalismus gleichwohl noch gerechtfertigt werden kann, wird kontrovers diskutiert. Relativ unkontrovers dürfte die Einschätzung sein, dass paternalistische Eingriffe umso eher gerechtfertigt werden können, je „sanfter“ sie sind, wobei ein „sanfter“ Eingriff („soft paternalism“) Personen betrifft, von denen angenommen wird, dass sie ohnehin keine oder nur bedingt eigene informierte Entscheidungen bezüglich ihrer epistemischen Aktivität treffen können (z.B. kleine Kinder). Demgegenüber betrifft ein „harter“ Eingriff („hard paternalism“) Personen,

---

160 Man denke etwa an Zufallsfunde. Wenn bei einer medizinischen Untersuchung zufällig eine beunruhigende Entdeckung gemacht wird, lässt sich das dem Patienten kaum anders vermitteln als durch eine Formulierung wie „Wir haben eine beunruhigende Entdeckung gemacht. Möchten Sie wissen, welche?“, womit dem Patienten unweigerlich bereits eine Information mitgeteilt wird, die er womöglich gar nicht haben möchte.

von denen angenommen wird, dass sie sehr wohl eigene informierte Entscheidungen bezüglich ihrer epistemischen Aktivität treffen können (vgl. zu dieser Unterscheidung Hanna 2018; vgl. auch Bullock 2018a, 2018b). Bemerkenswert ist auch, dass sich paternalistisches Verhalten, selbst wenn man es wollte, womöglich gar nicht in jedem Fall vermeiden lässt. Wir haben gesehen, dass es Fälle gibt, in denen sich das Einholen der Zustimmung gar nicht anders gestalten lässt als so, dass dem Patienten mit der Fragestellung bereits gewisse Informationen vermittelt werden, die dieser vielleicht gar nicht haben möchte. Das medizinische Personal steht somit vor einem Dilemma: Entweder es versucht, die Zustimmung einzuholen, und geht damit das Risiko ein, dem Patienten Informationen zu vermitteln, die dieser nicht haben möchte. Oder es holt die Zustimmung nicht ein, handelt in diesem Fall aber ebenfalls paternalistisch.

**Key take-aways**

- Eine Haltung des Vertrauens gegenüber einem medizinischen KI-System – verstanden als Einstellung nicht-hinterfragender Akzeptanz – kann unter bestimmten Voraussetzungen legitim sein, insbesondere dann, wenn die Zuverlässigkeit des Systems hinreichend gründlich geprüft wurde und das Vertrauen mit epistemischer Wachsamkeit einhergeht.
- Die Beantwortung der Frage, in welchem Umfang Patienten über diagnostische Ergebnisse informiert werden sollten, wird erschwert durch den Umstand, dass sie sowohl ein Recht auf Wissen als auch ein Recht auf Nichtwissen haben.
- Epistemisch paternalistisches Verhalten seitens des medizinischen Personals dürfte zumindest in manchen Situationen unvermeidlich sein, da sich eine Abwägung zwischen dem Recht auf Wissen und dem Recht auf Nichtwissen nicht immer auf nicht-paternalistische Weise treffen lässt.

### 4.3.3 Medizinethische Betrachtung: Zuverlässigkeit, Verantwortlichkeit und die Würde der Person

Kathi Beier und Martin Hähnel

#### 4.3.3.1 Einleitung

Das Fallbeispiel beschreibt in diesem Abschnitt den Einsatz von KI-Systemen in einer Strahlenklinik zur Unterstützung von Diagnose, Therapieplanung und Patientenüberwachung. Dies wirft eine Vielzahl von ethischen Fragestellungen und Problemen auf, die in mehrere Kategorien unterteilt werden können: Genauigkeit und Zuverlässigkeit der KI, Transparenz und Nachvollziehbarkeit, Verantwortlichkeit und Haftung sowie weitere soziale und ethische Implikationen. Wir werden diese Kategorien im Folgenden nacheinander näher beleuchten.

Auch in dieser Station sind darüber hinaus Fragen des Datenschutzes und der Sicherung der Privatsphäre virulent. So erfordert der Einsatz von KI zur Analyse von CT-Aufnahmen und Gesichtsaufnahmen den Zugang zu sensiblen Gesundheitsdaten, wobei das Risiko besteht, dass diese Daten missbraucht oder unzureichend geschützt werden. Diesbezüglich wird in dem Fallbeispiel nicht erwähnt, ob und wie die Daten anonymisiert und sicher gespeichert werden, um die Privatsphäre von Herrn Müller zu schützen. Auch darauf gehen wir im Folgenden näher ein.

#### 4.3.3.2 Akkuratesse der Diagnose und Prognose von medizinischen KI-Systemen

Die KI-Anwendung, die CT-Aufnahmen nach Metastasen durchsucht und sensible Strukturen einzeichnet, muss eine hohe Genauigkeit aufweisen. Falsch-negative oder falsch-positive Ergebnisse könnten schwerwiegende Konsequenzen für die Therapieplanung und damit für Herrn Müller haben. Die in dieser Station vorgestellte KI, welche anhand von Gesichtsaufnahmen die Überlebenswahrscheinlichkeit und den gesundheitlichen Zustand berechnet, muss ebenfalls zuverlässig sein. Fehlerhafte Prognosen können zu falschen Entscheidungen über die Therapie führen.

Aus ethischer Perspektive lässt sich feststellen, dass eine KI-Anwendung nur dann genau und zuverlässig arbeiten kann, wenn die Menge der Trainingsdaten ausreichend und deren Qualität gut ist. Ist dies nicht der Fall, gilt das Prinzip: *garbage in, garbage out* (GIGO): Müll produziert nur wieder Müll. Allerdings ist es bei sensiblen Gesundheits- bzw. Patientendaten aufgrund hoher Datenschutzanforderungen äußerst schwierig, immer die gewünschte Menge an Daten in der geforderten Qualität zu bekommen. Bleibt die Menge an Trainingsdaten zu gering, kann es passieren, dass das KI-System zu wenige Muster aus den Trainingsdaten erlernt und bei der Metatastasen-Erkennung fehlerhafte Ergebnisse erzeugt (*underfitting*). Aber selbst eine große Menge an Trainingsdaten ist noch keine Garantie für gute Ergebnisse, denn wenn in den Daten zahlreiche irrelevante Informationen enthalten sind, kann es zu einer Überanpassung (*overfitting*) kommen, die algorithmische Diskriminierung bedingen kann (Nazer et al. 2023). Gerade bei dem Versuch, Prognosen über Herrn Müllers Krankheitsverlauf zu erstellen, muss darauf hingewiesen werden, dass die Ergebnisse klinischer KI-Vorhersagemodelle bislang noch nicht verallgemeinerbar sind (Chekroud et al. 2024). Daher gilt, dass auch die ethischen Regeln nicht allgemein gelten können, sondern kontextabhängig, d.h. von Fall zu Fall, herausgearbeitet werden müssen.[161] Hinzu kommt, dass der (Gesundheits-)Zustand von Herrn Müller niemals genau vorhersehbar sein wird, da unüberschaubar viele Faktoren diesen bestimmen und der Mensch aufgrund seiner unhintergehbaren Personalität ein *individuum ineffabile* ist und bleibt (vgl. Eickhoff und Heinrichs 2021).

Sicherlich wird es in Zukunft technisch möglich sein, die Genauigkeit und Zuverlässigkeit von medizinischen KI-Systeme weiter zu erhöhen. Bedeutet das aber gleichzeitig, dass Herr Müller diesen Systemen auch in Bezug auf deren Rolle als epistemische Autoritäten und klinischen Entscheidungsgehilfen immer mehr vertrauen kann? Keineswegs, denn dass KI-Systeme verlässlich arbeiten, sagt noch nichts darüber aus, dass man ihnen auch vertrauen kann. Vertrauen ist vielmehr als ein interpersonales Phänomen zu betrachten, das sich nicht auf das Kriterium der Verlässlichkeit eines Systems bei der Erfüllung seiner Funktion(en) reduzieren lässt (Budnik 2021). Es sollte deshalb bei der Anwendung ethischer Kriterien für medizinische KI-Systeme, die für Diagnose- und Prognosezwecke bestimmt sind, stets darauf geachtet werden, dass der Begriff des Vertrauens nicht als Label oder Markenzeichen verwendet wird, um den Marktwert von bestimmten Medizinprodukten zu erhöhen, aber letztlich mit der Technologie selbst bzw. dem Verhältnis zu ihr wenig zu tun hat (Müller/Hähnel 2024, 58).

#### 4.3.3.3 Transparenz und Nachvollziehbarkeit

Das Fallbeispiel zeigt in aller Deutlichkeit, dass etwaige Entscheidungen und Empfehlungen des KI-Systems für die Ärzte verständlich und nachvollziehbar sein müssen, damit sie diese überprüfen und gegebenenfalls anpassen können. Hier wird das in Kap. 4.1.2 erwähnte ethische Prinzipien der Erklärbarkeit relevant (Amann et al. 2020). Als zusätzliches fünftes

161 Die von uns in Kap. 4.1.2 vorgestellten vier ethischen Prinzipien von Beauchamp und Childress liefern hierzu keine konkreten und situationsbezogenen Handlungsempfehlungen, sondern bieten allenfalls eine ethische Orientierungshilfe, deren Fehlen dazu führen kann, dass das in diesen Situationen notwendige Problembewusstsein und der für gutes Handeln erforderliche Verantwortungssinn nicht so gut ausgebildet sind.

medizinethisches Prinzip wirkt es sich auch auf das Verständnis und die Anwendung der anderen vier Prinzipien der Autonomie, Wohltätigkeit, des Nicht-Schadens und der Gerechtigkeit aus: Die Patientenautonomie wird beispielsweise gesichert, wenn Erklärbarkeitsstandards in den Prozess der informierten Einwilligung einfließen. Dazu gehört es auch, dass Herr Müller sein Recht behält, nicht unbedingt wissen zu müssen, wie das KI-System, mit dessen Hilfe er untersucht wird, funktioniert. Dementsprechend sollte er aber auch auf sein Recht bestehen, sofort mitgeteilt zu bekommen, wenn KI-Entwickler:innen und ärztliche Entscheider:innen selbst nicht wissen, wie das verwendete KI-System einen bestimmten Output generiert.

Für Herrn Müller und die verantwortlichen Ärzte, auf deren Expertise im Umgang mit dem System er *prima facie* vertrauen sollte, müssen demnach KI-gestützte Verfahren zur Unterstützung von Diagnose, Therapieplanung und Patientenüberwachung jederzeit transparent und nachvollziehbar bleiben, d.h. Möglichkeiten zur Intervention bieten, um Entscheidungsprozesse zu teilen und kritisch zu verfolgen. Die Erklärbarkeit ist zudem ein wichtiges Kriterium, um das Verhältnis von Wohltätigkeit und Nicht-Schaden genauer zu bestimmen. Sie kann Ärzte nämlich davor bewahren, das gesundheitliche Wohl von Herrn Müller zugunsten eines Nachgebens gegenüber den vielfältigen „Verführungen", die mit der zuverlässigen Bestätigung der herausragenden Effizienz eines KI-Systems oft einhergehen, aufs Spiel zu setzen. Die Forderung nach Transparenz und Nachvollziehbarkeit dient daher eher dem Prinzip des Nicht-Schadens und lässt damit menschliche Entscheider:innen nicht so leicht ihre epistemische Autorität an technische Systeme delegieren (Grote/Behrens 2019).

Erklärbarkeit in Bezug auf das Prinzip der Gerechtigkeit kann KI-Entwickler:innen und Ärzte also dabei unterstützen, darauf zu achten, dass algorithmische Verzerrungen als Quelle von Ungerechtigkeiten schneller identifiziert und korrigiert werden. Wie so ein Prozess, der im Einklang mit grundlegenden ethischen Prinzipien steht, idealtypisch aussehen kann, zeigt folgende Darstellung:

*Abb. 3: Idealtypische Implementierung von medizinischer XAI (nach Reddy 2022)*

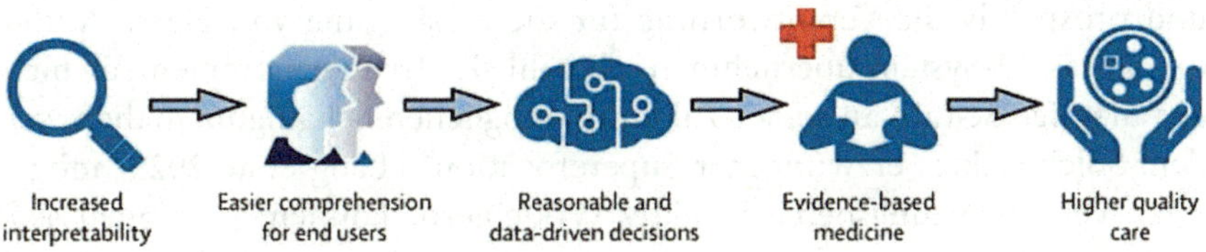


#### 4.3.3.4 Verantwortlichkeit und Haftung

Trotz der Unterstützung durch KI-Systeme tragen die behandelnden Ärzte die letztendliche Verantwortung – wenn sie sich vorab darauf haben festlegen lassen – für die Diagnose und die Therapieentscheidungen.[162] Es muss nämlich klar geregelt sein, wer haftet, wenn die KI-Systeme in irgendeiner Weise Herrn Müller schädigen. Es scheint bis heute unumstritten, dass weder die KI-Systeme selbst noch Einzelpersonen noch die Gesellschaft bzw. Gemeinschaft als ganze je für sich allein für die Fehler verantwortlich gemacht werden können, sondern dass auch diejenigen identifizierbaren Personengruppen mitverantwortlich sind, die dafür zuständig waren, dass das System entwickelt, getestet, angeschafft und eingesetzt werden konnte.[163] Sicher erschwert das sogenannte „problem of many hands" eine genaue Zuschreibung der verantwortlichen und haftenden Personen bzw. Personengruppen – das ist aber auch bei Prozessen der Fall, in der KI keine Rolle spielt (z.B. bei der Verursachung von Umweltschäden).[164]

Sowohl für den Einsatz von KI-Systemen als auch für andere nicht risikoarme Technologien gilt, dass sogenannte „Verantwortungslücken" (*re-*

---

162 Natürlich muss es hier auch Möglichkeiten der Verantwortungsentlastung geben, so z.B. im Kontext des *shared decision making*, wo die Ärzte nicht die alleinige Verantwortung für Therapieentscheidungen tragen, wenn der Patient vorher seine informierte Einwilligung geben muss.

163 Die Frage, ob man für finanzielle Entschädigungen bei von KI-Systemen verursachten Schädigungen die Gemeinschaft als Kollektivsubjekt, die auch von den Vorteilen des KI-Einsatzes profitiert, zur Kasse bittet, ist nicht an die moralische Frage nach der individuellen Verantwortungszuschreibung gekoppelt. Sicherlich können anfallende Kosten für Schadensersatz vergemeinschaftet werden. Aber die Frage nach der individuellen moralischen Verantwortung, z.B. der Hersteller, die nolens volens für ihr KI-Produkt haften, darf hier nicht ausgeblendet oder übersprungen werden.

164 Vgl. dazu unsere Ausführungen in Kap. 4.2.2., S. 105-107.

*sponsibility gaps*) nicht zu vermeiden sind (Matthias 2004). Damit stellt sich aus Sicht der Ethik insbesondere die Frage, wie man mit diesen Lücken umzugehen habe. So könnten Frau Navarro oder Herr Metin retrospektiv und prospektiv die Verantwortung für die Schädigung von Herrn Müller durch das KI-System übernehmen, obwohl sie streng genommen gar nicht die alleinige Schuld an seiner zukünftig möglichen Schädigung haben werden. Solche Akte „erzwungener Supererogation" (Lang et al. 2023) mögen zwar Verantwortungsbereiche aktiv verkleinern, können aber nicht jede Verantwortungslücke schließen, da es gerade aus deontologischer und auch tugendethischer Perspektive niemals geboten sein könne, jemanden wie Frau Navarro oder Herrn Mettin zu überpflichtgemäßem Handeln zu zwingen. Realistischer scheint es dagegen, auf eine vollständige Füllung dieser Lücken von vornherein zu verzichten und stattdessen alles daran zu setzen, deren Ausmaße zu begrenzen (Müller 2016), sodass ein zumutbares Restrisiko übrigbleibt. Sicherlich können Verantwortungslücken, egal wie groß oder klein sie sind, nicht verhindern, dass neue Technologien irgendwann verwendet werden. Der ethische Diskurs kann sich also nicht allein auf die Frage nach der Verantwortung bzw. Verantwortungszuschreibung beschränken, sondern muss stets in Abwägung mit anderen, teilweise konkurrierenden ethischen Gütern (z.B. Forschungsfreiheit, wissenschaftlicher Fortschritt) geschehen.

Bevor es aber überhaupt zu der Frage der Verantwortungszuschreibung kommt, sollten Ärzte zunächst in die Lage versetzt werden, die verschiedenen ethischen Implikationen des Einsatzes von KI-Systemen zu verstehen und in ihren Entscheidungsprozess zu integrieren. Dazu gehört es auch, dass sie ethisch geschult werden, um wirklich verantwortungsvolle Entscheider:innen zu werden. Allgemeine und professionsspezifische Tugenden, insbesondere während des Implementierungsprozesses eines KI-Systems, spielen hier eine wichtige Rolle (Beier et al. 2024; Hähnel/Pfeiffer/Grassmann 2024; Beier 2025).

#### 4.3.3.5 Weitere ethische Implikationen

Der Einsatz von KI kann zweifellos die traditionelle Beziehung zwischen Ärzt:in und Patient:in, hier zwischen Herrn Müller auf der einen Seite und Frau Navarro und Herrn Metin auf der anderen Seite, verändern. Es ist dabei wichtig, dass die empathische und menschliche Komponente der medizinischen Versorgung erhalten bleibt und geklärt wird, wie mit mehr oder weniger vorhersagbaren Machtverschiebungen, die durch den Einsatz von KI-Systemen entstehen, umgegangen werden kann (Hähnel/Pfeiffer/Grassmann 2024).

Die Verwendung von KI zur Prognose der Lebenszeit und zur Beurteilung des gesundheitlichen Zustands anhand von Gesichtsaufnahmen wirft zudem generelle Fragen zur Wahrung der menschlichen Würde auf. Es muss sichergestellt werden, dass solche Technologien Herrn Müller nicht auf eine statistische Größe reduzieren. Es ist also nicht nur entscheidend zu fragen, wie KI-Systeme an menschliche Bedürfnisse und Werte angepasst werden können (*value alignment*; vgl. Kellmeyer 2024), sondern es ist auch umgekehrt wichtig zu verstehen, wie neue digitale Technologien das Menschenbild und den daran geknüpften Würdebegriff verändern (vgl. Vallor 2016, 231-237; Teo 2023; Grimm 2024) und welche Rückschlüsse wir aus diesen Erkenntnissen für die Technologie selbst wie auch für uns Menschen ziehen können. Folgende Fragen werden hier relevant: Wie können Personen, insbesondere vulnerable, vor Instrumentalisierung – durch KI-Systeme oder mit deren Hilfe – geschützt werden? Befördern oder verhindern KI-Systeme die Anerkennung von Personen als selbstzweckhafte Wesen? Was machen KI-Systeme mit unserer Selbstwahrnehmung, mit unseren leiblichen, würderelevanten leiblichen Erfahrungen (Fuchs 2020)? usw.

Die Würde des Menschen kann als eine rechtliche und ethische Schranke dienen, wenn es darum geht, Aufgaben an ein KI-System zu übertragen, um die Achtung der Menschenrechte zu unterstützen. Im Bereich der KI sorgt der Grundsatz der Menschenwürde für die Herstellung eines spezifischen Gleichgewichts zwischen konsequentialistischen, tugendethischen und deontologischen Ansätzen, wobei eine Kombination der beiden letztgenannten Ansätze im Zweifelsfall und ungeachtet der potenziell hohen Effizienz und Ergebnisse, die durch KI erreicht werden könnten, stets bevorzugt werden sollte. Die Menschenwürde als deontologisch-tugendethisches Projekt verstanden (vgl. Hähnel 2014) stellt nämlich sicher, dass KI-Systeme keine ungerechtfertigten Ergebnisse liefern. Damit setzt sie – als ein unableitbares Prinzip – einen Standard eigener Art für die sie achtenden und in ihrem Sinne handelnden Anwendergruppen. Ferner spielt sie auch in Entscheidungsprozessen eine wichtige Rolle, indem sie einen Rahmen bietet, innerhalb dessen Schädigungs- gegenüber Nutzenpotentialen abgewogen werden können. Diese und andere Punkte, die grundlegender anthropologisch-ethischer Natur sind und in vielen Hinsichten Fragen nach der richtigen Anwendung von KI-Systemen in der Medizin transzendieren, sollten in einen umfassenden Reflexions- und Bewertungsprozess der Entscheider:innen einbezogen werden, damit verantwortliches Handeln auch tatsächlich geschehen kann.

#### 4.3.3.6 Fazit

Es wurde betont, dass trotz der Unterstützung durch KI die Autonomie der Patient:innen gewahrt bleiben muss. Zudem wurden Bedenken bezüglich des Datenschutzes und der Wahrung der menschlichen Würde diskutiert. Es ist aus ethischer Sicht unbedingt geboten, dass Herr Müller umfassend über den Einsatz der KI-Systeme, die Art der erhobenen Daten und die Art und Weise, wie diese Daten verwendet werden, informiert wird. Dies beinhaltet auch mögliche Risiken und Unsicherheiten der KI-Diagnosen und -prognosen. Die Entscheidungen, die auf Basis der KI-Empfehlungen getroffen werden, dürfen nicht seine Autonomie untergraben; Herr Müller sollte in der Lage sein und bleiben, jederzeit informierte Entscheidungen über seine Behandlung zu treffen. In der dritten Station seines Patientenweges liegt der Fokus insbesondere auf ethischen Fragen der Genauigkeit und Zuverlässigkeit der KI. Insgesamt wurde auf die Notwendigkeit einer ethischen Reflexion und Schulung der Ärzte und anderer Stakeholder hingewiesen, um verantwortungsvolles medizinisches Handeln zu gewährleisten. Die ethische Betrachtung zeigt einmal mehr, dass der Einsatz von KI in der Medizin sorgfältig abgewogen und geregelt werden muss, denn nur so kann sichergestellt werden, dass er zu Herrn Müllers Wohl beiträgt.

**Key take-aways**

- KI-Systeme in der Strahlenklinik unterstützen Diagnose, Therapieplanung und Patient:innenüberwachung. Ethisch relevant ist hier einmal mehr der Datenschutz, aber auch die Genauigkeit der KI-Systeme sowie die Verantwortlichkeit und Haftung der Ärzt:innen im Umgang mit der KI.
- KI-Entscheidungen müssen für Ärzt:innen nachvollziehbar und erklärbar sein. Vertrauen darf nicht nur auf technische Zuverlässigkeit reduziert werden.
- Ärzt:innen bleiben trotz KI-Unterstützung für ihre Entscheidungen verantwortlich. So genannte Verantwortungslücken müssen minimiert, können aber nicht immer vollständig beseitigt werden.
- KI darf Patient:innen nicht auf statistische Größen reduzieren oder ihre Autonomie untergraben.
- Die Schulung von Ärzt:innen mit Blick auf eine ethisch reflektierte Nutzung von medizinischer KI ist entscheidend für deren verantwortungsvollen Einsatz.

## 4.3.4 Rechtswissenschaftliche Betrachtung: Anforderungen an Anbieter und Betreiber von Hochrisiko-KI-Systemen und Grenzen der Zulässigkeit

Timo Rademacher und Raphael Schaarschmidt

### 4.3.4.1 Einleitung

In der dritten Station finden nun für und an Herrn Müller diverse KI-Systeme Einsatz, die nicht nur organisatorische oder dokumentarische Aufgaben übernehmen, sondern sich in den Kernbereich der ärztlichen Tätigkeit, die Diagnostik und Therapie hineinwagen. Zwar wurde bereits in der vorherigen Station ein diagnostisches KI-Tool eingesetzt, um CT-Bilder von Herrn Müller zu analysieren, doch hatten wir uns dort auf Fragen der Datennutzung fokussiert. Die spezifischen Anforderungen der KI-VO an solche Systeme *im Einsatz* sollen nun in dieser Station folgen.

Wie wir in der ersten Station bereits besprochen haben, ergibt sich aus einer Anwendung sowohl der KI-VO als auch der MP-VO, dass medizinische KI-Systeme, die dem Bereich medizinischer Entscheidungsfindung zugeordnet sind, in aller Regel als sogenannte Hochrisiko-KI-Systeme zu klassifizieren sind. Für diese Arten von KI-Systemen hält die KI-VO die meisten Vorgaben bereit (Art. 6 bis 49). Zu beachten sind dabei einerseits Anforderungen an die Systeme selbst, also solche, die auf technischer Ebene zu realisieren sind, sowie Anforderungen an die Anbieter solcher Systeme – gemeint sind meist die Entwickler – und die Stellen, die sie letztendlich nutzen. Wir wollen uns an dieser Stelle überblicksartig dem Anforderungskatalog zuwenden, der nun technisch für Hochrisiko-KI-Systeme gilt, einige der Pflichten anschneiden, die die Uniklinik im Rahmen der KI-VO treffen werden, und schließlich auch ein paar kritische Überlegungen zu den im Fall verwendeten Systemen anstellen.[165]

### 4.3.4.2 Rolle der Uniklinik und der behandelnden Ärztinnen und Ärzte

Hinsichtlich der Rollenverteilung bei der Nutzung eines medizinischen KI-Systems ist es erforderlich, zunächst Klarheit zu schaffen. Einfach heruntergebrochen haben wir es im medizinischen, hier: klinischen Kontext

165 Ein ausführlicherer Überblick findet sich bei *Genske/Schulz-Große*, GuP 2024,177 ff.

wohl regelmäßig mit mindestens zwei Parteien zu tun. Auf der einen Seite steht die Klinik/die behandelnde Ärztin/der behandelnde Arzt, die das KI-System einsetzen bzw. seinen Einsatz anregen/fordern/nahelegen; auf der anderen Seite steht der Patient. Meist wird es auch noch als dritte Partei den Entwickler des KI-Systems geben, unter Umständen fällt dieser allerdings auch mit der Klinik zusammen, sofern diese selbst das System entwickelt hat.

Die KI-VO spricht, weil sie, wie gesagt, ein „Horizontalrechtsakt" für ganz verschiedene Anwendungsszenarien von der Verkehrskontrolle über den Einschulungstest bis hin zum KI-gestützten-OP-Roboter sein will, nicht von Ärzten, Kliniken, Patientinnen usw. Sie unterscheidet grundlegend und verallgemeinernd zwischen „Anbietern" und „Betreibern" von KI-Systemen. Der „Anbieter" ist nach Art. 3 Nr. 3 KI-VO „eine natürliche oder juristische Person, Behörde, Einrichtung oder sonstige Stelle, die ein KI-System oder ein KI-Modell mit allgemeinem Verwendungszweck entwickelt oder entwickeln lässt [...]." „Betreiber" ist nach Art. 3 Nr. 4 „eine natürliche oder juristische Person, Behörde, Einrichtung oder sonstige Stelle, die ein KI-System in eigener Verantwortung verwendet, es sei denn, das KI-System wird im Rahmen einer persönlichen und nicht beruflichen Tätigkeit verwendet". Gehen wir davon aus, dass in unserem Fall die von Frau Navarro und Herrn Mettin verwendeten KI-Systeme nicht aus eigener Entwicklung der Uniklinik stammen, dass es aber die Uniklinik bzw. konkreter: deren Leitungspersonen waren, die den KI-Einsatz allgemein angeordnet haben, dann ist die Klinik hier die Betreiberin der KI-Systeme. Ist sie tatsächlich selbst auch Entwicklerin der verwendeten Systeme, dann ist sie zudem als Anbieter(in) zu kategorisieren.

#### 4.3.4.3 Allgemeine Anforderungen an Hochrisiko-KI-Systeme

Wie schon gesagt, regelt die KI-VO die Hochrisiko-KI-Systeme mit einem eigenen Kapitel (dem dritten) und insgesamt 43 Artikeln besonders ausführlich – leider aber nicht besonders übersichtlich: Abschnitt 1 (Art. 6 und Art. 7) enthält die wichtigen Regeln zur Einstufung eines KI-Systems als Hochrisiko-KI-System. Abschnitt 2 (Art. 8 bis 15) enthält dann die technischen Anforderungen an diese KI-Systeme, während Abschnitt 3 (Art. 16 bis 27) normiert, welche Verhaltenspflichten für Anbieter und Betreiber von Hochrisiko-KI-Systemen und gegebenenfalls andere Beteiligte gelten. Die Abschnitte 4 und 5 enthalten zahlreiche verfahrensrechtliche Vorgaben, etwa dazu, wer auf welche Weise die schon erwähnten[166] Konformitätsbewertungen durchführt und wie die vielen sehr unbestimmten Vorgaben der KI-VO im Wege von z.B. technischen Normen konkretisiert werden können. Wichtig, aber für uns allzu technisch-juristisch an dieser Stelle. Wir konzentrieren uns im Folgenden auf Abschnitt 2, d.h. auf diejenigen technischen Mindestanforderungen, welche Hochrisiko-KI-Systeme von Gesetzes wegen erfüllen müssen. Es wird sich zeigen, dass zahlreiche der rechtspolitischen Forderungen, die im Laufe des jüngsten KI-Sommers an eine „ethische" oder „verantwortungsvolle" KI gestellt wurden, sehr deutliche Spuren auch im Rechtstext hinterlassen haben.

- Risikomanagement

Hochrisiko-KI-Systeme müssen gemäß Art. 9 KI-VO über ein Risikomanagementsystem verfügen, verstanden als „kontinuierlicher iterativer Prozess, der während des gesamten Lebenszyklus eines Hochrisiko-KI-Systems geplant und durchgeführt wird und eine regelmäßige systematische Überprüfung und Aktualisierung erfordert." Hierzu gehören unter anderem „die Ermittlung und Analyse der bekannten und vernünftigerweise vorhersehbaren Risiken, die vom Hochrisiko-KI-System für die Gesundheit, Sicherheit oder Grundrechte ausgehen können, wenn es entsprechend seiner Zweckbestimmung verwendet wird" (Art. 9 Abs. 2 lit. a) sowie „die Abschätzung und Bewertung der Risiken, die entstehen können, wenn das Hochrisiko-KI-System entsprechend seiner Zweckbestimmung oder im Rahmen einer vernünftigerweise vorhersehbaren Fehlanwendung verwendet wird" (Art. 9 Abs. 2 lit. b).

Der Unionsgesetzgeber stellt hier erkennbar hohe Anforderungen, indem er verlangt, dass auch hypothetische Fehlnutzungen antizipiert werden. Der Tatsache, dass KI-Systeme im Unterschied zu herkömmlichen Softwaresystemen regelmäßig nicht auf einem technisch statischen Level ausgeliefert werden, sondern sich fortentwickeln können, wird damit Rechnung getragen, dass Anbieter von Hochrisiko-Systemen ein „System zur Beobachtung nach dem Inverkehrbringen, das im Verhältnis zur Art der KI-Technik und zu den Risiken des Hochrisiko-KI-Systems steht, einrichten und dokumentieren" müssen (Art. 72 Abs. 1 KI-VO). Die Erkenntnisse dieses Systems müssen im Rahmen des Risikomanagements berücksichtigt und dadurch erkennbare Risiken kontinuierlich bewertet werden (Art. 9 Abs. 2 lit. c).

166 Vgl. hierzu auch schon oben, S. 69ff.

Diesen Risiken muss dann durch „die Ergreifung geeigneter und gezielter Risikomanagementmaßnahmen“ (Art. 9 Abs. 2 lit. d)) begegnet werden.

- Daten- und Daten-Governance

Eine weitere bedeutende Vorgabe bezieht sich auf den Bereich „Daten und Daten-Governance“ (Art. 10 KI-VO). Diese Vorschrift, welche wir bereits in Station 2 kennengelernt haben,[167] regelt detailliert die qualitativen Anforderungen, die an Trainings-, Validierungs- und Testdatensätze zu stellen sind, mit denen Hochrisiko-Systeme trainiert werden. Darunter fallen beispielsweise Vorgaben hinsichtlich der Datenprovenienz, der Relevanz der Daten, ihrer Repräsentativität, Freiheit von Fehlern, Vollständigkeit, Freiheit von Biases sowie zum Vorhandensein bestimmter statistischer Merkmale.[168]

- Aufzeichnungspflichten

Hochrisiko-KI-Systeme müssen auf technischer Ebene die Fähigkeit besitzen, automatisch bestimmte Ereignisse während ihres gesamten Lebenszyklus aufzuzeichnen (Art. 12 KI-VO). Gemeint sind nach Absatz 2 lit. a etwa „Situationen, die dazu führen können, dass das Hochrisiko-KI-System ein Risiko im Sinne des Artikels 79 Abs. 1[169] birgt oder dass es zu einer wesentlichen Änderung kommt“. Für eine sinnvolle Überwachung des Systems muss erkennbar sein, welche Prozesse es genau vornimmt. Als Mindestinhalte für die Protokollierung werden etwa genannt, wann genau das System benutzt wird, mit welchen Daten das System welche eingegebenen Daten abgleicht, sowie die Identität bestimmter Personen, die im Rahmen der menschlichen Aufsicht, zu der wir sogleich kommen, beteiligt sind.

- Transparenzpflichten

Gemäß Art. 13 KI-VO sind Hochrisiko-KI-Systeme so zu entwickeln, dass ihr Betrieb „hinreichend transparent ist, damit die Betreiber die Ausgaben eines Systems angemessen interpretieren und verwenden können“. Dazu müssen detaillierte Betriebsanleitungen entworfen werden, die unter anderem „Merkmale, Fähigkeiten und Leistungsgrenzen“ enthalten müssen, was etwa Angaben zur Zweckbestimmung, der Genauigkeiten und weitere Informationen umfasst.

---

167 Siehe S. 126f.

168 Siehe hierzu *Steinrötter/Markert*, RDi 2024, S. 400 ff.; zu den verschiedenen von der KI-VO angesprochenen Arten von Daten siehe *Braun*, KIR 2024, S. 43 ff.

169 Nach Art. 79 Abs. 1 KI-VO meint dies „Risiken für die Gesundheit oder Sicherheit der Grundrechte von Personen“.

- Menschliche Aufsicht

Die Vorgaben zur menschlichen Aufsicht in Art. 14 KI-VO gehören zu den wohl relevantesten und im Gesetzgebungsverfahren meistdiskutierten der KI-VO, da sie sich mit einigen grundlegenden Fragen zum Wesen künstlich-intelligenter Systeme befassen und insbesondere damit, inwieweit Menschen in der Lage sein müssen (oder können), KI-Systeme trotz deren vielfach beschworenen ‚Black-Box'-Charakters[170] durchschauen zu können. Ein Recht auf menschliche Aufsicht wurde sogar als „zur digitalen DNA der EU" gehörig bezeichnet.[171] Daneben sei es Ausdruck eines Verständnisses von moralischer Verantwortlichkeit und der Fähigkeit zur Verhaltenszurechnung, die nur Menschen zukomme.[172]

Absatz 1 der Norm stellt die allgemeine Anforderung auf, dass Hochrisiko-KI-Systeme so zu konzipieren und zu entwickeln sind, „dass sie während der Dauer ihrer Verwendung – auch mit geeigneten Instrumenten einer Mensch-Maschine-Schnittstelle – von natürlichen Personen wirksam beaufsichtigt werden können". Sinn und Zweck der menschlichen Aufsicht ist nach Absatz 2 die Minderung oder bestenfalls sogar Vermeidung von Risiken für Gesundheit, Sicherheit oder Grundrechte, die entweder dadurch entstehen können, dass das KI-System so verwendet wird wie vorgesehen, oder „im Rahmen einer vernünftigerweise vorhersehbaren Fehlanwendung". Die entsprechenden Aufsichtsmaßnahmen sind nach Absatz 3 dynamisch zu gestalten, sie richten sich nach den ermittelten oder zu erwartenden Risiken, dem Autonomiegrad der Systeme oder dem Kontext der Nutzung dieses Systems. Sie sind entweder technisch in das System zu integrieren oder in Form von Vorkehrungen, die dann vom Betreiber des Hochrisiko-KI-Systems umgesetzt werden müssen.

Kern der Norm sowie Gegenstand der bereits angesprochenen Diskussionen sind die konkreten und vielfältigen Anforderungen daran, was die menschliche Aufsicht leisten können soll. Die Vorgaben hierzu finden sich in Absatz 4 von Art. 14 KI-VO. Wenig umstritten waren und sind Vorgaben dazu, dass das Hochrisiko-KI-System so zur Verfügung gestellt werden soll, dass dessen Ausgaben etwa richtig interpretiert werden können (lit. c) oder dass auch beschlossen werden kann, das System nicht zu nutzen, dessen Ausgaben zu ignorieren, zu stoppen oder rückgängig zu machen (lit. d),

170 Allg. hierzu *Wischmeyer*, in: Wischmeyer/Rademacher (Hrsg.), Regulating Artificial Intelligence, 2020, S. 75 ff. Siehe auch *Martini*, Blackbox Algorithmus, 2019, S. 28 ff.

171 *Gassner*, MPR 2023, 5 (7).

172 *Dienes*, MMR 2024, 456 (457).

wobei das Stoppen im laufenden Betrieb technisch auch etwa dadurch sichergestellt werden kann, dass in das System eine „Stopptaste" oder ein ähnliches Verfahren integriert wird, welches eine Unterbrechung des Systembetriebs gestattet.

Hochumstritten war im Gesetzgebungsverfahren hingegen lit. a der Vorschrift. In der finalen Fassung verlangt dieser nun, dass der Mensch, dem die Aufsicht übertragen wurde, in der Lage sein muss,

> „die einschlägigen Fähigkeiten und Grenzen des Hochrisiko-KI-Systems angemessen zu verstehen und seinen Betrieb ordnungsgemäß zu überwachen, einschließlich in Bezug auf das Erkennen und Beheben von Anomalien, Fehlfunktionen und unerwarteter Leistung".

Im ersten Kommissionsentwurf war diese Vorschrift noch so gefasst, dass die mit der Aufsicht beauftragten Personen die Fähigkeiten und Grenzen des Hochrisiko-Systems „vollständig" verstehen (können) mussten. Hieran entzündete sich massive Kritik. Zutreffend wurde festgestellt, dass ein *vollständiges* Verständnis der Fähigkeiten von KI-Systemen vollkommen unrealistisch sei und diese Leistung weder kognitiv erbracht werden könne noch praktisch handhabbar sei.[173] Eine wirksame menschliche Aufsicht setze voraus, dass sie auch tatsächlich erfolgen könne.[174] Mit der durch das Trilog-Verfahren geänderten Fassung der Vorschrift wurde hier zumindest der Versuch unternommen, die Anforderungen auf ein realistisches Fundament zu setzen.

Besonders beachtenswert bleibt für uns ein Einwand *Ulrich Gassner*s mit Blick auf die besonderen Fähigkeiten KI-gestützter Medizinprodukte und deren „relevante[r] gegenläufige[r] Faktoren Risiko und Performanz". Gemeint ist damit, dass besonders in Bereichen der Präzisionsmedizin – also namentlich auch in unserem Szenario – mit steigender Leistung der Systeme Risiken gerade durch diese Leistung und die Einbeziehung multifaktorieller Entscheidungsgrundlagen *abnehmen* können, was allerdings teilweise ein Ausbleiben menschlichen Eingreifens voraussetzen kann, wenn ein ebenbürtiges menschliches Erfassen dieser komplexen Entscheidungsgrundlagen nicht sichergestellt ist.[175] Durch die Fassung des Art. 14 Abs. 4 lit. a, wie sie nun verabschiedet wurde, besteht aber zumindest die Möglichkeit, das Verständnis von KI-Systemen adaptiv vorauszusetzen;

---

173 *Gassner*, MPR 2023, 5 (9).
174 *Gassner*, MPR 2023, 5 (9).
175 *Gassner*, MPR 2023, 5 (9 f.) mit dem Beispiel eines KI-gestützten Roboters für Augenchirurgie, Hervorhebung hier.

auch dadurch, dass „die *einschlägigen* Fähigkeiten und Grenzen des Hochrisiko-KI-Systems *angemessen*“[176] verstanden werden sollen, kann und soll hiermit wohl auch die Möglichkeit erfasst werden zu verstehen, in welchen Situationen eine menschliche Aufsicht in Form eines Eingreifens eher zurückhaltend ausgeübt werden sollte.

Ein weiteres wichtiges Element der menschlichen Aufsicht ergibt sich aus Art. 14 Abs. 4 lit. b KI-VO. Diese Norm befasst sich mit dem sogenannten *Automatisierungsbias*, welchen die KI-VO als „mögliche [...] Neigung zu einem automatischen oder übermäßigen Vertrauen in die von einem Hochrisiko-KI-System hervorgebrachte Ausgabe“ definiert. Ein solches übermäßiges Vertrauen kann vielfache Gründe haben, wie etwa fehlende Aufmerksamkeit, die unklare Verteilung von Verantwortlichkeiten oder auch die schlichte Annahme einer Überlegenheit automatisierter Systeme.[177] Übermäßiges Verlassen auf die Richtigkeit der Ausgaben automatisierter Systeme kann dann schnell dazu führen, dass falsche Ausgaben nicht mehr hinterfragt werden, mit allen denkbaren negativen Konsequenzen, die sich daraus ergeben.[178] Noch zu klären ist, wie dem Automatisierungsbias in der Praxis tatsächlich mit welchen Maßnahmen begegnet werden soll.[179]

- Genauigkeit, Robustheit, Cybersicherheit

Schließlich stellt die KI-VO Anforderungen an Hochrisiko-KI-Systeme betreffend deren Genauigkeit, Robustheit und Cybersicherheit in Art. 15 auf. So müssen etwa Angaben dahingehend erfolgen, welches Maß an Genauigkeit von einem System erwartet werden kann und worauf diese Einschätzung basiert (Absatz 3). Die Robustheit erfasst die Widerstandsfähigkeit eines Systems

> „gegenüber Fehlern, Störungen oder Unstimmigkeiten [...], die innerhalb des Systems oder der Umgebung, in der das System betrieben wird, insbesondere wegen seiner Interaktion mit natürlichen Personen oder anderen Systemen, auftreten können“.

---

176 Hervorhebung hier.

177 *Skitka/Mosier/Burdick*, International Journal of Human-Computer Studies (1999) 51, 991 (993).

178 Die Ergebnisse einer explorativen Studie zur Auswirkung einer KI-Unterstützung bei der Bewertung von Hassrede-Kommentaren in sozialen Netzwerken finden sich bei *Gier-Reinartz/Kenning/Zimmermann*, KIR 2024, 170.

179 Erste Überlegungen hierzu bei *Martini*, in: Martini/Wendehorst (Hrsg.), KI-VO, Art. 14 KI-VO Rn. 87 ff.

Den Anbietern kommt die Pflicht zu, technische und organisatorische Maßnahmen zu ergreifen, die diese Widerstandsfähigkeit sicherstellen (Absatz 4 S. 1 u. 2).

Für Hochrisiko-KI-Systeme, die nach dem Inverkehrbringen oder der Inbetriebnahme weiterhin dazulernen, ist sicherzustellen, dass sogenannte Rückkopplungsschleifen, die „das Risiko möglicherweise verzerrter Ausgaben, die künftige Vorgänge beeinflussen" mit sich bringen, minimiert oder gänzlich vermieden werden (Absatz 4 S. 4). Die Vorgaben zur Cybersicherheit umfassen dann im Wesentlichen den Schutz vor unbefugter Manipulation durch Dritte (Absatz 5).

#### 4.3.4.4 Betreiberpflichten

Wir nehmen wie gesagt für unseren Fall an, dass es sich bei dem Uniklinikum ‚lediglich' um die Betreiberin der durch Frau Navarro und Herrn Mettin genutzten KI-Systeme handelt, nicht jedoch deren Anbieterin (i.e. Entwicklerin). Die wesentlichen Pflichten für das Klinikum richten sich dann nach den Art. 26 und 27 der KI-VO. Das sieht *prima facie* nach einem schlanken Regelwerk aus, aber der Eindruck täuscht: Die Normen sind lang, namentlich Art. 26 mit seinen zwölf Absätzen, und v.a. nimmt Art. 26 zahlreiche der zuvor genannten technisch-organisatorischen Anforderungen der Art. 8 ff. in Bezug. Freilich: Die Vorgaben an die Anbieter der KI-Systeme sind und bleiben um ein Vielfaches länger und vielfältiger. Sie haben sicherlich die regulatorische Hauptlast zu tragen. Aber nun zu den Betreiberpflichten.

- Technische und organisatorische Maßnahmen

Nach Art. 26 KI-VO sind die Betreiber von Hochrisiko-KI-Systemen u.a. dazu verpflichtet, technische und organisatorische Maßnahmen zu treffen, damit diese entsprechend der jeweiligen Betriebsanleitungen verwendet werden können (Absatz 1). Diese Betriebsanleitungen müssen die Anbieter der KI-Systeme zur Verfügung stellen (vgl. den schon erwähnten Art. 13 KI-VO zu den Transparenz- und Informationsbereitstellungs-Pflichten).

Betreiber müssen des Weiteren sicherstellen, dass die Personen, denen sie die soeben besprochene menschliche Aufsicht über die Hochrisiko-Systeme übertragen (Art. 14 KI-VO), die dazu erforderliche Kompetenz, Ausbildung und Befugnis besitzen (Absatz 2). Denkbar und naheliegend scheint in unserem Falle, dass die beauftragten Personen zugleich diejenigen sind, die die KI-Systeme auch praktisch im medizinischen Einsatz anwenden, also die Ärztinnen und Ärzte, hier konkret Frau Navarro und Herr Mettin.

Die Klinik hat gem. Art. 26 Abs. 4 KI-VO sicherzustellen, dass die Daten, welche in die verwendeten KI-Systeme eingegeben werden, anhand welcher diese also ihre jeweiligen Zweckbestimmungen erfüllen sollen, dieser Zweckbestimmung auch entsprechen und ausreichend repräsentativ sind. So ist beispielsweise sicherzustellen, dass im Rahmen der Nutzung des ‚Metastasen-Erkennungs-Systems' die eingepflegten Daten, hier also etwa CT-Bilder sowie denkbar auch verbundene Diagnostikreports oder Arztbriefe, derart aussagekräftig sind, dass das KI-System mit ihnen umgehen kann. Ein ganz basales Beispiel hierfür: Wird etwa von der KI ein bestimmtes Dateiformat vorausgesetzt, so muss auch sichergestellt sein, dass Eingabedaten in diesem Format erfolgen.

Die Uniklinik als Betreiberin muss darüber hinaus den Betrieb laufend anhand der Betriebsanleitung überwachen und bei Anomalien oder im Fall des Auftretens neuer Risiken den Anbieter in einem bestimmten Format (Art. 72 KI-VO) informieren. Weitere Pflichten betreffen besonders die jederzeitige Zusammenarbeit mit den zuständigen Aufsichtsbehörden (Art. 26 Abs. 12 KI-VO).

- Grundrechte-Folgenabschätzung

Nach Art. 27 KI-VO müssen bestimmte Arten von Betreibern zudem eine sogenannte Grundrechte-Folgenabschätzung durchführen. Das gilt einmal für Betreiber, bei denen es sich um Einrichtungen des öffentlichen Rechts handelt, das gilt aber auch für private Einrichtungen, die öffentliche Dienste erbringen. Sie müssen vor der Inbetriebnahme eines Hochrisiko-KI-Systems eine Abschätzung dahingehend durchführen, welche Auswirkungen für Grundrechte die Verwendung ihres Systems haben kann.

Während unser Uniklinikum als Einrichtung des öffentlichen Rechts ohnehin erfasst sein dürfte, gilt diese Vorgabe aber auch für private Krankenhäuser, da diese mit dem Bereich der Gesundheitsversorgung Aufgaben im öffentlichen Interesse erbringen.[180]

Die Folgenabschätzung muss Informationen enthalten hinsichtlich des Verfahrens, in dem das KI-System Einsatz erfahren soll, Angaben zum Zeitraum und der Häufigkeit seines Einsatzes, Kategorien der Personen und Personengruppen, die von seiner Verwendung im spezifischen Kon-

180 Siehe Erwägungsgrund 96 zur KI-VO.

text betroffen sein könnten, eine Identifizierung „spezifische[r] Schadensrisiken", eine Beschreibung und natürlich auch Umsetzung der menschlichen Aufsicht sowie eine Angabe dahingehend, welche Maßnahmen zu ergreifen sind, wenn Risiken tatsächlich konkret werden. Diese Angaben sind in einem vorgegebenen Musterformat an die sogenannte Marktüberwachungsbehörde (vgl. hierzu Art. 70 KI-VO) weiterzuleiten.

#### 4.3.4.5 Zulässigkeit des Einsatzes der KI-Systeme im Fall „Herr Müller"

Nach diesen allgemeinen Überlegungen wollen wir abschließend auch noch auf die Zulässigkeit des Einsatzes der im Fall konkret beschriebenen KI-Systeme eingehen, soweit wir das mit den vorliegenden Informationen können. Kurz gesagt: Gegen die Zulässigkeit im Bereich der Bilderkennung und -auswertung dürfte grundsätzlich wenig sprechen, solange eben alle Vorgaben der KI-VO betreffend die technische Ausgestaltung und das Vorhalten technischer und (menschlicher) organisatorischer Maßnahmen eingehalten werden. Diese Vorgaben sind erfüllbar, tatsächlich hatte der Unionsgesetzgeber beim Erlass der KI-VO radiologische und ähnliche KI-Anwendungen als zwar regelungsbedürftige, aber grundsätzlich *gesellschaftlich dezidiert erwünschte* Anwendungen sicherlich vor Augen.[181]

Schwieriger zu bewerten ist die Zulässigkeit des Systems, welches regelmäßige Fotos von Herrn Müllers Gesicht aufnimmt. Die KI-VO ist grundsätzlich streng, wenn es um den Umgang mit biometrischen Daten geht, ebenso wie die DSGVO es ist. So ist in bestimmten Konstellationen etwa die Nutzung von Systemen zur Emotionserkennung untersagt, wobei freilich für medizinische Zwecke Ausnahmen bestehen.[182] Gleichwohl, wir haben Zweifel, dass das beschriebene System bereits aktuell tatsächlich im Klinikalltag eingesetzt werden dürfte (Forschungsvorhaben sind gegebenenfalls anders zu beurteilen[183]):

181 Das sehen wir schon daran, dass die medizinische Diagnostik der erste Einsatzzweck von KI ist, den die *EU-Kommission* in ihrem Weißbuch zur Künstlichen Intelligenz, COM(2020) 65 final, S. 1 erwähnt hat. Zu praktischen Einsatzzwecken siehe *Jahn/Weiß/Bamberg/Kotter*, Die Radiologie 2024, 752 ff.

182 Siehe Art. 5 Abs. 1 lit. f KI-VO. Auch Erwägungsgrund 44 zur KI-VO.

183 Zu speziellen Forschungsausnahmen von den strengen Anforderungen der KI-VO siehe u.a. Art. 57 ff. (auch zu den vieldiskutierten KI-Reallaboren). Siehe mit Blick auf das Datenschutzrecht hierzu auch schon oben, Fn. 130.

#### 4.3.4.5.1 Zweifel tatsächlicher Natur (und eine Kritik am Stil europäischer Rechtsetzung)

- Hinreichende Genauigkeit?

Diese Zweifel werden zum einen aufgrund fehlender derzeitiger Plausibilität der Performanz eines solchen Systems angemeldet (Art. 15 KI-VO). Zwar liegt tatsächlich schon eine Studie vor, die sich dieser Frage grundsätzlich annimmt. Allerdings sind die Ergebnisse noch nicht allzu aussagekräftig. Die Rede ist lediglich davon, dass das erstellte KI-Modell eine „good interpretability" aufweist und dass es „comparable survival prediction accuracy to a state-of-the-art model using clinical record data" aufweise.[184] Das dürfte allerdings nicht ausreichen, um den Anforderungen an die Genauigkeit eines solchen Systems, wie sie aus Art. 15 KI-VO folgen, zu genügen. So gibt Absatz 1 dieser Norm vor, dass ein „angemessenes Maß an Genauigkeit [...]" erreicht werden muss. Was dies genau bedeutet, lässt die Norm offen und wir können an diesem Beispiel kurz und kritisch aufzeigen, wieso es für Nicht-Juristen zum jetzigen Zeitpunkt nur mit enormem Aufwand zu bewerkstelligen ist, herauszufinden, was genau unter „angemessener Genauigkeit" eines Hochrisiko-KI-Systems zu verstehen ist.

Dass die zentralen Vorgaben der KI-VO bei genauerem Hinsehen derart vage gefasst sind, ist Absicht, sozusagen ‚Rechtsunsicherheit by design'. Grund hierfür ist nicht etwa, dass der Verordnungsgeber den ‚Erstaufschlag' hinsichtlich der Auslegung des KI-VO-Texts in die Hände der Rechtsanwender legen und alles weitere der Rechtsprechung überlassen wollte. Die KI-VO folgt einem von der EU entwickelten Rechtsrahmen, welcher das unionsweit geltende Format zur Schaffung technischer, sogenannter harmonisierter Normen regelt, dem sogenannten *New Legislative Framework*. Bedeutsam sind diese Normen vor allem für die ebenfalls durch diesen Rechtsrahmen etablierten Konformitätsbewertungsverfahren, in welchen ex ante die Übereinstimmung bestimmter Arten von Produkten mit den für sie geltenden Sicherheitsanforderungen überprüft wird (für Medizinprodukte haben wir dieses Verfahren in Grundzügen bereits in der ersten Station beschrieben). Galt früher der – aufgrund des damit verbundenen immensen Detailaufwandes nicht erfolgreiche[185] – Versuch, dass solche Vorgaben möglichst detailliert in der jeweiligen Norm selbst geregelt werden sollen, gestaltet sich das Vorgehen mittlerweile so, dass die in den

---

184 *Hagag et al.*, arXiv:2306.14596v3, 25.7.2024.

185 Siehe hierzu *Klindt*, EuZW 2002, 133.

Unionsrechtsakten aufgestellten Normen nur noch grundlegende Anforderungen angeben und die Detailregelungen durch *private* Normungsorganisationen erlassen werden, welche hierzu durch die Kommission beauftragt werden.[186] Die EU-Kommission *muss* einen solchen Auftrag für die künftige Regulierung von Hochrisiko-KI erlassen, das ergibt sich ausdrücklich aus Art. 40 Abs. 2 S. 1 KI-VO. Tatsächlich erteilte die Kommission den Normungsauftrag[187] bereits vor Verabschiedung der KI-VO am 22.5.2023 mittels eines sogenannten Durchführungsbeschlusses. Die europäischen Normungsorganisationen CEN und CENELEC sind nun also mit der Ausarbeitung der harmonisierten Normen zu Hochrisiko-KI-Systemen beauftragt.[188]

Nun bleibt allerdings noch zu klären, welche Wirkung diese harmonisierten Normen entfalten. Die Antwort gibt Art. 40 Abs. 1 KI-VO, nach welchem eine *Vermutung* dahingehend entsteht, dass Hochrisiko-KI-Systeme, welche mit den Abschnitt 2 des dritten Kapitels der KI-VO konkretisierenden harmonisierten Normen (gemeint sind die oben genannten allgemeinen Anforderungen an Hochrisiko-KI-Systeme) übereinstimmen, diese Anforderungen auch erfüllen. Freilich ergibt sich daraus zweierlei: Eine Vermutung kann widerlegt werden und die Verwendung der harmonisierten Normen ist nicht zwingend, wenn auch empfehlenswert. Wir wollen nach diesem kurzen Exkurs, der am Beispiel des Begriffs der „Genauigkeit" vielleicht einen ersten Eindruck des komplexen Weges über verschiedenste Arten von Rechtstexten, der für Rechtsanwender zu beschreiten ist, um vom allgemein gefassten Verordnungstext zur tatsächlich konkret notwendigen Information zu stoßen (wobei diese Information absolute Sicherheit

---

186 *Kapoor/Klindt*, EuZW 2008, 649 (649 f.). Die grundsätzliche Befugnis der Kommission zum Erlass eines solchen Normungsauftrages ergibt sich aus Art. 10 der sogenannten Normungsverordnung (EU) Nr. 1025/2012 des Europäischen Parlaments und des Rates vom 25. Oktober 2012.

187 Wie Sie merken, ist die Regelungstechnik alles andere als ‚straightforward'.

188 Art. 1 Durchführungsbeschluss der Kommission vom 22.5.2023 über einen Normungsauftrag an das Europäische Komitee zur Normung und das Europäische Komitee für elektrotechnische Normung zur Unterstützung der Unionspolitik im Bereich der künstlichen Intelligenz, C(2023) 3215 final, mit Anhängen abrufbar unter: https://ec.europa.eu/transparency/documents-register/detail?ref=C(2023)3215&lang=de (Letzter Aufruf: 11.5.2025). Als wäre das Regelungssystem bis hierher noch nicht komplex genug, sind die konkreten Bereiche, zu denen harmonisierte Normen entworfen werden sollen, wiederum separat, in Anhang I des Durchführungsbeschlusses angegeben. Für die Ausarbeitung dieser Normen haben CEN und CENELEC das sogenannte „Joint Technical Committee 21 (JTC 21)" eingerichtet, https://jtc21.eu (Letzter Aufruf: 11.5.2025).

auch nicht bieten kann), nun wieder zurück zum Fall kommen.[189] Die Genauigkeit des Gesichts-Scan-Systems muss angemessen sein – eine Anforderung, die, wie wir erläutert haben, Stand heute bereits in formeller Hinsicht schwer zu bestimmen ist.

- Gesichts-Scan als geeigneter Parameter?

Auch praktisch dürfte die Genauigkeit kaum in hinreichendem Maße gegeben sein. Richtig ist, dass erfahrene Ärztinnen und Ärzte regelmäßig anhand des äußeren Erscheinungsbildes ihrer Patienten relativ zuverlässige Rückschlüsse auf deren Gesundheitszustand ziehen können. Diese ärztliche Intuition existiert durchaus, allerdings ist sie einerseits, wie *Hagag et al.* selbst schreiben, „inherently subjective and can therefore exhibit a high degree of intra- and inter-rater variance",[190] andererseits entbehrt sie oftmals einer rationalen Erklärungsgrundlage, es fehlt also an einer nachvollziehbaren und einheitlichen *explainability*. Uns begegnet hier auf ‚menschlich-analoger' Ebene die Entsprechung eines der Hauptprobleme im Rahmen eines Einsatzes künstlich-intelligenter Systeme: Wenn nicht erklärt werden kann, wie ein KI-System zu einer Einschätzung beziehungsweise einem Ergebnis gekommen ist, können oder wollen wir ihm dann dennoch unser Vertrauen schenken? Und wie verhält sich dies eigentlich bei der menschlichen Entsprechung?[191] Der Expertise einer seit 30 Jahren in ihrem Fachgebiet tätigen Ärztin wird sicherlich größeres Vertrauen entgegengebracht als einer Maschine, auch dann, wenn das Urteil der Ärztin nur oder zumindest zu einem guten Teil auf ihrem Bauchgefühl (engl.: ‚gut feel') basiert. Gleichzeitig muss auch zugestanden werden, dass dieses Vertrauen nicht grenzenlos ist. Wir sprechen hier über die Frage, inwieweit ärztliche Intuition, manifestiert in der Bewertung des äußerlichen Erscheinungsbildes eines Patienten, geeignet ist, eine Überlebenswahrscheinlichkeit zu kalkulieren. In der Praxis dürfte sie hier an ihre Grenzen stoßen. In Zeiten einer stetig zunehmenden Zahl von Arzthaftungsprozessen und steigender Anforderungen an die ärztliche Dokumentation wird sich kaum ein Arzt ohne die nachvollziehbare Angabe handfester medizinischer Parameter darauf einlassen, Überlebenswahrscheinlichkeiten anhand seines

---

189 Für weitere Erläuterungen zum Bereich unionaler Normung am Beispiel der KI-VO siehe *McFadden/Jones/Taylor/Osborn*, Harmonising Artificial Intelligence, 2021.

190 *Hagag et al.*, 25.7.2024, S. 2.

191 Vgl. zu dieser Frage auch die Ausführungen des erkenntnistheoretischen Teilprojekts oben in Kap. 4.3.2 und des medizinethischen Teilprojekts in Kap. 4.3.3.

Bauchgefühls anzugeben.[192] Hinzuzufügen ist, dass eine solche Analyse nie ohne weiterführende Gründe erfolgt – ein Faktor, der gleich noch für die dezidiert rechtlichen Vorbehalte gegenüber dem Einsatz eines solchen Systems wichtig wird.

*Prima facie* könnte es deshalb durchaus zu begrüßen sein, dass der Versuch unternommen wird, den Bereich prognostischer Aussagen alleine auf visueller Grundlage, der im menschlichen Zugriff an fehlender *explainability* leidet, durch den Einsatz eines künstlich-intelligenten Systems einer Objektivierung zuzuführen und verallgemeinerbare Aussagen zu ermöglichen.

#### 4.3.4.5.2 Zweifel rechtlicher Natur: Art. 22 DSGVO

Die rechtlichen Zweifel an der Zulässigkeit des Gesichtserkennungssystems ergeben sich mit Blick auf die Folgen, die die Berechnung eines *survival scores* für Patienten in fernerer Zukunft mit sich bringen könnte. An dieser Stelle gehen wir im Gegensatz zu den vorherigen Ausführungen – *for the sake of the argument* – einmal davon aus, dass das System hochperformant läuft und *survival scores* mit hoher Zuverlässigkeit berechnen kann. Selbst wenn wir dabei sagen, dass ein *survival scoring* durch Maschinen ein Vorgang ist, den wir an sich als legitim anerkennen und dessen Durchführung wir akzeptieren oder sogar – um es weniger defensiv zu formulieren – wünschen, dann sollte immer noch die Frage gestellt werden, wozu wir das eigentlich tun.

In unserem Fall stellen die Berechnung der „Überlebenswahrscheinlichkeit bzw. die wahrscheinliche restliche Lebenszeit von Herrn Müller sowie die Erfolgsaussichten der Therapie" prognostische Entscheidungsgrundlagen für den Assistenzarzt Herrn Mettin dar, nach welchen dieser u.a. entscheidet, ob bestimmte medizinische Maßnahmen vorgenommen oder unterlassen werden sollen. Ein übergroßes Vertrauen auf die Aussage des Gesichts-Scan-Systems könnte zu einer bedeutsamen Verschiebung der medizinischen Indikation dahingehend führen, dass ein möglicherweise schlechtes Ergebnis des Gesichtserkennungssystems im Sinne eines geringen *survival scores* dazu führt, dass die für einen Patienten indizierte

192 Lassen wir den Extremfall außen vor, dass es um die Angabe von Überlebenswahrscheinlichkeiten anhand der ärztlichen Intuition geht, dann ist es allerdings durchaus so, dass dieses einen bedeutenden Anteil an der ärztlichen Entscheidungsfindung in der Praxis haben kann und nicht unterschätzt werden darf, vgl. *Van den Bruel/Thompson/Buntinx/Mant*, BMJ 345 (2012), e.6144.

medizinische Behandlung nicht mehr auf Heilung, sondern nur noch auf Beschwernislinderung lautet und ihm somit medizinische Kapazitäten vorenthalten werden, auf die er ansonsten Zugriff hätte haben können. Im schlechtesten Fall – und wir betonen hier die spekulative Natur unserer Überlegungen – könnte ein Patient somit nur noch Zugang zu palliativen Leistungen erhalten, wenn die Berechnung seines individuellen *survival scores* keinen Raum mehr dafür ließe, kurative Maßnahmen an ihm durchzuführen und diese Option im weiteren Verlauf seiner „Behandlung" nicht mehr ernsthaft zur Auswahl der verfügbaren Optionen gehört.

Natürlich bestünde immer noch die Möglichkeit, sich eine Zweitmeinung einzuholen, in welcher dem Ergebnis des KI-Scans weniger Gewicht zugestanden oder es gar vollständig ignoriert wird. Allerdings lässt die Beschreibung eines Patienten wie Herrn Müller, welcher der eigenen Gesundheit offenbar nur einen sekundären Stellenwert zuweist, eher vermuten, dass ärztliche Aussagen so, wie sie getroffen werden, akzeptiert und Rückfragen womöglich eher unterlassen werden.

Wir bewegen uns hier in einem Bereich, der von Art. 22 DSGVO erfasst sein könnte. Diese Norm ist eine der bedeutendsten unionalen Vorgaben hinsichtlich des Einsatzes von KI-Systemen und findet sich vielleicht etwas überraschend *nicht* in der KI-VO. Sie gibt vor, dass eine von einer Datenverarbeitung betroffene Person das Recht hat, „nicht einer ausschließlich auf einer automatisierten Verarbeitung – einschließlich Profiling – beruhenden Entscheidung unterworfen zu werden, die ihr gegenüber rechtliche Wirkung entfaltet oder sie in ähnlicher Weise erheblich beeinträchtigt" (Absatz 1).

Eine erhebliche Beeinträchtigung „in ähnlicher Weise" liegt vor, wenn die relevante „Entscheidung [...] eine nachhaltige, mehr als geringfügige Beeinträchtigung der wirtschaftlichen oder persönlichen Belange der betroffenen Person [bewirkt] [...]".[193] Dies ist unter anderem dann der Fall, wenn die vollautomatisierte Entscheidung eine Person in ihrer körperlichen Integrität oder Gesundheit berührt.[194] Das könnte hier – je nach der Verwendung des *scores* – durchaus zu bejahen sein. Zweifelhaft wäre natürlich, ob wir es wirklich mit einer „ausschließlich auf einer automatisierten Verarbeitung beruhenden Entscheidung" zu tun haben. Auch hier

193 *Scholz*, in: Simitis/Hornung/Spiecker (Hrsg.), Datenschutzrecht, Art. 22 Rn. 38.

194 *Martini*, in: Paal/Pauly, DS-GVO BDSG, Art. 22 DSGVO Rn. 27; Konkret erfasst ist auch der Zugang zu Gesundheitsdienstleistungen, *Hladjk*, in: Ehmann/Selmayr (Hrsg.), DS-GVO, Art. 22 Rn. 11.

kommt es wieder sehr auf die konkreten Umstände an: Je nachdem, wie viel Gewicht dem *score* tatsächlich für welche konkrete Folgemaßnahme beigemessen wird, verschiebt sich die Skala in Richtung „ausschließlich automatisiert".[195] Zu berücksichtigen ist hier auch der sogenannte Automatisierungsbias (dem die KI-VO entgegenwirken möchte[196]), demzufolge Menschen automatisierten Assessments vertrauen, *weil* sie automatisiert erfolgen.[197]

Allerdings lässt die DSGVO auch dann, wenn wir eine vollständig automatisierte Verarbeitung haben, Ausnahmen zu, nämlich dann, wenn die auf einer automatisierten Verarbeitung beruhende Entscheidung für eine Vertragserfüllung zwischen der betroffenen Person und dem Verantwortlichen erforderlich ist (Absatz 2 lit. a), eine unionale oder nationale Rechtsvorschrift ausdrücklich eine Ausnahme zulässt (Absatz 2 lit. b) oder die vollautomatisierte Entscheidung mit ausdrücklicher Einwilligung der betroffenen Person erfolgt (Absatz 2 lit. c). Allerdings verlangen alle Ausnahmen, dass sogenannte „angemessene Maßnahmen zur Wahrung der Rechte und Freiheiten" der Betroffenen getroffen werden. Und hier dürfte eine kaum überwindbare Hürde für ein System bestehen, wie es hier angedacht ist. Nicht ausdrücklich in Absatz 3 enthalten, allerdings in Erwägungsgrund 71 vorgesehen, ist in diesem Rahmen, dass die betroffene Person einen Anspruch auf „Erläuterung der nach der entsprechenden Bewertung getroffenen Entscheidung haben sollte". Zwar sind Detailangaben etwa hinsichtlich der verwendeten KI-Technologie hier nicht erforderlich, aber es muss der betroffenen Person zumindest erläutert werden, „welche Beurteilungsmaßstäbe der Entscheidung zugrunde lagen und welche Gesichtspunkte und Erkenntnisse in ihrem Fall ausschlaggebend waren".[198] Wie dies geleistet werden soll, wenn schon die menschliche Entsprechung auf nicht mehr als

---

195 Vgl. EuGH, Urt. v. 7.12.2023, Az.: C-634/21 = NJW 2024, 413. Der EuGH stellte in diesem Urteil, welches sich auf das Kredit-Scoring durch die Schufa bezog, fest, dass Art. 22 Abs. 1 DSGVO auch greift, wenn ein automatisiertes Profiling erstellt wird, das anschließend zur Grundlage einer menschlichen Kreditentscheidung gemacht werden wird, die immer oder nahezu quasi-deterministisch von der vorhergehenden *Scoring*-Einschätzung „maßgeblich abhängig" sein wird (S. 415). An dem Urteil gibt es viel zu kritisieren, vgl. weiterführend *Marsch/Kratz*, NJW 2024, 392 ff. Die für uns wesentliche (und richtige) Aussage des EuGH ist aber, dass das Kriterium „ausschließlich automatisiert" skalierbar ist.

196 Vgl. oben S. 173.

197 Zum Verhältnis der Regulierungsregime siehe *Radtke*, RDi 2024, 353.

198 *Scholz*, in: Simitis/Hornung/Spiecker (Hrsg.), Datenschutzrecht, Art. 22 DSGVO Rn. 64.

einem Bauchgefühl beruht, ist mehr als fraglich; wir gehen davon aus, dass ein derartiges System deshalb an Art. 22 DSGVO scheitern würde – derzeit zumindest.[199]

Ein Blick in den Absatz 4 des Art. 22 DSGVO verrät uns zudem, dass die Ausnahmen grundsätzlich nicht zulässig sind, wenn es bei der Datenverarbeitung um „besondere Kategorien personenbezogener Daten nach Artikel 9 Absatz 1“ geht. Wie wir aus Station 2 wissen, fallen unter diese besonderen Kategorien auch Gesundheitsdaten. Eine ‚Ausnahme von der Ausnahme‘ gilt laut Art. 22 Abs. 4 DSGVO nur in den Fällen des Art. 9 Abs. 2 lit. a, bei welchem eine ausdrückliche Einwilligung der betroffenen Person in die Datenverarbeitung zu festgelegten Zwecken vorliegt, sowie des Art. 9 Abs. 2 lit. g DSGVO, bei welchem es vorwiegend um die Datenverarbeitung aus Gründen eines erheblichen öffentlichen Interesses geht. Da Letzteres im Fall von Herrn Müller nicht einschlägig ist, könnte eine Ausnahme von Art. 22 Abs. 4 DSGVO hier lediglich durch eine ausdrückliche Einwilligung des Herrn Müller angenommen werden. Hierzu fehlen uns allerdings die Anhaltspunkte. Der Verweis auf eine pauschale Datenschutzerklärung wird dahingehend nicht genügen. Denn in Fällen wie dem hier beschriebenen muss dezidiert und kleinteilig darüber aufgeklärt werden, was für KI-Systeme eingesetzt werden sollen und welche rechtlichen und tatsächlichen Auswirkungen dieser Einsatz für den Patienten mit sich bringen kann.

**Key take-aways**

- Die KI-VO trifft Vorgaben primär gerichtet an Anbieter und Betreiber von KI-Systemen. „Nutzer“ oder „Betroffene“ kennt die KI-VO als Adressaten von Rechten und/oder Pflichten nicht.
- Anforderungen an Hochrisiko-KI-Systeme umfassen u.a. Risikomanagement, Daten und Daten-Governance, Aufzeichnungspflichten, Transparenzpflichten, menschliche Aufsicht, Genauigkeit, Robustheit und Cybersicherheit.
- Betreiberpflichten umfassen insbesondere bestimmte technische und organisatorische Maßnahmen. Bestimmte Arten von Betreibern müssen zudem eine Grundrechte-Folgenabschätzung durchführen.
- Die KI-VO ist – untechnisch ausgedrückt – skeptisch, wenn es um Emotionserkennungssoftware geht. Ein größeres Hindernis stellt aber, vielleicht überraschend, das Datenschutzrecht mit Art. 22 DSGVO dar. Die Vorschrift verbietet u.U. nachteilhafte „vollautomatisierte Entscheidungen“. Ein System zur Berechnung eines *survival scores* auf Grundlage eines Gesichtsscans ist daher höchstwahrscheinlich unzulässig.

---

199 Weiterführend zur Bedeutung von Erklärungen und Erklärbarkeit bei der Nutzung von künstlicher Intelligenz *Wischmeyer*, in: Wischmeyer/Rademacher (Hrsg.), Regulating Artificial Intelligence, 2020, S. 75 (87 ff.).

## *4.4 Station 4: Aufklärung durch einen Chatbot und Bestrahlung*

Nach der Diagnose und der Festlegung des Therapieplans, aber noch vor der Bestrahlung erfolgt die ausführliche Information über die Behandlungsoptionen und die Aufklärung von Herrn Müller. Ein Tablet mit einem KI-basierten Chatbot wird eingesetzt, um ihn über die geplante Bestrahlung und mögliche Komplikationen oder Risiken aufzuklären. Der Chatbot bietet Herrn Müller die Möglichkeit, Fragen zu stellen und weiterführende Informationen zu erhalten. Das trägt dazu bei, dass Herr Müller ein besseres Verständnis seiner medizinischen Situation entwickeln kann. Auf diese Weise wird eine umfassende und personalisierte Aufklärung ermöglicht.

Dabei wird an Herrn Mettin, den betreuenden Arzt, auch übermittelt, welche Rückfragen Herr Müller an den Chatbot hatte, um abschätzen zu können, wie gut Herr Müller informiert ist. So kann er gegebenenfalls das Gespräch mit Herrn Müller suchen und ist auf etwaige Probleme während der Behandlungen, die eine Mithilfe von Herrn Müller erfordern, eingestellt (z.B. beim Verhalten im OP ohne Vollnarkose oder im CT, MRT, ...).

Während der Bestrahlungssitzungen wird Herr Müller auf einer speziellen Liege positioniert. Eine individuell angefertigte Maske sorgt dafür, dass der Kopf während der Bestrahlung absolut ruhig bleibt. Regelmäßige Kontrollen und Anpassungen des Bestrahlungsplans stellen sicher, dass die Therapie optimal verläuft und mögliche Nebenwirkungen minimiert werden.

### 4.4.1 Soziologische Betrachtung: Die Technisierung des Vertrauens durch Chatbots und die Personalisierte Medizin

Stephan Graßmann und Sabine Pfeiffer

#### 4.4.1.1 Einleitung

Nach der KI-unterstützten Diagnostik und Therapieplanung wird unser Patient Herr Müller in der vierten Station durch einen KI-gestützten Chatbot hinsichtlich der bevorstehenden Bestrahlung aufgeklärt. Der Einsatz von Chatbots zur Patientenaufklärung ist ein weiteres paradigmatisches Beispiel für zukünftige Einsatzmöglichkeiten und -ideen von KI im Gesundheitswesen. Seit der Entwicklung und rasanten Verbreitung von generativen KIs[200] wie ChatGPT, DeepSeek oder Google Gemini haben sich die Anwendungsmöglichkeiten von KI nochmals erweitert und fokussieren neben den diagnostischen und therapeutischen Bereichen zunehmend auch

200 Generative KI-Anwendungen sind KI-Systeme, die in der Lage sind, neue Inhalte wie Texte, Bilder, Musik oder Videos zu erstellen. Damit simulieren diese KI-Systeme Kreativprozesse, wodurch bestehende soziale und kulturelle Produktionsformen technisch neu konfiguriert werden.

den kommunikativen und interaktiven Anteil medizinischer Leistungserbringungen. Insbesondere KI-Systeme die auf LLMs (Large Language Models)[201] basieren, ermöglichen es (zumindest in der Theorie), nicht nur automatisierte Gespräche zu führen, sondern komplexe medizinische Sachverhalte zu verarbeiten, wodurch die Informationsvermittlung gegenüber den Patient:innen verbessert und personalisiert werden soll. Durch den Einsatz derartiger KI-Anwendungen werden dementsprechend zumeist effizientere Behandlungsverläufe und eine stärkere Personalisierung des Aufklärungsprozesses angestrebt. Zugleich eröffnet der Einsatz von KI) und datengetriebenen Methoden jedoch auch neue, komplexe Fragenstellungen: Wie viel *Personalisierung* steckt tatsächlich in einer digitalisierten, Daten- und KI-gestützten Behandlung, und inwiefern führt die zunehmende Datenzentrierung in der Medizin zu einer Reduktion der Patient:innen auf algorithmisch verarbeitbare Parameter?

In diesem Abschnitt wollen wir uns zunächst auf den Einsatz von Chatbots im medizinischen Setting konzentrieren. Dabei wollen wir insbesondere die Auswirkungen derartiger Anwendungen auf die Arbeitspraxis und das Verhältnis zwischen Arzt bzw. Ärztin und Patient:in betrachten und zugleich kritisch hinterfragen, wie groß das Anwendungspotenzial von Chatbots in der Medizin ist. Daran anschließend möchten wir die Rolle der Personalisierung und Datenzentrierung in der Medizin näher betrachten und beleuchten einige mögliche Implikationen für die zukünftige Gesundheitsversorgung.

#### 4.4.1.2 Chatbots in der (professionellen) Medizin

Neben KI-Anwendungen zur Bildverarbeitung und -analyse können Chatbots zu den prominentesten Vertretern von KI-Anwendungen gezählt werden. Der geplante Einsatz von Chatbots in der Medizin, genauso wie die rasant zunehmende private Inanspruchnahme solcher Technologien, ist ein weiteres Beispiel dafür, wie digitale Medien zunehmend in unterschiedliche Lebensbereiche eingebettet werden und dadurch unsere sozialen Praktiken sowie unser Leben nachhaltig verändern (Hepp 2020). So hat sich bereits die Art und Weise, wie sich Patient:innen zu gesundheitsbezoge-

201 Sogenannte Large Language Models sind generative KI-Systeme, die in der Lage sind, komplexe Sprachmuster zu erkennen und zu reproduzieren. LLMs simulieren menschliche Sprachverarbeitung, indem sie autonom Texte generieren und rekonfigurieren.

nen Themen informieren, durch die Digitalisierung grundlegend verändert (Bachofner et al. 2024; König et al. 2024). KI-Systemen, insbesondere Chatbots, wird zugetraut, eine tragende Rolle in der zukünftigen Patient:innenaufklärung und -kommunikation zu übernehmen (Morris 2023), indem sie Wissensvermittlung und Entscheidungsprozesse personalisieren und gleichzeitig effizienter gestalten. Allerdings ist Chatbot nicht gleich Chatbot. Sie lassen sich zunächst hinsichtlich ihres Anwendungsbereichs und ihrer Funktionalität unterscheiden. Anwendungsbereiche für Chatbots reichen von der Informationsbereitstellung und -vermittlung – wie in unserem Beispiel – über die Terminplanung und Patient:innenüberwachung bis hin zu telemedizinischen Anwendungsmöglichkeiten (Sun & Zhou 2023). Zudem lässt sich grundlegend zwischen den anvisierten Nutzer:innengruppen differenzieren: So können wir etwa Chatbots für Konsument:innen, professionelle Anwender:innen oder systemübergreifende Applikationen unterscheiden.

Auch wenn die Anwendungen von Chatbots für Lai:innen oder Professionelle unterschiedlich sind, scheint jedoch für beide Nutzer:innen-Gruppen gleichermaßen zu gelten, dass der Bedarf an effizienten technischen Lösungen zur Informationsbeschaffung und Recherche groß ist. Laut einer Studie der Bertelsmann Stiftung recherchierten zum Beispiel rund 58% der Patient:innen vor und 62% nach einem Arztbesuch symptom- und krankheitsbezogene Informationen im Internet (Bertelsmann Stiftung 2018). Für professionelle Anwender:innen, etwa Ärzt:innen und Klinikpersonal, befinden sich bereits unterschiedlich spezialisierte Chatbots in der Entwicklung, die in die institutionelle Arbeitsumgebung implementiert werden können, exemplarisch zum Beispiel Ada (Ada Health GmbH 2024) oder Bot MD (BotMD 2024). Derartige professionelle Applikationen sind in der Lage, zusätzliche klinische Informationen zu integrieren, wie Laborparameter und Funktionsdiagnostiken. Auch wenn sie aktuell eher die Ausnahme bilden, lässt sich für vergleichbare Anwendungen von einem hohen Nutzungspotenzial ausgehen. So gaben in einer Befragung unter Radiolog:innen rund 72% der Teilnehmenden an, regelmäßig ihr Smartphone oder Tablet für medizinische Recherchen zu nutzen (Schleder et al. 2017).

Während sich die Internetrecherchen also schon in der Gegenwart zu einer zentralen Informationsquelle – sowohl für Professionelle als auch Lai:innen – entwickelt hat, schreitet die technische Entwicklung von Chatbots in Siebenmeilenstiefeln voran (Azzopardi et al. 2024). Einige Chatbots wie ChatGPT übertreffen dabei längst die Leistung menschlicher Fachärzt:innen bei der Beantwortung spezifischer Prüfungsfragen. So beantwortete der „UroBot-4o“, ein auf ChatGPT basierender Chatbot, Fragen zur urologischen Facharztprüfung zu 88,4% korrekt und übertraf damit die Leistung des allgemeinen ChatGPT ebenso wie die durchschnittliche Leistung von Urolog:innen, die bei etwa 69% lag (Hetz et al. 2024). Die Ergebnisse werfen die Frage auf, inwiefern Chatbots zukünftig als hilfreiche oder gar unverzichtbare Assistenzsysteme in der medizinischen Ausbildung und Praxis etabliert werden könnten. KI-gestützte Chatbots könnten in Zukunft etwa dazu beitragen, unnötige Folgeuntersuchungen zu vermeiden, insbesondere solche, die mit einer erheblichen Belastung für den:die Patient:in einhergehen, wie in unserem Beispiel etwa die Strahlenexposition bei bildgebenden Verfahren. In einem solchen Szenario könnten KI-Chatbots etwa als sekundäre Entscheidungsinstanzen im Sinne eines ‚Decision Support‘ dienen, um die diagnostische Entscheidungsfindung zu unterstützen.

Ob die erwünschte Reduktion unnötiger Folgeuntersuchungen in Zukunft wirklich eintritt, ist allerdings unklar. Auch ein Anstieg von Folgeuntersuchungen ist ein denkbares Resultat. So birgt die Bereitstellung einer Vielzahl potenzieller Differenzialdiagnosen zugleich das Risiko, Unsicherheiten in der Diagnostik zu erhöhen und dadurch eine Zunahme an diagnostischen Verfahren zu subventionieren. Insofern kann die mögliche Einflussnahme von KI durchaus als ambivalent bezeichnet werden: Einerseits ist die Hoffnung groß, Chatbots könnten zukünftig die Versorgung weiter rationalisieren und die Effizienz verbessern, andererseits erhöhen sie potenziell die diagnostische Unsicherheit und könnten sich so durch die verstärkte Nutzung ressourcenintensiver Verfahren ins Negativ ihrer ursprünglichen Intention verkehren. Diagnostische (entscheidungsunterstützende) Chatbots unterliegen somit den gleichen Limitationen wie ihre bildauswertenden Pendants. Es gilt letztlich, den Spagat zwischen Sensitivität und Spezifität zu meistern,[202] um ein gleichermaßen arbeitspraktisch handhabbares als auch professionell verlässliches Tool zu konstruieren.

Aktuell fehlt es noch an belastbaren Daten zum Einfluss von KI auf medizinische Entscheidungsprozesse außerhalb von experimentellen Settings. Die Auswirkungen von Chatbots auf die kognitiven Entscheidungsheuristiken von Ärzt:innen ist daher ein wichtiges Forschungsdesiderat. Inwiefern beeinflusst die zusätzliche Informationsverarbeitung durch KI kognitive

202 Vgl. dazu auch unsere Überlegungen in Kap. 4.3.1, S. 139ff.

Verzerrungen, wie etwa den Verfügbarkeits-[203] oder Bestätigungs-Bias[204]? Weiterführende Untersuchungen in diesem Bereich könnten helfen, das Verhältnis zwischen menschlicher Expertise und maschineller Unterstützung besser zu verstehen.

#### 4.4.1.3 Chatbots in der Patient:innenkommunikation

Neben den professionellen Chatbots etablieren sich zunehmend auch Konsument:innen-Chatbots, z.B. in Form von Smartphone-Apps. Diese bieten sich als einfachere und verlässlichere Alternative zu klassischen Suchmaschinen und Enzyklopädien an und verfolgen das erklärte Ziel, einerseits die Informationsvielfalt des Internets bei der Recherche für den Laien bzw. die Laiin herunterzubrechen und andererseits dazu beizutragen, Symptome auf eine Haupt- und wenige Differenzialdiagnosen zu beschränken. Durch die Vereinfachung der Informationsbeschaffung soll das Gesundheitssystem entlastet, Unsicherheiten minimiert und die Selbstkompetenz der Patient:innen erhöht werden (WEF 2024). Gleichzeitig könnte dadurch zudem die Emanzipation von Patient:innen und deren *Health Literacy*[205] langfristig gestärkt und so zu einer Demokratisierung[206] der Gesundheitsversorgung beitragen werden.[207]

---

203 Der Verfügbarkeits-Bias (engl. *availability bias*) bezeichnet eine kognitive Verzerrung, die die menschliche Tendenz beschreibt, leicht verfügbare oder leicht abrufbare Informationen überzubewerten. In der Folge werden mitunter Zusammenhänge oder Inhalte überschätzt, die kürzlich erlebt wurden, an die man sich leicht erinnert oder die besonders auffällig sind.

204 Auch beim Bestätigungs-Bias (engl. *confirmation bias*) handelt es sich um eine kognitive Verzerrung. Diese bezieht sich auf die Neigung von Menschen, Informationen zu suchen, zu interpretieren oder zu erinnern, die mit ihren bestehenden Überzeugungen konform gehen oder ihre Erwartungen bestätigen. Widersprüchliche Informationen oder solche, die nicht in das vorherrschende Bild passen, werden mitunter abgewertet oder sogar ignoriert.

205 *Health Literacy* (dt. Gesundheitskompetenz) bezeichnet die Fähigkeit von Menschen, Gesundheitsinformationen zu finden, zu verstehen, zu bewerten und anzuwenden, um fundierte Entscheidungen in Bezug auf ihre Gesundheit zu treffen.

206 Unter einer Demokratisierung des Gesundheitssystem versteht man u.a. eine Verbesserung der Zugänglichkeit und Teilhabe von breiten Bevölkerungsgruppen an Gesundheitsressourcen und -entscheidungen, aber auch die Förderung einer aktiveren Rolle von Patient:innen. Damit impliziert eine Demokratisierung mitunter auch eine Abkehr von hierarchischen Strukturen und eine Hinwendung zu einer egalitäreren Verteilung von Wissen, Verantwortung und Ressourcen.

207 Vgl. dazu auch Kap. 4.3.1, S. 150f.

Ermöglicht werden diese Zugewinne durch die Auslagerung der Informationsbeschaffung, -kommunikation und Aufklärung an KI-Systeme und in die Verantwortung der Patient:innen selbst. So ist der Einsatz von KI im Kontext der Kommunikation an große Hoffnungen geknüpft. Allerdings wirft er Bedenken hinsichtlich der Qualität der Kommunikation und der zwischenmenschlichen Beziehung zwischen Patient:innen und Fachkräften auf. Für Patient:innen wichtige Aspekte wie Vertrauen, Empathie und die wahrgenommene Qualität der Interaktion könnten durch den fehlenden menschlichen Kontakt beeinträchtigt werden. Aber auch mit Blick auf das Fachpersonal stehen sich positive und negative Aspekte gegenüber. Insbesondere vor dem Hintergrund der gewünschten (zeitlichen) Entlastung des Personals stellt sich zum Beispiel die Frage, ob bzw. inwiefern KI hier eine tatsächliche Unterstützung bieten kann und wie Beschäftigte im Gesundheitswesen diesem Anwendungseinsatz gegenüberstehen.

Daher haben wir in unserer Befragung Beschäftigte im Gesundheitswesen gefragt, wie sinnvoll sie den Einsatz von KI in unterschiedlichen Anwendungsbereichen finden würden. Die Ergebnisse zeigen einmal mehr, wie wichtig eine Unterscheidung hinsichtlich unterschiedlicher Anwendungsbereiche derartiger Technologien ist. So zeigt die Auswertung, dass sich die Mehrheit der von uns befragten Beschäftigten im Gesundheitswesen durch den Einsatz von KI für die im medizinischen Alltag anfallende Kommunikation generell wenig bis keine Entlastung erwarten (56%), obwohl rund 63% oft oder sehr oft unter zeitlicher Belastung stehen. Darüber hinaus hält mit 63% bzw. 64% die überwiegende Mehrheit insbesondere die Kommunikation von Diagnoseinformationen in Richtung Patient:innen und Angehörige für kaum bis gar nicht sinnvoll.

*Abb. 4: Wie sehen Beschäftigte im Gesundheitswesen den Einsatz von KI in der Kommunikation – und unter welchem Zeitdruck stehen sie?*

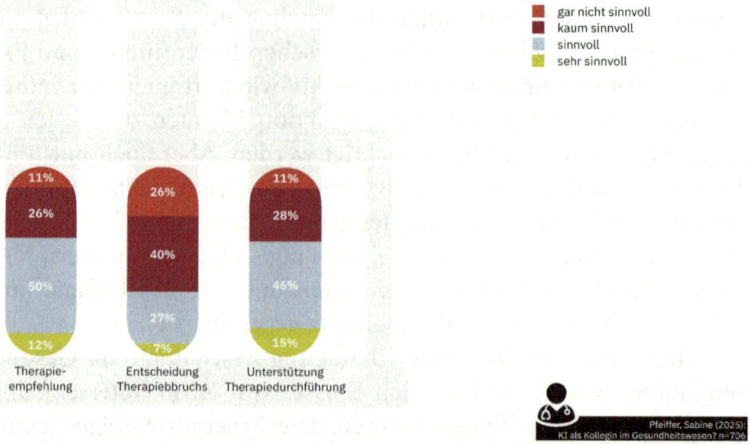


In Hinblick auf den in unserem Fallbeispiel eingeführten Chatbot stellt sich somit schon vorab die Frage, inwiefern dieser eine Entlastung darstellen bzw. zu einer Qualitätssteigerung der Behandlung beitragen kann. Der Chatbot in unserem Fallbeispiel klärt Herrn Müller zunächst personalisiert über die bevorstehende Therapie auf. Anschließend fließen die daraus gewonnenen Daten in den Behandlungsprozess ein. Es ist davon auszugehen, dass der Chatbot versuchen soll, etwaige Fragen einfühlsam und patient:innenorientiert zu beantworten. Gleichzeitig soll die KI eine Bewertung des Aufklärungsprozesses generieren, die an den behandelnden Arzt Herrn Mettin übermittelt wird. In diesem Zusammenhang stellt sich die Frage, wie die Begutachtung der Auswertung des Aufklärungsprozesses in den Arbeitsprozess eingegliedert wird. Wie wird diese Auswertung dargestellt? Wird Herrn Mettin immer ein Ergebnis angezeigt oder nur, wenn es Probleme mit der Aufklärung gab? Darüber hinaus steht zur Diskussion, wie sich die durch den Chatbot gewonnenen Informationen auf die Ärzt:in-Patient:in-Interaktion auswirken und ob es dabei zu einer Veränderung des Verhältnisses zwischen formaler und informeller Kommunikation kommt. Ist Herr Mettin etwa bemüht, sich stärker an standardisierte, formal-rechtliche Formulierungen zu halten, um mögliche Haftungsrisiken zu minimieren, wodurch die emotionale, zwischenmenschliche Dimension der Kommunikation in den Hintergrund tritt?

Der Fall von Herrn Müller zeigt, dass der Einsatz eines Chatbots zur formalen Strukturierung der Aufklärung beiträgt, während der persönliche Austausch zwischen Arzt bzw. Ärztin und Patient:in potenziell verkürzt wird. Wie genau aber die Kommunikation zwischen Chatbots und Patient:innen in Zukunft gestaltet und umgesetzt wird, wäre wahrscheinlich von Hersteller zu Hersteller unterschiedlich. Vorausgesetzt die Rahmenbedingungen lassen es zu, hätte die durch Chatbots avancierte Personalisierung der Patient:innenaufklärung durch KI sicher das Potenzial sich positiv auf die Wissensvermittlung auszuwirken. Sie könnte jedoch auch zu einer Entfremdung in der Ärzt:in-Patient:in-Beziehung führen, da wesentliche zwischenmenschliche Aspekte wie Empathie oder nonverbale Kommunikation potenziell verkürzt werden. Mit anderen Worten wird der bereits knapp bemessene Kontakt zum ärztlichen Personal dadurch weiter limitiert. Dies könnte letztendlich die Unsicherheit in der Behandlung erhöhen und zu einer Abnahme des Vertrauens führen (Vogd 2018). Zuletzt ließe sich hinterfragen, ob eine personalisierte Aufklärung wirklich etwas Neues ist, denn auch im persönlichen Aufklärungsverfahren durch Ärzt:innen gehen diese ja individuell mit ihren Patient:innen um.

So wird die Ärzt:in-Patient:in-Interaktion traditionell als ein intersubjektives Verhältnis betrachtet, in dem Vertrauen, Kommunikation und Empathie zentrale Rollen spielen (Vogd 2020). Mit dem Einsatz von KI, wie im Fall von Herrn Müller durch den Chatbot, wird dieses Verhältnis hybridisiert: Ein nichtmenschlicher Akteur – die KI – tritt hier in das Vertrauensverhältnis ein und übernimmt Aufgaben der Wissensvermittlung wie auch der emotionalen Unterstützung. Der Patient, Herr Müller, hat zwar die Möglichkeit, Fragen zu stellen, allerdings handelt es sich dabei nicht um eine intersubjektive Kommunikation zwischen zwei menschlichen Akteuren, sondern um eine Mensch-Maschine-Interaktion. Dadurch verändert sich die Dynamik der Interaktion ebenso wie die Art und Weise, wie Wissen vermittelt und verstanden wird. Zwar kann davon ausgegangen werden, dass die KI dahingehend optimiert wurde, sachlich korrekte und potenziell einfühlsame Antworten zu geben; trotzdem bleibt fraglich, ob sie zum Beispiel dieselbe situative Sensibilität und individuelle Anpassungsfähigkeit wie ein menschliches Gegenüber aufweisen kann. So wird das Verhältnis zwischen Patient:in und Arzt bzw. Ärztin durch den Einsatz der Technik zunehmend externalisiert und/oder technokratisiert und in diesem Sinne formalisiert. Dies führt zu einer hybriden Subjektivierung des Patienten: Herr Müller wird nicht mehr als ein bio-soziales Subjekt betrachtet, sondern als Daten-Subjekt (genauer gesagt als Daten-Objekt), dessen Fragen, Reaktionen und Verhaltensweisen von der KI erfasst und interpretiert werden. Die Technik wird damit gewissermaßen zu einem Instrument der sozialen Kontrolle, das den:die Patient;in in einen klar definierten Rahmen von ‚Verständnis' und ‚Verhalten' einbettet. Das ist ein Beispiel dafür, wie technologische Artefakte nicht nur unterstützen, sondern zugleich menschliches Handeln prägen, limitieren und dadurch Verantwortlichkeiten verschieben.

Hier stoßen wir – einmal mehr – auf eine scheinbar paradoxe Situation. So spielt insbesondere die direkte Kommunikation und Interkation zwischen Ärzt:in und Patient:in eine entscheidende Rolle für das Vertrauensverhältnis und nimmt dadurch auch Einfluss auf den Therapieerfolg (Dehn-Hindenberg 2008; Schäfer 2020). Gleichzeitig scheinen Chatbots in ihren fachlichen kommunikativen Fähigkeiten und ihrer simulierten Empathie echten Ärzt:innen überlegen: Eine Studie der University of California hat das bekannte ChatGPT im Vergleich zu Ärzt:innen getestet, um herauszufinden, wie qualitativ hochwertig die Antworten der KI auf patientenbezogene Fragen sind. In 79% der Fälle bevorzugte ein Gremium lizenzierter medizinischer Fachkräfte die Antworten von ChatGPT, die als qualitativ hochwertiger und empathischer bewertet wurden als die von echten Ärzt:innen. Zudem waren die Antworten der KI oft viermal so lang und somit weit umfassender als die der menschlichen Ärzt:innen (Ayers et al. 2023). So verlockend diese Studienergebnisse auch klingen mögen, so müssen bei der Interpretation der Ergebnisse doch zumindest zwei Faktoren einbezogen werden. Zunächst ist ein Chatbot letztlich kein Arzt und keine Ärztin und nicht im gleichen Maße in organisationale und strukturelle Arbeitsbedingungen und -abhängigkeiten eingebunden. Schließlich (und diese Art von Belastung kennt ein Chatbot nicht) geben 63% der von uns befragten Beschäftigten im Gesundheitswesen an, immer oder oft Hetze und Zeitdruck zu erleben (vgl. Grafik oben) – nicht die beste Voraussetzung für einfühlende Gespräche mit Patient:innen. Gleichzeitig bleibt es fraglich, inwiefern ein Algorithmus – auch wenn dieser stets freundlich ist und über unbegrenzte zeitliche Ressourcen verfügt – den sozialen Kontakt zwischen Menschen ersetzen kann, insbesondere in einem derartig prekären Setting wie der Gesundheitsversorgung.

#### 4.4.1.4 Standardisierung vs. Personalisierung

Die Anwendungspraxis von Chatbots, um Patient:innen eine umfassende und personalisierte Aufklärung zu ermöglichen, wirft die grundlegende

Fragestellung auf, inwiefern Subjektivität – bzw. patient:innenspezifische Individualität – in einem digitalisierten Kontext standardisierter Informationsvermittlung und -verarbeitung operationalisierbar ist. Oder mit anderen Worten: Wie viel authentische Personalisierung kann tatsächlich in eine technologiebasierte, algorithmengesteuerte Behandlung integriert werden? Diese Frage ist umso gewichtiger vor dem Hintergrund, dass die Aussicht auf eine Personalisierung der Behandlung eines der großen Versprechen darstellt, das viele KI-Anwendungen und Hersteller der medizinischen Versorgung in Aussicht stellen (Ghebrehiwet et al. 2024; Johnson et al. 2021). Gleichzeitig basieren die zugrundeliegenden Technologien auf standardisierten und formalisierten Prozessen, die sowohl Begleiterscheinungen als auch Grundvoraussetzung für die Implementation digitaler Technik darstellen. Technisch bedingte Standardisierungsprozesse lassen sich in der medizinischen Versorgung gleich in mehreren Dimensionen konstatieren und betreffen unterschiedliche Ebenen und Funktionsbereiche. Nicht nur auf organisationaler Ebene werden Strukturen und Arbeitsprozesse im Zuge der Digitalisierung standardisiert und formalisiert, dies passiert z.B. durch die Verbreitung und Anwendung digitaler Dienstpläne, Buchungs- und Verwaltungssysteme. Abläufe werden also im Zuge ihrer Digitalisierung auch stärker reglementiert und in feste, vorgegebene Prozesse eingebettet, die mitunter wenig Raum für Abweichungen bieten. Selbiges lässt sich zudem im Umgang mit Daten im Zuge der Patient:innenversorgung feststellen. So basiert der Einsatz von KI auf Datenmodellen, die mittels algorithmischer Verfahren Merkmale von Patient:innen abstrahieren und quantifizieren. Mithin wird Personalisierung durch eine immer weitreichendere Standardisierung der Datenerhebung angestrebt. Vor diesem Hintergrund ließe sich diskutieren, welcher Personalisierungsbegriff hier eigentlich zugrunde liegt bzw. was eigentlich mit der Personalisierung der Medizin genau gemeint ist. Gemeint ist nicht eine medizinische Renaissance eines subjektbezogenen Holismus, also einer medizinischen Praxis, die den Menschen als einzigartiges Ganzes in den Fokus der Behandlung rückt. Die Personalisierung in der Medizin versteht sich vielmehr als eine Form und Steuerung der Behandlungspräzisierung. Durch den Einsatz von digitaler Technik wie KI und der Standardisierung von Prozessen, Verfahren und Formaten soll es ermöglicht werden, Patient:innen besser bzw. genauer entsprechend ihrer (insbesondere physischen) Eigenschaften zu behandeln. Die technische Personalisierung im Gesundheitswesen entwickelt sich so entlang einer doppelten Logik, durch die versucht wird, die widerstreitenden Paradigmen der Standardisierung – also der Vereinheitlichung – und der Personalisierung – also der Differenzierung und Spezifizierung – zu integrieren.

Während in der klassischen Ärzt:in-Patient:in-Beziehung das medizinische Wissen durch eine direkte, persönliche Interaktion gefiltert und an die spezifischen Merkmale des bzw. der Patient:in angepasst wird, arbeiten generative KI-Systeme mit einem wissensbasierten Modell, das auf der Generalisierung und Abstraktion von individuellen Erfahrungen basiert. Die Individualisierung des Aufklärungsprozesses erfolgt bei KI-Systemen somit durch die algorithmische Verarbeitung großer Datenmengen, in denen statistische Wahrscheinlichkeiten und Muster den Informationsfluss steuern. KI-Modelle prozessieren mitunter Millionen von Datenpunkten, um sie auf den spezifischen Fall einer bestimmten Patientin herunterzubrechen – eine Form von technologischer Personalisierung, die darauf abzielt, jede:n Patient:in als einzigartigen Fall zu behandeln, allerdings auf der Grundlage von standardisierten Datenmodellen. In diesem Prozess wird ein Widerspruch sichtbar: Auf der einen Seite ermöglicht KI eine stärker personalisierte Behandlung, die ja tatsächlich auf den spezifischen Daten des:der Patient:in basiert. Auf der anderen Seite basiert diese Personalisierung jedoch auf einer algorithmischen Logik, die das Individuum auf messbare, vergleichbare und quantifizierbare Parameter reduziert. Dazu müssen jedoch zunächst Parameter eingeführt werden, die technisch messbar sind und über die Menschen bzw. Patient:innen vergleichbar gemacht werden können. Um zu personalisieren, muss also ein Standard entwickelt werden, ein ‚Normalfall', der als Schablone dient, mit der einzelne Fälle abgeglichen werden können. Plakativ gesagt muss das Individuum zuerst der Standardisierung zum Opfer fallen, um im Schatten der Norm wieder Sichtbarkeit zu erlangen.

Diese technisch induzierte Personalisierung basiert auf einer reduktiven Betrachtung des Patienten, bei der Daten und Algorithmen die Komplexität des Menschen auf einzelne Indizes reduzieren, die objektivierbar, datafizierbar und algorithmisch verarbeitbar sind. In der medizinischen Praxis lassen sich diese Parameter dann als Teil eines datafizierten und datengesteuerten Subjekts (vgl. Kapitel 4.2.1) interpretieren, dessen Individualität in den algorithmischen Modellen primär durch statistische Kategorien erfasst wird. Die Personalisierung der Medizin basiert so auf einer tiefgreifenden Standardisierung der medizinischen Praxis, wodurch Personalisierung stets an den gesetzten Rahmen der quantifizierbaren Variablen gebunden bleibt. Gleichzeitig steht diese Entwicklung beispielhaft für einen strukturellen Wandel der Modalitäten, unter denen Wissen in der Medizin generiert und vermittelt wird. Denn eine derartig primär technisch zentrierte und objektivierte Methodik etabliert gleichermaßen eine datenfokussierte Perspektive in der Medizin. Diese zunehmende Gewichtung und Zentrierung auf eine vorrangig technische Logik führt indes zu neuen Spannungen in der Art und Weise, wie Medizin als Praxis verstanden und ausgeübt wird oder werden sollte.

Während diese Entwicklungen insbesondere auf eine Steigerung der Effizienz medizinischer Prozesse abzielen, transformieren sie jedoch gleichermaßen die Rolle der Patient:innen und die des medizinischen Personals. Für Letztere stellen sich die transformativen Prozesse insbesondere als eine weitreichende Umgestaltung der Arbeitsorganisation im Gesundheitswesen dar. Dabei lässt sich eine doppelte Technikzentrierung ausmachen. Denn durch den zunehmenden Einsatz von datenverarbeitenden Systemen gerät der Mensch einerseits als psychisch-soziales Subjekt zunehmend hinter seinen bio-physiologischen Parametern ins Abseits der Betrachtung. Andererseits führt die voranschreitende Digitalisierung zu einer Dominanz des Technischen und einer zunehmend technozentrierten Denkweise im Behandlungskontext und damit in der Arbeit des medizinischen Personals. Indem essenzielle Funktionen und Tätigkeiten der Arbeitspraxis in digitale Anwendungen überführt werden, wird die Funktionslogik dieser Anwendungen aufoktroyiert. Die erfolgreiche Implementation und Anwendung von digitaler Technik (wie KI) verlangt zunächst, dass sich die Nutzer:innen der Rationalität der jeweiligen Anwendungen unterordnen. Damit ist zum Beispiel die spezifische algorithmische Architektur gemeint, das Design des Frontend bzw. der GUI[208] eines Programmes, die Funktionsweise und der Funktionsumfang der Anwendung im Allgemeinen, die integrierten Schnittstellen in analoge oder andere digitale Formate oder auch die in die Anwendung eingeschriebenen entwicklungsbedingten Spezifika – in der Praxis müssen all diese Charakteristiken, Eigenschaften und Anforderungen erlernt und berücksichtigt werden. Für den Preis ihrer Anwendung ist es also unumgänglich, sich mit der Funktionslogik bzw. dem Aufbau von Programmen zu arrangieren. Über ihre Anwendung in der Arbeitspraxis erhalten digitale Anwendungen schließlich Einzug in die Arbeitsorganisation. Im Umkehrschluss bedeutet dies, dass Arbeits- und Behandlungsabläufe entsprechend den Anforderungen technischer Anwendungen konzipiert und organisiert werden. Wenn etwa die Eingabemaske eines bestimmten Programms vorsieht, dass zuerst Behandlung A durchgeführt wird, ehe

208 Grafische Benutzeroberfläche, die Interaktionen über visuelle Elemente wie Schaltflächen und Menüs ermöglicht.

Behandlung B überhaupt im Programm eingetragen werden kann, dann muss dieser vorgegebenen Reihenfolge letztlich Folge geleistet werden.

Jedoch werden nicht nur Verfahren und Prozesse gemäß den Anforderungen der eingesetzten Technik (re)organisiert. Diese Form der Organisation dient zugleich der technischen Standardisierung und der Erfassung patientenspezifischer Daten, die die Voraussetzung für die Personalisierung in der Medizin darstellen. Insbesondere Daten, die aus bildgebenden Verfahren, genetischen Tests, Laborwerten und Anamneseinformationen von Patient:innen erfasst werden. Sie bilden sodann nicht nur die Grundlage für viele medizinische Entscheidungen, sondern auch für eine Re-Evaluierung von Patient:innen als Digital Doubles.[209] Das Verhältnis zwischen Standardisierung und Personalisierung verdeutlicht sich auch in unserem Fallbeispiel in Form der Immobilisierung von Herrn Müller während der Bestrahlung durch individuell angefertigte Masken. Diese Maßnahme soll sicherstellen, dass der Kopf des Patienten exakt ausgerichtet und fixiert ist, um eine präzise Durchführung der Bestrahlung zu gewährleisten. Auf der Ebene des Qualitätsmanagements stellt dies eine notwendige Bedingung für eine leitlinienkonforme Bestrahlung dar. Der individuelle Körper wird dabei zum Objekt technischer Steuerung; er wird dadurch gewissermaßen ‚standardisiert', also in eine Form gebracht, die technisch handhabbar ist. Die Anwendungs- und Nutzungsbedingungen der Technik lassen sich hier dementsprechend eindeutig als bestimmende Faktoren für die Gestaltung des Arbeitsprozesses ausmachen. Der Mensch als Individuum tritt zurück, während das Bedürfnis nach technischer Reproduzierbarkeit in den Vordergrund rückt. So erhöht die voranschreitende technische Entwicklung den Grad medizinischer Präzision und damit auch Qualität. Das präzise Ausrichten des Körpers zugunsten einer zielgenauen und effektiven und verträglicheren Behandlung ist sicher eine Form der Standardisierung, für die wenig Gegenspruch zu erwarten ist. Obwohl sich die individuell angefertigte Maske als ein Indiz für eine Personalisierung der Behandlung verstehen ließe, soll das hier angeführte Beispiel die funktionale Anpassung an technische Anforderungen illustrieren. Denn trotz der maßgeschneiderten Anfertigung der Maske dient diese Individualisierungsmaßnahme letztlich vor allem der Technisierung des Behandlungsvorgangs.

Schließlich werfen die hier geschilderten Entwicklungstendenzen die grundlegende Frage auf, ob eine technologisierte und datenzentrierte Medi-

---

209 *Digital Doubles* (oder digitale Abbilder) sind virtuelle Repräsentationen von realen Personen, die durch die Erfassung, Analyse und Verarbeitung personenbezogener Daten erstellt werden. Vgl. hierzu auch unsere Ausführungen in Kap. 4.2.1, S. 83ff.

zin in der Lage ist, Patient:innen noch als ganzheitliches, lebendiges Subjekt wahrzunehmen, oder ob sie auf eine abstrakte Datenstruktur reduziert werden, die nur als Spektrum des technisch Verarbeitbaren existiert. Welche Rolle spielen subjektive Erfahrungen und das soziale Vertrauen in einer Medizin, in der die Persistenz technologischer Systeme zunehmende strukturelle Entscheidungsdeterminanten etablieren, die den Raum für Informalität weiter beschränken? Um sicherzustellen, dass die Standardisierungen nicht auf Kosten der individuellen Bedürfnisse und der interpersonellen Kommunikation in der Gesundheitsversorgung gehen, ist es entscheidend, bei der Integration von KI in die medizinische (Arbeits-)Praxis auch die Bedürfnisse der Patient:innen, der Belegschaft und die Bedeutung und Funktion direkten menschlichen Kontakts zu berücksichtigen.

**Key take-aways**

- Chatbots und Patientensouveränität: KI-gestützte Beratungstools versprechen eine Stärkung der Patient:innen durch vereinfachten Zugang zu medizinischen Informationen. Allerdings könnte dies die zwischenmenschliche Kommunikation verkürzen und zu einer Entfremdung in der Ärzt:in-Patient:in-Beziehung führen. Gleichzeitig besteht die Gefahr einer algorithmisch gelenkten Entscheidungsfindung, die Eigenverantwortung suggeriert, aber Abhängigkeiten verstärken kann.
- Technisierung des Vertrauensverhältnisses: KI übernimmt zunehmend Aufgaben der Wissensvermittlung und emotionalen Unterstützung, wodurch sich das Ärzt:in-Patient:in-Verhältnis verändert. Die Verlagerung wichtiger Kommunikation auf Maschinen kann Unsicherheiten erhöhen und das Vertrauen in ärztliche Entscheidungen schwächen.
- Personalisierung durch standardisierte Daten? Während KI-Systeme personalisierte Medizin versprechen, basiert ihre Logik auf statistischer Generalisierung und Standardisierung. Die Individualität der Patient:innen wird algorithmisch modelliert, wodurch technologische Optimierung über subjektive Erfahrungswerte gestellt wird.

## 4.4.2 Erkenntnistheoretische Betrachtung: Wissensvermittlung durch medizinische KI-Systeme

Rico Hauswald

### 4.4.2.1 KI als Konversationspartner

Herr Müller wird durch einen Chatbot über die geplante Behandlung und mögliche Komplikationen und Risiken aufgeklärt. Aus erkenntnistheoretischer Sicht wird an dieser Stelle abermals die Möglichkeit des Erscheinens von KI-Systemen als testimonialen Quellen und Konversationspartnern relevant. Der Chatbot konfrontiert Herrn Müller wohlgemerkt nicht mit einem bloßen Text, sondern steht auch für Rückfragen zur Verfügung. Herr Müller kann also durchaus eine Art Dialog mit dem Chatbot führen. Das wirft die Frage auf, welchen epistemischen Status dieser Dialog besitzt und inwieweit mit dem Bot eine echte Form von „Gespräch" möglich ist.

Für den Einsatz von KI als Konversationspartner haben sich durch die technischen Durchbrüche im Bereich der Large Language Models (LLMs) – hier wäre insbesondere an die Veröffentlichung von ChatGPT 3.5 im November 2022 zu denken – ganz neue Möglichkeiten ergeben. Die Idee, konversationelle Computersysteme zur medizinischen Aufklärung oder auch zur Behandlung einzusetzen, ist aber bereits wesentlich älter. Ein bekanntes Beispiel ist das von Joseph Weizenbaum entwickelte Programm ELIZA, das 1966 veröffentlicht wurde und die Interaktion mit einem Psychotherapeuten simulieren sollte. Obwohl das Programm gemessen an aktuellen LLMs extrem einfach aufgebaut war und im Wesentlichen auf dem Prinzip beruhte, bestimmte Stichwörter aus den konversationellen Inputs der Benutzer aufzugreifen, zeigten sich viele Benutzer beeindruckt von dem Programm (Bassett 2019). Freilich übertreffen es aktuelle Systeme bei weitem. Ayers et al. (2023) haben etwa untersucht, wie aktuelle medizinische Chatbots von Benutzern bewertet werden. Dabei stellten sie fest, dass die Reaktionen der Chatbots tendenziell sogar höherwertig eingeschätzt werden als die von menschlichen Medizinern, und zwar sowohl im Hinblick auf die Qualität als auch auf die Empathie.[210]

Gleichwohl erscheint es als fraglich, ob wir in diesen Fällen von genuinem testimonialem Austausch und einer genuinen Konversation sprechen sollten. Beispielsweise wird die Fähigkeit, echte Überzeugungen zu haben, sowie die Fähigkeit, kommunikative Absichten auszubilden, oft als Voraussetzung dafür betrachtet, dass jemand (oder etwas) eine genuine testimoniale Quelle sein kann. Trotz ihrer beeindruckenden Fähigkeiten erfüllen aktuelle KI-Systeme diese Voraussetzung nicht. Es wäre (höchstwahrscheinlich) verfehlt, ihnen echte Überzeugungen zuzuschreiben, genauso wie es verfehlt wäre, ihnen echte kommunikative Intentionen zuzuschreiben. LLMs werden vor diesem Hintergrund oft leicht abschätzig als „stochastische Papageien" (*stochastic parrots*) bezeichnet, die echten Sprachgebrauch einigermaßen überzeugend *simulieren* können, aber nicht mehr (Bender et al. 2021).[211]

---

210 Zum Einsatz von aktueller konversationeller KI in der Psychotherapie vgl. auch Sedlakova/Trachsel (2023).

211 Vgl. dazu auch die etwas ausführlichere Darstellung in Kap. 4.4.3.2.

Auf der anderen Seite gibt es nun aber die bemerkenswerten phänomenologischen Ähnlichkeiten zwischen dem, was beispielsweise aktuelle LLMs tun, und dem, was menschliche Informanten und Konversationspartner tun. Viele Autoren haben die Notwendigkeit verspürt, diesen Ähnlichkeiten zumindest terminologisch irgendwie Rechnung zu tragen. Auch wenn KI-Systeme keine genuinen testimonialen Quellen sind oder keine genuinen Sprechakte tätigen können, so sind sie für eine Reihe von Autoren doch zumindest die Quellen von „Proxy-Behauptungen", „Quasi-Behauptungen" oder von „Quasi-Testimony" (Arora 2024, Freiman 2024, Freiman/Miller 2018, Kempt/Bellon/Nähr-Wagener 2021).

#### 4.4.2.2 Informierte Einwilligung

Die Konversation (oder „Quasi-Konversation") von Herrn Müller mit dem Chatbot dient primär seiner Aufklärung über die geplante Behandlung und mögliche Komplikationen oder Risiken. Für die moderne klinische Praxis ist dieser Aspekt von zentraler Bedeutung. Ärztliche Eingriffe sind nach heute vorherrschender Meinung nur zulässig, wenn eine informierte Zustimmung (ein „informed consent") seitens des Patienten vorliegt, dass der Eingriff in genau der vereinbarten Form durchgeführt wird.

Nun ist Herr Müller aber, wie die meisten Patienten, medizinischer Laie, besitzt also wenig oder keine eigene Expertise bezüglich der relevanten medizinischen Aspekte. Eine *informierte* Zustimmung kann er aber nur dann geben, wenn er diese Aspekte hinreichend verstanden hat. Eine wesentliche Funktion des Aufklärungsgesprächs besteht vor diesem Hintergrund darin, Herrn Müller in einen epistemischen Zustand zu versetzen (ihm das nötige Wissen zu vermitteln, die relevanten Zusammenhänge zu erläutern usw.), in dem er gültig abwägen kann, ob er den vorgesehenen Eingriff tatsächlich wünscht oder nicht. Die entscheidende Frage ist: Wie kann er grundsätzlich in einen solchen epistemischen Zustand versetzt werden, und ist ein KI-Bot in der Lage, dies zu bewerkstelligen oder dabei zu helfen?

Die erste der beiden Fragen stellt sich regelmäßig auch für Interaktionen mit menschlichem medizinischem Personal, und auch hier ist sie alles andere als trivial. Zwischen denen, die die Aufklärung durchführen, und denen, die aufgeklärt werden sollen, besteht in der Regel eine erhebliche epistemische Kluft. Erstere sind medizinische Experten, die über „esoterische" Expertise verfügen, letztere medizinische Laien. Als solchen fehlen ihnen nicht nur einige einzelne Informationen, die ihnen einfach leicht übermittelt werden könnten (wie es z.B. der Fall ist, wenn eine Person auf einer Anhöhe steht und einer Person weiter unten mitteilt, was sie von dort aus sieht).[212] Vielmehr fehlt ihnen typischerweise das ganze Gerüst an theoretischen Hintergrundinformationen, der Beherrschung von Fachvokabular oder der Kenntnis fachspezifischer Methoden. Expertenwissen besitzt häufig in mehreren Hinsichten „esoterischen“ Charakter (Hauswald 2024a, 29ff.): Es ist *epistemisch* esoterisch in dem Sinne, dass Laien der Wahrheitswert von Propositionen aus der fraglichen Expertise-Domäne unbekannt ist; es ist *semantisch* esoterisch, insofern sie noch nicht einmal ihre Wahrheits*bedingungen* kennen (z.B. weil die Propositionen mit fachspezifischen Begriffen formuliert sind, die Laien nicht vertraut sind); und es ist *justifikatorisch* esoterisch, weil die Laien, selbst wenn sie eine Proposition semantisch verstehen und ihnen deren Wahrheitswert von einem Experten mitgeteilt wird, sie dessen *Begründungen*, warum dies der korrekte Wahrheitswert ist, nicht oder nicht ohne große Mühen nachvollziehen können.

Wie kann Wissen, das in diesen verschiedenen Hinsichten esoterisch ist, an Laien so vermittelt werden, dass diese auf dessen Grundlage eine informierte Entscheidung treffen können? Sicherlich spielen hier verschiedene Faktoren eine Rolle, die von Patient zu Patient unterschiedlich ausgeprägt sein können. Einer dieser Faktoren ist der Umfang des bereits vorhandenen medizinischen Vorwissens des Patienten sowie seiner allgemeinen kognitiven Fähigkeiten. Bei einem Patienten wie Herrn Müller, der nur über wenig medizinisches Wissen zu verfügen scheint, wird die Aufklärung *ceteris paribus* schwieriger sein als bei einem Patienten mit ausgeprägteren Vorkenntnissen. Ein zweiter Faktor ist die zur Verfügung stehende Zeit. Hätte man mehrere Jahre Zeit, könnte man ein gesamtes Medizinstudium nachholen und den Laien selbst zum Experten machen. Das ist natürlich unrealistisch. Im klinischen Alltag ist die Zeit begrenzt, und oft eilt sogar die Entscheidung, weil dringende Eingriffe vorgenommen werden müssen oder das Personal noch weiteren Verpflichtungen nachkommen muss. Gerade bei der ungünstigsten Konstellation – wenige Vorkenntnisse und wenig Zeit – scheint es durchaus fraglich, ob überhaupt eine Form von Wissenstransfer möglich ist, die den Patienten in die Lage versetzt, eine vollgültige informierte Zustimmung zu geben. Er wird dann vielleicht „aus dem Bauch heraus“ entscheiden, doch wirklich informiert wird man seine

212 Von der Person auf der Anhöhe könnte man sagen, dass sie gegenüber der anderen epistemisch gesehen einen „bloßen Positionsvorteil“ („a purely positional advantage“) besitzt (Gelfert 2014, 20).

Entscheidung nicht nennen können. Der zentralen Stellung des Gebots einer informierten Zustimmung in der modernen Medizinethik zum Trotz erscheint es vor dem Hintergrund dieser Überlegungen in vielen Fällen als sehr fraglich, ob dieses Gebot in der klinischen Praxis tatsächlich eingehalten wird oder auch nur werden kann.

Es gibt noch einen weiteren Faktor, der einen Einfluss darauf hat, wie gut die Aufklärung eines Patienten gelingt. In der philosophischen Diskussion über epistemische Autorität sind zunehmend die „novizen-orientierten Fähigkeiten" von Experten bzw. epistemischen Autoritäten in den Blick genommen worden (z.B. Croce 2018). Eine Autorität besitzt novizen-orientierte Fähigkeiten, wenn sie z.B. in der Lage ist, semantisch oder jusifikatorisch esoterisches Wissen so darzustellen, dass es für den Laien ansatzweise verständlich ist. Das lässt sich als eine Art Übersetzung vorstellen: Komplizierte Sachverhalte werden von ihrem medizinischen Fachjargon bereinigt und laienverständlich ausgedrückt. Eine novizen-orientierte Fähigkeit ist es auch, das konkrete Anspruchsniveau des Laien zunächst überhaupt korrekt zu ermitteln, um die eigenen Erläuterungen dann an dieses Niveau anzupassen. Die Erläuterungen sollten nicht zu kompliziert sein, aber auch nicht unnötig unterkomplex. Um das Anspruchsniveau des Laien korrekt zu ermitteln, bedarf es einer intensiven Interaktion mit ihm, bei der die Autorität durch geeignetes Fragen herausfinden muss, was der Laie schon weiß bzw. von den bereits erfolgten Erläuterungen verstanden hat. Es bedarf aber auch epistemischer Empathie (Jäger/Malfatti 2021) und einer Sensibilität für die Artikulationen des Laien, der bestimmte Zusammenhänge womöglich durchaus verstanden hat, sie aber nicht in adäquater Fachsprache wiedergeben kann.

Wie steht es nun um den Einsatz von KI zur medizinischen Aufklärung? Lassen sich novizen-orientierte Fähigkeiten in Chatbots implementieren? In Hauswald (2025a) wird argumentiert, dass aktuelle LLMs durchaus bemerkenswerte Fähigkeiten besitzen, esoterisches Wissen zu vermitteln und sich dabei auch unterschiedlichen Schwierigkeitsniveaus anzupassen.[213] Fragt man etwa ChatGPT danach, ob es unendlich viele Primzahlen gibt, präsentiert der Bot eine Version von Euklids klassischem Beweis. Wenn man daraufhin beklagt, nicht alles verstanden zu haben, präsentiert er den Beweis nochmals in vereinfachter Form, ohne technische Details oder

213 Vgl. auch Malfatti (2025), die argumentiert, dass LLMs, auch wenn ihnen epistemische Empathie nicht buchstäblich zugeschrieben werden kann, sich dennoch in einer Weise verhalten können, die sie von einem epistemisch empathischen Akteur ununterscheidbar macht.

mathematische Variablen. Wenn man sagt, man habe einen bestimmten Argumentationsschritt nicht verstanden, erläutert er diesen in größerer Ausführlichkeit.

Chatbots könnten im Vergleich mit der Aufklärung durch menschliches Personal durchaus in einigen Punkten Vorteile besitzen oder sogar überlegen sein. Der Schwerpunkt der medizinischen Ausbildung liegt zweifellos auf der Akkumulation möglichst umfangreicher esoterischer Expertise, nicht unbedingt auf der Entwicklung der Fähigkeit, diese Expertise für Laien verständlich kommunizieren zu können. Demgegenüber sind speziell dafür trainierte Chatbots womöglich besser geeignet, diese Vermittlungsfunktion auszuüben.

**Key take-aways**

- Das Kommunikationsverhalten aktueller LLMs ist phänomenologisch oft kaum noch vom Kommunikationsverhalten von Menschen unterscheidbar; gleichwohl erscheint es als sehr fraglich, ob man ihnen den Status genuiner testimonialer Quellen zuschreiben kann oder sie als genuine Konversationspartner betrachten sollte.
- Eine wesentliche Funktion der medizinischen Aufklärung besteht typischerweise in der Vermittlung esoterischen Fachwissens an medizinische Laien, wodurch diese in die Lage versetzt werden sollen, eine informierte Zustimmung zu anstehenden Eingriffen zu geben.
- Ob diese Vermittlung gelingt, hängt von verschiedenen Faktoren ab, zu denen das Vorhandensein novizen-orientierter Fähigkeiten seitens des medizinischen Personals gehört. Es besteht Grund zur Annahme, dass der Einsatz von KI nicht unerhebliche Vorteile bei der Aufklärung mit sich bringen kann.

### 4.4.3 Medizinethische Betrachtung: Wissensvermittlung und Empathie

Kathi Beier und Martin Hähnel

#### 4.4.3.1 Einleitung

Herr Müller hat in dieser Station zum zweiten Mal mit einem Chatbot zu tun. Während er bei seiner Aufnahme in der neurologischen Klinik (Station 1) den Chatbot im Patienten-Tablet ergänzend und optional nutzen konnte, kommt dieser nun obligatorisch zum Einsatz und übernimmt zudem essentielle Aufgaben der Patientenbetreuung. Herr Müller erhält erste wichtige Informationen zu seiner bevorstehenden Behandlung nicht mehr von einem Menschen – seinem betreuenden Arzt, Herrn Mettin, oder dem Pflegefachpersonal –, sondern von einer Maschine. Um die ethischen Dimensionen dieser klinischen Praxis in den Blick zu bekommen, erläutern wir im Folgenden zuerst die Technologie, die hinter dem Chatbot steht, danach den Kontext ihres Einsatzes. Dem „embedded ethics approach“ entsprechend (vgl. Kap. 4.1.3.1) ist beides wichtig, um die Nutzung von KI-Chatbots zur Patientenaufklärung ethisch angemessen bewerten zu können.

#### 4.4.3.2 KI-basierte Chatbots

Chatbots – von Englisch: *to chat* = plaudern, schwatzen; und *robot* – sind Computerprogramme oder Apps, die dazu entwickelt wurden, gesprochene oder geschriebene Sprache zu erkennen und zu verarbeiten, um mit ihren Nutzer:innen Konversationen zu führen. Chatbots bestehen heute üblicherweise aus zwei Bestandteilen: einem *general-purpose* KI-System sowie einem Interface zum Chatten, also für die Ein- und Ausgabe von Sprache oder Texten. KI-Chatbots wie das vom US-Softwareunternehmen OpenAI im März 2023 der Öffentlichkeit zugänglich gemachte und von Microsoft unterstützte ChatGPT bzw. GPT-4 – GPT steht für *Generative Pretrained Transformer* – basieren auf sogenannten großen Sprachmodellen, *Large Language Models* (LLM), der heutzutage wohl am weitesten verbreiteten Art von generativer KI. LLMs generieren Texte, indem sie einen einfachen Inferenzmechanismus nutzen, der als „Next-Token-Vorhersage“ bekannt ist. Dabei sagt das Modell voraus, welches Token (Wörter, Wortteile oder Buchstaben) im Vokabular am wahrscheinlichsten das nächste Token in der Eingabesequenz ist, und gibt es als Ausgabe aus. Durch Iteration dieses Vorgangs kann das Modell einen menschlich anmutenden geschriebenen oder gesprochenen Text produzieren.

Das funktioniert, weil die KI-Chatbots technisch sowohl auf *Natural Language Processing* (NLP) als auch auf *Natural Language Understanding* (NLU) beruhen. Dadurch können sie die Anfragen der Nutzer:innen – die „prompts“ – „verstehen“, in Sekundenschnelle verarbeiten und per Mustererkennung zur Anfrage passende Antworten – „responses“ – generieren. Chatbots wie ChatGPT können viele verschiedene natürliche Sprachen „verstehen“, nicht nur Englisch. Sie reagieren zudem nicht nur auf Fragen, sondern auch auf Aufforderungen aller Art. Und viele Chatbots sind so programmiert, dass sie in ihren Antworten scheinbar emotional und selbstreflektiert erscheinen. Das alles trägt dazu bei, dass bei ihren Nutzer:innen der Eindruck entsteht, ein echtes Gespräch zu führen.

Möglich ist das alles durch Methoden des *deep learning* mithilfe neuronaler Netzwerke; auf der Basis sehr großer Mengen von Daten können die Algorithmen so trainiert werden, dass sie passende Antworten auf Nutzeranfragen entwickeln. Der Algorithmus hinter ChatGPT beispielsweise wurde auf Grundlage aller frei zugänglichen Inhalte aus dem Internet bis 2022 trainiert. Diese riesige Datenbasis sorgt dafür, dass er nicht nur ganz bestimmte, spezifisch definierte Aufgabenstellungen bearbeiten, sondern für vielfältige Zwecke genutzt werden kann. Doch auch in ihrer Zwecksetzung beschränktere Chatbots bedürfen für das Training der Algorithmen sehr vieler und ihrem Zweck entsprechend gut aufgearbeiteter Daten. Dennoch sind immer Fehler, d.h. falsche Antworten das Chatbots – so genannte „Halluzinationen" –, möglich.[214] Lee et al. (2023, 1233-34) geben dafür Beispiele von ChatGPT und warnen zugleich vor der Gefahr solcher fehlerhaften Ausgaben, gerade in medizinischen Kontexten; die Gefahr ist ihnen zufolge u.a. auch deswegen so groß ist, weil der Chatbot seine Antworten so überzeugt verkündet, dass Nutzer:innen sie oft einfach für wahr halten und nicht noch einmal prüfen.

Die rein technischen Grundlagen von Chatbots rufen etliche der ethischen Probleme auf, die wir bereits bei der ersten Station von Herrn Müllers Patientenweg angesprochen haben (vgl. Kap. 4.1.3). So muss, was den Input an Daten betrifft, aus Gründen der Gerechtigkeit und der Achtung der Autonomie nicht nur sichergestellt werden, dass in die Nutzung dieser Daten eingewilligt wurde, sondern auch, dass die für den vorgesehenen Zweck des KI-Systems relevanten Faktoren in möglichst umfassender Hinsicht erhoben wurden, damit es nicht zu voreingenommenen oder diskriminierenden Ausgaben kommt. Parallel zum GIGO-Prinzip („garbage in, garbage out") spricht Luciano Floridi von einem BIBO-Problem mit Blick auf die Funktionsweise von Algorithmen: „bias in, bias out" (Floridi 2024, 3). Zudem weisen Ethiker wie Floridi oder Aimee van Wynsberghe immer öfter auf die umweltethischen Folgen von KI hin, v.a. hinsichtlich des enormen Bedarfs an Energie und Kühlwasser für die Rechenzentren, in denen die benötigten Datenmengen gesammelt und gespeichert wer-

214 Huckle und Williams (2025) haben mehrere Kategorien solcher LLM-Fehler identifiziert: (1) Überanpassung (was z. B. dazu führt, dass Prompts, die bekannten Rätseln ähneln, trotz erheblicher Änderungen als gleichwertig mit diesen Rätseln klassifiziert werden), (2) Mangel an Logik oder gesundem Menschenverstand, (3) Mangel an räumlicher Intelligenz, (4) falsche mathematische Schlussfolgerungen, (5) mangelndes Sprachverständnis, (6) populärwissenschaftliche Wiedergaben, (7) Missverständnisse beim Ziehen von Querverbindungen und (8) unlogische Gedankengänge.

den, und die Gewinnung seltener Erden für die Herstellung von Chips, Computern und Smartphones (Falk/van Wynsberghe 2023; Floridi 2024, 7-8; van Wynsberghe 2023). Was das Design der KI-Programme betrifft, muss aus Gründen ethischer Verantwortung für die Nutzer:innen von Chatbots transparent sein, dass sie es mit einer Maschine zu tun haben, damit es nicht zu Anthropomorphismus-Fehlschlüssen kommt (Fenner 2025, Kap. 3.3.3, 451f.). Zur Transparenz gehört auch, dass Patient:innen darüber informiert werden, welche Informationen über sie erhoben und gegebenenfalls weitergeleitet werden. Herr Müller muss also wissen, dass der Chatbot seine Interaktionen analysiert und an Herrn Mettin, seinen Arzt, weitergibt. Es ist wichtig, dass Herr Müller versteht, wie die Daten erhoben und verwendet werden. Und was die Output-Seite betrifft, muss deutlich werden, dass reflexive Plausibilitätsprüfungen der vom Chatbot gegebenen Antworten notwendig sind, damit der Gefahr des *automation bias* entgegengewirkt werden kann. Angesichts des *digital divide* in unserer Gesellschaft ist Herrn Müller sicher nicht bewusst, dass der Chatbot möglicherweise auf standardisierte Antworten zurückgreift und wie stark er sich an individuelle Fragen anpassen kann.

#### 4.4.3.3 KI-basierte Chatbots in der Medizin

KI-basierte Chatbots werden immer öfter freiwillig im privaten Rahmen genutzt. Das zeigt die Verbreitung von ChatGPT in den Haushalten weltweit ebenso wie die Nutzung von Programmen wie REPLIKA, mit denen man sich künstliche Freunde – sogenannte *artificial companions* – kreieren kann, zu denen man dann emotionale Beziehungen aufbaut (vgl. Weber-Guskar 2021 und 2024). Sehr beliebt sind ebenfalls spezielle Health Chatbots, die dabei helfen, Symptome zu checken, Arzttermine zu koordinieren, Medikamente zu verwalten oder Unterstützung bei psychischen Problemen zu geben. Clark und Bailey (2024, 5-6) geben einen Überblick über zehn Health Chatbots, die im Jahr 2023 v.a. in Nordamerika viel genutzt wurden, darunter Systeme für die Beratung bei allgemeinen Gesundheitsproblemen wie auch für krebskranke oder an psychischen Belastungen leidende Menschen.

Neben der privaten Nutzung werden Chatbots aber auch in Firmen und Betrieben eingesetzt, etwa als Roboter, die Kunden begrüßen und erste Informationen geben, oder als virtuelle Assistenten, die im Rahmen digitaler Angebote Fragen beantworten. In beiden Gestalten halten Chatbots verstärkt auch in Kliniken Einzug. Man findet sie dort einerseits als *Carebots*, d.h. als soziale Roboter, die etwa in der Altenpflege für Unterhaltung sorgen; andererseits in Form von Softwareanwendungen, die Ärzt:innen bei ihrer Arbeit unterstützen. So kann man Chatbots dazu nutzen, Routinetätigkeiten oder sich wiederholende Aufgaben zu übernehmen, z.B. Entwürfe für Arztbriefe zu verfassen oder Personaleinsatzplanungen zu machen. Blease et al. 2024 haben im Februar 2024 die größte Umfrage zur Nutzung generativer KI in der klinischen Praxis durchgeführt, also mehr als ein Jahr nach der Einführung von ChatGPT. Jede:r fünfte der durch sie befragten Allgemeinmediziner:innen im Vereinigten Königreich gab an, LLM-gestützte Chatbots bei Aufgaben in der klinischen Praxis zu Hilfe zu nehmen; dabei war ChatGPT das am häufigsten verwendete Tool. Mehr als ein Viertel der Teilnehmer:innen, die generative KI nutzten, erklärte, sie zur Unterstützung bei Verwaltungsaufgaben, beim Verfassen von Dokumentationen nach Patient:innenterminen oder bei der Differentialdiagnose einzusetzen.[215] KI-Chatbots werden, wie im Falle von Herrn Müller, aber auch zur Patientenaufklärung verwendet, d.h. dazu, Patient:innen über bevorstehende Eingriffe und deren Notwendigkeit und Dringlichkeit zu informieren, einzelne Schritte ihrer Behandlung zu erklären, Risiken und mögliche Komplikationen zu erläutern, alternative Behandlungsweisen aufzuzeigen und Fragen zu beantworten. Ohne Aufklärung können Patient:innen nicht ihre Einwilligung in den Eingriff geben; ohne Einwilligung ist der Eingriff rechtswidrig.[216] Der Chatbot kommt also an einer äußerst wichtigen und sensiblen Stelle zum Einsatz.

---

215 Ein Beispiel aus Deutschland ist das KI-Sprachmodell „ARGO“, das sich nach einer Testphase seit August 2024 im Universitätsklinikum Hamburg-Eppendorf (UKE) im Live-Betrieb befindet und Ärzt:innen bei der Erstellung von Arztbriefen unterstützt. Grundlage von „ARGO“ ist die digitale Patient:innenakte des UKE, die mit sieben Millionen Fällen eine der größten deutschsprachigen multidimensionalen Sammlungen medizinischer Datensätze bereithält. Auf Basis der gebündelten Informationen, die „ARGO“ als LLM gelernt hat und aus dem aktuellen Patient:innenfall erhält, so schreibt das UKE, kann es den Entwurf der so genannten Epikrise am Ende eines Arztbriefes erstellen, der dann von dem oder der behandelnden Ärzt:in weiter angepasst werden und den vorgeschriebenen stationären Freigabeprozess durchlaufen kann (vgl. UKE - Pressemitteilung - Erste KI-Anwendung zur Erstellung von Arztbriefen im UKE im Einsatz).

216 Am Universitätsklinikum in Freiburg wird derzeit am Projekt KIPA gearbeitet, einem KI-Tool, das zur Patientenaufklärung auf der radiologischen Station eingesetzt werden soll. In der Projektbeschreibung heißt es: „Die Forschenden des Projekts KIPA wollen den Aufklärungsprozess vor radiologischen Untersuchungen entzerren. Patientinnen und Patienten bekommen die Möglichkeit, sich schon zuhause

Es spricht einiges dafür, die Patientenaufklärung zum Teil mit Hilfe eines Chatbots durchzuführen. Ärzt:innen sparen Zeit, weil sie ähnliche und grundlegende Dinge nicht immer wieder erneut erklären müssen, sondern erst dann mit den Patient:innen direkt sprechen, wenn diese durch den Chatbot bereits hinreichend aufgeklärt sind. Patient:innen wiederum erhalten die Möglichkeit, sich jederzeit zu informieren, auch wenn gerade keine Ärztin oder keine Pflegefachperson verfügbar ist, und die Beratung ihren Interessen und dem Stand ihres Wissens anzupassen. Aus ersten Studien geht hervor, dass der Einsatz von Chatbots zur Verbesserung der Servicequalität in Kliniken führen kann (vgl. Dogan/Gurcan 2024). Gleichwohl sind wir von einer flächendeckenden Nutzung noch weit entfernt. Die Frage ist, ob sie aus ethischer Perspektive erstrebenswert ist. Neben den in unseren vorigen Kapiteln erläuterten, mit der Datensammlung und Datenverarbeitung zusammenhängenden ethischen Herausforderungen gibt es nämlich weitere Bedenken, die wir nun näher betrachten wollen.

#### 4.4.3.4 Ethische Bewertung des Einsatzes von KI-Chatbots

Für die ethische Bewertung von KI-Chatbots zur Patientenaufklärung sollte nicht primär die wahrscheinliche Entlastung und Zeiteinsparung auf Seiten der Ärzt:innen entscheidend sein, sondern das Wohl der Patient:innen, denn auf dieses ist die medizinische Behandlung ausgerichtet. In unserem Fallbeispiel ist also nicht so sehr zu untersuchen, ob es für Herrn Mettin nützlich ist, den Chatbot einzusetzen, sondern viel eher, was das Gutes für Herrn Müller mit sich bringt. Aus diesem Blickwinkel heraus muss zuallererst betont werden, dass sich Herr Müller in einer für ihn sehr schwierigen und belastenden Situation befindet. Er ist besonders vulnerabel: körperlich

via App oder Webportal zu informieren und aufzuklären. Mögliche Patientenfragen beantwortet ein KI-unterstütztes, interaktives Dialogsystem (KIPA): Entlang der Fragen bislang genutzter Aufklärungsbögen findet ein ‚Austausch' zwischen KIPA und Patientinnen und Patienten statt. Im Hintergrund wird parallel der digitale Aufklärungsbogen befüllt. Dabei werden gezielt auch Informationen gegeben und abgefragt, um Patientinnen und Patienten notwendiges Wissen zu vermitteln. Dies erleichtert die Aufklärung vor Ort. KIPA vermittelt Informationen auch multimedial, etwa durch Videos von Kernspintomographen. Das System ist lernfähig und in der Lage, die Aufklärung stetig zu verbessern. Durch KIPA lässt sich die Aufklärung vor ärztlichen Behandlungen unterstützen und personelle Kapazitäten freisetzen. Das medizinische Personal kann so Aufklärungsgespräche effizienter und zielorientierter am individuellen Informationsbedarf der Patientinnen und Patienten ausrichten."

geschwächt durch seine Krankheit, aus seinem üblichen Alltag und seinen sozialen Beziehungen herausgerissen durch den Klinikaufenthalt, psychisch belastet durch allerhand Ungewissheiten: Wie wird es weitergehen? Wird die Behandlung erfolgreich sein? Wie lange wird sie dauern? Welche Risiken gibt es? Mit welchen Folgen ist zu rechnen? Etc. Zugleich soll er seine Lage richtig beurteilen, die von den Ärzt:innen vorgeschlagenen Eingriffe verstehen, ihre Notwendigkeit einsehen, mögliche Komplikationen abschätzen und über alternative Behandlungsmethoden nachdenken, damit er in den Eingriff einwilligen kann. In solch existenziellen Situationen ist es wichtig, dass Patient:innen nicht nur körperlich gut versorgt, sondern auch seelisch gut begleitet werden. Es entsteht ein erhöhter Bedarf an emotionaler Zuwendung und Kommunikation. Wie sinnvoll ist vor diesem Hintergrund der Einsatz des Chatbots, also einer KI-Maschine?

Schauen wir zuerst auf die Seite der Maschine. Oben wurde bereits erwähnt, dass Chatbots falsche Antworten geben können; das können zum Teil subtile Fehler und Verzerrungen sein, die nicht leicht zu erkennen sind (vgl. Blease et al. 2024, Lee et al. 2023, 1238). Es stellt sich also die Frage, wie zuverlässig KI-Chatbots tatsächlich sind. Sie stoßen derzeit definitiv an Grenzen, wenn es um komplexe medizinische Zusammenhänge geht, etwa um seltene Erkrankungen, Interpretationen komplexer diagnostischer Tests oder die Entwicklung differenzierter und personalisierter Behandlungspläne (vgl. Clark/Bailey 2024, 11; Walker et al. 2023). Sie dennoch einzusetzen ist gefährlich und bedeutet eine Missachtung der medizinethischenen Grundprinzipien Wohltätigkeit (*beneficence*) und Nicht-Schädigung (*nonmaleficence*). Fehlerhafte oder unvollständige Informationen durch den Chatbot können nämlich dazu führen, dass Herr Müller falsche Annahmen über seine Behandlung trifft, was schwerwiegende Folgen für seine Gesundheit haben kann.[217] Zudem ist klar, dass ein Chatbot Emotionen vielleicht simulieren, aber nicht wirklich haben kann.[218] Zu Empathie, die

---

217 Eine explizite Bewertung von Chatbots in der Medizin im Lichte der vier medizinethischen Grundprinzipien von Beauchamp und Childress nehmen Coghlan et al. 2023 vor. Sie berufen sich dabei allerdings auf die von Floridi und Cowls 2019 erweiterte Fassung der Prinzipien, die zusätzlich zu Nicht-Schädigung, Wohltätigkeit, Achtung der Patientenautonomie und Gerechtigkeit das Prinzip der Erklärbarkeit (*explicability*) aufnimmt mit den beiden Unterprinzipien Transparenz (*transparency*) und Verantwortlichkeit (*accountability*). Zudem beschränken sie sich in ihrer Untersuchung auf Chatbots im Bereich der mentalen Gesundheit.

218 Ayers et al. 2023 haben versucht nachzuweisen, dass Chatbots in ihren Antworten auf Patientenfragen empathischer wirken können als Ärzt:innen. Das Ergebnis sollte jedoch in zweifacher Hinsicht zu denken geben: Wie kommen Menschen

Herr Müller in seiner Lage so dringend braucht, ist der Chatbot schlicht nicht fähig. Das kann für manche Patient:innen gerade richtig sein; Studien belegen jedenfalls, dass es einigen lieber ist, eine Maschine statt einen Menschen über körperliche Leiden oder seelische Belastungen zu befragen, weil das für sie weniger schambehaftet ist (vgl. Nadarzynski et al. 2019). Doch das ist subjektiv und sollte nicht allgemein von allen Patient:innen angenommen werden.

Wenn wir auf die Seite der Patient:innen schauen, in unserem Fall also auf Herrn Müller, dann sehen wir, dass viel davon abhängt, wie zugänglich er für die ihm vorgesetzte Technik ist und wie gut er sie versteht und handhaben kann. Nicht alle Patient:innen verfügen über die gleichen technischen Fähigkeiten oder Affinitäten. Es ist anzunehmen, dass Herr Müller der Technik eher skeptisch gegenübersteht, und dass die Skepsis zur Ablehnung werden kann, wenn das Design des Chatbots als irritierend empfunden wird und seine Bedienung nicht selbsterklärend ist (vgl. Ellis et al. 2024, Grassini et al. 2024). Hier besteht also die Gefahr, dass Menschen wie Herr Müller benachteiligt werden, wenn die Aufklärung durch die KI obligatorisch durchgeführt wird. Das wäre eine Missachtung der medizinethischenen Prinzipien der Gerechtigkeit und der Achtung der Patientenautonomie.

Schauen wir schließlich auf die Seite der Ärzt:innen und Pflegefachpersonen. Altamimi et al. (2023, 2) schreiben:

> „The role of medical professionals is far more multifaceted than simply diagnosing illnesses or recommending treatments. Physicians and nurses provide comfort, reassurance, and empathy during what can be stressful and vulnerable times for patients. This doctor-patient relationship, built on trust, rapport, and understanding, is not something that can be automated or substituted with AI chatbots."

Medizinische Aufklärung ist nicht nur eine Übermittlung von Fakten, sondern auch ein empathischer Prozess; Ärzte wie Herr Mettin sollten auf die Ängste und Sorgen ihrer Patient:innen eingehen. Das geht nur über direkten Kontakt und vertrauliche Kommunikation mit ihnen. Durch den Einsatz von KI-Systemen droht dieser wichtige Aspekt der Arzt-Patient-Interaktion verloren zu gehen. Darüber hinaus muss Herrn Mettin klar sein, dass er die Verantwortung für die Aufklärung von Herrn Müller behält, auch wenn er den Chatbot als Hilfsmittel einsetzt. Herr Mettin muss der

---

dazu, Maschinen Empathie zuschreiben? Wie schlecht muss es heute um die empathischen Fähigkeiten von Ärzt:innen bestellt sein?

Versuchung widerstehen, zu sehr auf die Arbeit des Chatbots zu vertrauen; er muss sicherzustellen, dass Herr Müller die ihm bevorstehende Behandlung wirklich vollständig verstanden hat.

#### 4.4.3.5 Fazit

Auch wenn einige argumentieren, dass die Einholung einer Einwilligung der Patient:innen nach Aufklärung durch einen KI-Chatbot ethisch vertretbar ist, ist aus unserer Sicht große Vorsicht geboten. In keinem Fall darf die Aufklärung ausschließlich durch die KI erfolgen; auch ihr obligatorischer Einsatz ist ethisch problematisch. Im besten Falle können sich KI und ärztliches Ethos hier ergänzen, „marrying the best of digital efficiency and human empathy", wie Altamimi et al. (2023, 3) schreiben. KI-Chatbots können eine Hilfe und Ergänzung sein, aber sie sind kein Ersatz für die zum Wohl der Patient:innen eingesetzten essentiell menschlichen emphatischen Fähigkeiten von Ärzt:innen.

**Key take-aways**

- Herr Müller erhält essentielle Informationen zur Behandlung nicht mehr vorrangig von Ärzt:innen, also Menschen, sondern von einem Chatbot, also einer Maschine. Ob und wie diese Technik von Patient:innen angenommen wird, ist von Person zu Person verschieden. Die Medizin sollte diese Unterschiede in Rechnung stellen und nicht alle Patient:innen gleich behandeln. Die Patientenautonomie und die Gerechtigkeit könnten gefährdet sein, wenn Chatbots verpflichtend genutzt werden. Ärzt:innen sollten weiterhin die zentrale Verantwortung für die Patientenaufklärung übernehmen.
- Chatbots nutzen große Sprachmodelle (LLMs) zur Textgenerierung, haben jedoch Fehlerpotenzial („Halluzinationen").
- Ethische Herausforderungen bei der Nutzung von Chatbots betreffen Fragen des Datenschutzes, der Transparenz und verschiedener Bias-Probleme. Es besteht überdies die Gefahr der Fehlinformation und der mangelnden Empathie durch generative KI-Systeme.
- KI-Chatbots können ärztliche Aufklärung unterstützen, dürfen diese aber nicht vollständig ersetzen. Eine Kombination aus digitaler Effizienz und menschlicher Empathie scheint hier ideal.

### 4.4.4 Rechtswissenschaftliche Betrachtung: Aufklärung und Einwilligung aus rechtlicher Sicht

Timo Rademacher und Raphael Schaarschmidt

#### 4.4.4.1 Die notwendige Patienteneinwilligung als Grund für die ärztliche Aufklärungspflicht – Hintergründe

In Station 4 unseres Falles wollen wir uns der ärztlichen Aufklärung aus rechtlicher Perspektive zuwenden, da diese hier unter Einbeziehung eines KI-Systems erfolgt und den menschlichen Beitrag an besonders kritischer Stelle ergänzt.

Einleitend möchten wir zunächst die beiden im Rahmen des Behandlungsvertrages sowie der Arzt-Patienten-Beziehung elementaren und komplementären Bestandteile der Einwilligung sowie der Aufklärungspflichten besprechen. Beide Elemente sind einfachgesetzlich im BGB normiert. Die Einwilligung ist in § 630d, die ärztlichen Aufklärungspflichten sind in § 630e BGB geregelt. Der erste Satz des ersten Absatzes dieser Norm, in welchem es heißt, dass der Behandelnde den Patienten „über sämtliche für die Einwilligung wesentlichen Umstände aufzuklären“ hat, gibt bereits Hinweis auf ihren primären Zweck. Die Aufklärung ist in besonderer Weise gekoppelt an die Einwilligung des Patienten in die medizinische Behandlung. In den vorherigen Teilen ging es bereits öfter um diverse Einwilligungen des Herrn Müller, allerdings hatten diese bislang meist datenschutzrechtliche Relevanz. Die Einwilligung in die medizinische Behandlung ist eine andere, wir haben sie in der ersten Behandlungsstation bereits kurz angesprochen, allerdings bislang noch nicht im Detail behandelt. Dass das so ist, ist auf das Design unseres Referenzfalles zurückzuführen sowie auf die Tatsache, dass wir uns zu Beginn auf spezifisch KI-regulatorische Punkte konzentrieren wollten. Tatsächlich ist die Einwilligung die entscheidende rechtliche Grundlage einer medizinischen Behandlung, noch vor dem Behandlungsvertrag. Dies hat mehrere Gründe. Zum einen liegt es daran, dass ohne hinreichende Aufklärung auch heute noch der ärztliche Heileingriff in Deutschland den Straftatbestand der Körperverletzung erfüllt.[219]

219 Zurückgehend auf ein Urteil des Reichsgerichts vom 31.5.1894, in welchem das Gericht feststellte, dass es „an sich nicht das Berufsrecht des Arztes, sondern in erste Reihe der Wille des Kranken ist, welcher den ersteren legitimiert, Körperverletzungen straflos zu verüben, wo sie, von irgendeinem [sic] Dritten verübt, zu

Zum anderen begründet sich dies daraus, dass die Einwilligung seit der Nachkriegszeit als Ausdruck der Selbstbestimmung des Patienten dient und verfassungsrechtliche Begründung erfahren hat. Hierzu gleich mehr.

Das Erfordernis der Patienteneinwilligung ergibt sich einfachgesetzlich aus § 630d BGB. In dessen erstem Absatz heißt es, dass vor „Durchführung einer medizinischen Maßnahme, insbesondere eines Eingriffs in den Körper oder die Gesundheit", der Behandelnde verpflichtet ist, die Einwilligung des Patienten einzuholen. Vom Heileingriff in diesem Sinne sind alle ärztlichen Behandlungsmaßnahmen umfasst, die in die körperliche Unversehrtheit eingreifen, also vor allem operative Eingriffe.[220] Daneben sind aber auch medikamentöse Behandlungen erfasst.[221] Im Grunde geht es um jede medizinische Maßnahme, die mit einer gewissen physischen Beeinträchtigung der körperlichen Integrität verbunden ist. Das reine Testen eines Kniereflexes oder das Abhorchen des Brustkörpers mittels Stethoskop wäre hingegen kein „Heileingriff" nach dieser Definition.

#### 4.4.4.1.1 Patientenwille als Maxime

Die ärztliche Aufklärung gestaltet sich heutzutage für viele Patientinnen und Patienten wohl ähnlich: Vor oder während eines je nach Schwere und Komplexität des geplanten Eingriffs unterschiedlich informativen persönlichen Gespräches mit den behandelnden Ärztinnen und Ärzten müssen sie einen inhaltlich zumeist *sehr* umfangreichen und regelmäßig standardisierten Aufklärungsbogen ausfüllen. Er nennt die grundlegenden Fakten des geplanten Eingriffes und gibt vor allem darüber Auskunft, welche Risiken – auch noch so entfernter Natur – der Eingriff mit sich bringt. Es dürfte wohl nicht allzu gewagt sein zu unterstellen, dass ein großer Teil der mit solchen Bögen konfrontierten Patienten mit deren Inhalten überfordert ist und sowohl die Menge der Informationen als auch die konkrete Relevanz für die eigene Behandlung nicht sofort richtig einzuordnen vermag.

---

strafbaren Delikten werden […]", RGSt 25, 375 (380). Diese Auffassung ist in der Rechtswissenschaft keineswegs unumstritten, viele Parteien halten sie für falsch. Die Begründungsansätze unterscheiden sich dabei, einige Auffassungen verneinen bereits, dass ein ärztlicher Heileingriff überhaupt den Tatbestand der Körperverletzung erfüllen könne, andere wollen dies davon abhängig machen, ob der Eingriff nach den Regeln der ärztlichen Kunst ausgeführt worden ist.

220 *Engländer*, in: Matt/Renzikowski (Hrsg.), StGB, § 223 Rn. 18.

221 *Deutsch/Spickhoff*, Medizinrecht, 7. Aufl. 2014, S. 264.

Bei Herrn Müller geht es in dieser Station konkret um die Aufklärung zu einer radiologischen Therapierung seiner Hirnmetastasen, also einer Bestrahlung selbiger. Man könnte womöglich auf den Gedanken kommen, dass es sich bei einer Bestrahlung nicht um einen invasiven Eingriff handelt, da ja keine Schnitte oder, zumindest bei kunstgerechter Durchführung, ähnliche, auf den ersten Blick sichtbare körperliche Folgen zurückbleiben. Bei der Strahlentherapie wird mittels ionisierender Strahlung erreicht, dass Krebszellen zerstört werden, indem durch die Strahlung Zell-DNA beschädigt und die Zellteilung somit unterbunden wird, was ein Absterben der betroffenen Zellen zur Folge hat.[222] Allerdings ist der verwendete Teilchenstrahl dabei bis heute nicht so präzise, dass eine Mitschädigung der DNA gesunder Zellen gänzlich vermieden werden könnte, wenn diese auch über stärkere Reparaturmechanismen verfügen.[223] Vielmehr durchkreuzt der Teilchenstrahl den gesamten in seiner Bahn liegenden Bereich des menschlichen Körpers und trifft somit auch gesundes Gewebe vor und hinter den Krebszellen. Aus diesem Grund erfolgt eine Strahlentherapie über mehrere Sitzungen, zwischen denen die gesunden Zellen die Möglichkeit haben, sich zu regenerieren, die Krebszellen jedoch absterben und vom körpereigenen Immunsystem entfernt werden.[224] Daneben wird darauf geachtet, dass die Bestrahlung aus unterschiedlichen Positionen erfolgt, damit nicht stets dasselbe gesunde Gewebe den Strahlen auf dem Weg zum Tumor ausgesetzt ist.[225]

Die Durchführung einer konventionellen Strahlentherapie unter Anwendung von Gammastrahlung bedeutet nach der Rechtsprechung des Bundesgerichtshofs dadurch, dass die Strahlung zumindest durch die Haut dringen muss, gesundes Gewebe somit miterfasst und deren Zellen entsprechend mit verändert und schädigt, trotz zumindest teilweiser Heilungsmöglichkeit einen Eingriff in die körperliche Unversehrtheit der so behandelten Personen und dies auch dann, wenn sie nach entsprechender medizinischer Indikation und unter Wahrung der Regeln der ärztlichen Kunst erfolgt ist.[226] Ein solcher Eingriff sei dabei auch kein kleiner, sondern „erheb-

222 Deutsche Krebsgesellschaft, Strahlentherapie, abrufbar unter: https://www.krebsgesellschaft.de/onko-internetportal/basis-informationen-krebs/therapieformen/strahlentherapie-bei-krebs.html (Letzter Aufruf: 11.5.2025).

223 Ebenda.

224 Ebenda.

225 Ebenda.

226 BGH, Urt. v. 19.11.1997, Az.: 3 StR 271/97 = NJW 1998, 1802 (1803).

lich".[227] Neuere Methoden der Strahlentherapie, etwa die sogenannte Protonentherapie, welche gerade bei Hirntumoren Anwendung findet, eröffnen potenziell deutlich präzisere Möglichkeiten der Bestrahlung, indem die besonderen physikalischen Eigenschaften von Protonen genutzt werden, um ein Maximum an Strahlenenergie präzise an bestimmte Stellen zu lenken, sodass nur ein Minimum an Strahlenenergie auf gesundes Gewebe einwirkt und nach der Zielregion praktisch gar keine mehr (Nutzung des sogenannten „Bragg Peak").[228] Für Hirnmetastasen wird derzeit nach Informationen der Charité Berlin zumeist entweder die sogenannte stereotaktisch fraktionierte oder die radiochirurgische Behandlung angewandt.[229] Beide Verfahren zeichnen sich durch eine hohe verwendete Strahlendosis und große Präzision zur Behandlung kleiner Gebiete aus.[230] Unabhängig davon, welches Verfahren konkret im Falle von Herrn Müller Anwendung finden soll, ist für eine Strahlenbehandlung seine korrekte Einwilligung jedenfalls unabdingbar, um den Tatbestand einer Körperverletzung zu rechtfertigen.

Nun mag sicherlich bei der einen Leserin oder dem anderen Leser, je nachdem wie die eigene Vorkenntnis und die eigenen Einschätzungen in diesem Bereich sind, ein gewisses Störgefühl hinsichtlich dieser rechtlichen Einordnung vorliegen, schließlich ist es nicht intuitiv ersichtlich, wieso ein ärztlicher Eingriff, welcher den Zweck der Heilung ja sogar im Namen trägt, als Körperverletzung eingeordnet werden kann. Und mit dieser Einschätzung wäre man auch heute nicht allein. Zunächst aber noch eine kurze Reise in die Vergangenheit, um die Beweggründe des Reichsgerichts in der genannten Entscheidung aus dem Jahre 1894 nachvollziehen zu können. In dem Fall ging es um ein siebenjähriges Mädchen, welches an einer „tuberkulösen Vereiterung des Fußwurzelknochens" litt. Nach – medizinisch auch nicht kritisierter – Einschätzung der behandelnden Ärzte hätte ein Fortschreiten der zugrundeliegenden Infektion zu „chronischem Siechtum" und „schließlich zum Tode" geführt. Nachdem eine partielle Entfernung des Fußknochens keinen Erfolg gebracht hatte, entschloss sich der angeklagte Oberarzt dazu, dem Mädchen den Fuß zu amputieren. Das führte dazu, dass die Infektion gestoppt wurde und sich das Kind normal

227 Ebenda.
228 *Weber et al.*, British Journal of Radiology 2020, 93: 20190237, S. 2.
229 https://neurochirurgie.charite.de/leistungen/hirn_und_schaedelbasistumoren/ (Letzter Aufruf: 11.5.2025).
230 https://www.ukw.de/strahlentherapie-und-radioonkologie/schwerpunkte/teletherapie-bestrahlung-von-aussen/stereotaktische-bestrahlung-und-radiochirurgie/ (Letzter Aufruf: 11.5.2025).

weiterentwickelte. Wenn die Amputation also medizinisch erforderlich und schlussendlich auch erfolgreich war, wieso wurde der behandelnde Oberarzt dann angeklagt? Nun, das Problem lag in diesem Fall darin, dass keine Einwilligung des gesetzlichen Vertreters des Kindes eingeholt worden war. Ganz im Gegenteil hatte der Vater einer Amputation ausdrücklich widersprochen. Die Begründung hierfür habe zum einen darin gelegen, dass der Vater die mit der Amputation notwendige ‚Entstellung'[231] seiner Tochter nicht hinnehmen wollte, zum anderen darin, dass er „als Anhänger der sogenannten Naturheilkunde ein grundsätzlicher Gegner der Chirurgie" gewesen sei.[232] Aus damaliger wie heutiger Sicht klingt dabei eine große Unvernunft mit, denn eine Opposition gegenüber der ohne Zweifel bewiesenen grundsätzlichen Wirksamkeit chirurgischer Eingriffe mutet absurd an. Allerdings lässt sich daraus ebenso damals wie heute keine Unbeachtlichkeit eines so geäußerten Willens herleiten. Es ist nicht entscheidend, ob der Wille einer Patientin (bzw. ihres gesetzlichen Vertreters) vernünftig ist, sondern wie er tatsächlich geäußert wurde.[233]

#### 4.4.4.1.2 Aufklärung als Grundlage der informierten Willensbildung

Mit der Vorgabe, dass nur die Einwilligung seitens des Patienten einen Eingriff in die körperliche Unversehrtheit rechtfertigen kann, ist die Entwicklung der Rechtsprechung allerdings noch nicht abgeschlossen. Das Reichsgericht hatte 1894 zunächst nur entschieden, *dass* die Einwilligung des Patienten das entscheidende Kriterium sei, sich jedoch noch nicht dazu geäußert, worauf diese Einwilligung eigentlich fußen müsse, um wirksam zu sein. Das Aufklärungserfordernis wurde vom Reichsgericht erstmalig 1941 aufgestellt, als es feststellte: „Der Arzt ist grundsätzlich verpflichtet, bevor er einen Kranken um die Einwilligung zu einer Behandlungsart ersucht, die mit besonderen Gefahren für die Gesundheit verbunden ist, diesen darüber zu unterrichten."[234] Allerdings klingen in dieser Entscheidung, getroffen in einer Zeit, in welcher Individualrechte in Deutschland

231 Der genaue Wortlaut dessen, woran sich der Vater gestört hatte, war ein anderer und kann in RGSt 25, 375 (376) nachgelesen werden, soll hier allerdings wegen seiner Anstößigkeit nicht wiedergegeben werden.

232 RGSt 25, 375 (376).

233 *Ratajczak*, in: Arbeitsgemeinschaft Rechtsanwälte im Medizinrecht e.V. (Hrsg.), Risiko Aufklärung, 2001, S. 1 (2).

234 RGSt 168, 206, 213.

einen äußerst geringen Stellenwert einnahmen, weiter starke Anzeichen eines paternalistischen Arztverständnisses an, wenn das Gericht zugleich zugestand, „daß eine allzu eingehende Belehrung u.U. den beabsichtigten, ungestörten Heilungserfolg beeinträchtigen kann",[235] hier also anklingen lässt, dass bestimmte Informationen zum vermeintlichen Wohle des Patienten vorenthalten werden könnten. Diese Frage ist auch heutzutage noch relevant, allerdings wird sie zumeist auf der argumentativen Linie eines „Rechts auf Nichtwissen" geführt, also einer patientenbezogenen Warte, welche das Vorenthalten von Informationen von einem entsprechenden Willen des Patienten abhängig macht und nicht von einer noch so ‚gut gemeinten' ärztlichen Absicht.

In der zweiten Hälfte des letzten Jahrhunderts ist das Einwilligungs- und entsprechend das Aufklärungserfordernis auf ein neues, nun verfassungsrechtliches, Fundament gestellt worden. Das BVerfG formulierte es so:

> „Das Erfordernis der Einwilligung auch zu diagnostischen, zu vorbeugenden und zu Heileingriffen hat seine normative Wurzel in den grundlegenden Verfassungsprinzipien, die zu Achtung und Schutz der Würde und der Freiheit des Menschen und seines Rechts auf Leben und körperliche Unversehrtheit verpflichten, Art. 1 Abs. 1, Art. 2 Abs. 1, 2 GG. [...] Verfehlt wäre es, dem Kranken oder Gebrechlichen, weil seine Gesundheit oder sein Körper bereits versehrt seien, nur ein gemindertes Maß an Selbstbestimmungsrecht zuzusprechen, und deshalb Eingriffe zum Zwecke der Diagnose, Vorbeugung, Linderung, Besserung oder Behebung eines Leidens dem Erfordernis der Einwilligung zu entziehen oder nur geringere Anforderungen an die Einwilligung und das in ihrem Rahmen gebotene Maß an Aufklärung zu stellen. [...] Auch der Kranke oder Versehrte hat das volle Selbstbestimmungsrecht über seine leiblich-seelische Integrität."[236]

#### 4.4.4.1.3 Umfang korrespondierender Aufklärungspflichten

Mit der Bedeutung der Patienteneinwilligung ist somit auch schon viel hinsichtlich des Umfangs der korrespondierenden Aufklärungspflichten gesagt. Die ärztliche Aufklärung muss alle Informationen über den konkreten medizinischen Eingriff umfassen, die der Patient benötigt, um eine informierte

235 RGSt 168, 206, 213.

236 BVerfG, Beschl. v. 25.7.1979, Az.: 2 BvR 878/74 = NJW 1979, 1925 (1931).

Entscheidung treffen und eine tatsächlich auch seiner Selbstbestimmung entsprechende Einwilligung tätigen zu können. Die Aufklärung muss somit denklogisch vor der Einwilligung erfolgen und „füllt sie ihrem Inhalt nach aus".[237] Eine Einwilligung kann nicht weiter gehen als das, was der Patient weiß, und dies entspricht eben regelmäßig dem, worüber aufgeklärt wurde.[238]

Im Wesentlichen zu unterscheiden sind die drei Bereiche der Diagnose-, der Verlaufs- und der Risikoaufklärung.[239] Chronologisch beginnend gilt es, im Rahmen der Diagnoseaufklärung den Patienten darüber aufzuklären, *dass* er krank ist, woran er leidet, und ob seine Krankheit einer medizinischen Behandlung bedarf.[240] Im Rahmen der Verlaufsaufklärung ist der Patient angemessen über die Art des geplanten Eingriffes, dessen Umfang sowie die genaue Durchführung zu informieren.[241] Die Rechtsprechung stellt in diesem Rahmen grundsätzlich keine detaillierten Anforderungen, sondern setzt voraus, dass die Verlaufsaufklärung „im Großen und Ganzen" erfolgt, damit der Patient „eine ergebnisbezogene Entscheidungsgrundlage" erhält.[242] In gewisser Weise ist es damit auch in die Verantwortung des Patienten gestellt, bei Unklarheit oder weitergehendem Aufklärungsbedürfnis nachzufragen.[243] Diese Vorgabe sollte allerdings nicht dazu verleiten, die Aufklärung lapidar anzugehen, es ist trotzdem über „sämtliche für die Einwilligung wesentlichen Umstände" aufzuklären.[244] Ein strengeres Pflichtenprogramm besteht in jedem Fall dann, wenn es für einen Patienten mehrere, echte, also gleichermaßen geeignete und indizierte Therapiemöglichkeiten gibt.[245] Zum weiteren wesentlichen Inhalt der Verlaufsaufklärung gehört es, dass verglichen werden muss, welchen weiteren Verlauf die Erkrankung bei Nichtbehandlung wahrscheinlich nehmen wird und welche

---

237 *Spickhoff*, in Spickhoff (Hrsg.), Medizinrecht, § 630e BGB Rn. 1.

238 Ebenda.

239 *Katzenmeier*, in: Laufs/Katzenmeier/Lipp (Hrsg.), Arztrecht, Kapitel V. Aufklärungspflicht und Einwilligung Rn. 14; *Kern*, in: Laufs/Kern/Rehborn (Hrsg.), Handbuch des Arztrechts, § 66 Inhalt und Umfang der Aufklärung Rn. 1.

240 *Katzenmeier*, in: Laufs/Katzenmeier/Lipp (Hrsg.), Arztrecht, Kapitel V. Aufklärungspflicht und Einwilligung, Rn. 14; *Kern*, in: Laufs/Kern/Rehborn (Hrsg.), Handbuch des Arztrechts, § 66 Inhalt und Umfang der Aufklärung, Rn. 2.

241 *Katzenmeier*, in: Laufs/Katzenmeier/Lipp (Hrsg.), Arztrecht, Kapitel V. Aufklärungspflicht und Einwilligung, Rn. 14.

242 OLG Dresden, Beschl. v. 10.11.2023, Az.: 4 U 906/23, Leitsatz 3.

243 BGH, Urt. v. 28.11.1972 = NJW 1973, 556.

244 *Spickhoff*, in: Spickhoff (Hrsg.), Medizinrecht, § 630e BGB Rn. 3.

245 *Kern*, in: Laufs/Kern/Rehborn (Hrsg.), Handbuch des Arztrechts, § 66 Inhalt und Umfang der Aufklärung Rn. 33 u. 34.

Auswirkungen und gegebenenfalls auch Nebenfolgen zu erwarten sind, wenn dem geplanten Eingriff zugestimmt wird.[246]

*Last but not least* die Risikoaufklärung: Hier muss der Behandelnde den Patienten über die mit dem konkret geplanten Eingriff verbundenen Gefahren aufklären. Auch hier gilt jedoch grundsätzlich, dass nicht über jedes noch so entfernte Risiko aufgeklärt werden muss. Dabei ist wiederum nicht die Vermittlung wissenschaftlichen Detailwissens gefordert, sondern die Aufklärung soll den Patienten mit Blick auf die Risiken seines Eingriffes angemessen in die Lage versetzen, eine verantwortungsbewusste und seinem Selbstbestimmungsrecht zur Geltung verhelfende Entscheidung zu treffen.[247]

Das hier nur sehr grob umrissene Aufklärungsprogramm dient also primär dazu, dem Patienten zu ermöglichen, sein Selbstbestimmungsrecht, welches sich in der Einwilligung manifestiert, vollumfänglich ausüben zu können. Dabei gilt es, derart angemessen aufzuklären, dass die für den Patienten notwendigen Informationen erörtert und zur Grundlage von dessen Einwilligung gemacht werden können, zugleich aber keine Überforderung dergestalt stattfindet, dass alle noch so entfernt möglichen medizinischen Eventualitäten erläutert werden. Wichtig ist vor allem die Orientierung an dem konkreten Patienten und eine Einbeziehung aller für diesen persönlich relevanten Umstände. Grundsätzlich klingt das nach einem ausgeglichenen und sinnvollen Konzept.

#### 4.4.4.1.4 Divergenz zwischen theoretischem Anspruch und Realität

Die Frage, die sich deshalb stellt, ist, weshalb die Realität oftmals eher so wie eingangs beschrieben aussieht, dass also das persönliche Gespräch kurz, der schriftliche Aufklärungsbogen dagegen lang und inhaltlich äußerst umfangreich ist. Grund dafür dürfte letztlich die Sorge vor Haftung sein, und zwar vor Schadens- ebenso wie vor strafrechtlicher Haftung. Die Aufklärungspflichten, die eigentlich auf die Stärkung der Selbstbestimmung des Patienten gerichtet sind, seien mittlerweile, so liest man in der einschlägigen Fachliteratur, zur wesentlichen Grundlage ärztlicher Haftung

---

246 *Quaas*, in: Quaas/Zuck/Clemens, Medizinrecht, § 14 Die Rechtsbeziehungen zwischen Arzt (Krankenhaus) und Patient, Rn. 92; Katzenmeier, in: Laufs/Katzenmeier/Lipp, Arztrecht, Kapitel V. Aufklärungspflicht und Einwilligung, Rn. 14.

247 *Quaas*, in: Quaas/Zuck/Clemens, Medizinrecht, § 14 Die Rechtsbeziehungen zwischen Arzt (Krankenhaus) und Patient, Rn. 93.

geworden: Ihre Verletzung werde immer dann behauptet, wenn eigentlich ärztliche Kunstfehler angegriffen werden sollen, diese aber nicht bewiesen werden könnten.[248] Die Reaktion der Ärzte und Kliniken kann daher sein, im Zweifel lieber deutlich zu viel aufzuklären statt zu wenig bzw. angemessen. Umfassende Aufklärungsbögen können hier also Rechtssicherheit schaffen. Faktisch unterminieren sie aber den Zweck der Aufklärung. Denn die persönliche und auf den einzelnen Patienten bezogene Aufklärung mit dem Ziel, diesem hinreichendes Verständnis dafür zu ermöglichen, worin er genau einwilligt, wenn er sich für die Durchführung eines medizinischen Eingriffes entscheidet, bleibt auf der Strecke, wenn stattdessen eine Art ‚one size fits all'-Ansatz gewählt wird, welcher dann aber oftmals nur eine partielle Überschneidung mit dem konkreten Fall bedeutet, und diese Überschneidung des Weiteren auch nicht immer ohne Probleme erkennbar ist.[249] Als maßgebliche Ursache dieser defizitären Aufklärungspraxis werden dabei auch die umfangreichen Vorgaben gesehen, die das Recht und die Rechtsprechung an die Aufklärung stellen und die nicht mehr in jedem Fall erfüllt werden könnten.[250]

#### 4.4.4.2 Übernahme der Aufklärung durch KI?

Zumindest theoretisch ließe das soeben Gesagte durchaus den Schluss zu, dass die Nutzung künstlich-intelligenter Systeme im Rahmen der Patientenaufklärung gegenüber dem menschlich-analogen Status quo einen echten juristischen Mehrwert bieten könnte, insbesondere in der Form, welche durch unseren Fall beschrieben wird. Der hier zum Einsatz kommende Chatbot erlaubt Rückfragen und bietet so die Möglichkeit personalisierter Aufklärung. Es scheint also, als ob er der ärztlichen Aufklärung wieder zu ihrem ursprünglich angedachten Zweck verhelfen könnte, nämlich dazu, dem *konkreten* Patienten über seine je spezifischen Krankheits- und Behandlungsumstände aufzuklären und ihm damit – hochtrabend-juristisch gesagt – zur Verwirklichung seines Selbstbestimmungsrechts zu verhelfen. Praktisch stellen sich dabei jedoch besonders zwei Probleme, wobei wir an dieser Stelle unterstellen, dass die KI *sehr gut* funktioniert, also insbesonde-

248 *Deutsch/Spickhoff*, Medizinrecht, 7. Aufl. 2014, S. 265.

249 *Eberbach*, MedR 2019, 111 ff.

250 *Eberbach*, MedR 2019, 1 (5 ff.); *Katzenmeier*, in: Katzenmeier/Bergdolt (Hrsg.), Das Bild des Arztes im 21. Jahrhundert, 2009, S. 45 (53).

re die Anforderungen der Art. 13 und 15 KI-VO in Sachen Transparenz, Interpretierbarkeit und Genauigkeit hervorragend erfüllt.

Das erste Problem bei Verwendung einer solchen sehr guten KI betrifft die eben besprochene Sorge vor einer Haftung mangels hinreichender Aufklärung. Können Ärzte sicher sein, dass die von ihnen zur Aufklärung verwendeten Systeme auch hinreichend performant sind, um sicherzustellen, dass keine relevanten Informationen versäumt und womöglich – berechtigter- oder unberechtigterweise – zur späteren Grundlage einer Haftung gemacht werden? In unserem Fall scheint dies zumindest elegant gelöst, indem Assistenzarzt Herrn Mettin von der KI Bericht hinsichtlich der Aufklärung erstattet wird. Allerdings ist hierbei zu beachten, dass erkennbar gewordene Verständnisprobleme *vor* Beginn der Behandlung ausgeräumt werden müssen. Sollte es tatsächlich – wie im Fall angedeutet – zu Problemen während der Behandlung kommen, die auf eine fehlerhafte Aufklärung zurückzuführen sind, sich Herr Müller also beispielsweise während der Bestrahlung trotz der angefertigten Maske zu sehr bewegt und gesunde Hirnregionen bestrahlt werden, weil er die Aufklärung nicht verstanden hat und ihm nicht bewusst war, dass es absolut notwendig ist, während des Eingriffes still zu liegen, dann würde es Herrn Mettin kaum entlasten, von diesem Problem bereits gewusst zu haben. Im Gegenteil könnte eine Nutzung, wie im Fall beschrieben, eine Haftungsverschärfung bedeuten. In einer regulär-analogen Aufklärungssituation besteht für den behandelnden Arzt regelmäßig nur wenig bis keine Einsicht in die inneren Gedankenprozesse des Patienten. Ob ein Patient Informationen im Rahmen des Aufklärungsgespräches nicht verstanden hat, kann auch ein Arzt regelmäßig wohl nur dann erkennen, wenn der Patient ihm dies mitteilt oder wenn offenkundige Anzeichen hierfür vorliegen, wie etwa angestrengtes Lesen des Aufklärungsbogens, fragende Blicke, unsichere Antworten etc. Die Nutzung des Chatbots würde, wenn sie so wie beschrieben tatsächlich funktioniert, ein quantifizierendes Element insofern einbringen, als dass das System Herrn Mettin eben mitteilt, „wie gut Herr Müller informiert ist". Sollte so eine Quantifizierung überhaupt möglich sein – etwa durch den Chat-Dialog mit konkreten Rückfragen, die weiter gehen als das reine Beantworten von Ja-/Nein-Fragen –, dann muss bei Anzeichen von Defiziten seitens des behandelnden Arztes agiert werden, bevor der Eingriff erfolgt. Ansonsten steht zu befürchten, dass der Chatbot zusätzliche Haftungsrisiken birgt.

Das zweite Problem betrifft die hier wohl eher theoretische Frage, ob die Aufklärung überhaupt vom Arzt an ein maschinelles System delegiert werden darf. Da wir aber annehmen, dass das KI-System hier eher als

Ergänzung eingesetzt wird bzw. die ja auch heute genutzte Form der Aufklärungsbögen ersetzt, das Aufklärungsgeschehen also weiterhin in der Hand von Herrn Mettin verbleibt, sollte einer Nutzung aus dieser Richtung vermutlich wenig entgegenstehen.

## 4.4 Station 4: Aufklärung durch einen Chatbot und Bestrahlung

**Key take-aways**

- Die Einwilligung des Patienten ist aus einer juristischen Perspektive mit das wichtigste Element der allermeisten medizinischen Behandlungen, denn sie entscheidet darüber, ob die Maßnahme überhaupt erlaubt und nicht vielleicht sogar strafbar für den Arzt ist.
- Die ärztliche Aufklärung insbesondere über Risiken der Behandlung stellt wiederum die wichtigste Grundlage für die Einwilligung dar; die Patienten müssen wissen, worin sie einwilligen, um ihr sogenanntes Selbstbestimmungsrecht effektiv ausüben zu können.
- Heutzutage erfolgt die Aufklärung häufig schematisiert und anhand wenig oder gar nicht personalisierter Fragebögen, die die Patienten mehr oder weniger allein ausfüllen müssen. KI, die bei der Aufklärung effektiv und individualisiert assistiert, kann demgegenüber einen echten Mehrwert liefern und der Idee der *informierten* Selbstbestimmung dienen.
- Assistiert eine KI, wie im vorliegenden Fall, im Rahmen der Aufklärung, dann kann das jedoch zugleich erhebliche Haftungsrisiken für das ärztliche Personal mit sich bringen – erstaunlicherweise gerade dann, wenn die KI sehr gut funktioniert.

## 4.5 Station 5: Nachsorge mit KI-Patientenüberwachung

Die medizinische Betreuung von Herrn Müller erstreckt sich bis in die Nachsorge zu Hause. Mit Hilfe tragbarer Sensoren, so genannter „Wearables", werden regelmäßig Herrn Müllers Vitaldaten wie Blutdruck, Herzfrequenz und andere relevante Parameter an eine KI-gestützte App übermittelt, die die Daten fortlaufend auswertet. Dabei kann die App im KI-gestützten Chat auch Fragen zur richtigen Durchführung der Messungen beantworten. Bei Auffälligkeiten kann das Programm Herrn Müller informieren und auf Wunsch direkt einen Termin beim behandelnden Arzt oder der behandelnden Ärztin vereinbaren.

### 4.5.1 Soziologische Betrachtung: Die Nachsorge – From Home Care to Professionalism and Back Again

Stephan Graßmann und Sabine Pfeiffer

#### 4.5.1.1 Einleitung

Nach der erfolgreichen Bestrahlungstherapie betrachten wir nun, mit der fünften Station, die letzte Phase des Patientenwegs von Herrn Müller. In der fünften Station geht es um das Thema Nachsorge und den Einsatz von KI zur Überwachung und Betreuung von Patient:innen. Die postoperative und posttherapeutische Versorgung von Patient:innen zählt in der modernen Medizin zusammen mit Prävention, Diagnostik und Therapie zu den zentralen Säulen eines integrativen Versorgungskonzeptes. In dieser Phase soll zugleich der Therapieerfolg langfristig gesichert und die Lebensqualität der Patient:innen durch kontinuierliche Betreuung und frühzeitige Intervention bei Komplikationen verbessert werden. Der Einsatz von KI wirft auch in diesem Szenario wieder eine Vielzahl unterschiedlicher Fragestellungen auf. Im Folgenden möchten wir einige davon schlaglichtartig beleuchten und diskutieren.

Um die möglichen Auswirkungen des Einsatzes von KI in der medizinischen Nachsorge besser einordnen und bewerten zu können, möchten wir sowohl die gegenwärtige Praxis der Nachsorge kurz umreißen als auch diese in ihre jüngere historische Entwicklung einordnen. Ziel dessen ist es, die aktuellen Prozesse und darüberhinausgehende Anzeichen für Veränderungspotenziale durch KI-Technologien aufzuzeigen.

#### 4.5.1.2 Entwicklungstendenzen der Nachsorge

Zunächst möchten wir den Stellenwert der Nachsorge in der medizinischen Versorgung sowie ihre gegenwärtige Form einmal genauer betrachten. Die Nachsorge als eigenständiger Aufgaben-, Versorgungs- und Organisationsbereich, wie wir sie heute kennen, etablierte sich schrittweise im Zuge der Professionalisierung und Spezialisierung der Medizin. Erst mit der Entstehung der modernen Medizin im Laufe des 19. Jahrhunderts, verbunden mit dem Aufkommen von spezialisierten medizinischen Disziplinen, wurde die allgemeine Versorgung zunehmend professionalisiert, wodurch auch die Nachsorge vermehrt in die entstehenden Gesundheitsinstitutionen überantwortet (Schaper 1987) wurde. Der medizinische Fortschritt und die damit verbundene Professionalisierung des Gesundheitswesens veränderten die Art und Weise, wie Behandlungen durchgeführt wurden, als auch die gesellschaftliche Wahrnehmung von Krankheit und Gesundheit.[251] Mit der voranschreitenden Überführung lebensweltlicher Aspekte in medizinische Kategorien (Medikalisierung[252]) erfuhren Diagnose und Behandlung durch medizinische Institutionen eine gesteigerte Relevanz. Gleichsam stehen diese Entwicklungen auch für ein Umdenken in der Wahrnehmung von Krankheit und Gesundheit (Conrad/Barker 2010). Damit einher ging (und geht) natürlich eine zunehmende Einflussnahme medizinischer Diskurse und Akteur:innen auf gesellschaftliche Normen, das individuelle Verhalten und auf soziale Strukturen. Der Prozess der Medikalisierung lässt sich somit auch als ein machtstrukturelles Phänomen fassen, d.h. als eine gesellschaftliche Entwicklung, durch die professionellen Akteur:innen und medizinischem Fachwissen die Deutungsmacht über bestimmte Phänomene verliehen wird. Gleichermaßen ist die Medikalisierung Teil einer breiteren gesellschaftlichen Transformation und Ausdifferenzierung, innerhalb derer die Arbeitswelt des Gesundheitswesens selbst eine zunehmende Rationali-

251 Vgl. dazu die erkenntnistheoretischen Ausführungen in Kap. 4.5.2.

252 Unter dem Begriff der Medikalisierung wird die prozessuale Ausweitung medizinischer Begriffskategorien und Handlungsmuster auf gesellschaftliche und soziale Phänomene verstanden. Dabei werden gesellschaftliche Phänomene, die zuvor nicht ausschließlich bzw. nicht primär als medizinisch relevant betrachtet wurden, in medizinischen Begriffen definiert und/oder mit medizinischen Interventionen behandelt. Ein Beispiel wäre etwa die Schwangerschaft und Geburt, die früher vor allem als ‚natürliche Lebensprozesse' galten. Heute werden sie hingegen vorwiegend als medizinische Zustände betrachtet, die regelmäßig überwacht werden und mit dem Einsatz medizinischer Interventionen wie Ultraschalluntersuchungen oder Pränataltests einhergehen.

sierung und Spezialisierung erlebt. Durch den vermehrten Einsatz von spezialisierter Technik (zuletzt insbesondere digitaler Technologie) erhielten und erhalten standardisierte Prozesse und Verfahren mehr und mehr Einzug in den Versorgungsprozess, die sich strukturell zum Beispiel in Form von festen Behandlungspfaden und Nachsorgemodellen niederschlagen.

Angekommen in der Gegenwart und inmitten der digitalen Transformation, der anhaltenden Ökonomisierung des Gesundheitssystems sowie der zunehmenden Nutzung von KI, erleben wir eine paradoxe Wendung: Die Nachsorge kehrt gewissermaßen in den privaten und familiären Raum zurück. Angetrieben durch die Ausrichtung des Behandlungsprozesses an ökonomischen Effizienzmaßstäben wird die Verantwortung für gesundheitliche Kontroll- und Unterstützungsmaßnahmen immer häufiger auf die Patient:innen und ihr soziales Umfeld verlagert. Begleitend dazu stellen digitale Anwendungen und KI die telemedizinischen Voraussetzungen bereit, die Nachsorgeversorgung von Patient:innen in Zukunft weiter zu externalisieren und in die individuelle Zuständigkeit rückzuverantworten.

Für die Patient:innen ist diese Rückverantwortung ein ambivalentes Phänomen. Auf der einen Seite ermöglichen es die zunehmende Technisierung und der Einsatz von KI, Gesundheitsdaten eigenständig und eigenverantwortlich zu erfassen und zu analysieren. Das verspricht mehr Unabhängigkeit und Souveränität. Außerdem könnte so eine ‚remote' Versorgung möglich werden, d.h. ein Kontakt mit medizinischem Fachpersonal, ohne dazu vor Ort in eine Klinik kommen zu müssen. Folglich hätten Patient:innen in Zukunft durch die Verfügbarkeit von Technologien wie Wearables, Apps und KI-gestützten Diagnosewerkzeugen die Möglichkeit stärker in die Überwachung und Steuerung ihrer eigenen Gesundheit eingebunden zu werden – könnten aber möglicherweise auch verpflichtet sein, dies zu tun.[253] Das ist die andere Seite. Denn dies bedeutet zugleich nichts Geringeres als eine weitere Verschärfung der Individualisierungs- und Externalisierungstendenzen im Sinne eines sich weiter intensivierenden Healthism[254] (Crawford 1980). Das Individuum wird langfristig nicht nur für die Einhaltung präventiver Maßnahmen und die korrekte Anwendung medizinischer Technologien verantwortlich gemacht, sondern letztlich auch für den Erfolg oder Misserfolg der Behandlung. Die Individualisierung der Gesund-

253 Vgl. hierzu auch unsere Ausführungen in Kap. 4.3.1.

254 Der Begriff wurde initial von Robert Crawford in seinem Artikel „Healthism and the Medicalization of Everyday Life" beschrieben (Crawford 1980). Crawford beschreibt Healthism als eine spezifische Sichtweise, die Gesundheitsprobleme auf individueller Ebene verortet und Lösungen ebenfalls auf dieser Ebene formuliert.

heitsversorgung – also die zunehmende Betonung der Eigenverantwortung des:der Patient:in – kann so einerseits die Demokratisierung der medizinischen Entscheidung und Emanzipation der Patient:innen gegenüber den Ärzt:innen fördern, andererseits wird diese Entwicklung aber mit dem Preis der Verantwortungs- und Risikoübernahme bezahlt sowie mit einer stärkeren Integration von Technologie in den Alltag der Patient:innenversorgung.

Die Rückverlagerung der Nachsorge steht somit nicht nur für eine Veränderung der Versorgungsstrukturen, sondern impliziert auch eine tiefgreifende Transformation des Macht- und Vertrauensverhältnisses zwischen Ärzt:innen und Patient:innen. So macht dieser Wandel die fortschreitende Auflösung der traditionellen Rollenverhältnisse zwischen Ärzt:innen und Patient:innen sichtbar und eröffnet eine Vielzahl an Fragen hinsichtlich der Zuständigkeiten von Ärzt:innen, Patient:innen und digitalen Technologien im KI-gestützten Nachsorgeprozess. Ein zu berücksichtigender Aspekt dieser Neugestaltung besteht etwa in der Gefahr, dass Ökonomisierung und Individualisierung des Nachsorgeprozesses die sozialen und institutionellen Unterstützungsstrukturen schwächen, auf die Patient:innen angewiesen sind. Das Verständnis von Gesundheit wird stärker technisiert und datengetrieben, wobei persönliche Lebensumstände und soziale Determinanten von Gesundheit zunehmend in den Hintergrund treten könnten.

In unserem Beispiel – wie auch im Allgemeinen – liegt der Fokus der Nachsorge nach einer Strahlentherapie auf der frühzeitigen Erkennung von Rezidiven,[255] der Überwachung von Nebenwirkungen sowie der langfristigen Lebensqualitätsverbesserung der Patient:innen. Um dies zu gewährleisten gilt es, die Patient:innen möglichst umfänglich in ihre eigene Nachsorge einzubinden. Nachsorge lässt sich bei genauerer Betrachtung letztlich als ein Zusammenwirken medizinischer Untersuchungen, pflegerischer Versorgung und physischer (und ggf. psychischer) Rehabilitation verstehen. Diese Betrachtungsweise eröffnet einen differenzierteren Blick auf die jeweiligen Dimensionen der Nachsorge. Unter anderem wird so ersichtlich, dass die praktische Umsetzung dieser drei Dimensionen nicht ganzheitlich, sondern räumlich und zeitlich getrennt erfolgt und dabei oftmals eine Vielzahl unterschiedlicher Akteure (fachliche und private) und Disziplinen involviert. Dementsprechend bilden die medizinisch-klinischen Untersuchungen zur Erkennung möglicher therapieassoziierter Spätfolgen, etwa

255 Ein Rezidiv bezeichnet das erneute Auftreten einer Erkrankung nach einer erfolgreichen Behandlung oder auch die Rückkehr von Symptomen, die vorübergehend verschwunden waren.

bildgebende Verfahren wie CT und MRT oder Laboranalysen, letztlich nur eine Dimension der Nachsorge ab.

Dies wird auch aus der Perspektive der Patient:innen deutlich: Die Nachsorge bildet einerseits einen medizinischen Prozess ab, in dem Daten über den Gesundheitszustand erhoben und ausgewertet werden, andererseits kann sie sich zu einem zentralen Bestandteil des individuellen Lebensalltags entwickeln, der in seiner akuten Präsenz und Tragweite alle anderen Lebensbereiche überschattet. Durch die regelmäßigen medizinischen Kontrolltermine, ggf. private oder professionelle Wundversorgung, die Umsetzung des Therapieplans oder begleitende Gesundheitsübungen inkl. Ruhe und Recovery Einheiten rücken die Erkrankung und ihre potenziellen Folgen in den Mittelpunkt des täglichen Handelns, Denkens und der Organisation des Alltags. Für Betroffene (und ihr Umfeld) kann sich die Nachsorge somit zu einem langfristigen, substantiellen Lebensprojekt entwickeln, ihre Lebensplanung und Prioritäten nachhaltig verändern und sogar zu einem Teil der eigenen Identität werden (Barker 2002).

Neben dem Patienten bzw. der Patientin selbst kommt auch dem privaten Umfeld eine besondere Bedeutung zu, da es für die meisten Patient:innen eine essenzielle Unterstützung darstellt und häufig eine tragende Rolle in der Versorgung übernimmt: sei es durch die Organisation und Koordination von Terminen, praktische Hilfe bei der Pflege oder Begleitung zu Terminen. Der Nachsorgeprozess wirkt oft tief in das soziale Gefüge hinein. Diese umfassende Verschiebung der Lebensrealität zeigt, dass das ‚Projekt Nachsorge' nicht nur auf seine medizinische Dimension verkürzt werden sollte, sondern darüber hinaus eine soziale und existenzielle Herausforderung darstellt, die langfristig den Alltag und die Identität der Betroffenen prägt.

#### 4.5.1.3 Patient-Reported Outcomes

Aus dieser Darstellung wird ersichtlich, wie wichtig eine ganzheitlich gedachte Nachsorgeversorgung ist. Konzepte wie die Patient-Reported Outcomes (PROs)[256] versuchen, den damit verbundenen Ansprüchen Rechnung

256 Die sogenannten Patient-Reported Outcomes (PROs), (dt.: Patient:innenberichtete Ergebnisse) sind standardisierte Erhebungen, über die die subjektive Wahrnehmung der Betroffenen zu ihrer Gesundheit, Lebensqualität und Behandlungserfahrung erfasst werden soll. Sie lassen sich als Ergänzung zu den klinischen Messdaten und der klassischen Anamnese verstehen, indem sie psychosoziale Dimensionen und die

zu tragen, indem sie die persönliche und subjektive Perspektive der Patient:innen auf ihre eigene Gesundheit und ihr körperliches sowie psychisches Befinden systematisch in die Evaluation von Behandlungen einbeziehen. PROs sollen als Ergänzung zu rein medizinischen Parametern auch psychosoziale Aspekte der Nachsorge wie Lebensqualität, Funktionsfähigkeit und emotionales Wohlbefinden stärker in die Entscheidungsprozesse der Behandlung einbeziehen. Damit bieten sich PROs als ein probates Mittel zur Erfassung der persönlichen Lebensumstände und des Genesungsfortschritts im KI unterstützten Nachsorgeprozess von Patient:innen an. PROs und ePROs, also elektronische Patient-Reported Outcomes, können als ein weiterer Baustein in Richtung einer personalisierten Medizin verstanden werden.[257]

Zur Akzeptanz der digital unterstützten Erhebung von ePROs gibt es eine ganze Reihe vielversprechender Studien etwa zur prospektiven Erfassung des PROs während der Strahlentherapie (Porzelt 2020) oder im Kontext der Behandlung von Magen-, Darm- und Bauchspeicheldrüsentumoren (Zimmermann 2022). Die zuletzt genannte Querschnittsstudie von Zimmermann kommt zu dem Schluss, dass rund 89% der Teilnehmer:innen größtenteils oder vollständig zustimmen, dass PROs über Tablets in die klinische Routineversorgung integriert werden sollten. Diese Zahl lässt vermuten, dass die Erhebung von PROs bei Patient:innen auf großen Zuspruch und breite Akzeptanz stößt. Auch Graf et al. (2018 S. 953) kommen zu dem Ergebnis, dass das Monitoring von Patient:innen und Behandelnden gut akzeptiert werde, allerdings seien die (zum Teil technischen sowie rechtlichen) „Voraussetzungen für einen breiten Einsatz von ePRO zwecks Ausrichtens therapeutischer Maßnahmen […] bisher nicht gegeben“ (ebd.).

Nun ist die Implementierung persönlicher Erfahrungen und des subjektiven Empfindens in den Behandlungsprozess sicher eine generell positive Entwicklung. Obwohl die Bedeutung bestimmter Lebensstilfaktoren für Behandlungs- und Genesungsprozesse in der Medizin längst kein Novum mehr darstellt, findet ihre Berücksichtigung dennoch nur langsam ihren Weg in die Praxis. Dabei lässt sich die Methodik zur Erfassung der ePROs allerdings kritisch hinterfragen. Denn die digitale oder KI-unterstützte Abfrage und Erfassung von sowohl medizinischen als auch psychischen und emotionalen Parametern durch ePROs steht einmal mehr symbolisch für

---

Perspektive der Patient:innen systematisch in die Bewertung von Gesundheitsinterventionen einzubeziehen versuchen.

257 Vgl. dazu unsere Überlegungen in Kap. 4.4.1.

die Tendenz der Objektivierung und Technisierung der medizinischen Behandlung und Versorgung. Diese Entwicklung mutet nahezu paradox an, da die subjektiven Erfahrungen der Patient:innen, die durch PROs Einzug in den medizinischen Behandlungsprozess erhalten sollen, zunächst objektiviert werden, also in standardisierte Antwortmuster überführt werden müssen, um interpretierbar zu werden – wie etwa bei dem Fragebogen PRO-CTCAE.[258] Der sich daraus eröffnende Interpretationsrahmen ist entsprechend nie mehr als eine reduktionistische Darstellung des subjektiven Erlebens und in seinen Freiheitsgraden durch die spezifische Konstruktion des Fragebogens begrenzt.[259] Die sozialen und psychischen Dimensionen des subjektiven Erlebens müssen zwangsläufig in eine technisch operationalisierbare und interpretierbare Form überführt werden, die die Komplexität und Vielschichtigkeit individueller Erfahrungen nicht vollständig erfassen kann.[260] Durch diese Praxis wird letztlich nur ein Teilaspekt des Erlebens in den Fokus gerückt sowie in eine vereinfachte, messbare Größe umgewandelt. Damit kann der Fragebogen sicherlich zur ersten Erfassung und Identifikation zentraler Problembereiche dienen, er kann jedoch ein persönliches Gespräch, in dem die Nuancen und Kontextfaktoren des individuellen Erlebens berücksichtigt werden, nicht gänzlich ersetzen.

Daraus soll nun aber nicht geschlussfolgert werden, dass alle Fragebögen schlecht sind und die quantitative Datenerhebung in diesem Kontext zu verurteilen wäre. Vielmehr geht es darum, die Stärken und Schwächen unterschiedlicher Methoden sichtbar zu machen. Der gezeigte Zusammenhang soll vor allem auf die Ambivalenz des Begriffes einer personalisierten Medizin hinweisen, die in den betrachteten Beispielen eine technisch standardisierte, strukturierte, methodisch limitierte und algorithmisch verarbeitete Medizin ist. Daher ist es wichtig, allen beteiligten Akteur:innen ein Bewusstsein dieser Limitierung zu vermitteln, um die Daten am Ende richtig interpretieren zu können, Verzerrung zu erkennen, Raum für

258 Der PRO-CTCAE (Patient-Reported Outcomes version of the Common Terminology Criteria for Adverse Events) ist ein standardisierter Fragebogen, in dem Nebenwirkungen von Krebstherapien aus der Perspektive der Patient:innen erfasst werden sollen. Der Fragebogen umfasst 78 Symptombegriffe, die sich auf häufige Nebenwirkungen von Krebstherapien beziehen, darunter z.B. Schmerzen, Müdigkeit, Übelkeit, Hautreaktionen, psychische Belastungen und neurologische Symptome.

259 Nicht nur beim Erstellen und Ausfüllen von Fragebögen treten bestimmte Formen der Verzerrung auf (z.B. Framing-Effekt, Antworttendenzen, Urteilsverzerrungen), sondern auch bei deren Interpretation und Auswertung (z.B. in Form von kognitiven Verzerrungen).

260 Zumindest solange die Ergebnisse technisch in Form des Fragebogens ausgewertet oder aufgearbeitet werden sollen.

individuelle Anmerkungen, für Patient:innenkontakt und professionellen Handlungsspielraum zu geben.

#### 4.5.1.4 Arbeitstechnische Auswirkungen von KI-Anwendungen in der Nachsorge

Zuletzt gilt es, neben den patient:innenbezogenen Implikationen und der Frage nach dem Platz des Subjekts und der Rolle von Subjektivität in der Medizin auch arbeitstechnische Auswirkungen von KI-Anwendungen in der Nachsorge zu berücksichtigen. So stellt sich etwa die Frage, wie und an welcher Stelle die durch KI erfassten Vitalparameter und Analyseergebnisse in die medizinische Diagnostik eingebunden werden können und sollen. Denn damit verbunden sind mitunter zahlreiche organisatorische Herausforderungen: Werden die Daten in Echtzeit den Patient:innen und den behandelnden Ärzt:innen simultan zugänglich gemacht? Oder erfolgt die Auswertung erst bei regelmäßigen Untersuchungsterminen? Ist die überwachende KI direkt in das KIS des zuständigen Krankenhauses integriert, oder ist sie ein externes System? Diese spezifischen Ausgestaltungen und die spätere Handhabung haben erhebliche Implikationen für die Arbeitsorganisation und die Arbeitspraxis. Zudem sind je nach Krankheitsbild und -verlauf natürlich nicht alle Vitaldaten gleichermaßen relevant, und es bleibt abzuwägen, ob und in welchem Umfang deren Erhebung im häuslichen Umfeld sinnvoll ist. In diesem Kontext müssen zudem auch die technischen Limitationen der jeweiligen Applikationen berücksichtigt werden, etwa die Unfähigkeit, bestimmte Parameter außerhalb klinischer Bedingungen zuverlässig zu messen, sowie die mangelnde Standardisierung der Erhebungsumgebung, die sich mitunter auf Qualität und Validität der gesammelten Daten auswirken. Diese Einschränkungen können dazu führen, dass die gewonnenen Daten möglicherweise nicht die notwendige Genauigkeit aufweisen, um eine verlässliche Einschätzung des Gesundheitszustands der Patient:innen zu ermöglichen, insbesondere wenn weitere Kontextinformationen fehlen. In der Folge könnte die Interpretation dieser Daten zu Verunsicherungen beim Arzt oder bei der Ärztin und damit möglicherweise sogar zu unnötigen Folgeuntersuchungen führen. Die zugrundeliegende Einsicht, dass KI nur so gut ist wie die verwendeten Daten, verweist gerade in diesem Kontext auf die Qualität der Datenerhebung für den Erfolg algorithmischer Systeme. Die Datenqualität von Erhebungen im häuslichen Kontext könnte durch unzureichende Kalibrierung der Geräte oder Anwendungsfehler der Patient:innen beeinträchtigt werden.

**Key take-aways**

- Die Ökonomisierung des Gesundheitssystems in Kombination mit den technischen Möglichkeiten durch KI und Telemedizin verschieben die Nachsorge zunehmend aus der professionellen Versorgung (zurück) in den privaten Verantwortungs- und Organisationsbereich.
- Digitale Technologien und KI ermöglichen ein eigenständiges und eigenverantwortliches Erfassen und Analysieren von Gesundheitsdaten. Ferner versprechen sie mehr Unabhängigkeit und Souveränität. Gleichzeitig verstärkt diese Entwicklung den Druck auf die Patient:innen und Individualisierungstendenzen in der medizinischen Versorgung. Es besteht die Gefahr, dass Patient:innen nicht nur stärker in die Kontrolle ihrer Gesundheit eingebunden werden, sondern auch die Verantwortung für Therapieerfolg oder -misserfolg tragen. Dies könnte zu einer schleichenden Verschiebung von Verantwortung und Zuschreibung führen, bei der strukturelle Probleme des Gesundheitssystems zunehmend individualisiert und als persönliche Versäumnisse wahrgenommen werden.
- Die Integration subjektiver Patient:innenerfahrungen in die medizinische Nachsorge (PROs) stärkt eine ganzheitliche Perspektive. Gleichzeitig führt die Standardisierung dieser Erlebnisse für KI-gestützte Analysen zu einer technisierten Objektivierung subjektiven Wohlbefindens. Zwar können Fragebögen zur ersten Erfassung und Identifikation zentraler Problembereiche dienen, sie können allerdings persönliche Gespräche, in denen die Nuancen und Kontextfaktoren des individuellen Erlebens berücksichtigt werden, nicht ersetzen.
- Die Einführung von KI-Anwendungen in der Nachsorge wirft nicht nur patientenbezogene, sondern auch bedeutende organisatorische und arbeitstechnische Fragen auf. Es gilt zu klären, wie und wann durch KI erfasste Vitaldaten in die medizinische Diagnostik bzw. Nachsorge integriert werden und welche Herausforderungen sich dabei bezüglich Zugänglichkeit und organisatorischer Einbindung ergeben. Zudem müssen die technischen Limitationen der KI-gestützten Datenerhebung, insbesondere im häuslichen Umfeld, berücksichtigt werden, da diese die Datenqualität und damit die Zuverlässigkeit der medizinischen Interpretation beeinflussen können. Die richtige Handhabung dieser Daten ist entscheidend, um Verunsicherungen zu vermeiden und unnötige Folgeuntersuchungen zu verhindern.

## 4.5.2 Erkenntnistheoretische Betrachtung: Konzepte des Krank- und Gesundseins und ihr Einfluss auf die Bewertung medizinischer KI-Systeme

Rico Hauswald

### 4.5.2.1 Zwischen Krankheit und Gesundheit

Nach Beendigung einer im besten Fall erfolgreichen Behandlung beginnt für den Patienten normalerweise die Phase der *Rekonvaleszenz*, d.h. des Übergangs vom Zustand des Krankseins zu dem des Gesundseins. In schweren Fällen – wie dem von Herrn Müller – ist eine vollständige Gesundung vielleicht gar kein realistisches Ziel. Man würde dann unter Umständen bereits eine Linderung der Beschwerden, d.h. eine (partielle) *Remission* als Erfolg der Behandlung betrachten. Man könnte dann vielleicht sagen, dass sich Müller in diesem Fall in einer Art Zwischenzustand zwischen Krankheit und Gesundsein befindet. Freilich besteht auch die Möglichkeit, dass die Behandlung einen größeren Erfolg hat, als ursprünglich erwartet wurde, sodass Herrn Müller gleichwohl eine vollständige Heilung zuteilwird.

In der Medizintheorie ist viel Aufwand betrieben worden, um die beiden Zustände des Krankseins und des Gesundseins begrifflich zu differenzieren, auch wenn der Fokus der Betrachtung dabei üblicherweise auf Fällen liegen dürfte, in denen die Reihenfolge sozusagen umgekehrt ist, also Fällen, in denen eine gesunde Person krank wird. Aber der Vorgang der Rekonvaleszenz wirft grundsätzlich eine ähnliche Frage auf: Was unterscheidet den Zustand des Krankseins (der in diesem Fall zeitlich gesehen der Ausgangszustand ist) vom Zustand des Gesundseins, und wie lässt sich der Übergang von ersterem zu letzterem analysieren? Und allgemeiner noch: Was sind Gesundheit und Krankheit, wie lassen sich diese Begriffe definieren?

Die verbreitete Vorgehensweise zur Beantwortung dieser Fragen besteht (wie in der Philosophie üblich) darin, verschiedene Definitionsvorschläge daraufhin zu testen, ob sie mit unseren vortheoretischen Sprachintuitionen übereinstimmen (zumindest ist eine solche Übereinstimmung *ein* zentrales Adäquatheitskriterium für die Bewertung von Definitionsvorschlägen). Eine gute Definition z.B. des Begriffs *Krankheit* sollte weder zu weit sein (also Zustände als Krankheit ausweisen, die intuitiv keine sind), noch zu eng (also Zustände *nicht* als Krankheiten ausweisen, die intuitiv Krankheiten sind).

Derartige Definitionsprojekte erweisen sich oft als schwieriger, als es auf den ersten Blick erscheinen könnte. Was den Begriff der Krankheit betrifft, lassen sich die im Laufe der Zeit entwickelten Definitionsvorschläge dahingehend klassifizieren, ob sie einen eher evaluativ-normativen Charakter oder einen eher naturalistischen, wertneutralen Charakter aufweisen (für einen Überblick vgl. Cooper 2017). Erstere betonen den normativen oder evaluativen Gehalt des Krankheitsbegriffs; sie setzen bei der Beobachtung an, dass Krankheit ein negativ empfundener und bewerteter Zustand ist. Letztere möchten den Krankheitsbegriff dagegen möglichst auf eine wissenschaftlich-objektive, wertneutrale Weise charakterisieren; sie setzen bei der Beobachtung an, dass Krankheiten eine körperlich-biologische Dimension haben.

Eine Herausforderung für rein evaluative Definitionen besteht darin, dass viele Zustände negativ bewertet werden können, die offensichtlich keine Krankheiten sind (finanzielle Probleme, Überlastung im Alltag, soziale

Zurückweisung etc.). Den vermutlich bekanntesten Versuch einer rein naturalistischen und wertfreien Definition hat Christopher Boorse vorgelegt (z.B. Boorse 1975). Dieser besteht im Wesentlichen darin, Krankheiten als biologische Dysfunktionen zu charakterisieren. Eine zentrale Herausforderung für diesen Ansatz ergibt sich daraus, dass die intuitive Beurteilung, ob etwas eine Krankheit ist oder nicht, nicht völlig wertfrei möglich zu sein scheint. Ein oft diskutierter Problemfall ist die Klassifikation der Homosexualität als Krankheit. Die Entpathologisierung der Homosexualität in der zweiten Hälfte des 20. Jahrhunderts war nicht primär motiviert durch den Verweis auf ihren Status als Dysfunktion bzw. den Verweis darauf, dass sie diesen Status nicht habe. Das entscheidende Argument lautete: *Unabhängig* davon, ob es sich im evolutionsbiologischen Sinn nun um eine Dysfunktion handelt oder nicht, sollte die Homosexualität nicht als Krankheit klassifiziert werden, da sie keinen als negativ zu bewertenden Zustand darstellt. Solche Überlegungen haben die Entwicklung hybrider Ansätze motiviert, von denen vielleicht der bekannteste von Jerome Wakefield stammt (z.B. Wakefield 1992). Wakefield schlägt vor, Krankheit als „harmful dysfunction" zu analysieren. Damit greift er zum einen ein naturalistisches Element auf – jeder Krankheitszustand beruht auf einer biologischen Fehlfunktion –, und zum anderen ein normatives Element – der Zustand wird insgesamt als negativ bewertet. Ein Zustand ist also nur eine Krankheit, wenn *beides* vorliegt: eine biologische Fehlfunktion und eine negative Bewertung.

Welche Implikationen ergeben sich aus diesen Überlegungen für die Zeit nach Herrn Müllers Behandlung? Wenn das Ziel darin besteht, Herrn Müller von einem krankhaften Zustand möglichst weit an einen Zustand des Gesundseins heranzuführen, dann hängt die Frage, wie genau wir diesen Prozess beschreiben sollten, offensichtlich davon ab, welche Definition der Begriffe *Krankheit* und *Gesundheit* wir anwenden. Wenn wir Wakefields hybriden Ansatz aufgreifen, dann lässt sich sein Ausgangszustand so beschreiben, dass er das Vorliegen verschiedener Fehlfunktionen involviert (z.B. die Kopfschmerzen oder Wortfindungsstörungen, mit denen er in die Klinik eingeliefert worden ist), die sich auf eine körperliche Ursache zurückführen lassen, nämlich die in den klinischen Untersuchungen festgestellten Metastasen und den Primärtumor. Und dieser Zustand ist eindeutig als negativ zu bewerten, da er Herrn Müllers Leistungsfähigkeit und sein Wohlbefinden maßgeblich beeinträchtigt.

Wie kann der erstrebte Endzustand einer vollständigen Rekonvaleszenz beschrieben werden, also die Gesundheit? Ist Gesundheit einfach die Abwesenheit von Krankheit, verstanden im eben skizzierten Sinn? Das würde bedeuten, dass sobald mindestens eines der definierenden Kriterien für den Krankheitszustand wegfällt, die Rekonvaleszenz abgeschlossen wäre. Wenn zum Beispiel Herrn Müllers Tumor und die Metastasen erfolgreich entfernt wurden und sich keine Dysfunktionen mehr zeigen, dann wäre er nicht mehr krank; und wenn Gesundheit lediglich die Abwesenheit von Krankheit ist, wäre damit die Rekonvaleszenz abgeschlossen.

Es gibt allerdings wichtige Einwände gegen die Vorstellung, dass Gesundheit lediglich als Abwesenheit von Krankheit aufgefasst werden sollte. So ist Gesundheit nach der bekannten Definition der Weltgesundheitsorganisation „ein Zustand des vollständigen körperlichen, geistigen und sozialen Wohlergehens und nicht nur das Fehlen von Krankheit oder Gebrechen" (WHO 1946/2000, 1). Ein naheliegender und oft vorgetragener Einwand gegen diese Definition lautet allerdings, dass sie zu anspruchsvoll ist. Von welcher Person kann schon behauptet werden, sie befinde sich in allen Hinsichten in einem Zustand vollständigen Wohlbefindens? Legt man die Definition der WHO zugrunde, ist wahrscheinlich niemals jemand gesund.

Eine interessante Charakterisierung von Gesundheit hat der Philosoph Hans-Georg Gadamer vorgeschlagen (Gadamer 1993). Gadamer beschreibt Gesundheit mittels des Begriffs der „Verborgenheit". Gesundheit ist demnach „Da-Sein, In-der-Welt-Sein, Mit-den-Menschen-Sein, von den eigenen Aufgaben des Lebens tätig oder freudig erfüllt sein" (144). Krankheit dagegen ist das, was sich aufdrängt, wenn man diesen Lebensvollzügen nicht mehr nachkommen kann, zumindest nicht ohne sich bestimmter krankhafter körperlicher Störungen – oftmals schmerzlich – bewusst zu sein. In diesem Sinne drängt sich Krankheit auf; sie ist „das sich selbst Objektivierende, d.h. sich Entgegenwerfende kurz, das Aufdringliche" (137). Gesundheit dagegen ist verborgen: Sie wird normalerweise gar nicht als ein besonderer Zustand bemerkt, sondern tritt zurück hinter den normalen Vollzug des Lebens. Sie ermöglicht diesen Vollzug, aber ist als Ermöglichungsbedingung nicht bewusst gegenwärtig.

Wenn man Gesundheit im Sinne von Gadamer begreift, dann ist sie nicht nur die bloße Abwesenheit von Krankheit, da sich die für sie charakteristische Selbstvergessenheit nicht einfach automatisch mit dem Wegfallen der körperlichen Symptome einstellt. Wenn seine Symptome abklingen, wird Herr Müller vermutlich nicht sofort und vollständig wieder in den Lebenszustand von vor seiner Erkrankung zurückfinden. Es bleibt zunächst die Unsicherheit, ob der Genesungsprozess wirklich erfolgreich verläuft bzw. verlaufen ist und sich nicht doch ein Rückfall ereignen wird. Herr

Müller wird eine Zeitlang weiterhin genau auf seinen körperlichen Status achten und mögliche Anzeichen registrieren, die auf einen Erfolg oder Misserfolg der Therapie hindeuten könnten.

Gesundheit – verstanden mit Gadamer – erfordert aber auch kein vollständiges Wohlbefinden in allen Hinsichten. Auch wenn das Erreichen eines solchen vollständigen Wohlbefindens für Herrn Müller unerreichbar ist, kann er einen Zustand der Gesundheit (wieder-)erlangen, d.h. einen Zustand, in dem er wieder seinen normalen Lebensvollzügen nachgehen kann, ohne ständig an mögliche Unzulänglichkeiten seiner körperlichen Verfasstheit erinnert zu werden.

Relativ klar dürfte schließlich sein, dass sich der Übergang vom kranken zum gesunden Zustand nicht abrupt, sondern kontinuierlich vollziehen wird. Es dürfte schwer sein, einen Punkt festzumachen, ab dem Herr Müller endgültig „gesund" ist – und zwar nicht, weil es so schwierig wäre, diesen Punkt festzustellen, sondern weil es keinen solchen Punkt gibt. Die Symptome werden *allmählich* abklingen, aber es gibt keine klare Grenze, wo die Krankheit „aufhört". Herr Müller wird *allmählich* in seine normalen Lebensvollzüge zurückfinden und nach und nach immer seltener ängstliche Selbstbeobachtung betreiben, aber es gibt keine klare Grenze, wo die Gesundheit anfängt.[261]

#### 4.5.2.2 Nachsorge, Gesundheit und medizinische Überwachung

Herrn Müllers Entlassung aus der Klinik bedeutet kein absolutes Ende der medizinischen Betreuung. Ganz im Sinne des Konzepts des „leaving the door open" (Fritz/Holton 2019) wird er mit der Maßgabe nach Hause geschickt, seine Symptome zunächst weiter zu beobachten und sich insbesondere bei einer abermaligen Verschlechterung wieder zu melden.

Bei der Beobachtung seiner Symptome und seines Zustands generell bleibt Herr Müller nicht sich selbst überlassen, sondern wird durch KI-Anwendungen wie sogenannte *Wearables* unterstützt. Solche Anwendungen, die nicht nur bei Kranken oder Genesenden eingesetzt werden, sondern sich auch bei Gesunden zunehmender Beliebtheit erfreuen, können verschiedene Vitalfunktionen rund um die Uhr überwachen und in Echtzeit z.B. auf Auffälligkeiten hin auswerten. Ihre Vorteile liegen auf der Hand:

261 Zu Fragen der Vagheit, fließenden Übergängen, graduellen Abstufungen usw., speziell im Hinblick auf den psychiatrischen Bereich, siehe auch Keil/Keuck/Hauswald (2017).

Auffällige Abweichungen von bestimmten Werten, die von der Person selbst womöglich gar nicht unmittelbar wahrgenommen werden, können sofort erkannt werden.

Allerdings sollten beim Einsatz von *Wearables* auch deren potentielle Nachteile bedacht werden. Hier wäre insbesondere daran zu denken, dass diese Technologien eine Vielzahl sensibler Daten über eine Person aufzeichnen, die, wenn sie in die falschen Hände geraten, die Privatsphäre der Person empfindlich beeinträchtigen können. Die Anwendungen erzeugen für die jeweiligen Personen eine einzigartige Bio-Datenspur, wie es sie in dieser Form vor der Einführung dieser Technologien nicht gegeben hat.

Es sollte auch bedacht werden, dass die ständige Überwachung das Verhältnis zum eigenen Körper signifikant verändern kann. Durch die Überwachung wird der Körper zum dauerbeobachteten Objekt. Während eine solche Dauerbeobachtung für Personen im Prozess der Genesung vielleicht normal ist, kann sie bei Gesunden zu einer grundsätzlichen Veränderung der Beziehung zu sich selbst führen. Mittlerweile gibt es eine „Quantified-Self-Bewegung" (vgl. Swan 2019), die den Einsatz solcher Technologien gerade bei Gesunden propagiert. Wenn aber Gesundheit durch ihre „Verborgenheit" charakterisiert ist, wie Gadamer meint, stellt sich die Frage, inwieweit wir diese Entwicklung begrüßen sollten. Es besteht die Gefahr, dass die Fokussierung auf quantifizierbare, messbare Größen dazu führt, dass irgendwann jede Abweichung einer Messung von vorgegebenen Normwerten als Bedrohung wahrgenommen wird und Stress verursacht – und dadurch im Sinne einer *Self-fulfilling prophecy* überhaupt erst zu einem Problem führt, wo es gar keines gab und ohne die Technologie keines gegeben hätte. Immerhin kann jeder Normwert nur eine allgemeine Orientierung geben, und für unterschiedliche Einzelpersonen in jeweils unterschiedlich starkem Maße Relevanz besitzen.

Hinzu kommt die Gefahr von Messfehlern. Wie jede Messung kann auch die von einem *Wearable* durchgeführte Messung falsch positive oder falsch negative Ergebnisse hervorbringen. Ob eine Messung korrekt war, muss aber natürlich für den *User* nicht in jedem Fall transparent sein. Es besteht dadurch die Gefahr, dass er sich unbegründet Sorgen macht; es kann aber auch die Situation aufkommen, dass er sich in falscher Sicherheit wiegt.

**Key take-aways**

- Der Übergang von einem kranken zum gesunden Zustand (oder zumindest möglichst nahe an einen solchen heran) erfolgt typischerweise graduell; die genaue Charakterisierung dieses Prozesses hängt unter anderem davon ab, welche Definitionen der Begriffe „Krankheit" und „Gesundheit" man zugrunde legt.
- Der Einsatz von *Wearables* und ähnlicher KI-Technologien kann einen wichtigen Beitrag bei der Nachsorge leisten, da auf diese Weise wertvolle Daten erhoben und in Echtzeit ausgewertet werden können, die andernfalls unberücksichtigt bleiben würden.
- Allerdings sind damit auch Gefahren und Risiken verbunden, wie die Verletzung von Datensicherheit und Privatsphäre sowie eine problematische Transformation des Verhältnisses zu sich selbst und zum eigenen Körper.

## 4.5.3 Medizinethische Betrachtung: Die Gefahren äußerer und innerer Überwachung

Kathi Beier und Martin Hähnel

### 4.5.3.1 Einleitung: Der Nutzen von KI in der medizinischen Nachversorgung

Der Einsatz von KI bei der Nachbehandlung von Herrn Müller, d.h. über seinen Klinikaufenthalt hinaus, macht für alle beteiligten Parteien vieles leichter. Herr Müller kann in sein gewohntes Lebensumfeld zurückkehren, bleibt aber medizinisch beaufsichtigt. Durch die Rückkehr in seine Wohnung bekommt er nicht nur seine sozialen Kontakte zurück, vor allem die Nähe zu seiner Frau und seinen Freunden, sondern genießt insgesamt wieder mehr Freiheit in der Gestaltung seines Alltags. Das führt zu mehr Lebenszufriedenheit und trägt zur Heilung bei. Zugleich weiß er sich zwar aus der Klinik entlassen, aber in der medizinischen Betreuung nicht verlassen, sondern durch die KI-Anwendungen, die er von zuhause aus benutzen kann, weiterhin gut versorgt. Solange seine an die KI übermittelten Daten im grünen Bereich bleiben, kann er sich so den regelmäßigen Weg in die Klinik oder zur Ärztin für Kontrolluntersuchungen sparen, denn die übernimmt nun die zum Einsatz kommende Technologie. Gerade für ältere Menschen oder Personen, die am Stadtrand oder auf dem Lande leben, stellt das eine große Erleichterung dar und bedeutet eine Steigerung ihrer Lebensqualität. Auf der anderen Seite hilft die Technologie auch den behandelnden Ärzt:innen, die dadurch den Kontakt zu den Patient:innen behalten, deren Genesung verfolgen und die Therapie weiterhin bestimmen können. Zudem könnten KI-Systeme in Zukunft den Nachsorgebedarf seitens des Krankenhauspersonals vorhersagen und damit das klinische Datenerfassungsmanagement optimieren (Grant et al. 2024).

Da relevantes Wissen durch die KI geteilt und übermittelt wird, bleibt das Verhältnis zwischen Arzt und Patient trotz der räumlichen Distanz erhalten: Ärzt:innen werden über wichtige Gesundheitsdaten ihrer Patient:innen informiert, Patient:innen wissen sich weiterhin betreut und begleitet. Es verwundert daher nicht, dass viele Expert:innen die Nutzung solcher KI-Instrumente positiv bewerten und ihre Chancen betonen (vgl. Deutscher Ethikrat 2023; Zentrale Ethikkommission 2021, A2-A4). „Dabei sind es keineswegs nur reine Effizienzüberlegungen, die für den verstärkten Einsatz von KI-Systemen in diesem Bereich sprechen", so der Deutsche Ethikrat, „sondern vor allem die dadurch ermöglichte Verbesserung der Behandlungsqualität, von der letztlich alle Beteiligten profitieren" (ebd., 153).

Dennoch sind mit der KI-Nutzung zur medizinischen Nachversorgung auch Risiken verbunden. Das zentrale Risiko aus ethischer Sicht ist hier in der fünften und letzten Station von Herrn Müllers Patientenweg mit dem Stichwort „Überwachung" angesprochen. Darunter wird im Allgemeinen „die fokussierte, systematische und routinemäßige Beobachtung personenbezogener Details" verstanden, die das Ziel verfolgt, „individuelles Handeln oder gesellschaftliche Prozesse zu verwalten, mittelbar zu beeinflussen oder unmittelbar zu steuern" (Kammerer 2024, 269). Im Folgenden werden wir die Aspekte von sowohl äußerer als auch innerer Überwachung in den Blick nehmen, die wir bei Herrn Müllers Nachsorge ethisch bedenklich finden.

#### 4.5.3.2 Gefahr der äußeren Überwachung

Überwachung kann in zweierlei Form auftreten und beide Male negative Folgen für Herrn Müller haben. Eine Form ist die äußere Überwachung.[262] Sie kann in unserem Beispielfall dadurch zustande kommen, dass Herr Müller sensible Daten über sich preisgibt, ja an die KI (bzw. an deren

262 Kammerer (2024, 272-273) listet dazu eine Reihe von ethisch bedenklichen Folgen der Digitalisierung auf, darunter das, was er die „Normalisierung und Ubiquität" von Überwachung nennt; dazu stellt er fest: „Auch die Miniaturisierung digitaler Geräte und ihre gesteigerte Mobilität – bei gleichzeitiger dauerhafter Vernetzung oder Verbindung zu anderen Technologien (*ubiquitous computing, wearable computing, Internet of Things*) – führt zu ihrer Normalisierung und dem Eindruck von Alternativlosigkeit." (ebd., 273)

Betreiber-Firma) und an die Klinik „veräußert“. Herr Müller kann dabei weder sicherstellen, dass diese Daten nicht in falsche Hände geraten und nicht zu seinem Schaden eingesetzt werden, noch, dass sie so ausgewertet werden, dass es ihm persönlich nützt. Die ethischen Bedenken betreffen also einerseits die Sicherheit, andererseits die Stratifizierung seiner Daten.

Zurecht werden in Deutschland und in Europa hohe Standards mit Blick auf die *Sicherheit von Patientendaten* eingefordert. Da es sich hier um äußerst sensible Daten handelt, die viel über eine Person verraten, müssen Patient:innen darauf vertrauen können, dass sie dem Zugriff unberechtigter Dritter entzogen sind. Das verlangt von Arztpraxen und Kliniken enorme Anstrengungen und Aufwendungen, um die Daten beispielsweise vor Hacker-Angriffen zu schützen. Erfahrungen aus dem In- und Ausland zeigen, dass solche Angriffe erfolgreich sein und zur Erpressung von Kliniken, Ärzt:innen oder Patient:innen führen können. Vor diesem Hintergrund ist es einmal mehr wichtig zu betonen, dass der Einsatz von KI-Technologien nur mit der ausdrücklichen Zustimmung der Patient:innen und nur für die in der Zustimmung genannten Zwecke erfolgen darf. Überdies müssen Patient:innen das Recht haben, die Nutzung von KI-Systemen abzulehnen und trotzdem weiter gut medizinisch behandelt zu werden.

Die Vitaldaten, die Herr Müller mithilfe der KI misst und weiterleitet, werden von der KI zugleich auch analysiert und ausgewertet. Das erfolgt aufgrund einer spezifischen statistischen Methode, die man als *Stratifizierung* bezeichnet, weil menschliche Individuen Kohorten, so genannten „Strata“, zugeordnet werden. Der Deutsche Ethikrat hält dazu einerseits fest:

> „Die Bildung solcher Kohorten und die auf ihrer Basis durch Algorithmen produzierten Voraussagen können für diejenigen, die solche Ansätze verwenden, durchaus nützlich sein, versprechen sie doch über die Gesamtmenge der Entscheidungen hinweg eine Erhöhung von Effektivität und Qualität.“ (Deutscher Ethikrat 2023, 265)

Andererseits weist er auf die Probleme und Gefahren dieser Methode hin:

> „Probleme treten freilich für Individuen auf, die von solchen kollektiven Schlüssen betroffen sind – insbesondere dann, wenn die statistisch getroffene Diagnose oder Prognose in ihrem konkreten Fall nicht zutrifft. Im Bereich der Medizin zeigt sich diese strukturelle Asymmetrie, wenn beispielsweise ein Individuum aufgrund diagnostizierter Merkmale einer Kohorte zugeordnet und aufgrund von Algorithmen eine therapeutische Strategie festgelegt wird. Man kann von einem ‚statistischen Kollektivis-

mus‘ sprechen, gegenüber dem das Individuum geltend machen können muss, als Individuum betrachtet und behandelt zu werden.“ (ebd.)

Für die Nachsorge von Herrn Müller bedeutet das, dass sich die ihn behandelnden Ärzt:innen nicht allein auf die durch die KI übermittelten Daten verlassen, sondern ihn auch regelmäßig selbst sehen, sprechen und untersuchen sollten. Nur so kann die für Herrn Müller bestmögliche Nachbehandlung erfolgen.

#### 4.5.3.3 Gefahr der inneren Überwachung

Eine zweite Form der Überwachung ist die innere Überwachung. Sie kann in unserem Beispielfall dadurch zustande kommen, dass Herr Müller anfängt, den Wert seines Lebens auf die von ihm gemessenen und durch die KI übermittelten Werte zu reduzieren oder sich bei der Erhebung und Weitergabe dieser Werte selbst zu zensieren. Ethisch bedenklich ist hier also einerseits das, was als „quantified-self-movement“ bekannt ist, und andererseits das, was man „chilling-effect“ nennt.

*Wearables* aller Art machen es möglich, dass Menschen immer mehr ihrer körperlichen Merkmale und Prozesse messen, zählen, dokumentieren, vergleichen und analysieren können – seien es Zufuhr oder Verbrauch von Kalorien, Dauer und Tiefe des Schlafs, Anzahl von Schritten, Blutdruck, Sauerstoffgehalt, Herzfrequenz etc. Hier besteht die Gefahr, das eigene Leben in quantifizierbare Faktoren zu zerlegen, und zwar in dem Glauben, dass optimale Werte hinsichtlich dieser Faktoren ein gutes Leben garantieren oder gar bedeuten. Sind die Werte schlecht, muss man entsprechend Anstrengungen zu ihrer Verbesserung unternehmen, sich z.B. mehr bewegen oder weniger essen. Dieses *Bild eines „quantifizierten Selbst“* ist vor allem bei vielen jüngeren und gesundheitsbewussten Menschen zu einem Ideal geworden, ja zu einer regelrechten Bewegung, wie Shannon Vallor schreibt – das Motto dieser Bewegung: „Self-knowledge through numbers“ (Vallor 2016, 196), ihr Grundsatz: „life doesn’t count unless we can measure it“ (ebd., 198) Doch hilft uns diese freiwillige Überwachung zentraler Vitaldaten wirklich dabei, ein gutes Leben zu führen? Vallor ist skeptisch. Ihrer Meinung nach liegt diesem Denken ein Kategorienfehler zugrunde, denn ein Set von Daten sei nicht schon ein und erst recht nicht *das* Leben (ebd., 202). Ein Leben umfasse mehr als messbare physiologische Parameter, es schließe etwa das Streben nach zukünftigen, noch nicht erreichten Zielen ein und sei daher, so Vallor, „always a project, never an achievement“.

Gesundheit ist eine gute Voraussetzung für ein gutes Leben, aber nicht gleichbedeutend damit.

Das Wissen um die Überwachung seiner Vitaldaten durch andere kann bei Herrn Müller schließlich einen Mechanismus der Selbstzensur auslösen, der als „*chilling-effect*" bezeichnet wird. Aus der Sorge heraus, dass ihr Verhalten beobachtet, aufgezeichnet oder ausgewertet wird, beginnen Menschen, dieses zu verändern und beschneiden sich damit selbst in der Ausübung ihrer Fähigkeit der Autonomie. Der Deutsche Ethikrat verweist hier auf Studien zur Onlinenutzung (vgl. Büchi et al. 2022, Penney 2017) und schreibt:

> „So können Menschen davor zurückschrecken, nach relevanten, aber möglicherweise sensiblen Themen im Internet zu suchen oder als kontrovers wahrgenommene Inhalte zu lesen, in dem Wissen, dass ihr Onlineverhalten getrackt wird und aus der Sorge heraus, in welcher Art und Weise sich das möglicherweise nachteilig auf sie auswirken könnte. Es geht hier also einerseits um die tatsächlichen negativen Effekte der Überwachung von Individuen und andererseits um Effekte, die als Anpassung an die Sorge vor dieser Überwachung entstehen." (Deutscher Ethikrat 2023, 270)

Was für das Internetverhalten gilt, kann auch auf die Nutzung medizinischer KI-Tools übertragen werden:

> „Auch bei der Verwendung von Technologien im Gesundheitswesen selbst [...] können Menschen, die solche Angebote nutzen, annehmen – ob berechtigt oder nicht – dass sensible Daten oder Prognosen in die Hände unbefugter Dritter geraten können, und falsche Angaben machen, die möglicherweise zu falschen Diagnosen führen." (ebd., 272)

Aus Angst, höhere Krankenkassenbeiträge zahlen zu müssen, könnte Herr Müller etwa auf die Idee kommen, seine Blutdruck-Daten zu manipulieren oder gar nicht über die KI übermitteln zu lassen, weil er so den meist zu hohen Blutdruck verschweigen kann. Das würde seiner Genesung schaden. Um die schlechten Effekte dieser Form der inneren Überwachung zu vermeiden, muss den Nutzer:innen die Sicherheit ihrer Daten garantiert werden können, sie müssen insbesondere sicher sein können, dass diese nicht an Unberechtigte weitergegeben oder zu fremden Zwecken verwendet werden. Der oben erwähnte Schutz vor unzulässiger äußerer Überwachung trägt also zugleich auch zum Schutz vor schädlicher innerer Überwachung in Form des Chilling-Effekts bei.

#### 4.5.3.4 Fazit

Das Thema der Nachsorge ist sowohl generell als auch in Bezug auf die Nutzung neuer digitaler Technologien von größter Bedeutung. Die Inanspruchnahme von Krebsnachsorgeprogrammen senkt nachweislich das Risiko für eine Wiederkehr der Erkrankung oder für schwerwiegende Folgeerscheinungen. Interaktive Technologien können hier sicherlich einen wichtigen Beitrag leisten, indem sie die im Nachsorgeprozess involvierten Zielgruppen (Patient:innen, Hausärzt:innen, Fachärzt:innen, Pflegefachkräfte) untereinander vernetzen, Informationen und/oder Daten aufbereiten und vermitteln sowie Nachsorgeprozesse nachhaltig optimieren. Ohne eine datenschutzkonforme digitale Infrastruktur, die die Risiken einer „inneren" und „äußeren Überwachung" von vornherein unterbindet, lässt sich eine KI-gestützte Nachsorge aber nur schwerlich realisieren. Von ethischer Brisanz ist auch die Tatsache, dass durch eine leichtfertige Übertragung von Nachsorgeaufgaben an KI-gestützte Systeme das Arzt-Patient-Verhältnis zum Negativen verändert werden kann, was mit einer „depersonalization of care" (Heudel et al. 2024) einhergehen kann. So können in der Klinik mühsam erzielte Heilungserfolge auf Kosten der Patientenautonomie und der Datensicherheit schnell wieder verspielt werden.

In Bezug auf unseren Fall lässt sich festhalten, dass Herr Müller im Bereich der Nachsorge mit ethischen Fragen hinsichtlich innerer und äußerer Überwachung konfrontiert ist. Das Thema der Nachsorge betrifft zudem überindividuelle logistische Fragen der Gesundheitsversorgung und berührt damit auch Aspekte der prozedural-distributiven Gerechtigkeit im Sinne einer fairen Ressourcenallokation: Kann wirklich jede:r in den Genuss einer [KI-gestützten] Nachbehandlung kommen? Diese Problematik ist an verschiedenen Stellen bereits ausführlich diskutiert worden (Gross 2024).

**Key take-aways**

- Ein Vorteil der KI-gestützten Nachsorge besteht darin, dass sie die medizinische Betreuung nach der Klinikentlassung erleichtert und so die Lebensqualität der Patient:innen verbessert. Sie ermöglicht eine Fernüberwachung der Gesundheitsdaten von Patient:innen und reduziert so Arztbesuche.
- Nachteile der KI-gestützten Nachsorge sind aus ethischer Sicht zum einen die Gefahr einer äußeren Überwachung, d.h. es entstehen mögliche Risiken durch unsichere Speicherung und Nutzung sensibler Patientendaten und es besteht die Gefahr einer algorithmischen Kategorisierung, die die individuelle Patientenbetreuung beeinträchtigen kann. Zum anderen kann es zu Formen der inneren Überwachung kommen, d.h. Patient:innen könnten sich zu sehr auf gemessene Gesundheitswerte fixieren und/oder Opfer einer Selbstzensur oder Manipulation von Gesundheitsdaten aus Angst vor negativen Konsequenzen werden.
- KI darf auch in der Nachsorge die ärztliche Betreuung nicht ersetzen, sondern sollte sie lediglich ergänzen, damit eine „Entpersonalisierung der Pflege" vermieden werden kann.

## 4.5.4 Rechtswissenschaftliche Betrachtung: Erstattungsfähigkeit digitaler Gesundheitsanwendungen

Timo Rademacher und Raphael Schaarschmidt

### 4.5.4.1 Einleitung

In der letzten Station unseres Falles ist Herr Müller am Ende seiner aktiven Behandlung angelangt und blickt einem hoffentlich guten Ende dieser medizinischen und technologischen Reise entgegen. Sein weiterer medizinischer wie auch technologischer Kontakt zum Krankenhaus soll sich darauf beschränken, das Ende des Behandlungsverlaufes, d.h. die Heilung und Nachsorge, zu begleiten. Im Folgenden wollen wir noch einen letzten, neuen Punkt besprechen.

Als wesentlichen ‚neuen' Punkt sehen wir in der letzten Station die Tatsache, dass Herr Müller nun zumindest *prima facie* auf sich allein gestellt ist. Befand er sich zuvor mit erstem Erscheinen in der Notaufnahme der Uniklinik praktisch in deren Händen und auch mit Blick auf die Nutzung medizinischer KI-Systeme in einer Art personalem Auffangnetz – schon dadurch, dass die vorherigen Systeme, mit Ausnahme vielleicht der Anamnese- und der Aufklärungs-Chatbot-Software, ausschließlich vom medizinischen Personal verwendet wurden und ihnen als Arbeitsunterstützung dienten –, hängt die Nutzung des letzten Systems unserer Fallgestaltung nun weitestgehend alleine von ihm ab. Herr Müller wird aufgefordert, seine relevanten Vitaldaten semi-automatisiert über das Tragen eines *Wearables* in ein KI-System einzupflegen – denkbar wäre zum Beispiel eine Smartwatch in Kombination mit einem Brustgurt zur akkurateren Messung einiger Herzvitaldaten sowie eines an Continuous Glucose Monitoring-Systeme[263] angelehnten subkutanen Sensors für die Ermittlung weiterer relevanter Parameter. ‚Semi-automatisiert' sind diese Wearables insofern, als sie voraussetzen, dass Herr Müller sie auch korrekt anlegt, damit sie die relevanten Daten dann ermitteln und weiterleiten können.

#### 4.5.4.2 Wearables/mHealth-Applikationen als „DiGA"

- Begriff

Das von Herrn Müller im Rahmen seiner Behandlungsnachsorge eingesetzte KI-System ist, gerade in Kombination mit der Wearable-Nutzung, dem sogenannten „mHealth"-Bereich zuzuordnen. Der Begriff mHealth erfasst, in nicht immer einfacher Abgrenzung zu den Bereichen e-Health und Telemedizin, solche Anwendungen im Gesundheitsbereich, die vor allem mittels mobiler Geräte wie Smartphones, Tablets oder auch Laptops betrieben werden, wobei die eigentliche medizinische Leistung von einer Software erbracht wird oder von „Hardware-Software-Kombinationen" wie im Fall von *Wearables*.[264] Hier steht eine gesetzliche Einordnung noch aus, und diese möchten wir nun zumindest noch ‚anteasern', denn sie dürfte zukünftig deutlich an Bedeutung gewinnen – nicht nur, aber auch in solch kritischen Fällen wie dem von Herrn Müller.

- Wer zahlt dafür?

Bei allen Überlegungen zu medizinischer Software im Allgemeinen und solcher, die KI-basiert ist, im Besonderen, stellt sich in Deutschland mit seinem System gesetzlicher Krankenversicherung immer die Frage, welche medizinischen Leistungen eigentlich übernommen und welche Kosten erstattet werden können. Maßgeblich geregelt werden diese Fragen durch das SGB V. Und bei aller Kritik an dem hierzulande herrschenden Digitalisierungstempo ist es doch erfreulich zu sehen, dass in bestimmten, mit Blick

---

263 Eine kurze Erläuterung zu solchen ‚CGM'-Systemen auf: https://www.diabinfo.de/leben/behandlung/kontinuierliche-gewebezuckermessung.html (Letzter Aufruf: 11.5.2025).

264 *Leupold/Wiesner*, in: Leupold/Wiebe/Glossner (Hrsg.), IT-Recht, 4. Aufl. 2021, Teil 13. Digitalisierung im Gesundheitssektor: e-Health, Rn. 10.

auf die Digitalisierung besonders zukunftsträchtigen Bereichen wie der Medizin, der gesetzgeberische Wille zumindest erkennbar ist, hier Fortschritte zu machen. Neben der in Station 2 kurz angesprochenen elektronischen Patientenakte (ePA) und Regelungen zur Sekundärnutzung von Gesundheitsdaten (GDNG) fällt hierunter auch der Bereich digitaler Gesundheitsversorgung im Sinne einer Nutzung von Technologie als medizinischem Instrument. Im deutschen Recht hat sich der Gesetzgeber entschieden, nicht an bereits etablierte Termini anzuknüpfen, sondern er hat neue Begriffe entworfen, wovon der engste *Digitale Gesundheitsanwendungen*, kurz: DiGA, ist.[265] DiGA wurden im Rahmen des Digitale-Versorgung-Gesetzes[266], durch welches unter anderem das SGB V geändert wurde, im neuen § 33a Abs. 1 S. 1 SGB V wie folgt legaldefiniert:

> „Versicherte haben Anspruch auf Versorgung mit Medizinprodukten *niedriger Risikoklasse* [I und IIa nach Maßgabe der Klassifikation der MP-VO], deren Hauptfunktion wesentlich auf digitalen Technologien beruht und die dazu bestimmt sind, bei den Versicherten oder in der Versorgung durch Leistungserbringer die Erkennung, *Überwachung*, Behandlung oder Linderung von Krankheiten oder Kompensierung von Verletzungen oder Behinderungen zu unterstützen (digitale Gesundheitsanwendungen)."[267]

Die Tatsache, dass diese Legaldefinition im SGB V und im Kontext zu einem Versorgungsanspruch genannt wird, sagt uns, dass wesentliches Novum der DiGA selbst ist, dass sie überhaupt seitens der Krankenkassen erstattungsfähig sind. Wichtig ist dabei der Hinweis, dass DiGA zugleich KI-gestützte Medizinprodukte sein können, worauf auch schon der Verweis in § 33a SGB V auf die MP-VO hindeutet (vgl. § 33a Abs. 2 S. 1 SGB V).

Allerdings müssen wir hier ein paar Punkte auseinanderhalten, um etwaiger Verwirrung vorzubeugen. Die Einordnung der Risikoklassen I und IIa als „niedrig" ist zunächst eine eigene des SGB V, die *terminologisch* mit der MP-VO-Klassifizierung nicht gut harmonisiert: Im Rahmen der ersten Station unseres Falles haben wir uns dieser Risikoklassifizierung speziell mit Blick auf KI-Systemen gewidmet und dort festgestellt, dass eine Klassifizierung eines medizinischen KI-Systems in die Risikoklasse IIa dessen Einordnung als *Hochrisiko*-KI-System mit gesteigerten rechtlichen Anfor-

265 *Kircher*, in: Becker/Kingreen (Hrsg.), SGB V, § 33a SGB V, Rn. 4.
266 Gesetz für eine bessere Versorgung durch Digitalisierung und Innovation (Digitale-Versorgung-Gesetz – DVG) vom 9. Dezember 2019, BGBl. I 2019, S. 2562.
267 Hervorhebungen hier.

derungen bedeutet. Die MP-VO selbst scheint die Klasse IIa eher einem mittleren Risikobereich zuzuordnen, wenn auch nicht ausdrücklich.[268]

Lassen wir die uneinheitliche und damit die Dinge leider wieder verkomplizierende Begriffsverwendung außen vor, wäre in unserem Fall allerdings wirklich problematisch, dass die Anwendung, welche Herr Müller nutzen soll, nicht lediglich ‚irgendwelche' diagnostischen Informationen liefert. Grundsätzlich ist, wie wir uns erinnern, bei Software, die diese Funktion bietet, gemäß der Regel 11 des Anhangs VIII der MP-VO (welcher die Klassifizierung von Medizinprodukten betrifft) eine Einordnung in die Risikoklasse IIa vorzunehmen. Die hier relevante Anwendung dient jedoch der Überwachung von „Vitaldaten wie Blutdruck, Herzfrequenz und andere[r] relevante[r] Parameter". Für solche Software, die „für die Kontrolle von physiologischen Prozessen bestimmt ist", sieht Regel 11 grundsätzlich zwar ebenfalls eine Einordnung in Risikoklasse IIa vor, dies ändert sich aber, wenn sie „für die Kontrolle von vitalen physiologischen Parametern bestimmt [ist], wobei die Art der Änderung dieser Parameter zu einer unmittelbaren Gefahr für den Patienten führen könnte". In solchen Fällen wird sie der Klasse IIb zugeordnet. Im Falle des Herrn Müller dürfte in Anbetracht der Schwere seiner Vorbehandlung und der Art der einzutragenden Daten unproblematisch von einer notwendigen Einordnung in Klasse IIb auszugehen sein. Nach der ursprünglichen Konzeption der DiGA-Regelungen im SGB V hätte dies aber dazu geführt, dass die Anwendung eben keine solche hätte darstellen können. Diese Form der Limitierung auf lediglich recht simple Anwendungen unter systematischem Ausschluss von die Überwachung auch kritischer Parameter zulassender Anwendungen führte in der Folge auch zu einiger Kritik.[269]

Entschärft wurde dieses ‚Problem' aber dadurch, dass der § 33a SGB V noch einmal durch das sogenannte Digital-Gesetz (DigiG)[270] erweitert wurde. Durch dieses Gesetz wurde die Norm insoweit geändert, als dass nun auch Medizinprodukte „höherer" Risikoklasse erfasst sind, worunter nach § 33a Abs. 2 S. 1 SGB V solche der Risikoklasse IIb der MP-VO fallen. Ausgespart bleiben lediglich Anwendungen der höchsten Risikoklasse III. Auf welche DiGA konkret sich der leistungsrechtliche Anspruch richtet, bestimmt sich gemäß § 33a Abs. 1 Nr. 1 SGB V nach zwei Faktoren. Der eine ist gemäß Nr. 2 des Absatzes, dass entweder eine ärztliche/psychotherapeu-

268 *Wagner*, in: Rehmann/Wagner, Art. 51 MP-VO Rn. 3.

269 Vgl. *Jorzig/Kellermeier*, MedR 2021, 976 (979).

270 Gesetz zur Beschleunigung der Digitalisierung des Gesundheitswesens (Digital-Gesetz – DigiG) vom 22. März 2024, BGBl. I 2024, Nr. 101.

tische Verordnung oder eine Genehmigung der Krankenkasse vorliegt; der andere gemäß Nr. 1 ist, dass die DiGA in einem besonderen Verzeichnis des Bundesinstituts für Arzneimittel und Medizinprodukte (BfArM) aufgenommen wurde. Die Kriterien für diese Aufnahme bestimmt § 139e SGB V. Damit die von Herrn Müller genutzte Software als DiGA erstattungsfähig wäre, muss sie diese Anforderungen erfüllen.

- Ist das erlaubt?

Betrachten wir abschließend noch die materiell-rechtlichen Voraussetzungen des Einsatzes der Software. Bereits unabhängig von einem etwaigen KI-Element unterfällt eine medizinische Software-Anwendung, die, wie hier, die Kontrolle von Vitalparametern zum Gegenstand hat, mindestens der Risikoklasse IIb im Sinne der MP-VO. Auch in der letzten Station geht es folglich um ein Hochrisiko-KI-System mit entsprechenden Anforderungen an dessen Entwicklung (Art. 8 ff. KI-VO) sowie besonderen Pflichten, die die Anbieter und Betreiber erfüllen müssen (Art. 16 ff. KI-VO). Welche Rolle die Uniklinik hier einnimmt, können wir nicht mit Sicherheit bestimmen. Sollte sie selbst Anbieterin im Sinne der KI-VO sein, die KI-Anwendung gemäß Art. 3 Nr. 3 KI-VO also entweder selbst entwickelt haben oder entwickeln lassen haben (die anderen Fallgruppen der Norm erscheinen eher fernliegend), dann träfen sie die sehr umfangreichen Anbieter-Pflichten selbst. Wäre sie Betreiberin (Art. 3 Nr. 4 KI-VO), d.h. verwendete sie das KI-System in eigener Verantwortung, dann gilt das oben in Station 3 Gesagte hier entsprechend. Betreiberin wäre sie etwa dann, wenn sie eigenen Zugriff auf das System hat, beispielsweise eigene Server unterhält und bestimmte Administrator-Rechte besitzt. ‚Verschreibt' die Klinik bzw. der behandelnde Arzt das System lediglich als DiGA und lässt sich die entsprechenden Ergebnisse durch Herrn Müller aushändigen, dann würden sie die Betreiberpflichten hingegen selbst nicht treffen. Die entsprechenden Pflichten würden dann den Anbieter bzw. Betreiber der Anwendung treffen, welches Unternehmen das auch immer sein mag.

**Key take-aways**

- Medizinische KI-Systeme können unter Umständen als DiGA (Digitale Gesundheitsanwendungen) von den Krankenkassen erstattet werden.
- Die Nutzung von mit Sensor-Hardware verbundenen mHealth-Anwendungen ist im Grundsatz bereits gesetzlich erfasst.

# 5. Zusammenfassung und Querkommentierungen

Diese Publikation ist das Ergebnis eines interdisziplinären Forschungsprojekts. Interdisziplinäres Arbeiten fordert alle Beteiligten heraus, selbst wenn, wie in unserem Fall, nur vier Disziplinen beteiligt sind. Das Interdisziplinäre unserer Forschung hat in drei Schritten stattgefunden. Erstens hat jedes der vier Teilprojekte versucht, die fünf Stationen unseres Fallbeispiels aus je eigener disziplinärer Perspektive so gut wie möglich zu analysieren und zu kommentieren. Das Resultat dieser Arbeit ist Kapitel 4 dieses Buches. Parallel dazu gab es, zweitens, einen steten Austausch über die Disziplinengrenzen hinweg. In bewusster Ermangelung von Protokollen können wir hier im Wesentlichen natürlich nur die Ergebnisse dieses Austausches präsentieren und darauf verweisen, dass einiges, was in Kapitel 4 eingegangen ist, auf internen Rückfragen, Diskussionen und gegenseitigen Anregungen beruht. In der Konzeption dieses Buches war jedoch, drittens, von Anfang an vorgesehen, dass jedes Teilprojekt am Ende einen Kommentar zu den Betrachtungen der jeweils anderen Teilprojekte schreibt. Ziel dieser Kommentare ist es, blinde Flecken der je eigenen Warte zu reflektieren, Kompatibilitäten und Inkompatibilitäten mit Blick auf vorgenommene Beschreibungen und Bewertungen sichtbar zu machen, Verständnisprobleme zu artikulieren und mögliche Lösungen vorzuschlagen sowie Rück- oder Anschlussfragen zu formulieren. Es ist nicht realistisch, in diese abschließenden Kommentare sämtliche, die eigene Disziplin interessierenden Überlegungen aus den Betrachtungen der anderen beteiligten Disziplinen aufzunehmen und angemessen zu würdigen. Die folgenden Kommentare beschränken sich daher auf diejenigen Aussagen der anderen Disziplinen, die vor dem Hintergrund der je eigenen disziplinären Ausrichtung besonders auffallend oder anregend erscheinen. Sie sind jedoch der eigentliche Kern unserer interdisziplinären Arbeit. Und sie waren, das können wir hier gerne verraten, der anspruchsvollste Teil dieses Forschungsprojektes.

## 5.1 Soziologie

Stephan Graßmann und Sabine Pfeiffer

Ein Projekt wie dieses Buch ist ein anspruchsvolles Unterfangen, das vor allem Zeit und das Einverständnis erfordert, sich auf einen engen und intensiven interdisziplinären Austausch einzulassen. Jede Disziplin bringt nicht nur eigene Denkweisen und Methodologien mit, sondern auch eine eigene (Fach-)Sprache. Was für uns in der Arbeitssoziologie selbstverständlich ist, kann für Jurist:innen oder Philosoph:innen eine gänzlich andere Bedeutung haben – und umgekehrt. Ob es um die Erläuterung, Interpretation oder Anwendung der rechtlichen Rahmenbedingungen geht, die ethischen Dimensionen sozio-technischer Systeme beleuchtet werden oder durch die epistemologische Perspektive die zugrundeliegenden theoretischen Annahmen und Wissensgrundlagen betrachtet werden – gerade der enge interdisziplinäre Austausch und Dialog brachte immer wieder neue Impulse und Denkanstöße für das eigene Fach und die fachlichen wie persönlichen Perspektiven. So war die Zusammenarbeit innerhalb des Projekts eine sehr bereichernde und im positiven Sinne herausfordernde Erfahrung.

Die interdisziplinäre Zusammenarbeit in diesem Projekt hat gezeigt, dass jede Disziplin mit ihren spezifischen Methoden und Fragestellungen eigene blinde Flecken hat, zugleich aber auch wertvolle Einsichten bietet, die für die anderen Disziplinen fruchtbar gemacht werden können. So haben wir z.B. durch den epistemologischen Beitrag unser Verständnis davon geschärft, wie medizinisches Wissen zwischen Menschen konstruiert oder im Austausch mit Technik (z.B. mit und durch KI) geformt und legitimiert wird. Das ethische Teilprojekt hat zentrale Fragen zur Autonomie und Verantwortung aufgeworfen, die für die praktische Gestaltung von KI-gestützter Arbeit essentiell sind. Und die Perspektive des rechtswissenschaftlichen Teilprojekts hat verdeutlicht, dass die rechtliche Regulierung nicht nur ein abstrakter (Handlungs-)Rahmen ist, in dem Technik sich entfaltet, sondern selbst weit in die Praxis medizinischer Entscheidungen eingreift (sowohl strukturell als auch situativ). Im Folgenden greifen wir daher diese und andere Erkenntnisse der Teilprojekte auf, reflektieren ihre Relevanz für die Arbeitspraxis und diskutieren, welche Impulse wir daraus für unsere eigene Disziplin gewinnen können.

### a) Zum epistemologischen Teilprojekt

Das epistemologische Teilprojekt liefert eine tiefgehende Analyse der Zuschreibung und Produktion sowie der Verteilung von Wissen zwischen verschiedenen Akteur:innen im Kontext von KI in der Medizin. Für uns als arbeitssoziologisches Teilprojekt waren dabei verschiedene Aspekte relevant, etwa die Auseinandersetzung mit der Frage, inwiefern KI als „epistemischer Akteur" verstanden werden kann und welche Auswirkungen dies auf die traditionelle Wissensordnung in der Medizin hat. Generell haben uns die epistemologischen Beiträge immer wieder Perspektiven geöffnet, die dazu anregen, Wissen nicht als ein statisches, festgeschriebenes Gut zu betrachten, sondern die Dynamik hinter den Zuschreibungsprozessen mit in den Blick zu nehmen, die nicht zuletzt durch technologische, soziale und institutionelle Faktoren geprägt werden.

Eine zentrale Herausforderung der medizinischen Praxis, die von mehreren Teilprojekten aufgegriffen wurde, ist die Vermittlung hochspezialisierten Wissens an Patient:innen, die oftmals wenig Vorwissen mitbringen und in zeitkritischen Situationen Entscheidungen treffen müssen. Daran lässt sich gut der Mehrwert epistemischer Grundlagen und empirisch fundierter arbeitssoziologischer Analysen zeigen. Denn der Wissenstransfer in der Medizin geschieht natürlich nicht im luftleeren Raum, sondern ist in rechtliche Rahmenbedingungen, organisationalen Druck, konkrete Arbeitsbedingungen und soziale Interaktionen eingebettet. Hier lässt sich auch eine Brücke zum rechtlichen Teilprojekt schlagen, da sich zeigt, dass informierte Einwilligung rechtlich zwar geboten, aber in der Praxis (zumindest idealtypisch) oftmals schwer umsetzbar ist – sei es aufgrund von Zeitmangel, unklaren Verantwortlichkeiten oder der Komplexität medizinischer Sachverhalte und der damit verbundenen epistemischen Problemstellungen.

Dieses Spannungsverhältnis zeigt sich etwa in dem (strukturellen) asymmetrischen Verhältnis zwischen ärztlichem Wissen und patientenseitigem Verständnis. So ist eine umfassende Aufklärung unter idealisierten Bedingungen theoretisch zwar vorstellbar, muss in der Praxis des hektischen Klinikalltags allerdings an pragmatische Erfordernisse angepasst werden. Dadurch ergeben sich bereits erhebliche Herausforderungen für die Arbeitspraxis und für die organisatorische Dimension von Arbeit: Wer ist unter Zeitdruck überhaupt in der Lage sicherzustellen, dass eine informierte Entscheidung getroffen wird? Wie wird in interprofessionellen Teams mit dieser Problematik umgegangen? In der Praxis übernehmen nicht nur Ärzt:innen, sondern auch Pflegekräfte, Sozialdienste oder Angehörige Aufgaben der Informationsvermittlung – oft informell und ohne klare Zuständigkeit. Dies führt zu einer gewissen Arbeitsteilung im Wissenstransfer, bei der informelle Strategien entwickelt werden, um die Lücke zwischen idealtypischer Aufklärung und realen Arbeitsbedingungen zu überbrücken: Entscheidungen müssen getroffen werden, selbst wenn das Wissen unvollständig bleibt.

Neben vielen weiteren spannenden Anknüpfungspunkten möchten wir an dieser Stelle in aller Kürze nur noch auf die thematisierten Grenzen maschineller Vermittlung in der Praxis eingehen, insbesondere auf die Frage, ob bzw. inwiefern KI-gestützte Systeme wie Chatbots zur medizinischen Aufklärung beitragen können. Dabei gilt es, einen zentralen Aspekt des Wissensdialogs noch einmal herauszustellen: das situative Gespür für Verstehen und Nichtverstehen. Denn im ärztlich angeleiteten Aufklärungsgespräch ist es nicht nur der Inhalt der Information, der zählt, sondern auch die soziale, dynamische Interaktion miteinander. Blickkontakt, Körpersprache, Nachfragen oder Unsicherheiten des Gegenübers helfen einzuschätzen, ob ein Sachverhalt tatsächlich verstanden wurde oder ob eine andere Erklärung notwendig ist. Genau hier liegt jedoch eine Schwäche aktueller KI-Modelle: Es fehlt ihr schlichtweg an Rezeptionsmöglichkeiten, an Intuition und an einem sozialen Feingefühl für unausgesprochene Fragen.

Die epistemologische Analyse zeigt treffend, dass medizinische Aufklärung unter realen Bedingungen oft weit von idealen Szenarien entfernt ist. Besonders ertragreich wäre hier sicher eine weiterreichende Erforschung der informellen Praktiken, die im Krankenhausalltag und im Zuge der spezifischen Arbeitspraxis entwickelt werden, um Patient:innenaufklärung ‚herzustellen' – sei es durch kompensierende Gesprächsstrategien, interprofessionelle Wissensvermittlung oder pragmatische Anpassungen an Zeit- und Ressourcenbeschränkungen.

b) Zum medizinethischen Teilprojekt

Das medizinethische Teilprojekt bietet eine tiefgehende Reflexion der normativen Herausforderungen des KI-Einsatzes im Krankenhaus und beleuchtet dabei insbesondere die Spannungsfelder zwischen Autonomie, Gerechtigkeit und Verantwortung. Besonders hervorzuheben ist der „embedded ethics"-Ansatz, wodurch ethische Prinzipien nicht als nachträgliche Bewertung, sondern als integraler Bestandteil der technologischen Entwicklung und Implementierung sichtbar werden. Diese Perspektive ist für die interdisziplinäre Zusammenarbeit von großer Bedeutung, da sie Ethik und ethische Überlegungen nicht als externe Regulierungsmechanismen begreift, sondern als gestaltende Faktoren, die bereits in frühen Phasen der Entwicklung berücksichtigt werden sollten.

Gerade für die interdisziplinäre Zusammenarbeit bietet sich der Ansatz als ein Brückenschlag zwischen normativen und empirischen Gesichtspunkten an. Die Forderung nach einer engeren Verknüpfung der Technikentwicklung mit ihren späteren Nutzungskontexten findet sich nämlich sowohl in der Ethik als auch in der Arbeitssoziologie; beide betonen die Notwendigkeit, soziale und organisatorische Bedingungen frühzeitig in Entwicklungsprozesse einzubeziehen. Wir teilen die Vorstellung, dass Technikentwicklung nicht losgelöst von den späteren Nutzungskontexten gedacht werden kann, was sich etwa in partizipativen Ansätzen der Technikentwicklung zeigt. Gleichzeitig sind damit sowohl normative Fragen als auch praktische Herausforderungen der Implementierung verbunden: Welche Formen ethischer Reflexion sind in stressreichen, ressourcenknappen Arbeitsumfeldern realistisch? Welche Akteur:innen sind in der Lage, ethische Prinzipien in die alltäglichen Routinen zu übersetzen?

Insbesondere im Gesundheitsbereich wird deutlich, dass technologische Innovationen Arbeitsprozesse beeinflussen und zugleich grundlegende Entscheidungsstrukturen und Verantwortungskonzepte herausfordern. Dieser Aspekt findet sich auch im epistemologischen Teilprojekt wieder, etwa hinsichtlich der Frage, wie KI medizinisches Wissen generiert bzw. kommuniziert sowie die Bedingungen verändert, unter denen es als vertrauenswürdig gilt. Auch das rechtswissenschaftliche Teilprojekt greift diese Problematik auf, indem es die informierte Einwilligung als zentrales Schutzinstrument für Patient:innen diskutiert. Das Entscheidungs- und Verantwortungsverhältnis zwischen Patient:in und Ärztin bzw. Arzt wird durch den Einsatz von KI neu verhandelt. Indes zeigen die ethischen Überlegungen zur Autonomie der Patient:innen, dass KI-gestützte Systeme nicht nur die ärztliche Entscheidungsfindung beeinflussen, sondern auch die Möglichkeiten und Grenzen informierter Entscheidungen für Patient:innen. Dabei stellt sich eine zentrale Frage: Führt KI dazu, dass Patient:innen besser informiert sind, weil ihnen ‚objektivierte' Daten zur Verfügung stehen? Oder erschwert der Einsatz künstlich intelligenter Systeme gerade die Transparenz und Nachvollziehbarkeit von Diagnosen und Therapieempfehlungen?

Der Beitrag des medizinethischen Teilprojekts macht deutlich, dass der Einsatz von KI weit über technische Aspekte hinausreicht und grundlegende normative Fragestellungen berührt. Die interdisziplinäre Reflexion dieser Fragen ermöglicht es, ethische Konzepte mit empirischen Erkenntnissen aus der Organisations- und Arbeitsforschung zu verknüpfen und so die konkreten Bedingungen miteinzubeziehen, unter denen ethische Prinzipien in der Praxis erfolgreich umgesetzt werden können. Der ethische Diskurs regt etwa dazu an, über neue Formen der Aufklärung und Entscheidungsunterstützung nachzudenken, die über klassische Gesprächsformate hinausgehen. Hier könnte ein weiterführender interdisziplinärer Austausch bzw. Dialog zwischen Ethik, Recht, Arbeitssoziologie und Epistemologie, unter Einbeziehung von Disziplinen wie der Kommunikationsforschung und der Psychologie, dazu beitragen, neue Modelle zu entwickeln, die sicherstellen, dass Autonomie nicht nur formell gewährleistet, sondern auch praktisch realisiert wird.

c) Zum rechtswissenschaftlichen Teilprojekt
Das rechtswissenschaftliche Teilprojekt liefert eine detaillierte Analyse der komplexen juristischen Rahmenbedingungen für den Einsatz von KI in der Medizin. Für uns war und ist dabei gerade die differenzierte Betrachtung der vielschichtigen rechtlichen Regulierungsebenen (vom Behandlungsvertrag über das Datenschutzrecht bis hin zur neuen EU-KI-Verordnung) ein großer Zugewinn für ein ganzheitliches Verständnis der Arbeitspraxis in der Klinik. Denn sie betonen die Wechselseitigkeit zwischen Arbeitsbedingungen und dem dazugehörigen rechtlichen Setting.

Ein zentraler Aspekt dabei ist die rechtliche Einordnung von KI-gestützten Systemen durch die KI-Verordnung (KI-VO) und die Medizinprodukteverordnung (MP-VO). So werden KI-basierte Medizinprodukte – sofern sie für den Einsatz im Gesundheitswesen vorgesehen sind – zumeist als Hochrisiko-KI-Systeme klassifiziert, zumindest, wenn sie der Risikoklasse IIa (oder höher) der MP-VO entsprechen und wiederum vom Hersteller als medizinisches Produkt zweckbestimmt wurden (vgl. Kap. 4.1.4, S. 63ff.). Das bedeutet, dass nicht die technische Funktion einer Software über ihren regulatorischen Status entscheidet, sondern die Absicht, mit der sie entwickelt und vermarktet wird. Aus diesem spezifisch ‚rechtlichen Design‘ lassen sich in arbeitssoziologischer Perspektive wichtige Praxisfragen aufwerfen – gerade im Kontext des Arbeitsalltags in Krankenhäusern, der von einer hohen Arbeitsdichte und zugleich routinierten Abläufen sowie krisenhaften Unterbrechungen und informellen Anpassungsstrategien gezeichnet ist. Es stellt sich etwa die Frage, wie und welche Systeme im medizinischen Umfeld letztlich genutzt werden. Häufig zeigt sich erst in der Praxis, dass Anwendungen und Systeme nicht immer entsprechend den Herstellerangaben verwendet und eingesetzt werden. Stattdessen ist ihre Nutzung stark von den situativen Anforderungen und sozialen Praktiken des Arbeitsalltags geprägt, innerhalb dessen ein KI-System später Verwendung findet. Unter dem Druck von Ressourcenknappheit und dem Anspruch ökonomischer Effizienz müssen Ärzt:innen und Pflegekräfte Technik oft pragmatisch an ihre Arbeitserfordernisse anpassen, um unter den herrschenden organisationalen Bedingungen handlungsfähig zu bleiben. Das bedeutet, dass ein KI-gestütztes System, das nicht als Medizinprodukt zugelassen ist – etwa ein (nicht reguliertes, aber leicht zugängliches) allgemeines Textgenerierungsmodell wie ChatGPT oder Google Gemini –, dennoch in medizinischen Entscheidungsprozessen zum Einsatz kommen kann, beispielsweise zur Erstellung von Arztbriefen, zur Recherche medizinischer Leitlinien oder sogar zur Unterstützung von Diagnoseüberlegungen.

In der Praxis sind es oft individuelle oder informelle Entscheidungen, die über die tatsächliche Nutzung einer Technologie bestimmen. Vor diesem Hintergrund stellt sich die Frage, welche Verantwortung einzelne Beschäftigte tragen, wenn sie eine nicht als Medizinprodukt zugelassene KI dennoch für medizinische Zwecke benutzen. Welche internen Mechanismen (müssten) existieren, um solchen Entwicklungen vorzubeugen? Oder wird angesichts von wirtschaftlichen und organisatorischen Zwängen die informelle Nutzung von KI in Kauf genommen, ja sogar vorausgesetzt?

Hier zeigt sich ein nicht unbedeutendes Muster technischer Innovationen: Neue Technologien werden oft schneller (informell) in die Praxis integriert, als dafür regulative Rahmenbedingungen geschaffen werden. Das kann dazu führen, dass sich informelle Praktiken entwickeln, die rechtlich oder ethisch problematisch sind.

#### d) Fazit

Wie sich gezeigt hat, ist der Fall von Herrn Müller ein faszinierendes und hochkomplexes Beispiel für die Integration zukünftiger KI-Technologien in die medizinische Versorgung – und das aus verschiedenen Perspektiven, die alle ihren eigenen Hintersinn und ihre eigenen Herausforderungen mit sich bringen. Zum Schluss möchten wir jedoch noch einen Schritt zurücktreten und uns von den konkreten Details des beschriebenen Patientenweges ein wenig lösen, um uns auf eine Reihe grundlegender Fragen zu besinnen: Wird unser Gesundheitssystem in einer zunehmend datengetriebenen Welt noch den Menschen ins Zentrum stellen? Oder riskieren wir, individuelle Patient:innen hinter Algorithmen und statistischen Modellen zu verlieren? Und was bedeutet das eigentlich für uns? Wie müssen wir als Gesellschaft mit der wachsenden Abhängigkeit von datengetriebenen Entscheidungen umgehen, insbesondere wenn es um die Gesundheit von Menschen geht? Welchen Stellenwert sollten wir als Gesellschaft KI überhaupt einräumen?

Gleichzeitig müssen wir uns fragen: Inwiefern prägen die aktuellen Entwicklungen unser Verständnis von Medizin und ärztlicher Expertise? Was bleibt von der ärztlichen Intuition, wenn Diagnosen und Therapieentscheidungen immer stärker auf standardisierten Wahrscheinlichkeiten beruhen? Wie verändern sich die beruflichen Rollen von Ärzt:innen und Pflegekräften? Und wie viel Platz wird Empathie und menschlicher Zuwendung neben einer technologisierten Hochleistungsmedizin eingeräumt? Die Antworten auf diese Fragen werden nicht nur die medizinische Praxis prägen, sondern auch die Art und Weise, wie Arbeit im Gesundheitswesen organisiert wird und welche Gesundheitsversorgung wir letztlich haben.

Allerdings ist es wichtig festzuhalten, dass der technologische Fortschritt nicht einfach geschieht, sondern gemacht wird. Letztlich sind es Menschen – Entwickler:innen, Wissenschaftler:innen, politische Entscheidungsträger:innen, Manager:innen, Ärzt:innen und Pfleger:innen genauso wie die Patient:innen und damit wir als Gesellschaft –, die bestimmen, welche Technologien unter welchen Bedingungen eingesetzt werden. Die Zukunft der Medizin ist kein KI-gesteuertes Schicksal, sondern ein Aushandlungsprozess. Und gerade deshalb müssen wir uns fragen: Wie wollen wir diese Zukunft gestalten? Welche Werte sollen ihr zugrunde liegen? Und welche Rolle spielen wir alle dabei?

Die vielen offenen Fragen, die in diesem Buch adressiert und diskutiert wurden, unterstreichen, wie viel Gestaltungsraum, aber auch wie viel Regelungs- und Diskussionsbedarf tatsächlich besteht, sei es in ethischer, rechtlicher, medizinischer oder arbeitssoziologischer Hinsicht. So gesehen ist es ein Glück, dass es sich beim Fall von Herrn Müller (zumindest bislang noch) um einen fiktiven Fall handelt. Wir haben die Möglichkeit, aber auch die Aufgabe, Antworten auf die vielen offenen Fragen zu finden und dadurch die Weichen für die Zukunft zu stellen.

## 5.2 Erkenntnistheorie

Rico Hauswald

Der primäre Ansatz des erkenntnistheoretischen Teilprojekts bestand darin, die Natur von KI als genuin „epistemische Technologie" (Alvarado 2023b) zu analysieren und Möglichkeiten und Herausforderungen ihrer Integration in die medizinische Praxis zu untersuchen. Die medizinische Praxis ist ihrerseits ein Bereich von hoher epistemologischer Relevanz und war dies bereits vor dem KI-Zeitalter: Sie ist in starkem Maße an medizinischer Forschung orientiert, involviert vielfältige Formen epistemischer Autoritätsverhältnisse (etwa zwischen medizinischem Personal und Patienten) usw. Vor diesem Hintergrund ist es besonders interessant zu sehen, wie auch die anderen Teilprojekte von sich aus immer schon epistemische Phänomene in den Blick genommen und mit ihren Mitteln epistemologische Fragen aufgeworfen haben.

So ist das soziologische Teilprojekt von vornherein mit einem besonderen Fokus auf das implizite, erfahrungsbasierte Wissen in den Forschungsverbund hineingegangen, das eine wichtige Rolle bei der Organisation von Arbeitsabläufen in der klinischen Praxis spielt und durch die Einführung von KI in verschiedener Hinsicht transformiert werden wird (S. 26). Obwohl diese Wissensform spätestens seit Gilbert Ryles (1945) Plädoyer gegen den epistemologischen „Intellektualismus" eine wichtige Rolle in der Erkenntnistheorie spielt, wird ihr in der Regel doch eine geringere Aufmerksamkeit geschenkt als dem propositionalen, expliziten Wissen – und vielleicht auch weniger Aufmerksamkeit, als ihr gebührt. Insofern stellt die Untersuchung des soziologischen Teilprojekts einen willkommenen Anlass dar, Ryles anti-intellektualistische Betonung der Bedeutsamkeit des „knowing how" noch einmal verstärkt aufzugreifen und dessen Rolle für die Epistemologie der KI nachzugehen.

Auch für die ethische Reflexion spielen epistemische Erwägungen immer schon eine Rolle. Beispielsweise ist menschliches Handeln immer Handeln unter mehr oder weniger ausgeprägter Unsicherheit. Der Umgang mit unserem Nichtwissen spielt für die Frage, wie wir handeln sollten, eine genauso große Rolle wie der Umgang mit unserem Wissen. Daher nimmt es nicht wunder, dass sich das ethische Projekt genauso wie das erkenntnistheoretische mit Strategien zum vernünftigen Umgang mit Nichtwissen und Unsicherheit auseinandergesetzt hat. Eine solche Strategie ist etwa mit dem Begriff des Vertrauens verbunden. Im Detail sind beide Projekte hier allerdings zu abweichenden Einschätzungen gelangt. Während das erkenntnistheoretische Projekt die Position vertreten hat, dass es prinzipiell möglich ist, KI-Systemen zu vertrauen (S. 153), hat das ethische Projekt argumentiert, dass dies nicht möglich sei (S. 161). Dieser Dissens beruht wohlgemerkt nicht auf divergierenden Einschätzungen bezüglich der technischen Zuverlässigkeit von KI-Systemen. Vielmehr geht es darum, wie das Konzept des Vertrauens aufzufassen ist und ob seine Anwendung auf die Beziehung zu KI-Systemen eine Art Kategorienfehler involviert oder nicht. Ersteres hat das ethische Projekt mit der These vom interpersonalen Charakter des Vertrauens beantwortet, letzteres ist vom erkenntnistheoretischen Projekt vertreten worden, und zwar mit Verweis auf die Vielschichtigkeit des Vertrauensbegriffs, die auch nicht-interpersonale Variationen umfasse. Wir betrachten es keineswegs als Nachteil oder Schwäche dieses Buches, beide Einschätzungen nebeneinander stehen zu sehen. Wir können diese Diskrepanz vielmehr zum Anlass nehmen zu betonen, dass viele der in diesem Buch angesprochenen Fragen offen sind, rationale Meinungsverschiedenheiten zulassen und weiterer Untersuchungen bedürfen.

Auch für die juristische Bewertung schließlich ist die epistemische Dimension essentiell. Das betrifft etwa Fragen der medizinischen Aufklärungserfordernisse (S. 211ff.), des Rechts auf Nichtwissen (ebd.), der ärztlichen Schweigepflicht (S. 117) oder des Datenschutzes (S. 109ff.). Aus erkenntnistheoretischer Sicht ist es interessant zu sehen, wie viele der aus der epistemologischen Diskussion vertrauten Aspekte einer präzisen rechtlichen Regelung zugeführt werden können. Auch wenn die normative Perspektive der Epistemologie durchaus vertraut ist (auch sie stellt Fragen des Typs *Wie sollten wir uns in dieser oder jener Situation epistemisch verhalten?* oder *Welche epistemischen Verhaltensweisen sind rationalerweise geboten?*), so ist sie doch kaum mit dem Erfordernis konfrontiert, verbindliche Normen festzulegen. Sie kann gut mit einer Vielfalt nebeneinanderstehender Einschätzungen leben und diese sogar als praktizierten wissenschaftlichen Pluralismus begrüßen. Das Recht dagegen muss sich festlegen. Da jedoch die Gesetzestexte wiederum auslegungsbedürftig sind und nicht immer unstrittig ist, wie sie in der juristischen Praxis auf konkrete Fälle anzuwenden sind, kommt an dieser Stelle doch wieder die Möglichkeit einer Pluralität von Deutungen ins Spiel, die gegeneinander abgewogen werden müssen, und es ist spannend, das juristische Teilprojekt beim Vornehmen dieser Abwägungen zu beobachten.

Dieser abschließende Abschnitt des Buches bietet auch die Gelegenheit, auf die Arbeit unseres interdisziplinären Verbundes generell noch einmal einen reflektierenden Blick zurückzuwerfen. Ein interdisziplinärer Forschungsverbund ist selbst ein epistemisches System. Insofern fällt er gewissermaßen selbst in den Gegenstandsbereich der Erkenntnistheorie, insbesondere der Wissenschaftstheorie, die sich als eine ihrer Subdisziplinen auffassen lässt. Nun liegt deren Fokus traditionell eher auf der allgemeinen Wissenschaftstheorie, in der generelle Aspekte untersucht werden, die für alle wissenschaftlichen Disziplinen charakteristisch sind (vgl. z.B. Kuipers 2007). In gewissem Maße existieren auch Wissenschaftstheori*en* im Plural, die die jeweiligen Besonderheiten einzelner Disziplinen untersuchen (vgl. z.B. Lohse/Reydon 2017). Demgegenüber steht das Thema *Interdisziplinarität* weniger im Mittelpunkt der Aufmerksamkeit. Gleichwohl hat die Erkenntnis- bzw. Wissenschaftstheorie auch dazu einiges zu sagen (vgl. z.B. Mäki/MacLeod 2016).

Interdisziplinarität ist einerseits ein viel beschworenes Buzzword, das einen festen Platz in öffentlichen Diskursen, wissenschaftspolitischen Sonntagsreden und nicht zuletzt dem wissenschaftlichen Antragswesen einnimmt. Andererseits stehen seiner Realisierung in der Praxis oft bedeutsame Hindernisse gegenüber. Einige davon sind im wissenschaftlichen Anreizsystem begründet. Wissenschaftliche Karrieren gelingen oder scheitern in aller Regel innerhalb der gewachsenen disziplinären Strukturen. Maßgeblich für den Erfolg sind typischerweise Publikationen in möglichst renommierten Journalen, die normalerweise eine klare disziplinäre Ausrichtung haben. Im Zweifelsfall bekommt dadurch eher diejenige Person eine gute Position, die sich durch entsprechende Veröffentlichungen ein klares Profil im Rahmen der paradigmatischen Tradition ihrer jeweiligen Disziplin erworben hat, wohingegen jene, die sich in interdisziplinären Kollaborationen „aufgerieben" haben, das Nachsehen haben.

In diesem Zusammenhang muss berücksichtigt werden, dass interdisziplinäres Arbeiten aufwändig ist und schwierige wechselseitige Übersetzungsleistungen voraussetzt. Die interdisziplinär kooperierenden Personen besitzen zwar Expertise für ihre eigenen Disziplinen, sind aber in der Regel Laien in den anderen beteiligten Fächern. Das Verhältnis dieser Personen untereinander ist damit dem typischen Arzt-Patienten-Verhältnis gar nicht so unähnlich, das wir anhand des Beispiels von Herrn Müller als Instanz eines Experten-Laien-Verhältnisses analysiert hatten (S. 38ff. und S. 199ff.). Hier wie da besitzen die einen für ihr Spezialgebiet Wissen, das für die anderen „esoterischen" Charakter hat, und zwar in epistemischer, semantischer und justifikatorischer Hinsicht. Mit anderen Worten kennen sie die Wahrheitswerte von Propositionen aus diesen Spezialgebieten nicht (epistemisch esoterisch), können diese Propositionen aufgrund der Verwendung von speziellem technischem Vokabular oft noch nicht einmal verstehen (semantisch esoterisch) oder können die Begründungen nicht nachvollziehen, die ihnen unter Umständen dafür gegeben werden (justifikatorisch esoterisch). Gleichwohl ist die wechselseitige Kommunikation und der Wissenstransfer in beiden Fällen essentiell: im Falle der Arzt-Patienten-Kommunikation als Voraussetzung einer informierten Zustimmung und des angestrebten *shared decision making*; im Falle interdisziplinärer Projekte als Voraussetzung einer produktiven Kollaboration, die einen Mehrwert für alle unmittelbar Beteiligten sowie sonstige Stakeholder und das allgemeine Publikum hat. Dass die Kommunikation und der Wissenstransfer vollumfänglich gelingen, ist damit freilich nicht garantiert. Aber gerade im Hinblick auf das Ausmaß der zu bewältigenden Herausforderungen lässt sich vielleicht auch ein weniger als vollumfängliches Gelingen bereits als Erfolg werten. Das gilt umso mehr, als die Vermittlung esoterischer Wissensbestände auf beiden Seiten des Transfers besondere Fähigkeiten und so etwas wie kognitive Empathie und bestimmte epistemische Tugenden voraussetzt, die kultiviert und eingeübt werden müssen. Vor diesem Hintergrund lassen sich interdisziplinäre Projekte vielleicht nicht zuletzt *auch* als eine Art Testfall und Übungsfeld für das Experten-Laien-Verhältnis und so etwas wie Wissenschaftskommunikation allgemein interpretieren.

Die Bezeichnung der Interdisziplinarität als „Buzzword“ und die Betonung der mit ihr einhergehenden Probleme soll keineswegs als Geringschätzung oder als Aufforderung aufgefasst werden, sie im Zweifelsfall lieber sein zu lassen. Im Gegenteil: An den gesellschaftlichen Herausforderungen, die uns aktuell begegnen oder in der jüngeren Vergangenheit begegnet sind – vom Klimawandel über die Corona-Krise bis hin zu den disruptiven Auswirkungen des Aufkommens von KI und anderen neuen Technologien –, lässt sich mit besonderer Deutlichkeit die Notwendigkeit interdisziplinärer Zugänge erkennen, die sich aufgrund der Vielschichtigkeit dieser Herausforderungen ergibt. Wie effektiv sind mögliche Maßnahmen, etwa zur Bekämpfung des Klimawandels oder einer Pandemie? Mit welchen Kosten gehen sie einher? Welche unintendierten Nebenfolgen haben sie unter Umständen in den unterschiedlichsten Bereichen? Mit welchen Unsicherheiten sind die jeweiligen Prognosen von Effekten und Nebenfolgen verbunden? Und wie lassen sich die verschiedenen Prognosen und möglichen Maßnahmen unter Berücksichtigung der mit ihnen einhergehenden Unsicherheiten in Beziehung setzen und gegeneinander abwägen? Derartige Fragen lassen sich nicht durch einzelne Disziplinen beantworten, auch nicht durch ein bloßes Nebeneinander mehrerer Disziplinen, sondern nur durch eine genuin interdisziplinäre Integration unterschiedlicher Wissensbestände.

Eines der Hauptmerkmale des Fortschritts der Wissenschaft ist ihre fortwährende disziplinäre Ausdifferenzierung und die damit verbundene Spezialisierung. Inzwischen haben sich weit mehr als 10.000 Spezialbereiche (sogenannte *specialties*) herausgebildet (Stichweh 2014). Die Kehrseite dieses Fortschritts ist, dass sich die für Einzelindividuen bewältigbaren Expertisebereiche im Verhältnis zum insgesamt existierenden Wissen zunehmend verkleinern. Vor diesem Hintergrund schreibt Wray (2005, 160):

> „With the creation of a new scientific specialty the expertise of individual scientists narrows. As a consequence, scientists are increasingly required to depend upon and trust the findings of those who work in other specialties. This increasing dependence that characterizes contemporary science is one of the principal costs of specialization in science."

Dieser Befund macht die epistemische Arbeitsteilung – die *cognitive division of labor*, wie Philip Kitcher (2011) sie nennt – zu einem essentiellen Aspekt, geradezu einer Gelingensbedingung der innerwissenschaftlichen Kommunikation. In dem Maße freilich, in dem Zweifel bestehen, ob sie in hinreichendem Maße realisiert werden kann, scheint das Projekt der Wissenschaft insgesamt infrage zu stehen. Jedenfalls ist von einigen Autoren die pessimistische Auffassung artikuliert worden, dass uns die „Hyperspezialisierung" zugleich in ein Zeitalter der Verdunklung und Antiaufklärung („Endarkenment") führt (Millgram 2015).

Besonders interessant für unseren Kontext ist, dass sich eine mögliche Lösung gerade durch KI ergeben könnte, zumindest nach Einschätzung einiger Autoren (vgl. z.B. Krenn et al. 2022). Gerade die in den letzten Jahren aufgekommenen Large Language Models haben eine erstaunliche Leistungsfähigkeit unter Beweis gestellt, im Unterschied zu den hochspezialisierten menschlichen Experten Wissensbestände aus verschiedensten Expertisebereichen zu meistern und in Beziehung zu setzen. Sie sind in der Lage, die gesamte wissenschaftliche Literatur aller Disziplinen und in allen Sprachen systematisch auszuwerten und beispielsweise im Hinblick auf das Vorkommen von Paralleldebatten zu analysieren (also das Phänomen, dass in verschiedenen Disziplinen Diskussionen zu gleichartigen oder zumindest ähnlichen Fragekomplexen geführt werden, ohne dass es über die Disziplinen hinweg eine wechselseitige Kenntnisnahme geben würde). KI-Systeme könnten auch dabei helfen, bestimmte Pfadabhängigkeiten in der akademischen Wissensproduktion zu korrigieren, die dadurch zustande kommen, dass manche Publikationen aus teilweise kontingenten Gründen (wie dem sogenannten Matthäus-Effekt, d.h. dem Phänomen, dass gegenwärtige Erfolge mehr durch frühere Erfolge und weniger durch aktuelle Leistungen entstehen) einen übermäßigen Einfluss auf die nachfolgende Fachdebatte in einer Disziplin ausüben, während andere, konzeptionell, methodisch oder empirisch innovativere Publikationen unbeachtet bleiben. Um solchen Publikationen die ihnen gebührende Würdigung zukommen zu lassen, könnten in Zukunft Large Language Models die existierende Literatur unter Ausblendung von Zitationszahlen oder sonstigen klassischen szientometrischen Indikatoren nur mit Blick auf inhaltliche Kriterien systematisch durchsuchen (Fuller 2024). Es steht also wohl zu erwarten, dass uns KI in Zukunft nicht nur weiterhin als *Gegenstand* interdisziplinärer Forschung beschäftigen wird, sondern womöglich in zunehmendem Maße auch als neuartiges *Forschungsinstrument.*

## *5.3 Medizinethik*

Kathi Beier und Martin Hähnel

Das Fruchtbare an interdisziplinärer Arbeit ist, dass die Beteiligten von den wissenschaftlichen Perspektiven der anderen lernen können. Da Soziologie, Epistemologie, Rechtswissenschaft und Ethik je verschiedene Aspekte der Wirklichkeit auf je verschiedene Weise beleuchten, führt die gemeinsame Auseinandersetzung dazu, dass der jeweils eingeschränkte Blickwinkel durch die Perspektive der anderen erweitert werden und sich die eigene Disziplin im Licht der anderen reflektieren kann. Man lernt also im besten Falle etwas über die eigene Wissenschaft, über die anderen Wissenschaften und über die Welt. Das kann für die Frage, wie wir mit KI in der Medizin verantwortlich umgehen können, nur gut sein. Denn wie die Ausführungen in Kapitel 4 hoffentlich deutlich gemacht haben, geht es hier um entscheidende Weichenstellungen. Unter welchen Bedingungen trägt der Einsatz von KI in Medizin und Pflege zum Wohle der Patient:innen bei? Wem kommt bei der Integration von KI-Technologien in die klinische Praxis welche Verantwortung zu?

Die vier an diesem Projekt beteiligten Disziplinen betrachten diese Fragen aus unterschiedlichen, teils sich ergänzenden, teils miteinander konkurrierenden Blickwinkeln. Während Wissenschaften wie die Soziologie und Teile der Erkenntnistheorie eher beschreibend vorgehen, nehmen Rechtswissenschaft und Ethik von vornherein einen normativen Standpunkt ein. Beides ist für die Klärung der Verantwortungsfrage wichtig. Und während Ethik, Epistemologie und Rechtswissenschaft vor allem auf die Verantwortlichkeiten einzelner Subjekte und Individuen schauen, nimmt die Soziologie die organisationalen Strukturen und zwischenmenschlichen Beziehungen in den Blick. Beides trägt dazu bei, Verantwortung richtig zu verstehen. In unserem Querkommentar wollen wir deshalb deutlich machen, was wir über einen verantwortungsvollen Umgang mit KI in der Medizin aus den Überlegungen der anderen drei Disziplinen gelernt haben, und zwar sowohl über den Einsatz medizinischer KI als auch über die anderen drei Disziplinen sowie über unsere eigene Wissenschaft.

a) Zum soziologischen Teilprojekt

Ein Krankenhaus ist ein hochkomplexes soziales Gefüge. Hier arbeiten verschiedene Abteilungen neben- und miteinander, und in den Abteilungen treffen verschiedene Personengruppen aufeinander: Ärzt:innen in unterschiedlichen Funktionen und Ausbildungsgraden, Pflegefachpersonen, Patient:innen, deren Angehörige etc. Zudem stehen Krankenhäuser und Kliniken untereinander in einem Verhältnis, oft in einem Wettbewerbsverhältnis. Den Blick auf, in und hinter diese sozialen und organisationalen Strukturen stellt das soziologische Teilprojekt scharf. Damit beleuchtet es die Arbeitszusammenhänge und -abläufe, in die KI integriert werden soll. Ein besseres Verständnis dieser Strukturen ist grundlegend für die Beantwortung der Frage, wie die Integration der KI hier auf verantwortungsvolle Weise erfolgen kann. Denn KI, so kann man aus den soziologischen Überlegungen lernen, verändert die Arbeitsstrukturen und damit die sozialen Beziehungen auf zum Teil erhebliche Weise. Sicher, solange es Medizin gibt, gibt es Medizintechnik, die das Verhältnis sowohl zwischen den Ärzt:innen und den Pflegenden als auch zwischen diesen und den Patient:innen mitbestimmt; und diese Technik unterliegt ständigen Veränderungen. Mit der Einführung von KI erfahren die genannten Beziehungen aber eine neue, substantielle Transformation. Es scheint uns das große Verdienst des soziologischen Teilprojekts zu sein, diese Transformationen in aller Klarheit und Konsequenz vor Augen zu stellen.

Interessant ist aus unserer Sicht zunächst, wie der Einsatz der KI den Blick auf die Patient:innen verändert. Sie bekommen beispielsweise nun einen „digital double", also einen digitalen Zwilling (vgl. Kap. 4.2.1, S. 83-85), der mehr oder weniger an die Stelle des echten Menschen tritt, weil er die für die Behandlung und Versorgung relevanten Informationen in besser verarbeitbarer und zugänglicher Form enthält. Anders ausgedrückt: Patient:innen werden „datafiziert" und damit reduziert auf messbare und standardisierte Variablen. Diese Reduktion auf eine Datenstruktur, die, wie es heißt, „nur als Spektrum des technisch Verarbeitbaren existiert" (vgl. Kap. 4.4.1, S. 197), steht offenkundig im Widerspruch zum Versprechen der KI-Hersteller, für eine Personalisierung in der Medizin zu sorgen, d.h. für eine Präzisierung der Behandlung, die dadurch möglich werde, dass man nun noch besser auf spezifische Eigenschaften von Patient:innen eingehen könne. Die Spannung zwischen Datafizierung und technischer Standardisierung auf der einen Seite und der vermeintlichen Personalisierung in der medizinischen Versorgung auf der anderen Seite lässt sich zugespitzt in folgende Frage umformulieren: Wer wird eigentlich durch den Einsatz von KI behandelt und versorgt, die Patientin oder ihr digitaler Zwilling? Auch in anderen Hinsichten droht die Gefahr, Patient:innen nicht mehr vorrangig als lebende und bedürftige Subjekte in für sie zum Teil existentiellen Not- und Ausnahmesituationen wahrzunehmen, sondern immer öfter als Objekte. So werden sie rein von den Arbeitsabläufen im klinischen Betrieb mehr oder weniger dazu gezwungen, sensible Daten preis- und in digitale Systeme einzugeben, um überhaupt behandelt werden zu können (vgl. Kap. 4.2.1, S. 85) – Daten, deren digitale Verwendung und Verarbeitung für die Patient:innen meist nicht mehr transparent ist, und Systeme, die alles andere als sicher sind. Das ist auch aus ethischer Sicht eine höchst bedenkliche Praxis. Zudem werden Patient:innen mit KI-Technologien wie Tablets, Chatbots und *Wearables* konfrontiert, wo sie bisher mit Menschen zu tun hatten, nämlich bei der Aufnahme, der Aufklärung und der Nachversorgung. Auch das kann man als eine Form der Verobjektivierung verstehen, insofern der menschliche Kontakt eingeschränkt und durch Maschinen ersetzt wird.

Letztere, die KI in der Nachversorgung, macht einen weiteren Trend sichtbar, der in der Soziologie als „Individualisierung" bezeichnet wird: den Trend, die Verantwortung für die Genesung und Gesundheit von den medizinischen Institutionen wegzunehmen und in die Hände der Patient:innen und ihrer Angehörigen zu legen (vgl. 4.5.1, S. 224-225). Hier gilt es, sich begrifflich nicht verwirren zu lassen. Das Wort Individualisierung ähnelt zwar dem Begriff der Subjektivierung und scheint damit das Gegenteil von (Ver-)Objektivierung zu sein; normativ betrachtet ist sie aber tatsächlich bloß eine Form davon: Denn die in die Eigenverantwortung entlassenen Patient:innen werden als etwas betrachtet, das man aus klinischer Sicht offenbar als Kostenfaktor betrachtet und besser loswerden und in die

Obhut von anderen bzw. von Geräten geben sollte. Im Gegensatz dazu bedeutet Subjektivierung tatsächlich das Gegenteil von (Ver-)Objektivierung, nämlich einen Fokus auf die spezifischen Eigenschaften einer Person bzw. eines Subjekts. In diesem Sinne ist etwa im Kontext der Diskussion der ePROS davon die Rede, dass die Fragebögen erst „objektiviert", also von subjektiven Merkmalen der Person, deren Daten sie sind, bereinigt werden müssen, um technisch verarbeitbar und interpretierbar zu sein (vgl. Kap. 4.3.1, S. 142, und Kap. 4.5.1, S. 228).

KI verändert daneben natürlich auch die Arbeitsabläufe der Ärzt:innen und folglich deren Beziehungen zur eingesetzten Technik, zueinander und zu den Patient:innen. Auch das macht das soziologische Teilprojekt sehr schön deutlich. Das Urteil einer KI, die z.B. Metastasen erkennt, ist eben *nicht* wie die Meinung, die man sich von einer Kollegin oder einem Kollegen einholt. Es ist ein maschinell erzeugtes Ergebnis, das die Ärzt:innen vor etliche neue Herausforderungen stellt. So müssen sie die hinter der KI liegende Technik gut verstehen, um die von der KI produzierten Ergebnisse richtig interpretieren zu können. Zusätzlich zu anderen Voreingenommenheiten (*biases*) müssen sie vor allem dem sogenannten *automation bias* widerstehen, d.h. sie müssen der KI vertrauen, dürfen ihr aber auch nicht zu sehr vertrauen. Zudem macht es einen Unterschied, ob sie die KI vor oder nach ihrer eigenen Urteilsfindung zu Rate ziehen – beides stellt sie vor jeweils andere Probleme. Anders als bei ihren Kolleg:innen können sie die Maschine meist nicht um eine Erklärung für das von ihr gelieferte Ergebnis bitten; sie können das Ergebnis aber auch nicht einfach ignorieren, sondern müssen es, auch in der Begründung und Rechtfertigung gegenüber Kolleg:innen und Patient:innen, in ihre Bewertung miteinbeziehen. Und bei aller Auseinandersetzung mit der Technik dürfen sie die Patient:innen nicht vergessen, insbesondere ihre emotionalen und kommunikativen Bedürfnisse, die in der Regel nicht durch den Einsatz von Technik, sondern nur durch persönlichen Kontakt befriedigt werden können. Kurz gesagt: Der Einsatz von medizinischer KI wirkt sich unmittelbar auf das Anforderungsprofil des Klinikpersonals aus; neben neuem Wissen müssen auch neue Kompetenzen und Fähigkeiten (*skills*) erworben werden, ohne dass dabei bisher erworbene essentielle Fähigkeiten für die Versorgung von Patient:innen verlorengehen. Anders als es in der soziologischen Betrachtung nahegelegt wird, ist uns jedoch der Unterschied zwischen Kompetenzen und Fähigkeiten nicht deutlich (vgl. Kap. 4.3.1; S. 151-152). Wir denken, dass die beiden Begriffe in diesem Kontext schlicht synonym sind.

Der ethische Blick auf Verantwortung ist oft auf die Frage individueller Verantwortungszuschreibung gerichtet. Wir lernen von der Soziologie, dass es auch für die Ethik, vor allem aber für die Frage nach einem verantwortungsvollen Umgang mit medizinischer KI im Allgemeinen hilfreich ist, das soziotechnische Zusammenspiel aller beteiligten Verantwortungsträger zu verstehen.

b) Zum erkenntnistheoretischen Teilprojekt

Ethik und Erkenntnistheorie (oder auch Epistemologie) sind zwei Teildisziplinen der Philosophie. Insofern sind sie sich näher als Ethik und Soziologie oder Ethik und Rechtswissenschaft. Als philosophische Teildisziplinen sind sie jedoch in relevanter Hinsicht verschieden voneinander. Eine Weise, diesen Unterschied zu fassen, findet sich bei Aristoteles, also in der griechischen Antike. Im sechsten Buch seiner *Nikomachischen Ethik* (EN) erklärt er, dass es zwei Arten des Denkens gibt, nämlich praktisches und theoretisches (vgl. Aristoteles, EN VI 2). Wörtlich übersetzt ist *theoretisches Denken* betrachtendes Denken. Es zielt Aristoteles zufolge auf das Wissen oder Erkennen (griechisch: *epistēmē*) des Wahren und Falschen ab, genauer gesagt auf die ewigen Wahrheiten bzw. das, was mit Notwendigkeit ist (EN VI 3). Theoretisches Denken verknüpft Wissen bzw. Erkenntnisse durch Induktion oder Deduktion, wobei die Ergebnisse solcher Schlüsse, insofern sie gültige Schlüsse sind, wiederum Wissen oder Erkenntnis sind. Anders gesagt: Theoretisches Denken bleibt im Feld des Betrachtens. Demgegenüber ist *praktisches Denken* nicht auf das bloße Betrachten aus, d.h. nicht allein auf die Gewinnung neuen Wissens und neuer Erkenntnisse, sondern auf das Handeln. Praktisches Denken wird angetrieben von der Frage, was für die praktisch nachdenkende Person hier und jetzt zu tun gut ist, d.h. was sie unter den gegebenen Umständen tun sollte. „Ziel ist das gute Handeln (*eupraxia*)“, schreibt Aristoteles, „und das Streben richtet sich auf dieses.“ (EN VI 2: 1139b4). Wer praktisch denkt, geht also über das Feld der Betrachtung hinaus, insofern das Ergebnis des Denkens, sein eigentlicher Zweck, nicht wieder nur ein Wissen oder eine Erkenntnis ist, sondern eine Handlung. Eine praktisch denkende Person will die Welt nicht so lassen, wie sie ist, sondern sie durch ihr Handeln verändern. In der neueren Philosophiegeschichte ist das – teils mit Verweis auf Aristoteles – auch mithilfe des Gedankens einer je verschiedenen „direction of fit“ (Anpassungsrichtung) beschrieben worden (vgl. Searle 1983, S. 7; Anscombe 1957, S. 56-61): Während wir im theoretischen Denken versuchen, unsere Vorstellungen an die Welt anzupassen (*mind-to-world direction of fit*), passen wir durch praktisches Denken die Welt unseren Vorstellungen an (*world-to-mind direction of fit*). Vor diesem Hintergrund wird verständlich, warum Ethik zur praktischen Philosophie gehört, Erkenntnistheorie bzw. Epistemologie dagegen zur theoretischen Philosophie.

Der Unterschied zwischen beiden Teildisziplinen liegt also nicht etwa in der Normativität begründet, denn auch in der Erkenntnistheorie sind normative Aussagen zu finden. Das wird in den Betrachtungen des erkenntnistheoretischen Teilprojekts deutlich, wenn von epistemischen Rechten und Pflichten die Rede ist, von epistemischen Tugenden und Lastern oder auch von epistemischen Ungerechtigkeiten. Es verwundert daher auch nicht, dass es in den Kommentaren zum Patientenweg von Herrn Müller thematische Überschneidungen zwischen der erkenntnistheoretischen und der medizinethischen Perspektive gibt.

Die erkenntnistheoretischen Überlegungen zum Fallbeispiel scheinen uns vor allem in zweifacher Hinsicht wertvoll zu sein. Zum einen liefern sie wichtige Hintergründe zu ganz zentralen und grundlegenden medizinischen Begriffen, etwa zu Krankheit und Gesundheit oder zum Verhältnis von Ärzt:in und Patient:in – Begriffe, über die wir uns auch ohne KI in der Medizin Klarheit verschaffen sollten. Zum anderen vertiefen sie das Verständnis medizinischer KI und die mit dieser Technologie verbundenen spezifischen epistemischen Herausforderungen. Dabei setzt dieser zweite Punkt den ersten voraus. Daher richten sich auch unsere folgenden Bemerkungen an dieser Reihenfolge aus.

Sehr aufschlussreich finden wir die Überlegungen zur Definition der Begriffe Krankheit und Gesundheit in Kap. 4.5.2.1. Die Humanmedizin ist darauf ausgerichtet, die Gesundheit von Menschen (wieder-)herzustellen. Es ist aber offenbar nicht einfach zu bestimmen, was Gesundheit hier eigentlich bedeutet. Die WHO-Definition ist zu anspruchsvoll. Der Versuch wiederum, Gesundheit schlicht als Abwesenheit von Krankheit zu verstehen, ist eine Verkürzung – und wohl auch eine Verkehrung der ontologischen Ordnung, da Krankheit der abweichende, negative Fall ist, also ganz allgemein als Abwesenheit von Gesundheit verstanden werden sollte. Der Rückgriff auf Gadamer scheint hier deshalb erhellend zu sein (vgl. S. 233). Dessen phänomenologische Charakterisierung dieser Begriffe macht einerseits deutlich, dass sich Krankheit und Gesundheit wechselseitig ausschließen, also konträre Begriffe sind: entweder, bestimmte Befindlichkeiten „drängen sich auf", oder sie sind „verborgen". Es kann nicht beides gleichzeitig der Fall sein. Andererseits lässt sie Raum für die Tatsache, dass Gesundheit ein idealer Zustand ist – und in dieser

Hinsicht ein Extrem darstellt – und es Grade des Nicht-ganz-Gesunden gibt. Herr Müller, der nach seiner Behandlung zur Rekonvaleszenz nach Hause entlassen wird, bewegt sich offenbar in diesem Zwischenbereich, d.h. im Spektrum zwischen „nicht mehr krank", insofern seine körperlichen Dysfunktionen behoben wurden, und „noch nicht vollständig gesund", insofern sich ihm seine körperlichen Befindlichkeiten noch zu sehr aufdrängen. Obwohl also Gadamers Überlegungen hilfreich sind, sollte man nicht vergessen, dass sie eigentlich auf eine andere Frage antworten als die beiden erwähnten Versuche, Gesundheit zu definieren – derjenige, der in einer verkürzten Definition endet, und der der WHO. Denn während letztere Gesundheit *ontologisch* zu bestimmen versuchen, d.h. eine Antwort auf die Frage geben wollen, was Gesundheit und was Krankheit *ist*, ist Gadamers Beschreibung phänomenologisch motiviert, d.h. auf die Frage gerichtet, wie man Krankheit und Gesundheit *erfährt*. Diese Frage wiederum kann man von der *epistemologischen* Perspektive unterscheiden, die danach fragt, wie man *erkennt*, ob jemand gesund oder krank ist. Vielleicht ist es irgendwie möglich, von der Phänomenologie her zur Ontologie „durchzustoßen" – das glauben zumindest viele Phänomenolog:innen. Aber zunächst einmal verfolgen sie unterschiedliche Ansätze. Insofern der Phänomenologie, der Erkenntnistheorie und der Ontologie verschiedene Fragestellungen zugrunde liegen, ist eine Antwort auf die phänomenologische Frage also (noch) keine Antwort auf die ontologische Frage.

Ist Medizin eine Kunst bzw. ein Handwerk (griechisch: *technē*) oder eine Wissenschaft (*epistēmē*)? Oder beides zugleich – und zwar zu gleichen Anteilen und in gleicher Gewichtung? Auch diese Frage aus Kap. 4.2.2.2 ist grundlegend und zentral; sie wird heute auch aus ethischer Sicht wieder viel diskutiert (vgl. Ringkamp/Wittwer 2018). Das erkenntnistheoretische Teilprojekt spricht von einem „Doppelcharakter" der Medizin (vgl. Kap. 4.2.2.2, S. 92), da sie beides umfasse, die klinische Praxis bzw. Heilkunst und die medizinisch-wissenschaftliche Forschung. Im Lichte der oben erwähnten Überlegungen des Aristoteles zur Unterscheidung von Ethik und Erkenntnistheorie lässt sich dieser Doppelcharakter etwas genauer ausbuchstabieren – und zu einer dominanten Seite hin auflösen. Der Wissenschaft geht es, wie wir sahen, um Wissen und Erkenntnis. Wissenschaftler:innen betreiben theoretisches Denken, da sie vornehmlich an der Betrachtung interessiert sind und nicht daran, wie man das Erkannte handelnd oder herstellend umsetzt.[271] Medizinische Forschung ist eine Wissenschaft in diesem Sinne. Als solche dient sie jedoch einem spezifischen Zweck, nämlich der Verbesserung der Methoden der Heilkunst. Und diese ist auf das (Wieder-)Herstellen der Gesundheit von Menschen gerichtet, also gerade nicht auf bloße Betrachtung, sondern auf ein Tun und damit auf eine Veränderung der Welt. Das Heilen von Menschen, genauer: von diesem und jenem ganz bestimmten Menschen, z.B. von Herrn Müller, ist das letzte Ziel der Medizin. Weil die Art einer Tätigkeit von ihrem jeweiligen Ziel her zu verstehen ist, folgt daraus, dass Medizin im Kern eine wissenschaftlich gestützte *Kunst* ist, die Kunst, Menschen zu heilen, d.h. ihnen zur Gesundheit zu verhelfen. Medizinische Forschung steht im Dienst dieses Zweckes.

Weil es in der Medizin um die Heilung und Behandlung konkreter Menschen geht, haben diese, die Patient:innen, bestimmte Rechte, denen auf der Seite des medizinischen Personals bestimmte Pflichten korrelieren. In der Medizinethik begründen sich solche Rechte aus dem Prinzip der „Patientenautonomie". Insofern Patient:innen selbstbestimmte Personen sind, dürfen sie auch mitbestimmen, wenn es um ihre medizinische Behandlung geht. Sie dürfen etwa erwarten, über zu ergreifende Maßnahmen umfassend informiert zu werden, d.h. sie haben ein Recht auf Wissen. Zugleich schließt das Prinzip der Patientenautonomie aber auch ein Recht auf Nichtwissen ein, wie in Kap. 4.3.2.2 erläutert wird (vgl. S. 157). Patient:innen können und dürfen es ablehnen, Informationen zu erhalten, die das ärztliche Personal über ihren Zustand hat. Das kann in der Praxis zu allerlei Problemen führen, z.B. zu Dilemma-Situationen oder Formen des Paternalismus, wie das erkenntnistheoretische Teilprojekt deutlich macht. Die Probleme verstärken sich, wenn neue Technologien ins Spiel kommen, die neues Wissen erzeugen. In der Medizinethik wurden diese und ähnliche Probleme u.a. mit Blick auf Pränataldiagnostik diskutiert (vgl. u.a. Rehmann-Sutter 2021). Müssen Ärzt:innen werdende Eltern über mögliche Gendefekte ihres Kindes informieren? Oder haben Eltern ein Recht auf Nichtwissen? Hier scheint es starke Parallelen zwischen den Debatten zu geben, die man weiter ausloten sollte. In dieser Hinsicht gibt es also eine erste thematische Überschneidung zwischen Ethik und Erkenntnistheorie.

Damit sind wir bei den KI-spezifischen Überlegungen des epistemologischen Teilprojekts und bei einer zweiten thematischen Überschneidung der beiden philosophischen Teildisziplinen, dem Thema Vertrauen. In der

271 Zur Unterscheidung von Handeln (*praxis*) und Herstellen (*poiēsis*) vgl. Aristoteles, EN I 1 und VI 4.

erkenntnistheoretischen Betrachtung finden wir die These, dass gegenüber KI-Systemen „genuine Formen von Vertrauen" möglich sind (vgl. Kap. 4.3.2.1, S. 153). Das scheint im Widerspruch zu der von uns formulierten These zu stehen, dass Vertrauen „ein interpersonales Phänomen" sei, das sich „nicht auf das Kriterium der Verlässlichkeit eines Systems bei der Erfüllung seiner Funktion(en) reduzieren" lasse (vgl. Kap. 4.3.3.2, S. 161). Dafür spricht u.a., dass wir dann, wenn ein KI-System trotz vorhergehender Prüfung auf Zuverlässigkeit falsche oder verzerrte Ergebnisse liefert, nicht wirklich von einem Vertrauensverlust gegenüber der KI sprechen – oder selbst wenn wir das tun, der KI keine Vorwürfe machen und von ihr Rechenschaft fordern, was wir bei einem Vertrauensverlust gegenüber einer anderen Person unmittelbar tun. Die KI ist schlicht kein Adressat solcher Vorwürfe, weil sie uns in Ermangelung eines Willens nicht absichtlich belogen oder irregeführt hat. Rechenschaft fordern wir dann eher von ihren Entwickler:innen, Designer:innen, Nutzer:innen etc. – also von Menschen. Das zeigt, dass wir den Vertrauensbegriff nicht eins zu eins von der zwischenmenschlichen Beziehung auf die Mensch-Maschine-Beziehung bzw. das Verhältnis von Mensch und KI übertragen können. Es scheint uns nicht falsch zu sein, den Vertrauensbegriff auch in diesen Kontext zu benutzen. Aber unserer Meinung nach sind es tatsächlich keine „genuinen Formen von Vertrauen", die wir der KI entgegenbringen, wenn wir ihr vertrauen; es handelt sich hier eher um ein Vertrauen *sui generis*, ein Vertrauen ganz eigener Art, das in der Beziehung zur KI vorkommen kann – unterschieden sowohl vom Vertrauen, das wir anderen Personen gegenüber haben, als auch von unserem Vertrauen gegenüber Tieren. Doch diese Debatte wird innerhalb der Philosophie sicherlich noch lange und intensiv geführt werden.

Auch in einem zweiten Punkt stehen sich unterschiedliche Auffassungen gegenüber, nämlich bei der Frage, ob LLMs, wie sie Herr Müller etwa in Form eines Chatbots zur Patientenaufklärung nutzt, als Konversationspartner einzuschätzen sind (vgl. Kap. 4.4.2.1). Generative KI-Sprachmodelle, so hält das erkenntnistheoretische Teilprojekt fest, haben weder echte Überzeugungen noch kommunikative Intentionen (S. 198). Sie haben, so muss man deutlich sagen, eigentlich überhaupt kein Sprachverständnis, zu dem maßgeblich mentale Repräsentation gehört, kein Bewusstsein, kein Denken etc. Aber sie können sehr erfolgreich menschliche Kommunikation simulieren. Das kann in vielen Kontexten, etwa bei der Aufklärung von Herrn

Müller, nützlich sein.[272] Trotz der „phänomenologischen Ähnlichkeit" sollte man allerdings den Simulations-Charakter nicht aus den Augen verlieren. Der KI „Quasi-Behauptungen" zuzuschreiben oder von einer „Quasi-Kommunikation" zwischen Mensch und KI zu sprechen, wie es offenbar einige Philosoph:innen tun, hilft unserer Meinung nach hier nicht weiter. Im Gegenteil, es ist eher gefährlich, weil es relevante ontologische Unterschiede verwischt und so zu fatalen Missverständnissen führen kann. Einmal mehr erweist sich also der Unterschied von Ontologie und Erkenntnistheorie als essenziell.

c) Zum rechtswissenschaftlichen Teilprojekt

Das Verhältnis von Rechtswissenschaft und Ethik ist komplex. Auf der einen Seite sind sie sehr verschieden voneinander. Anders als die Ethik, die als philosophische Disziplin recht theoretisch arbeitet, betonen die am Projekt beteiligten Juristen zurecht, dass es der Rechtswissenschaft um die konkrete praktische Anwendbarkeit geht; sie ist eine „Gebrauchswissenschaft" (Kap. 4.1.4.1, S. 61). Ihre Normierungen gelten, sind sie einmal in Kraft getreten, derart, dass allen, die sie missachten, unmittelbar Sanktionen drohen. Das ist nicht einmal bei den normativen Leitlinien der Fall, um die sich die angewandte Ethik bemüht. Die Ethik kann und sollte zwar auf Probleme hinweisen und moralische Normen formulieren, sie kann aber nur darauf hoffen, dass dort, wo es nötig ist, ihre Erkenntnisse in konkrete Gesetze und rechtliche Bestimmungen Eingang finden. Das Recht dagegen macht verbindliche Vorgaben. Während beispielsweise die Medizinethik über veränderte Verantwortlichkeiten im Zuge der Einführung von KI nachdenkt, benennt das Recht konkrete Pflichten für Hersteller, Betreiber und Nutzer von KI-Modellen. Wie das rechtswissenschaftliche Teilprojekt deutlich macht, gibt es mittlerweile auf allen Ebenen – in der EU, auf Bundes- und auf Länderebene, im BGB, im SGB etc. – rechtliche Vorgaben mit Blick auf Datenschutz, Herstellung und Einsatz von KI in der Medizin. Das schafft idealerweise für alle Beteiligten Rechts- und damit Handlungssicherheit und sorgt für einen verantwortungsvollen Umgang mit KI im Gesundheitsbereich.

Das bedeutet allerdings nicht, dass die Medizinethik überflüssig wäre. Im Gegenteil: Viele rechtliche Normierungen bauen auf ethischen Überlegun-

272 Vgl. dazu auch die Diskussion um sogenannte „artificial companions", also künstliche Begleiter, die u.a. in Altenheimen und in der Demenz-Therapie eingesetzt und auch von jüngeren Menschen benutzt werden, um der Einsamkeit zu entkommen, etwa bei Weber-Guskar (2021) und (2024).

gen auf. Wenn z.B. in Art. 14 der KI-VO geregelt ist, dass die Personen, die medizinische KI einsetzen und nutzen, das jeweilige KI-System „angemessen", jedoch nicht „vollständig" verstehen müssen (vgl. Kap. 4.3.4.3, S. 172), dann folgt diese Regelung dem bekannten ethischen Prinzip „ultra posse nemo obligatur" – was man nicht leisten kann, dazu ist man auch nicht verpflichtet. Zugleich sorgt Art. 22 der DSGVO dafür, dass Patient:innen nicht einer Entscheidung unterworfen sind, die *allein* von einer KI getroffen wurde (vgl. S. 181). Auf das Prinzip der sogenannten „Meaningful Human Control", also der menschlichen Kontrolle und Aufsicht von KI-Anwendungen, hat die Ethik schon lange aufmerksam gemacht. Sie erkennt viele Probleme zuerst und kann darüber hinaus auch flexibler auf neue KI-Entwicklungen eingehen, während das Recht oft mit Verzögerung reagiert und reguliert.

Auf der anderen Seite zeigen die Ausführungen des rechtswissenschaftlichen Teilprojektes aber auch, wie nah sich Recht und Moral mitunter sind. Mit Blick auf KI in der Medizin scheint für beide Wissenschaften Verantwortung der Schlüsselbegriff zu sein. Und beide verknüpfen diesen Begriff sehr eng mit dem Gedanken des Risikos und der Forderung, wahrscheinliche Gefahren, die mit dem Einsatz von KI für Patient:innen einhergehen, zu erkennen und möglichst einzuschränken. Schadensvermeidung (*non-maleficence*) ist eines der Grundprinzipien in der Medizinethik (vgl. Kap. 4.1.3.2, S. 49); die Risikoethik als besondere ethische Theorie rückt immer mehr ins Zentrum moralphilosophischer Aufmerksamkeit (vgl. Nida-Rümelin 2005; Rath 2008, Nida-Rümelin et al. 2012). In ähnlicher Weise vertritt etwa die KI-VO einen risikobasierten Ansatz und legt Anbietern und Betreibern von KI-Systemen umso mehr rechtliche Vorgaben auf, je risikobehafteter die von ihnen verwendeten Systeme sind – bis hin zu einem vollständigen Verbot. Viele der im medizinischen Bereich eingesetzten KI-Modelle – auch die Anwendungen, mit denen Herr Müller in unserem Fallbeispiel zu tun hat – werden als Hochrisiko-KI eingestuft; ihren Herstellern, Betreibern und Nutzern werden deshalb besondere Sorgfaltspflichten auferlegt. Diese Pflichten gehen aus Rechten hervor bzw. korrelieren mit ihnen. Das Recht auf menschliche Aufsicht etwa, so lesen wir, gehöre „zur digitalen DNA der EU" (Zitat Gassner in Kap. 4.3.4.3, S. 171). Es legt den KI-Betreibern, also vor allem den Kliniken, nicht nur die Pflicht für eine entsprechende Schulung des medizinischen Personals auf, sondern mit Art. 27 KI-VO auch die Pflicht einer „Grundrechte-Folgenabschätzung".

Das Beispiel macht deutlich, dass es – entgegen einer weit verbreiteten Auffassung – eigentlich nicht vornehmlich die Sorge vor Haftung der

Ärzt:innen und Kliniken ist, um die es im Medizinrecht allgemein und bei der Regulierung von medizinischer KI im Besonderen geht, sondern dass vielmehr die Rechte und die Autonomie der Patient:innen im Mittelpunkt stehen. Das nationale Recht auf informationelle Selbstbestimmung etwa, so haben wir aus den juristischen Betrachtungen gelernt, ist ein Freiheitsrecht, vom Allgemeinen Persönlichkeitsrecht (Art. 2 Abs. 1 in Verbindung mit Art. 1 Abs. 1 GG) abgeleitet (Kap. 4.2.4.3.1, S. 113). Auch an vielen anderen Stellen wird deutlich, dass durch die Rechtsprechung die Patientenautonomie gestärkt werden soll. So geht die Aufklärungspflicht vor einem medizinischen Heileingriff und die Notwendigkeit der Einwilligung der Patient:innen in den Eingriff auf die im Grundgesetz verankerte Würde des Menschen (Art. 1 Abs. 1 GG) sowie die Freiheit der Person und das Recht auf körperliche Unversehrtheit (Art. 2 Abs. 2 GG) zurück (vgl. Kap. 4.4.4.1.2, S. 216). Daher ist auch die Frage, wann die Aufklärung ausführlich genug ist, allein von den Patient:innen abhängig, von ihrem jeweiligen Informationsbedarf und ihrem Gefühl des Vertrauens. Dem Schutz der Persönlichkeitsrechte der Patient:innen dient zudem die Limitierung der Nutzung von Patientendaten. Hier droht allerdings ein Rechte- bzw. Wertkonflikt, denn dem Schutz der Patientendaten steht der Wert der „Freiheit der Forschung" gegenüber: Es ist im Interesse des Gemeinwohls, gute medizinische KI zu entwickeln; dafür sind viele, gut aufbereitete Patientendaten nötig, mit denen die KI-Modelle trainiert werden können. Die Nutzung pseudonymisierter Daten ist folglich, unter Maßgabe der Einhaltung aller weiteren Anforderungen der rechtlichen Erlaubnis, möglich – auch wenn eine Patient:in dieser Nutzung nicht ausdrücklich zugestimmt hat. Werte und Wertekonflikte sind ein zentrales Thema der Ethik. Um solche und andere Wertekonflikte rund um den Einsatz von KI in der Medizin zu erkennen, zu reflektieren und gegebenenfalls zu lösen, sollten Ethik und Rechtswissenschaft eng zusammenarbeiten.

## *5.4 Rechtswissenschaft*

Timo Rademacher und Raphael Schaarschmidt

Der technologisch in weiten Teilen noch auf futuristisch anmutende Szenarien gestützte Fall des Herrn Müller berührt eine Vielzahl von rechtlichen Grundlagenfragen in jedem Stadium der Behandlung, die geradezu dazu einladen, ja dazu verpflichten, mithilfe nachbarwissenschaftlicher Erkenntnisse beantwortet zu werden.

Bevor wir uns aber der Kommentierung der anderen Teilprojekte zuwenden, möchten wir zunächst einen kleinen Selbstkommentar voranstellen: Die von uns an vielen Stellen mehr oder weniger offen kritisierte Komplexität des geltenden Rechts, v.a. des Rechts der Europäischen Union, soll keine Fundamentalkritik darstellen. Schon gar nicht wollen wir die Sinnhaftigkeit einer gemeineuropäischen Lösung der anstehenden Fragen generell in Abrede stellen. Der erreichte Komplexitätsgrad der rechtlichen Regulierung stellt mittlerweile aber – neben der Komplexität der zu regelnden Lebenssachverhalte – eine eigenständige Herausforderung dar, die wir hier noch einmal besonders hervorheben wollen: Ja, es stimmt, wie viele schreiben, dass einer komplexen Gesellschaft ein komplexes Recht gut zu Gesicht steht. Wenn aber das Recht selbst zum Komplexitätstreiber wird, dann haben wir – als Gesellschaft – ein Problem; das Recht fängt an, seine Aufgabe, Komplexität *zu bewältigen*, zu verfehlen. Wir als Rechtswissenschaftler haben noch das zusätzliche Problem, wie und ob wir dieses immer komplexere Recht gerade in einem interdisziplinären Projekt noch erläutern können. Die Rechtswissenschaft ist, wie wir eingangs (S. 60f.) erörtert haben, eine in besonderem Maße anwendungs- und praxisbezogene Wissenschaft (einigen sprechen ihr die Wissenschaftlichkeit deshalb gar ab; eine Auffassung, die wir selbstredend nicht teilen). ‚Wir' und unsere Kollegen und Kolleginnen legen großen Wert darauf, dass unsere Überlegungen zum Recht dogmatisch überzeugen und in der Rechtsanwendung schlüssig implementiert werden können. Das gilt sowohl für Untersuchungen *de lege lata*, die sich also mit dem bereits bestehenden Recht befassen, als auch für solche *de lege ferenda*, die sich mit dem noch kommenden Recht auseinandersetzen. Was das bedeuten muss, ist, dass Überlegungen mit dem bestehenden Recht dogmatisch kompatibel sein und Widersprüche vermieden werden müssen. Dies verlangt, alle relevanten Faktoren unter diesen Vorzeichen für die eigene Betrachtung einzubeziehen, was auch der Grund dafür ist, dass juristische Abhandlungen oftmals extrem präzise, um nicht zu sagen: enge Untersuchungsgegenstände haben – der Referenzbereich dieser Gegenstände muss handhabbar bleiben. Je größer der untersuchte Bereich, desto größer und vielfältiger werden die rechtlichen Bereiche, mit denen Kompatibilität gewährleistet werden muss.

Was das – wenig überraschend – nicht bedeutet, ist, dass an jeder Stelle eines Lebenssachverhaltes die ihn regelnden Vorschriften *einfach* sind. Die Frage ist dann vor allem, wie wir damit umgehen, wenn die Vermittlung dieser Vorschriften aber in dieser Form – also möglichst eingängig vermittelt – und dann auch noch in außerordentlicher Kürze gefragt ist. Hinzu tritt die Frage, wie wir unseren Beitrag gestalten wollen, wenn wir uns nicht in einem Feld des ‚settled law' bewegen, sondern in einem Feld, in dem wir uns mit massiven technologischen Disruptionen auseinandersetzen müssen, die gleichermaßen massive und teils unabsehbare Folgen für das Recht, seine Legitimation, seine Anwendbarkeit und Wirksamkeit haben.

Es ist sicherlich eine Erkenntnis dieses Projektes, in welchem wir versucht haben, für Angehörige der jeweils anderen Disziplinen aus unserer Sicht wichtige Grundlagen zu vermitteln, dass dieses Anliegen alles andere als einfach zu bewerkstelligen ist. Das fängt schon mit der Frage an, ob es im Interesse des Leseflusses und der Verständlichkeit sinnvoll ist, Normen überhaupt zu benennen oder ob wir uns nicht auf deren jeweilige Inhalte beschränken. Wenn wir die Normen benennen, wie wir es schlussendlich ja auch getan haben, wie präzise wollen wir dann sein? Genügt es für interessierte Leserinnen und Leser etwa zu erläutern, dass das Problem des Automatisierungsbias in Art. 14 KI-VO behandelt wird oder ist es nicht erforderlich, so präzise zu sein, wie wir es auch in Texten mit allein juristischer Leserschaft wären und in dem wir zum Beispiel schreiben würden, *dass die zu treffenden Maßnahmen menschlicher Aufsicht für Hochrisiko-KI-Systeme nach Art. 14 Abs. 1, 2 und 3 KI-VO gemäß Art. 14 Abs. 4 lit. b KI-VO derart konzipiert werden müssen, dass das sie betreffende Hochrisiko-KI-System dem Betreiber desselben derart zur Verfügung gestellt wird, dass die natürlichen Personen, denen die menschliche Aufsicht übertragen wird, angemessen und verhältnismäßig in der Lage sind, sich dem Automatisierungsbias, legaldefiniert als „mögliche Neigung zu einem automatischen oder übermäßigen Vertrauen in die von einem Hochrisiko-KI-System hervorgebrachte Ausgabe", bewusst zu bleiben*? Was gewinnen wir, was gewinnen Sie, wenn wir uns für die eine oder andere Variante entscheiden? Wie bleibt in Anbetracht auch der der relativen Kürze des zur Verfügung stehenden Raums geschuldeten Komplexität, die die reine Vermittlung juristischer Punkte bereits schwierig macht, überhaupt noch Gelegenheit, nachbarwissenschaftliche Fragestellungen und Erkenntnisse in gebührendem Maße in die eigenen Überlegungen einzubeziehen? Wie ist damit umzugehen, dass – in unserer Wahrnehmung – rechtliche, v.a. verfassungsrechtliche Argumente zunehmend auch von Nicht-Juristen genutzt werden, um rechtspolitische Positionen zu untermauern, schlimmstenfalls sogar dem rechtspolitischen Diskurs zu entziehen? Vereinfachungen und schlagwortartige juristische Behauptungen können hier zur populistischen oder aktivistischen Waffe werden. Gerade deshalb haben wir uns dafür entschieden, keine vereinfachten rechtlichen Lösungen zu präsentieren, sondern die teils enorme Komplexität des rechtlichen Gefüges aus Regeln, Ausnahmen und Gegenausnahmen zu verdeutlichen – im vollen Bewusstsein der Tatsache, dass das unsere Überlegungen für viele zur eher... nun, sagen wir: herausfordernden Lektüre machen wird.

Nun aber schon genug der Reflexivität, und zum eigentlichen Kern dieses Abschnittes unseres Buches. Was haben wir von den anderen gelernt, wie hat es unsere eigene Arbeit beeinflusst, was haben wir auch vielleicht nicht verstanden?

a) Zum medizinethischen Teilprojekt

Das medizinethische Teilprojekt hat für uns insofern Überschneidungspunkte, als dass es in besonderem Maße versucht, normative Leitlinien für die Nutzung medizinischer KI-Systeme durch Menschen aufzustellen; ebenso wie es das Recht versucht, wenn auch mit anderen Begründungsansätzen und natürlich Mechanismen zur Herstellung von Verbindlichkeit. Überschneidungen existieren hier nicht nur in materieller Hinsicht, sondern auch mit Blick auf die Einrichtung des Forschungsdesigns, insbesondere dann, wenn eingangs durch das medizinethische Teilprojekt die besondere Bedeutsamkeit dafür hervorgehoben wird, ethische Vorgaben bereichsspezifisch zu entwickeln oder zu ermitteln, um den Abstraktionsgrad so gering wie möglich zu halten und praktikable Vorgaben im Sinne des „embedded ethics approach" ermöglichen zu können (S. 47). Dieses Vorgehen bestimmt etwa das Datenschutzrecht in vielen Punkten. Ist, wie wir in Station 2 erörtert haben, die DSGVO zwar das übergeordnete und sektorenübergreifende („horizontale") Rechtsinstrument zur Regelung des Datenschutzes, existieren mitgliedstaatliche Ausnahmen und Ausgestaltungen zum Beispiel in den Bereichen öffentliche Sicherheit, Presse- und Äußerungsrecht und eben gerade auch in Fragen der wissenschaftlichen Forschung. Nationale politische, kulturelle und wirtschaftliche Präferenzen, vor allem aber auch die *nationale* verfassungsgerichtliche Judikatur können hier dann eigenständige Lösungen für und Vorgaben an Datenverarbeitungen entwickeln. Diese Offenheit mag der Einheitlichkeit abträglich sein, ist aber aus demokratischen und Akzeptanzgründen sinnvoll und wichtig – und es überrascht deshalb auch, dass die EU diesen Ansatz im Bereich der KI-Regulierung *nicht* stringent verfolgt und mit der KI-VO stattdessen eine umfassende Horizontalregulierung für einen Technologiebereich geschaffen hat, der in seiner Vielfalt, seinen Möglichkeiten, technischen Grundlagen, Gefährdungspotenzialen um ein Vielfaches umfassender, kontextabhängiger und kontingenter zu sein scheint als im Fall des Datenschutzrechts.

Nicht nur das medizinethische, sondern auch das soziologische und das epistemologische Teilprojekt sowie der weitere nationale und internationale Diskurs zur KI-Nutzung zeigen, dass es von immenser Bedeutung ist, diese Nutzung zu kontextualisieren und in konkrete Funktionsbereiche einzubetten, in denen sie verwendet werden. Ob es dafür ausreicht, KI-Systeme primär anhand ihrer Risikopotenziale zu bestimmen, die, wie wir in Station 1 dargelegt haben, vor allem aufgrund einer formalisierten Verweisungstechnik auf andere unionale Rechtsakte und weniger durch eine materielle Analyse einzelner Systeme und beteiligter Akteure festgelegt wurden, ist durchaus zweifelhaft. Natürlich ließe sich einem solchen tiefgehenden sektoralen Ansatz der immense Aufwand an notwendiger wissenschaftlich-technischer Vorarbeit entgegenhalten. Die EU wollte hingegen aus durchaus nachvollziehbaren Gründen *schnell* regulieren. Ob die Geschwindigkeit, mit der die EU regulatorische Fakten geschaffen hat, in dieser Form wirklich notwendig war, bleibt abzuwarten. Zweifel an einem kohärenten unionalen Plan ergeben sich jedenfalls daraus, dass die Kommission die KI-Haftungsrichtlinie, welche diesen zentralen und von der KI-VO bewusst nicht erfassten Bereich einer Haftung für KI-Systeme regeln sollte, Mitte Februar 2025 ohne klar formulierten Alternativplan zurückgezogen hat.[273] Dies stellt gleichzeitig ein großes Problem für die ethische Forderung dar, eine Rückverfolgbarkeit der Entscheidungen unter KI-Beteiligung sicherzustellen, um gerade die Frage der Haftung klären zu können (S. 163f.).

Nun zu den materiellen ethischen Forderungen: Für den interdisziplinären Transfer erfreulich ist es, dass viele der ethischen Forderungen an eine (medizinische) KI-Nutzung Einzug in die KI-VO gefunden haben. Maßgeblich hierfür war die Vorarbeit der von der EU-Kommission 2018 eingesetzten *High-Level Expert Group on Artificial Intelligence* (*HLEG-AI*), welche auf Basis der Unionsgrundrechte vier ethische Grundsätze für eine Nutzung von KI-Systemen entworfen hat: *Respect for human autonomy*, *Prevention of harm*, *Fairness*, *Explicability*.[274] Diese Prinzipien sind nicht deckungsgleich, aber sehr nahe an den spezifisch medizinethischen Grundsätzen von *Beauchamp* und *Childress*, inklusive deren Erweiterung um

273 COM(2025) 45 final vom 11.2.2025, S. 26. Natürlich bedeutet dies aber nicht, dass es keine Haftungsregeln für KI-Systeme gäbe. Siehe etwa zur KI-Haftung nach der neuen EU-Produkthaftungsrichtlinie *Ebers*, KIR 2025, 252 ff.

274 *High-Level Expert Group on AI*, Ethics Guidelines for Trustworthy AI, S. 14.

das *explainability*-Prinzip, wie das TP-M sie bespricht (S. 49f.); und dies, obwohl diese Vorgaben der *HLEG-AI* nicht alleine sektorspezifisch für die Medizin entwickelt wurden. Diese vier Prinzipien wurden von der *HLEG-AI* in sieben konkrete Anforderungen übersetzt, um sie operationalisierbar zu machen; sie lauten: 1. Human agency and oversight, 2. technical robustness, 3. privacy and data governance, 4. transparency, 5. diversity, non-discrimination and fairness, 6. societal and environmental wellbeing, 7. accountability. All diese Anforderungen haben ihren Weg in die schließlich verabschiedete KI-VO gefunden, entweder in Form spezifischer Anforderungen an Hochrisiko-KI-Systeme[275] oder auch in der Beschreibung des Gegenstands der KI-VO (Art. 1). Konkrete ethische Forderungen wurden somit übernommen und mit der Verbindlichkeit und Durchsetzbarkeit von Rechtsnormen ausgestattet. Diskussionswürdig bleibt freilich die schlussendliche Begründung für (die Übernahme) dieser Normen. Laut der *HLEG-AI* und somit auch der Kommission sollen die Grundrechte der EU-GRC das Fundament bilden, auf dessen Grundlage die ethischen Vorüberlegungen ihren Weg in den Verordnungstext gefunden haben. Hier gilt es aufzupassen. Denn „Moralprinzipen, die ihrer Natur gemäß allgemein gelten" (S. 51), *eins zu eins* in Recht übersetzen zu wollen, verwischt die Grenzen zwischen – eben – Moral einerseits und modernem Recht andererseits, das sich *rational* und *zweck*haft begründen lassen können muss, jedenfalls dann, wenn es in Grundrechte eingreift (vgl. Art. 52 Abs. 1 Grundrechtecharta). Dies bedeutet freilich nicht, dass Normen allein *deshalb* abzulehnen wären, weil sie auf moralischen Erwägungen basieren;[276] nur die direkte Übertragung von Moral in/auf Recht ist problematisch bzw. – aus einer genuin grundrechtlichen Perspektive – unzureichend. Damit sei natürlich nicht unterstellt, dass der Transfer von Überlegungen der Ethik in Normen des Rechts zwangsläufig überhaupt von ersterer gefordert wird. Zumindest die Grundsätze der HLEG-AI waren jedoch konzeptionell so gedacht.

b) Zum soziologischen Teilprojekt

Rechtliche Normen entstehen und wirken nicht für sich, sondern haben bzw. benötigen Bezugspunkte in der Realität zu ihrer Wirksamkeit.

275 Diese haben wir in Station 3 besprochen.

276 Vgl. *Steffen Augsberg*, in: Augsberg/Augsberg/Heidbrink (Hrsg.), Recht auf Nicht-Recht, 2020, S. 143 (152 f. m.w.N)., der darauf verweist, „daß unser Gesellschaftssystem selbstverständlich normenpluralistisch ist [...]".

Der Rechtswissenschaftler und frühere Bundesverfassungsrichter *Wolfgang Hoffmann-Riem* hat hierfür den Begriff des „Realbereichs der Norm(en)" geprägt, welcher von einer Funktion des Rechts ausgeht, realiter entstehende Probleme mittels Normen, also einem „sprachlich vermittelte[n] normativen Regelungsprogramm", zu lösen.[277] Realität, bzw. der konkret relevante Ausschnitt derselben, „betrifft die von der Norm in Bezug genommene technologische, naturwissenschaftliche, soziale, politische, ökonomische, kulturelle, ökologische u.a. ‚Wirklichkeit' in ihren Grundstrukturen".[278] Maßgeblich sind „generelle[...] empirische[...] Annahmen über tatsächliches Geschehen [...]".[279] Das bedeutet, dass, je konkreter eine Rechtsnorm ist, auch der ihr zugrundeliegende Realbereich vergleichsweise einfacher und trennschärfer bestimmbar ist, beziehungsweise, dass je konkreter ein in Bezug genommener problembehafteter Realbereich ausfällt, die zur Problemlösung konzipierte Norm ebenfalls inhaltlich präziser wird.[280] Je weiter und tiefer der zugrundeliegende Realbereich ist, der mittels einer Norm geregelt werden soll, desto allgemeiner wird hingegen die auf ihn bezogene Norm. Und hier sind wir bei einer der zentralen Schwierigkeiten eines Horizontalrechtsaktes, wie ihn die KI-VO darstellt.

Die KI-VO ist regelungstechnisch zwar nicht unbedingt neu, sie folgt, wie wir in Station 3 beschrieben haben, dem etablierten sogenannten *New Legislative Framework* und orientiert sich, wie es für das Produktsicherheitsrecht üblich ist, an Risikogruppen. Was allerdings anders ist, ist die hochgradige Kontingenz, die dem Realbereich „Künstliche Intelligenz" innewohnt. Wir können, anders als zum Beispiel bei der Regulierung der Kernspaltung, die sich bereits früh im Wesentlichen in die beiden Pole „Friedliche Nutzung der Kernenergie" und „Kernwaffen" entwickelt hat, im Bereich der Nutzung künstlicher Intelligenz in Anbetracht des rasanten Entwicklungstempos noch nicht absehen, wohin die Reise eigentlich geht. Daraus kann man für eine Regulierung zweierlei schlussfolgern: Die eine Option ist es, abzuwarten und auf eine hinreichende Materialisierung und vor allem erfassbare Ausdifferenzierung des Realbereichs zu warten, die es dann zulässt, Probleme geringeren Abstraktionsgrades zu identifizieren und

277 *Hoffmann-Riem*, Innovation und Recht – Recht und Innovation, 2016, S. 113; Zum Verhältnis von „Recht und Realität im Verfassungsrecht" siehe *Kruse*, DÖV 2022, 720 ff.

278 *Hoffmann-Riem*, Innovation und Recht – Recht und Innovation, 2016, S. 113.

279 *Hoffmann-Riem*, Innovation und Recht – Recht und Innovation, 2016, S. 113.

280 Ebenda, *Hoffmann-Riem* nennt als Beispiel etwa eine Norm, durch welche der Gesetzgeber das Ziel verfolgt, eine CO2-Reduktion von Industrieanlagen per Zertifikatslösung zu erzielen.

mittels Normgebung zu adressieren. Die andere Option ist diejenige, die die Kommission gewählt hat, indem sie den Realbereich in großen Teilen präemptiv geformt und gewisse Entwicklungen antizipiert hat – natürlich unter starker Beteiligung der für diesen Bereich maßgeblichen Institutionen und Akteure.

In Anbetracht der absehbaren Risiken, die von KI-basierter Technologie in diesem Bereich ausgehen, und der Tatsache, dass KI-Systeme faktisch natürlich schon in der Breite zugänglich und im Einsatz sind, mag diese Entscheidung weise und vorausschauend erscheinen. Sie setzt aber dann in besonders hohem Maße voraus, dass neben die legislativen auch empirische Anstrengungen treten, um die für die Gesetzgebung „bei der Schaffung der Norm herangezogenen Annahmen über reale Ausgangsbedingungen der erfassten Problemlagen und der Möglichkeiten von Problemlösungen“[281] kontinuierlich auf ihre Validität zu überprüfen. Und das muss so kleinteilig wie möglich erfolgen, damit eben alle Bereiche, die der Horizontalrechtsakt erfassen soll, tatsächlich auch erfasst werden.

Wie sich anhand der Befragung unserer Kolleg:innen aus dem TP-S zeigt, ist die Rezeption von KI-Systemen selbst in der Klinik stark abhängig davon, wo und wie sie von wem eingesetzt werden sollen (S. 147). Die Anstrengungen, ein empirisch fundiertes Verständnis für diese Teilbereiche zu etablieren, sind deshalb unerlässlich für die nachhaltige Bewertung und Nachbesserung von Instrumenten wie der KI-VO bzw. normativen Systemen, in denen solche Instrumente eingebettet sind. Dies ist auch nicht nur ein rein interessengeleitetes Unterfangen; die Beantwortung der Frage danach, ob Normen die gewünschten Folgen tatsächlich auch bewirken und ungewünschte Folgen vermieden werden können, ist in einem Grundrechtsstaat bzw. einer Grundrechtsgemeinschaft wie der EU Bestandteil der Bewertung ihrer Rechtmäßigkeit.[282] Bei alledem zu beachten ist allerdings auch die Feststellung, dass eine Disziplinen überschreitende Erkenntnisnutzung oft mit deren inhaltlicher Anpassung und Brauchbarmachung

281 *Hoffmann-Riem*, Innovation und Recht – Recht und Innovation, 2016, S. 114.

282 *Hoffmann-Riem*, Innovation und Recht – Recht und Innovation, 2016, S. 119 mit der wichtigen Ergänzung, dass nicht zu fordern ist, dass die Norm die beabsichtigte Folge auch tatsächlich bewirkt. Mit Bezug auf das nationale Recht schreibt *Kruse*, DÖV 2022, 720 (722) in diesem Kontext: „Der demokratische Gesetzgeber darf dem Bürger grundsätzlich die von ihm präferierten Verhaltensweisen verpflichtend vorschreiben. Um diese Zielsetzung in Gestalt der Steuerungswirkung des Rechts auch erreichen zu können, müssen Gesetzes indes, zumindest dem Grunde nach, auf realistischen Annahmen über das Verhalten der Menschen aufbauen.“

für die eigene Betrachtung einhergehen kann oder gar eine Form von *confirmation bias* dahingehend besteht, von vornherein empirische Erkenntnisse nur selektiv und angepasst an die eigenen Interessen zu nutzen.[283] Gewichtig ist auch der auf die *Verwaltungs*rechtswissenschaft bezogene Einwand *Christoph Möllers* über das methodische Verhältnis der Disziplinen: „Mit Soziologie und Verwaltungsrechtswissenschaft treffen nicht Wirklichkeit und Recht aufeinander, sondern zwei verschiedene Techniken, die Gesellschaft darzustellen".[284] Mit diesen Einwänden vor Augen können Verbundprojekte wie VUKIM, die ganz bewusst für den interdisziplinären Austausch und die damit einhergehende, stets *gegenseitige* Rezeption einzeldisziplinärer Erkenntnisse konzipiert sind, so wichtig und gewinnbringend sein.

Nur beispielhaft seien hier als besonders bereichernde Untersuchungen aus der klinischen Praxis diejenigen genannt, die sich mit der Abfolge bestimmter Prozesse befassen; konkret etwa diejenige zu der Frage, ob einer Ärztin KI-Ergebnisse eines CT-Scans vor oder nach eigener Sichtung der Bilder präsentiert werden und welche Variante organisatorisch und pragmatisch am sinnvollsten erscheint (S. 137f.). Das hat für die Umsetzung der KI-VO-Vorgaben an die menschliche Aufsicht (Art. 14 KI-VO) unmittelbare Relevanz.

c) Zum epistemologischen Teilprojekt

Hoch interessant und lehrreich sind für uns auch die Erörterungen des epistemologischen Teilprojektes. Die Generierung von Wissen und der Umgang mit Nichtwissen sind regelmäßig besprochene Themen in der Rechtswissenschaft.[285] Als defizitär in diesem Zusammenhang angeführt wird es bisweilen, dass es der Rechtswissenschaft zum einen an dezidierten Methoden der Generierung empirischen Wissens mangele (weshalb der Zugriff auf Erkenntnisse wie die des soziologischen Teilprojekts für uns so wichtig ist); zum anderen fehle durch das in weiten Teilen immer noch vorherrschende Verständnis der Rechtswissenschaft als „textorientierter

283 *Hoffmann-Riem*, in: Bora/Henkel/Reinhardt (Hrsg.), Wissensregulierung und Regulierungswissen, 2014, S. 142.

284 *Möllers*, in: Voßkuhle/Eifert/Möllers. (Hrsg.), Grundlagen des Verwaltungsrechts Band I, S. 122 Rn. 50.

285 Siehe zu diesem Komplex etwa: *Cornils*, Der Staat 64 (2025), 173 ff.; *Ino Augsberg* in Augsberg/Schuppert (Hrsg.), Wissen und Recht, 2022, S. 189 ff.; *Teubner*, in: Grimm (Hrsg.), Wachsende Staatsaufgaben – Sinkende Steuerungsfähigkeit des Rechts, 1990, S. 115 ff.

Interpretationswissenschaft“ oft das methodische Rüstzeug zum richtigen Umgang mit bereits vorhandenem Wissen.[286] Für diese Metaebene der Einordnung des abstrakten Wissensphänomens sind die Ausführungen des epistemologischen Teilprojekts für uns äußerst wertvoll.

Für die Begründung konkreter medizinischer Handlungen und deren rechtlicher Zulässigkeit ist es zentral, bestimmte formale Kriterien einzuhalten, die sich in dem Folgen des medizinischen Standards, der methodisch korrekten Indikationsstellung oder gegebenenfalls auch der Verwendung von sogenannten Neulandmethoden bei besonders umfangreicher Aufklärung niederschlagen können. Das reine Auffinden der hierfür notwendigen Informationen, des konkret erforderlichen Wissens ist anhand von Leitlinien, medizinischer Fachliteratur etc. durchaus auch für Juristinnen und Juristen möglich, die epistemischen Grundlagen für das Anerkennen der einen oder anderen Methode sind es jedoch nicht ohne weiteres. Das kann dann dazu führen, dass normative Legitimationsgrundlagen für bestimmte Verhaltensweisen womöglich einer Neubewertung unterzogen werden müssen, etwa, wenn man sich die spannende Diskussion des TP-E um die Bewertung von randomisierten Studien (sogenannte RCTs) vor Augen führt (S. 92ff.). Wenn es tatsächlich so ist, dass evidenzbasierte Medizin eigentlich eine Black-Box ist, da die Ergebnisbezogenheit im Fokus steht und nicht die tatsächliche Kausalität medizinischer Wirksamkeit, was sollte das dann möglicherweise für eine neue rechtliche Bewertung bedeuten, etwa wenn eine medizinische Behandlung nach einem medizinischen Standard durchgeführt wird, der maßgeblich auf einer randomisierten Studie basiert und lediglich an der beobachteten Wirkung orientiert ist, aber nichts über die zugrundeliegenden Wirkmechanismen zu sagen vermag? Sollte das Recht hier strenger sein und die Forderung aufstellen, im Sinne der umfänglichen Patientenautonomie so gut es geht die vollständige Erforschung aller Kausalitätsketten durchzuführen? Anders ausgedrückt: Soll/muss das Recht (immer?) Kausalität statt bloßer Korrelation fordern, was ja in bezeichnender Weise gerade im *allgemeinen* KI-Regulierungsdiskurs immer wieder gefordert wird? Oder sollte diese Praxis eher dazu anregen, möglicherweise ehrlicher in der Übertragung normativer und menschenbezogener Vorgaben auf den Bereich maschineller Entscheidungsfindung zu sein und den Black-Box-Charakter von KI-Systemen nicht *per se* zur Delegitimierung des Einsatzes zu nutzen?

---

286 *Hoffmann-Riem*, in: Bora/Henkel/Reinhardt (Hrsg.), Wissensregulierung und Regulierungswissen, 2014, S. 135 (143).

Dies ist natürlich in großen Teilen nur spekulativ; normative Vorgaben werden nicht alleine dadurch delegitimiert, dass in dem Realitätsausschnitt, auf den sie sich beziehen, epistemisch andere Handlungsschwerpunkte sichtbar werden. Doch scheint die vertiefte Beschäftigung mit dieser Thematik gewinnbringend. Es geht also, an dieser Stelle sei ein kleiner Widerspruch gewagt, mitnichten nur um Wissen um des Wissens willen, sondern um Orientierungs- und Vergleichsmaßstäbe für eine harte Regulierungsfrage, also die „instrumentelle Anwendbarkeit von Wissen" (S. 156). Und aufgezeigt ist damit nochmals, dass es vielleicht doch ganz sinnvoll (gewesen) wäre, zumindest zunächst sektorspezifisch zu fragen und zu regulieren.

Ferner regen die Ausführungen des TP-E dazu an, auch bereits erkannte, mitunter gar durch rechtliche Vorgaben verursachte Defizite zusätzlich argumentativ zu untermauern und Überlegungen zu ihrer Lösung voranzutreiben. Als Beispiel dient hier die medizinische Aufklärung, die wir in Station 4 dargelegt haben, und die verfassungsrechtlich *eigentlich* von immens hoher Bedeutung ist (S. 211ff.); die in ihrer Praxis allerdings durch die mittlerweile geläufige Verwendung standardisierter, mit Informationen überladener Aufklärungsbögen zunehmend den Zweck zu haben droht, Haftungsrisiken für den behandelnden Arzt zu verhindern, statt dem Patienten eine informierte Einwilligung und damit die Ausübung seines Selbstbestimmungsrechts zu ermöglichen. Um zu verdeutlichen, warum das so defizitär ist, ist es hilfreich, die vom TP-E besprochene Aufklärungsfunktion zu Hilfe zu nehmen und das primäre Ziel der Bewegung des Patienten in einen bestimmten epistemischen Zustand zu sehen, in dem er befähigt wird, fundierte Entscheidungen zu treffen (S. 199ff.). Diese Sichtweise steht in keinem Widerspruch zur verfassungsrechtlichen Bewertung der Aufklärungsfunktion, sie schafft allerdings ein neues Set an sprachlicher Begründung derselben und lässt möglicherweise, durch die Funktion der epistemischen Zustandsverschiebung, mehr Raum dafür, argumentativ *für* eine Aufklärungsübernahme auch durch KI zu plädieren; gerade dann, wenn, wie es das erkenntnistheoretische Teilprojekt darlegt, KI womöglich in der Lage dazu ist, Patienten das sogenannte „esoterische" medizinische Wissen kommunikativ besser darzulegen, als es Menschen in der Regel können (S. 200). Also auch hier wieder: Der interdisziplinäre Input hilft, pauschalen, gerade im (grund)rechtlichen Diskurs weitverbreiteten (Vor-)Urteilen (platt ausgedrückt: „Menschen können es besser") wirksamer und realitätsgebundener zu begegnen als in einem rein rechtsinternen Diskurs.

# 6. Gesamtliteraturverzeichnis


Ada Health GmbH (2024): *Ada Health.* https://ada.com/de/ [Stand 2024-10-29].

Adams, J. (2023). Defending explicability as a principle for the ethics of artificial intelligence in medicine. *Med Health Care and Philos* 26, 615–623. https://doi.org/10.1007/s11019-023-10175-7

Ahmad, Z. et al. (2021): Artificial intelligence (AI) in medicine, current applications and future role with special emphasis on its potential and promise in pathology: present and future impact, obstacles including costs and acceptance among pathologists, practical and philosophical considerations. A comprehensive review. *Diagnostic Pathology* 16, 1, 24.

Altamimi I. / Altamimi A. / Alhumimidi A.S. / Altamimi A. / Temsah M.-H. (2023). Artificial intelligence (AI) chatbots in medicine: A supplement, not a substitute. *Cureus* 15 (6): e40922. https://10.7759/cureus.40922

Alvarado, Ramon (2022): Should we replace radiologists with deep learning? Pigeons, error and trust in medical AI. *Bioethics* 36, 121-133.

Alvarado, Ramón (2023a): What kind of trust does AI deserve, if any? *AI Ethics* 3, 1169-1183.

Alvarado, Ramón (2023b): AI as an Epistemic Technology. *Sci Eng Ethics* 29, 32. https://doi.org/10.1007/s11948-023-00451-3

Amann, J. / Blasimme, A. / Vayena, E. et al. (2020): Explainability for artificial intelligence in healthcare: a multidisciplinary perspective. *BMC Med Inform Decis Mak* 20, 310 (2020). https://doi.org/10.1186/s12911-020-01332-6

Angerer, Alfred / Berger, Sina (2023): *Der Digital Health Report 2023/2024.* MWV Medizinisch Wissenschaftliche Verlagsgesellschaft. https://www.mwv-berlin.de/meldung/!/id/480 [Stand 2023-11-2].

Anscombe, G.E.M. (1957): *Intention.* Oxford: Basil Blackwell.

Aristoteles (2006): *Nikomachische Ethik.* Übersetzt und herausgegeben von Ursula Wolf. Hamburg: Rowohlt.

Arora, C. (2024): Proxy Assertions and Agency: The Case of Machine-Assertions. *Philos. Technol.* 37, 15. https://doi.org/10.1007/s13347-024-00703-5

Augsberg, Ino (2022): Juristische Epistemologie. Das Verhältnis von Wissen und Recht aus rechtsphilosophischer Sicht. In: Augsberg, Ino/Schuppert, Gunnar Folke (Hrsg.). *Wissen und Recht.* Baden-Baden: Nomos, 189-216.

Augsberg, Steffen (2020): Grenzverwischungen. Wie Recht und Ethik Verrechtlichung entgegenwirken. In: Augsberg, Ino/Augsberg, Steffen/Heidbrink, Ludger (Hrsg.). *Recht auf Nicht-Recht. Rechtliche Reaktionen auf die Juridifizierung der Gesellschaft,* Weilerswist: Velbrück Wissenschaft, 143-153.

Ausschuss für Bildung, Forschung und Technikfolgenabschätzung (18. Ausschuss) (2023): Bericht gem. § 56a der Geschäftsordnung: Technikfolgenabschätzung (TA). *Datan Mining – gesellschaftspolitische und rechtliche Herausforderungen*, 9.1.2023, BT-Drucks. 20/5149.

Ayers J.W. / Poliak A. / Dredze M. / Leas E.C. / Zhu Z. / Kelley J.B. / Faix D.J. / Goodman A.M. / Longhurst C.A. / Hogarth M. / Smith D.M. (2023): Comparing Physician and Artificial Intelligence Chatbot Responses to Patient Questions Posted to a Public Social Media Forum. *JAMA Intern Med* 1;183(6):589-596. PMID: 37115527; PMCID: PMC10148230.

Azzopardi, Matthew et al. (2024): Artificial intelligence chatbots as sources of patient education material for cataract surgery: ChatGPT-4 versus Google Bard. *BMJ Open Ophthalmology* 9, 1. https://bmjophth.bmj.com/content/9/1/e001824 [Stand 2024-10-31].

Bachofner, Yves et al. (2024): Exploring online health information seeking and sharing among older adults: a mini-review about acceptance, potentials, and barriers. *Frontiers in Digital Health* 6. https://www.frontiersin.org/journals/digital-health/articles/10.3389/fdgth.2024.1336430/full [Stand 2024-10-31].

Bærøe, Kristine (2017): Medicine as Art and Science. In: Thomas Schramme, Steven Edwards (Hg.): *Handbook of the Philosophy of Medicine*. Dordrecht: Springer, 759-772.

Bandini, Aude (2020): Epistemic Paternalism in Doctor-Patient Relationships. In: Bernal, Amiel/Axtell, Guy (Hg.): *Epistemic Paternalism. Conceptions, Justifications and Implications*. London: Rowman & Littlefield, 123-137.

Bär, Stefan (2011): *Das Krankenhaus zwischen ökonomischer und medizinischer Vernunft*. Wiesbaden: VS Verlag für Sozialwissenschaften. http://link.springer.com/10.1007/978-3-531-93349-8 [Stand 2022-07-5].

Barker, Kirstin (2002): Self-Help Literature and the Making of an Illness Identity: The Case of Fibromyalgia Syndrome (FMS). *Social Problems* 49, 3, 279–300.

Bassett, Caroline (2019): The computational therapeutic: exploring Weizenbaum's ELIZA as a history of the present. *AI & Society* 34, 803-812. https://doi.org/10.1007/s00146-018-0825-9.

Beauchamp, Tom / Childress, James. (2024): *Prinzipien der Bioethik*. Baden-Baden: Karl Alber.

Beck, Ulrich (2016): *Risikogesellschaft. Auf dem Weg in eine andere Moderne*. Frankfurt a. M.: Suhrkamp.

Becker Ulrich / Kingreen Thorsten (2024): *SGB V Gesetzliche Krankenversicherung Kommentar*, 9. Aufl. München: C.H. Beck (zitiert: Bearbeiter, in: Becker/Kingreen (Hrsg.), SGB V).

Beier K. / Borchers D. / Dassow H.-H. / Haferkamp B. / Hähnel M. / Kempkens A. / Müller R. (2024): Der tugendethische Beitrag. In: Grimm, P. / Trost, K. E. / Zöllner, O. (Hg.), *Digitale Ethik*. Baden-Baden: Nomos, 49-61. https://doi.org/10.5771/9783748942399-49.

Beier, K. (2025): Virtue Ethics and AI. In: M. Hähnel/R. Müller (Hg.), Blackwell Companion to Applied Philosophy of AI, Hoboken: Wiley, 178-191.

Bender E. M. / Gebru T. / McMillan-Major A. / Shmitchell S. (2021): On the Dangers of Stochastic Parrots: Can Language Models Be Too Big?. In *Proceedings of the 2021 ACM Conference on Fairness, Accountability, and Transparency*, March 3-10, 2021, Virtual Event, Canada, 610-623.

Bernal A. / Axtell G. (Hg.) (2020): *Epistemic Paternalism. Conceptions, Justifications and Implications.* London: Rowman & Littlefield.

Bertelsmann Stiftung (2018): Gesundheitsinfos Wer suchet, der findet – Patienten mit Dr. Google zufrieden. https://www.bertelsmann-stiftung.de/fileadmin/files/BSt/Publikationen/GrauePublikationen/VV_SpotGes_Gesundheitsinfos_final.pdf [Stand 2024-04-4].

Blease C.R. / Locher C. / Gaab J. / Hägglund M. / Kandl K.D. (2024): Generative artificial intelligence in primary care: an online survey of UK general practitioners: *BMJ Health & Care Informatics* 2024;31:e101102.

BMI *Datenschutz-Grundverordnung.* Bundesministerium des Innern und für Heimat. https://www.bmi.bund.de/SharedDocs/faqs/DE/themen/it-digitalpolitik/datenschutz/datenschutzgrundvo-liste.html;jsessionid=33650A156E0B3123CEE3289F3EECF2AB.live871?nn=9393768 [Stand 2024-09-16].

Boorse, C. (1975): On the distinction between disease and illness. *Philosophy and Public Affairs* 5, 49-68.

Bourdieu, Pierre (2012): *Was heißt sprechen? Zur Ökonomie des sprachlichen Tausches.* Wien: new academic press.

Bothner, Ulrich/Meissner, Frank William (1999): Data Mining und Data Warehouse. Wissen aus medizinischen Datenbanken nutzen, *Deutsches Ärzteblatt* (DÄBl.), A 1336-A 1338.

BotMD 2024. *Bot MD | Empowering Doctors with AI Automation.* https://botmd.io/ [Stand 2024-10-31].

Braun, Daniel (2024): Daten und Datenkennzeichnung im Kontext der KI-VO. Eine erste Einordnung. *Künstliche Intelligenz und Recht* (KIR), 43-46.

Braun, Matthias / Bleher, Hannah / Hummel, Patrik (2021): A Leap of Faith: Is There a Formula for „Trustworthy" AI? *Hastings Center Report* 51, 17-22.

Braverman, Harry (1998): *Labor and monopoly capital: the degradation of work in the twentieth century.* 25th anniversary ed. New York: Monthly Review Press.

Brock, Dan W. (1991): The ideal of shared decision-making between physicians and patients. *Kennedy Institute of Ethics Journal* 1, 28-47.

Bröckling, Ulrich (2019): *Das unternehmerische Selbst. Soziologie einer Subjektivierungsform.* Frankfurt a.M.: Suhrkamp.

Buchholtz, Gabriele / Schmalhorst, Louisa / Brauneck, Alissa (2024): Der Gesetzgeber im Spannungsfeld zwischen Patientensouveränität und Forschungsinteressen – eine Bewertung der neuesten Gesetzgebungsaktivitäten auf EU-Ebene und nationaler Ebene, *Medizinrecht* (MedR), 471-476.

Büchi, M. / Festic, N. / Latzer, M. (2022): The Chilling Effects of Digital Dataveillance: A Theoretical Model and an Empirical Research Agenda. In: Big Data & Society, 9, 1, 1-14 (DOI: 10.1177/20539517211065368).

Budnik C. (2021): *Vertrauensbeziehungen: Normativität und Dynamik eines interpersonalen Phänomens*. Berlin, Boston: De Gruyter. https://doi.org/10.1515/9783110733686

Bullock, Emma C. (2018a): Knowing and Not-knowing For Your Own Good: The Limits of Epistemic Paternalism. *Journal of Applied Philosophy* 35, 433-447.

Bullock, Emma C. (2018b): Paternalism and the Practitioner/Patient Relationship. In: Kalle Grill/Jason Hanna (Hg.): *The Routledge Handbook of the Philosophy of Paternalism*. Abingdon, New York: Routledge, 311-322.

Carel, Havi / Kidd, Ian James (2014): Epistemic Injustice in Healthcare: A Philosophical Analysis. *Medicine, Health Care and Philosophy* 17, 529-540.

Carel, Havi/Kidd, Ian James (2017): Epistemic Injustice in Medicine and Healthcare. In: Ian James Kidd, José Medina, Gaile Pohlhaus, Jr. (Hg.): *The Routledge Handbook to Epistemic Injustice*. New York: Routledge, 336-346.

Cassam, Quassim (2014): *Self-Knowledge for Humans*. Oxford: Oxford University Press.

Chekroud A.M. / Hawrilenko M. / Loho H. / Bondar J. / Gueorguieva R. / Hasan A. / Kambeitz J. / Corlett P.R. / Koutsouleris N. / Krumholz H.M. / Krystal J.H. / Paulus M. (2024): Illusory generalizability of clinical prediction models. *Science* 383, 6679, 164-167. https://doi.org/10.1126/science.adg8538.

Clark, Michelle / Bailey, Sharon (2024): Chatbots in Health Care: Connecting Patients to Information. *Canadian Journal for Health Technologies* 4/1. Edited by CADTH: Canadian Agency for Drugs and Technologies in Health. (https://www.ncbi.nlm.nih.gov/books/NBK602381/)

Coady, C. A. J. (1992): *Testimony: A Philosophical Study*. Oxford: Clarendon Press.

Coghlan, Simon / Kobi Leins / Susie Sheldrick / Marc Cheong / Piers Gooding / Simon D'Alfonso (2023): To chat or bot to chat: Ethical issues with using chatbots in mental health. *Digital Health* 9, 1–11. DOI: 10.1177/20552076231183542

Coliva, A. (2025): Hinge trust*. *Philosophy and Phenomenological Research*, 1–20. https://doi.org/10.1111/phpr.13142

Cooper, Rachel (2017): Health and Disease. In: James A. Marcum (Hg.): *The Bloomsbury Companion to Contemporary Philosophy of Medicine*. London et al., 275-296.

Conrad, Peter / Barker, Kristin K. (2010): The social construction of illness: key insights and policy implications. *Journal of Health and Social Behavior* 51 Suppl, 67-79.

Cornils, Matthias (2025): Verfassungsrecht und Umgang mit Fachwissen, *Der Staat* 64 (2025), 173-192.

Crawford, Robert (1980): Healthism and the medicalization of everyday life. *International Journal of Health Services: Planning, Administration, Evaluation* 10, 3, 365–388.

Croce, Michel (2018): Expert-oriented abilities vs. novice-oriented abilities: An alternative account of epistemic authority. *Episteme* 15, 476-498.

Dahm, Markus H., Bergmoser, Simon & Yogendiran, Tharseehan (2020): Nutzerakzeptanz und Potenziale von KI im Gesundheitswesen. In: R. Buchkremer, T. Heupel, & O. Koch (Hg.): *Künstliche Intelligenz in Wirtschaft & Gesellschaft: Auswirkungen, Herausforderungen & Handlungsempfehlungen.* FOM-Edition. Wiesbaden: Springer Fachmedien, 329–346. https://doi.org/10.1007/978-3-658-29550-9_18 [Stand 2023-05-1].

Davies, Ben (2020): The right not to know and the obligation to know. *Journal of Medical Ethics* 46, 300-303.

Dehn-Hindenberg, Andrea (2008): Qualität aus Patientensicht: Kommunikation, Vertrauen und die Berücksichtigung der Patientenbedürfnisse sind der Schlüssel zum Therapieerfolg. *Gesundheitsökonomie & Qualitätsmanagement* 13, 5, 298–303.

de Miguel Beriain, Iñigo (2020): Should we have a right to refuse diagnostics and treatment planning by artificial intelligence? *Med Health Care and Philos* 23, 247-252.

Deutsch, Erwin / Spickhoff, Andreas (2014): *Medizinrecht*, 7. Aufl. Berlin/Heidelberg: Springer.

Deutsche Aidshilfe e.V. (2024): *ePA: Widerspruch, Anpassen, Löschen - Rechte von Patient*innen.* Digitale Medien. https://www.aidshilfe.de/medien/md/epa/widerspruch-epa/ [Stand 2024-09-8].

Deutscher Ethikrat. (2018). *Big Data und Gesundheit – Datensouveränität als informationelle Selbstbestimmung.* Stellungnahme. Berlin.

Deutscher Ethikrat. (2023). *Mensch und Maschine – Herausforderungen durch Künstliche Intelligenz.* Stellungnahme. Berlin.

Dienes, Jennifer (2024): Anforderungen an die menschliche Aufsicht über künstliche Intelligenz. Verständnis als Kernelement des Art. 14 KI-VO. *Multimedia und Recht* (MMR), 456-462.

Dietel, Moritz/Lewalter, Ivo (2017): m-Health-Anwendungen als Medizinprodukte – Vereinbarkeit mit dem HWG und Ausblick auf die neue EU-Medizinprodukteverordnung, *Pharma Recht* (PharmR), 53-57.

Dogan, O. / Faruk Gurcan, O. (2024): Enhancing Hospital Services: Utilizing Chatbot Technology for Patient Inquiries. In: Kahraman, C., Cevik Onar, S., Cebi, S., Oztaysi, B., Tolga, A.C., Ucal Sari, I. (Hg.): *Intelligent and Fuzzy Systems. INFUS 2024. Lecture Notes in Networks and Systems*, vol 1090. Cham: Springer. https://doi.org/10.1007/978-3-031-67192-0_29

Dormandy, Katherine (Hg.) (2020): *Trust in Epistemology.* New York: Routledge

Dreier, Horst (Hrsg.) (2013): *Grundgesetz Kommentar Band I*, 3. Aufl. Tübingen: Mohr Siebeck (zitiert: *Bearbeiter*, in: Dreier (Hrsg.), GG).

Durán, Manuel / Jongsma, Karin R. (2021): Who is afraid of black box algorithms? On the epistemological and ethical basis of trust in medical AI. *Journal of Medical Ethics* 47, 329-335.

Eberbach, Wolfram (2019): Wird die ärztliche Aufklärung zur Fiktion? (Teil 1). Zu den divergierenden Realitäten von Medizin und Recht. *Medizinrecht* (MedR), 1-10.

Eberbach, Wolfram (2019): Wird die ärztliche Aufklärung zur Fiktion? (Teil 2). Zu den divergierenden Realitäten von Medizin und Recht, *Medizinrecht* (MedR), 111-119.

Ebers, Martin (2025): Haftung für Künstliche Intelligenz nach der neuen Produkthaftungsrichtlinie. Was ändert sich ab dem 9.12.2026, *Künstliche Intelligenz und Recht* (KIR), 252-258.

Ehmann, Eugen / Selmayr, Martin (Hrsg.) (2024): *DS-GVO Kommentar*, 3. Aufl. München: C.H. Beck. (zitiert: *Bearbeiter*, in: Ehmann/Selmayr (Hrsg.), DS-GVO).

Eickhoff S.B. / Heinrichs B. (2021): Der vorhersagbare Mensch: Chancen und Risiken der KI-basierten Prädiktion von kognitiven Fähigkeiten, Persönlichkeitsmerkmalen und psychischen Erkrankungen [The predictable human : Possibilities and risks of AI-based prediction of cognitive abilities, personality traits and mental illnesses]. *Nervenarzt* 92, 11, 1140-1148. German. https://doi.org/10.1007/s00115-021-01197-8 .

Ellis J. / Hamer M.K. / Akerson M., et al. (2024): Patient Perceptions of Chatbot Supervision in Health Care Settings. *JAMA Netw Open.* 2024; 7, 4, e248833. doi:10.1001/jamanetworkopen.2024.8833

Europäische Kommission (2020): Weißbuch zur Künstlichen Intelligenz – ein europäisches Konzept für Exzellenz und Vertrauen, COM(2020) 65 final. 19.2.2020.

Falk, S. / van Wynsberghe, A. (2023): Challenging AI for Sustainability: what ought it mean? *AI Ethics.* https://doi.org/10.1007/s43681-023-00323-3

Fazelpour, Sina / Danks, David (2021): Algorithmic bias: Senses, sources, solutions. *Philosophy Compass* 16, e12760.

Fenner, D. (2025): *Digitale Ethik. Eine Einführung.* Tübingen: utb.

Ferrario, Andrea / Loi, Michele / Viganò, Eleonora (2021): Trust does not need to be human: It is possible to trust medical AI. *Journal of Medical Ethics* 47, 437-438.

Fischer, Sarah & Puschmann, Cornelius (2021): Wie Deutschland über Algorithmen schreibt – Eine Analyse des Mediendiskurses über Algorithmen und Künstliche Intelligenz (2005–2020). https://www.bertelsmann-stiftung.de/fileadmin/files/user_upload/Diskursanalyse_2021_Algorithmen.pdf

Flynn, J. (2020): Theory and Bioethics. *Stanford Encyclopedia of Philosophy.* https://plato.stanford.edu/entries/theory-bioethics/

Floridi L. (2016): Faultless responsibility: on the nature and allocation of moral responsibility for distributed moral actions. *Phil.Trans.R.Soc.* A374: 20160112. http://dx.doi.org/10.1098/rsta.2016.0112

Floridi, L. / Taddeo, M. (2016): What is data ethics? *Phil.Trans.R.Soc.* A374: 20160360. http://dx.doi.org/10.1098/rsta.2016.0360

Floridi, L. / Cowls J. (2019): A unified framework of five principles for AI in society. *Harvard Data Science Review* 1, 1. DOI: 10.1162/ 99608f92.8cd550d1

Floridi, L. (2024): The Ethics of Artificial Intelligence: exacerbated problems, renewed problems, unprecedented problems - Introduction to the Special Issue of the *American Philosophical Quarterly* dedicated to The Ethics of AI (April 20, 2024). https://ssrn.com/abstract=4801799 or http://dx.doi.org/10.2139/ssrn.4801799

Foucault, Michel (1994): *Überwachen und Strafen. Die Geburt des Gefängnisses.* Frankfurt a.M.: Surhkamp.

Frances, Allen (2013): *Saving normal: An insider's revolt against out-of-control psychiatric diagnosis, DSM-5, Big Pharma, and the medicalization of ordinary life.* New York: William Morrow.

Freiman, Ori / Miller, Boaz (2018): Can Artificial Entities Assert? In: Sanford Goldberg (Hg.), *The Oxford Handbook of Assertion*, Oxford: OUP, 415-436.

Freiman, Ori (2023): Making sense of the conceptual nonsense „trustworthy AI". *AI and Ethics* 3, 1351-1360.

Freiman, Ori (2024): AI-Testimony, Conversational AIs and Our Anthropocentric Theory of Testimony. *Social Epistemology*, 38(4), 476-490. https://doi.org/10.1080/02691728.2024.2316622

Fricker, Miranda (2007): *Epistemic Injustice: Power and the Ethics of Knowing.* Oxford: Oxford University Press.

Fricker, Miranda (2012): Group Testimony? The Making of a Good Informant. *Philosophy and Phenomenological Research* 84, 249-276.

Fritz Z. / Holton R. (2019): Too much medicine: not enough trust? *J Med Ethics* 45, 31-35.

Fröhlich, Wiebke / Spiecker gen. Döhmann, Indra (2022): Die breite Einwilligung (Broad Consent) in die Datenverarbeitung zu medizinischen Forschungszwecken – der aktuelle Irrweg der MII, *GesundheitsRecht* (GesR), 346-353.

Fuchs, M. / Gottschlich, M. (2019): *Ansätze der Bioethik.* Baden-Baden: Karl Alber.

Fuchs, T. (2020): *Die Verteidigung des Menschen*, Frankfurt: Suhrkamp.

Fuller, Steve (2024): ChatGPT as a Corrective to Academic Bias. *Social Epistemology Review and Reply Collective* 13, 12, 10-11.

Gadamer, Hans-Georg (1993): Über die Verborgenheit der Gesundheit. In: Ders.: *Über die Verborgenheit der Gesundheit. Aufsätze und Vorträge*, Frankfurt/M.: Suhrkamp, 133-148.

Gassner, Ulrich (2023): Menschliche Aufsicht über intelligente Medizinprodukte. *Medizin Produkte Recht* (MPR), 5-11.

Gelfert, Axel (2014): *A Critical Introduction to Testimony.* London: Bloomsbury.

Genske, Anna/Schulz-Große, Stefanie (2024): Quo vadis Medizin-KI? Anwenderpflichten und datenschutzrechtliche Anforderungen an künstliche Intelligenz in der Medizin nach dem AI Act der EU. *Gesundheit und Pflege* (GuP), 177-188.

Ghebrehiwet, Isaias et al. (2024): Revolutionizing personalized medicine with generative AI: a systematic review. *Artificial Intelligence Review* 57, 5, 128.

Gier-Reinartz, Nadine / Kenning, Peter / Zimmermann, Vita E. M. (2024): Wie KI-Unterstützung die „wirksame menschliche Aufsicht" beeinflussen kann. Ergebnisse einer explorativen Neuro-IS-Studie. *Künstliche Intelligenz und Recht* (KIR), 170-173.

Gola, Peter / Heckmann, Dirk (Hrsg.) (2022): *DS-GVO/BDSG Kommentar*, 3. Aufl. München: C.H. Beck. (zitiert: *Bearbeiter*, in: Gola/Heckmann (Hrsg.), DS-GVO BDSG).

Goldacre, Ben (2012): *Bad Pharma. How Drug Companies Mislead Doctors and Harm Patients.* London: Fourth Estate.

Goldman, Alvin (2001): Experts: Which Ones Should You Trust? *Philosophy and Phenomenological Research* 63, 85-110.

Gøtzsche, Peter C. (2013): *Deadly Medicines and Organised Crime: How Big Pharma Has Corrupted Healthcare.* London: Radcliffe.

Grabenwarter, Christoph (Hrsg.) (2022): *Enzyklopädie Europarecht Band 2: Europäischer Grundrechteschutz*, 2. Aufl. Baden-Baden: Nomos (zitiert: *Bearbeiter*, in: Grabenwarter (Hrsg.), Europäischer Grundrechteschutz).

Graf, Joachim et al. (2018). Praktikabilität und Leistungsfähigkeit von E-Health-Anwendungen bei der Erhebung von Patient Reported Outcomes: Forschungsstand und -bedarf. *Das Gesundheitswesen* 80, 11, 953–962.

Grant, Natalie Victoria / Bejan, Alexander / Kunze, Christophe / Burkhardt, Heinrich (2024): Can AI-supported Systems Help with Aftercare Planning? Opportunities and Challenges from a Clinical Perspective. *Proceedings of Mensch und Computer 2024 (MuC '24), September 01--04, 2024, Karlsruhe, Germany.* https://doi.org/10.1145/3670653.3677483

Grassini, E., Buzzi, M., Leporini, B., Vozna, A. (2024): A systematic review of chatbots in inclusive healthcare: insights from the last 5 years. *Univ Access Inf Soc.* https://doi.org/10.1007/s10209-024-01118-x

Grimm, Dieter (1989): Das Grundgesetz nach vierzig Jahren. *Neue Juristische Wochenschrift* (NJW), 1305-1312.

Grimm, Petra (2024): Menschenbild. In: Grimm, Petra / Trost, Kai Erik, Zöllner, Oliver (Hrsg.): *Digitale Ethik*, Baden-Baden: Nomos, 253-268.

Gross, N. (2024): A powerful potion for a potent problem: transformative justice for generative AI in healthcare. *AI Ethics.* https://doi.org/10.1007/s43681-024-00519-1

Groß, Johannes / König, Maximilian (2021): Nichtigkeit des § 6 a II 1 ATDG wegen Grundrechtsverstoß, *Recht Digital* (RDi), 152-154.

Groß, Martin / Schmidt-Wilcke, Tobias / Schäfer, Klaus (2021): Ärztliches Handeln im Spannungsfeld von Medizin, Ökonomie und Ethik. In: M. Groß & T. Demmer (Hg.): *Interdisziplinäre Palliativmedizin.* Berlin, Heidelberg: Springer, 205–213. https://doi.org/10.1007/978-3-662-62011-3_18

Grote, Thomas (2024): Machine learning in healthcare and the methodological priority of epistemology over ethics. *Inquiry*, 1-30. https://doi.org/10.1080/0020174X.2024.2312207

Grote T. / Berens P. (2019): On the ethics of algorithmic decision-making in healthcare. *J Med Ethics.* https://doi.org/10.1136/medethics-2019-105586.

Gumpp, Tobias (2022): Stellenwert der Erwägungsgründe in der Methodenlehre des Unionsrechts, *Zeitschrift für die gesamte Privatrechtswissenschaft* (ZfPW), 446-476.

Hähnel, Martin / Pfeiffer, Sabine / Graßmann, Stephan (2024): Striking the balance: ethical challenges and social implications of AI-induced power shifts in healthcare organizations. *AI & SOCIETY.* https://doi.org/10.1007/s00146-024-02043-6

Hähnel, Martin (2014): Leibliche Menschenwürde und die Tugend, sie zu achten. In: *Imago hominis: Quartalsschrift des Instituts für Medizinische Anthropologie und Bioethik*, 133-143.

Hähnel, Martin / Müller R. (2025): Ethical Theories of AI: Systematizing the Discourse, in: Martin Hähnel/Regina Müller (Hg.), *Blackwell Companion to Applied Philosophy of AI*, Wiley: Hoboken, 3-13.

Hagag, Amr / Gomaa, Ahmed / Kornek, Dominik / Maier, Andreas / Fietkau, Rainer / Bert, Christoph / Huang, Yixing / Putz, Florian (2024): Deep Learning for Cancer Prognosis Prediction Using Portrait Photos by StyleGAN Embedding, arXiv:2306.14596v3, 25.7.2024.

Hagendorff, T. (2024): Deception abilities emerged in large language models, *Proc. Natl. Acad. Sci. U.S.A.* 121, 24, https://doi.org/10.1073/pnas.2317967121

Hampton, J. R. et al. (1975): Relative contributions of history-taking, physical examination, and laboratory investigation to diagnosis and management of medical outpatients. *British Medical Journal* 2, 5969, 486–489.

Hanna, Jason (2018): Hard and Soft Paternalism. In: Kalle Grill/Jason Hanna (Hg.): *The Routledge Handbook of the Philosophy of Paternalism*. Abingdon, New York: Routledge, 24-34.

Hansen, Kirsten / Kappel, Klemens (2017): Complementary/Alternative Medicine and the Evidence Requirement. In: Miriam Solomon, Jeremy R. Simon, Harold Kincaid (Hg.): *The Routledge Companion to Philosophy of Medicine*. New York: Routledge, 257-267.

Hardwig, John (1985): Epistemic Dependence. *Journal of Philosophy* 82, 335-349.

Hardwig, John (1991): The Role of Trust in Knowledge. *Journal of Philosophy* 88, 693-708.

Hatherley, Joshua James (2020): Limits of trust in medical AI. *Journal of Medical Ethics* 46, 478-481.

Hauswald, Rico (2014): *Soziale Pluralitäten. Zur Ontologie, Wissenschaftstheorie und Semantik des Klassifizierens und Gruppierens von Menschen in Gesellschaft und Humanwissenschaft*. Münster: Mentis.

Hauswald, Rico (2021): Digitale Orakel? Wie künstliche Intelligenz unser System epistemischer Arbeitsteilung verändert. In: Anna Strasser, Wolfgang Sohst, Ralf Stapelfeldt, Katja Stepec (Hg.): *Künstliche Intelligenz – Die große Verheißung*. Berlin: xenomoi, 359-377.

Hauswald, Rico (2024a): *Epistemische Autoritäten: Individuelle und plurale*. Berlin: Springer/Metzler.

Hauswald, Rico (2024b): *Caveat usor*: Vertrauen und epistemische Wachsamkeit gegenüber künstlicher Intelligenz. *Zeitschrift für Praktische Philosophie* 11, 367-394.

Hauswald, Rico (2025a): Artificial Epistemic Authorities. *Social Epistemology*. 1–10. https://doi.org/10.1080/02691728.2025.2449602.

Hauswald, Rico (2025b): AI and the Philosophy of Expertise and Epistemic Authority. In: Hähnel, M./Müller, R. (Hg.): *Blackwell Companion to Applied Philosophy of AI*, Hoboken: Wiley, 55-69.

Heinrichs, B. / Heinrichs, J.-H. / Rüther, M. (2022): *Künstliche Intelligenz*. Berlin/Boston: De Gruyter.

Hepp, Andreas (2020): *Deep Mediatization*. New York: Routledge.

Herrmann, Thomas / Pfeiffer, Sabine (2022): Keeping the organization in the loop: a socio-technical extension of human-centered artificial intelligence. *AI & SOCIETY.* https://link.springer.com/10.1007/s00146-022-01391-5

Hetz, Martin J. et al. (2024): Superhuman performance on urology board questions using an explainable language model enhanced with European Association of Urology guidelines. *ESMO Real World Data and Digital Oncology* 6. https://www.esmorwd.org/article/S2949-8201(24)00056-0/fulltext

Heudel, P.-E. / Crochet, H. / Blay, J.-Y. (2024): Impact of artificial intelligence in transforming the doctor–cancer patient relationship, *ESMO Real World Data and Digital Oncology*, Volume 3, 100026, ISSN 2949-8201, https://doi.org/10.1016/j.esmorw.2024.100026.

High-Level Expert Group on Artificial Intelligence (2019): Ethics Guidelines for Trustworthy AI. Brüssel 8.4.2019. https://op.europa.eu/en/publication-detail/-/publication/d3988569-0434-11ea-8c1f-01aa75ed71a1.

Hill, R.K. (2015). What an algorithm is. *Philosophy & Technology* 29.1, 35-59.

Hinton, Geoff (2016): Machine learning and the market for intelligence. *Proceedings of the Machine Learning and Marketing Intelligence Conference.*

Hirsch-Kreinsen, Hartmut / Karacic, Anemari (Hg.) (2019): *Autonome Systeme und Arbeit: Perspektiven, Herausforderungen und Grenzen der Künstlichen Intelligenz in der Arbeitswelt.* 1. Auflage Bielefeld: transcript Verlag. https://www.transcript-open.de/isbn/4395

Hoffmann-Riem, Wolfgang (2014): Regulierungswissen in der Regulierung. In: Bora, Alfons/Henkel, Anna/Reinhardt, Carsten (Hrsg.). *Wissensregulierung und Regulierungswissen*, Weilerswist: Velbrück, 135-156.

Hoffmann-Riem, Wolfgang (2016): *Innovation und Recht – Recht und Innovation. Recht im Ensemble seiner Kontexte.* Tübingen: Mohr Siebeck.

Hong, Sun-ha (2022): Predictions Without Futures. *History and Theory* 61, 3, 371–390.

Howick, Jeremy (2017): Justification of Evidence-Based Medicine Epistemology. In: James A. Marcum (Hg.): *The Bloomsbury Companion to Contemporary Philosophy of Medicine.* London u.a.: Bloomsbury, 113-146.

Huckle, J. / Williams, S. (2025): Easy Problems that LLMs Get Wrong. In: K. Arai (Hg.), *Advances in Information and Communication. FICC 2025.* Lecture Notes in Networks and Systems 1283, 313-332. https://doi.org/10.1007/978-3-031-84457-7_19

Hummel, P. / Braun, M. / Dabrock, P. (2021). Own data? Ethical reflections on data ownership. *Philosophy & Technology*, 34, 545–572.

Ienca, M. (2023): Medical data sharing and privacy: A false dichotomy? *Swiss Medical Weekly*, 153, 40019. https://doi.org/10.57187/smw.2023.40019

Ioannidis, John P. A. (2005): Why Most Published Research Findings Are False. *PLOS Medicine* 2, 8, e124.

Iott, B. E. / Campos-Castillo, C. / Anthony, D. L. (2019): Trust and privacy: How patient Trust in Providers is related to privacy behaviors and attitudes. *American Medical Informatics Association Annual Symposium Proceedings*, 487-493.

Jäger, Christian / Meier, Jutta Juliane / Möhring, Maximilian / Ferroli, Ferdinand / Nida-Rümelin, Julian / Peters, Julian (2024): Von der Sackgasse der Anonymisierung zu Lösungsansätzen für den Datenschutz der Zukunft. Perspektiven des Gaia-X-Ökosystems vor dem Hintergrund der Notwendigkeit einer Wahrung der Digital Responsibility Goals. *Zeitschrift für Datenschutz* (ZD), 490-495.

Jäger, Christoph (2025): Epistemic Authority. In: Jennifer Lackey, Aidan McGlynn (Hg.): *The Oxford Handbook of Social Epistemology*. Oxford, New York: Oxford University Press, 63-84.

Jäger, Christoph/Malfatti, Federica Isabella (2021): The social fabric of understanding: Equilibrium, authority, and epistemic empathy. *Synthese* 199, 1185-1205.

Jäkel, Christian (2024): Bericht aus Berlin, *Pharma Recht* (PharmR), 287-290.

Jahn, Johannes / Weiß, Jakob / Bamberg, Fabian / Kotter, Elmar (2024): Anwendungsspektrum der künstlichen Intelligenz in der Radiologie. *Die Radiologie*, 752-757.

Johnson, Kevin B. et al. (2021): Precision Medicine, AI, and the Future of Personalized Health Care. *Clinical and Translational Science* 14, 1, 86–93.

Jorzig, Alexandra / Kellermeier, Lukas (2021): Besondere datenschutzrechtliche Anforderungen an Gesundheitsapps auf Rezept (DiGA), *Medizinrecht* (MedR), 976-987.

Jureidini, Jon / McHenry, Leemon (2020): *The Illusion of Evidence-Based Medicine: Exposing the Crisis of Credibility in Clinical Research*. Adelaide SA, Australia: Wakefield Press.

Kammerer, Dietmar (2024): Überwachung. In: Grimm, Petra / Trost, Kai Erik / Zöllner, Oliver (Hrsg.), *Digitale Ethik*. Baden-Baden: Nomos, 269-277.

Kant, Immanuel (1977): *Kritik der Urteilskraft*. Werke in zwölf Bänden. Band 10. Frankfurt/Main: Suhrkamp.

Keil, Geert / Keuck, Lara / Hauswald, Rico (Hg.) (2017): *Vagueness in Psychiatry*. Oxford: Oxford University Press.

Kapoor, Arun / Klindt, Thomas (2008): „New Legislative Framework" im EU-Produktsicherheitsrecht – Neue Marktüberwachung in Europa?, *Europäische Zeitschrift für Wirtschaftsrecht* (EuZW), 649-655.

Katzenmeier, Christian (2009): Verrechtlichung der Medizin. In: Katzenmeier, Christian/Bergdolt, Klaus (Hrsg.). *Das Bild des Arztes im 21. Jahrhundert*. Heidelberg/Berlin: Springer, 45-59.

Kellmeyer, Philipp (2024): Beyond participation: Towards a community-led approach to value alignment of AI in medicine. *Developments in Neuroethics and Bioethics* 7, 249-269. https://doi.org/10.1016/bs.dnb.2024.02.011

Kempt, H., Bellon, J. & Nähr-Wagener, S. (2021): Introduction to the Special Issue on "Artificial Speakers – Philosophical Questions and Implications". *Minds & Machines* 31, 465-470.

Kempt, Hendrik / Heilinger, Jan-Christoph / Nagel, Saskia K. (2023): "I'm afraid I can't let you do that, Doctor": meaningful disagreements with AI in medical contexts. *AI & Society* 38, 1407-1414.

Kent, Rachael (2023): *The Digital Health Self.* Bristol: Bristol University Press, https://bristoluniversitypressdigital.com/monochap/book/9781529210163/ch002.xml

Kerasidou, Charalampia / Kerasidou, Angeliki / Buscher, Monika / Wilkinson, Stephen (2022): Before and beyond trust: Reliance in medical AI. *Journal of Medical Ethics* 48, 852-856.

Kidd, Ian James / Carel, Havi (2017): Epistemic Injustice and Illness. *Journal of Applied Philosophy* 34, 172-190.

Kidd, Ian James / Carel, Havi (2021): The Predicament of Patients. *Royal Institute of Philosophy Supplement* 89, 65-74.

Kieslich, Kimon / Došenović, Pero / Marcinkowski, Frank (2022): Alles, nur kaum Science-Fiction: Eine Themenanalyse der deutschen Medienberichterstattung über Künstliche Intelligenz. https://www.cais-research.de/wp-content/uploads/Factsheet-7-Medienberichterstattung.pdf

Kingreen, Thorsten / Kühling, Jürgen (2015): Weniger Schutz durch mehr Recht: Der überspannte Parlamentsvorbehalt im Datenschutzrecht, *JuristenZeitung* (JZ), 213-221.

Klindt, Thomas (2002): Der „new approach" im Produktrecht des europäischen Binnenmarkts: Vermutungswirkung technischer Normung. *Europäische Zeitschrift für Wirtschaftsrecht* (EuZW), 133-136.

König, Lars / Kuhlmey, Adelheid / Suhr, Ralf (2024): Digital Health Literacy of the Population in Germany and Its Association With Physical Health, Mental Health, Life Satisfaction, and Health Behaviors: Nationally Representative Survey Study. *JMIR Public Health and Surveillance* 10, 1, e48685.

Koskinen, Inkeri (2024): We Have No Satisfactory Social Epistemology of AI-Based Science. *Social Epistemology* 38, 4, 458-475.

Krenn, Mario / Pollice, R. / Guo, S.Y et al. (2022): On scientific understanding with artificial intelligence. *Nat. Rev. Phys.* 4, 761-769.

Krimsky, Sheldon (2003): *Science in the Private Interest: Has the Lure of Profits Corrupted Biomedical Research?* Lanham: Rowman & Littlefield.

Krüger-Brand, Heike E. (2014): Studie zur Zweitmeinung: Zwei Drittel der Deutschen nutzen Dr. Google. *Deutsches Ärzteblatt* 111, A-2230 / C-1804.

Kruse, Johannes (2022): Recht und Realität im Verfassungsrecht. *Die öffentliche Verwaltung* (DÖV), 720-724.

Kuipers, Theo A. F. (Hg.) (2007): *General Philosophy of Science: Focal Issues.* Amsterdam; Heidelberg: Elsevier.

Lackey, Jennifer (2008): *Learning from Words: Testimony as a Source of Knowledge.* Oxford: Oxford University Press.

Lang, B.H. / Nyholm, S. / Blumenthal-Barby, J. (2023): Responsibility Gaps and Black Box Healthcare AI: Shared Responsibilization as a Solution. *DISO* 2, 52. https://doi.org/10.1007/s44206-023-00073-z

Laufs, Adolf / Katzenmeier, Christian / Lipp, Volker (Hrsg.) (2021): *Arztrecht*, 8. Aufl. München: C.H. Beck (zitiert: *Bearbeiter*, in: Laufs/Katzenmeier/Lipp, Arztrecht).

Laufs, Adolf / Kern, Bernd-Rüdiger / Rehborn, Martin (Begr./Hrsg.) (2019): *Handbuch des Arztrechts*, 5. Aufl. München: C.H. Beck (zitiert: Bearbeiter, in: Laufs/Kern/Rehborn (Hrsg.), Handbuch des Arztrechts).

Lee, Peter / Bubeck, Sebastien / Petro, Joseph (2023): Benefits, Limits, and Risks of GPT-4 as an AI Chatbot for Medicine. *The New England Journal of Medicine* 388, 13, 1233-1239. 10.1056/NEJMsr2214184

Leupold, Andreas / Wiebe, Andreas / Glossner, Silke (2021): IT-Recht: Recht, *Wirtschaft und Technik der digitalen Transformation*, 4. Aufl. München: C.H. Beck (zitiert: Bearbeiter, in: Leupold/Wiebe/Glossner (Hrsg.), IT-Recht).

Liddell, K. / Simon, D. A. / Lucassen, A. (2021): Patient data ownership: Who owns your health? *Journal of Law and the Biosciences*, 8, 2, https://doi.org/10.1093/jlb/lsab023

Lohse, Simon / Reydon, Thomas (Hg.) (2017): *Grundriss Wissenschaftsphilosophie: Die Philosophien der Einzelwissenschaften.* Hamburg: Meiner.

London, Alex John (2019): Artificial Intelligence and Black-Box Medical Decisions: Accuracy versus Explainability. *Hastings Center Report* 49, 15-21.

Lupton, Deborah (2018): *Digital Health: Critical and Cross-Disciplinary Perspectives.* New York: Routledge.

Lutze, Maxie et al. (2021): *Potenziale einer Pflege 4.0 - Wie innovative Technologien Entlastung schaffen und die Arbeitszufriedenheit von Pflegefachpersonen in der Langzeitpflege verändern.* https://www.bertelsmann-stiftung.de/de/publikationen/publikation/did/potenziale-einer-pflege-40-all

Mäki, Uskali / MacLeod, Miles (Hg.) (2016): Philosophy of Interdisciplinarity [Special Issue]. *European Journal for Philosophy of Science* 6, 3.

Mainzer, Klaus (Hg.) (2024): *Philosophisches Handbuch Künstliche Intelligenz.* Wiesbaden: Springer VS.

Malfatti, Federica I. (2025): ChatGPT, Education, and Understanding. *Social Epistemology*, 1–15. https://doi.org/10.1080/02691728.2025.2449599

Marcum, James A. (2017): Patient- and Person- Centered Medicine: Does the Center Hold? In: James A. Marcum (Hg.): *The Bloomsbury Companion to Contemporary Philosophy of Medicine.* London u.a.: Bloomsbury, 249-273.

Markschies, Lisa (2025): The European Health Data Space: The Next Step in Data Regulation, in: Gsenger, Rita/Sekwenz, Marie-Therese (Hg.), *Digital Decade. How the EU Shapes Digitalisation Research*, Baden-Baden: Nomos, 425-443.

Marsch, Nikolaus (2018): *Das europäische Datenschutzrecht*, Tübingen: Mohr Siebeck.

Marsch, Nikolaus / Kratz, Alexander (2024): Schufa-Scoring und Datenschutzaufsicht vor dem Aus? *Neue Juristische Wochenschrift* (NJW), 392-396.

Marsch, Nikolaus / Rademacher, Timo (2021): Generalklauseln im Datenschutzrecht. Zur Rehabilitierung eines zentralen Bausteins des allgemeinen Informationsverwaltungsrechts, *Die Verwaltung* 54, 1-35.

Martini, Mario (2019): *Blackbox Algorithmus – Grundfragen einer Regulierung künstlicher Intelligenz.* Berlin: Springer.

Martini, Mario / Wendehorst, Christiane (Hrsg.) (2024): *KI-VO Kommentar*. München: C.H. Beck (zitiert: *Bearbeiter*, in: Martini / Wendehorst (Hrsg.), KI-VO).

Matt, Holger / Renzikowski, Joachim (Hrsg.) (2020): *Strafgesetzbuch Kommentar*, 2. Aufl. München: C.H. Beck (zitiert: Bearbeiter, in: Matt/Renzikowski (Hrsg.), StGB).

Matthäus, Sandra (2023): Zahlen machen Leute. Das metrische Wir. Über die Quantifizierung des Sozialen von Steffen Mau. In: S. Farzin / H. Laux (Hg.), *Soziologische Gegenwartsdiagnosen 3*. Wiesbaden: Springer Fachmedien, 199-201.

Matthias, Andreas (2004): The responsibility gap: Ascribing responsibility for the actions of learning automata. *Ethics and Information Technology* 6, 3, 175-183.

Mau, Steffen (2017): *Das metrische Wir. Über die Quantifizierung des Sozialen*. Berlin: Suhrkamp.

McDougall, Rosalind J. (2019): Computer Knows Best? The Need for Value-Flexibility in Medical AI. *Journal of Medical Ethics* 45, 156-160.

McFadden, Mark / Jones, Kate / Taylor, Emily / Osborn, Georgia (2021): Harmonising Artificial Intelligence: The Role of Standards in the EU AI Regulation, *Oxford Information Labs Working paper* 2021.5, https://oxcaigg.oii.ox.ac.uk/wp-content/uploads/sites/11/2021/12/Harmonising-AI-OXIL.pdf.

McKay, F. / Treanor, D. / Hallowell, N. (2023): Inalienable data: Ethical imaginaries of de-identified health data ownership. *SSM Qualitative Research in Health* 4. https://doi.org/10.1016/j.ssmqr.2023.100321

McKinsey (2018). Digitalisierung im Gesundheitswesen: die Chancen für Deutschland. https://www.mckinsey.de/~/media/mckinsey/locations/europe%20and%20middle%20east/deutschland/news/presse/2018/2018-09-25-digitalisierung%20im%20gesundheitswesen/langfassung%20digitalisierung%20im%20gesundheitswesen__neu.ashx.

McLennan, S. / Fiske, A. / Tigard, D. / Müller, R. / Haddadin, S. / Buyx, A. (2022): Embedded ethics: a proposal for integrating ethics into the development of medical AI. *BMC Medical Ethics*. https://doi.org/10.1186/s12910-022-00746-3

McMillan, J. (2018): *The Methods of Bioethics: An Essay in Meta-Bioethics*. New York: Oxford University Press. doi:10.1093/oso/9780199603756.001.0001

Meier, L. J. / Hein, A. / Diepold, K. / Buyx, A. (2022a): Algorithms for Ethical Decision-Making in the Clinic: A Proof of Concept. *The American Journal of Bioethics* 22, 7, 4-20. doi: 10.1080/15265161.2022.2040647. Epub 2022 Mar 16. PMID: 35293841.

Meier, L. J. / Hein, A. / Diepold, K. / Buyx, A. (2022b). Clinical Ethics: To Compute, or Not to Compute? *The American Journal of Bioethics* 22, 12, W1-W4.

Merl, Tanja (2011): *Ärztliches Handeln zwischen Kunst und Wissenschaft: eine handlungstheoretische Analyse der ärztlichen Praxis im Kontext allgemeiner Entwicklungen im Gesundheitssystem*, Wiesbaden: Springer.

Merton, Robert K. (1948): The Self-Fulfilling Prophecy. *The Antioch Review* 8, 2, 193.

Messeri, Lisa / Crockett, M.J. (2024): Artificial intelligence and illusions of understanding in scientific research. *Nature* 627, 49-58.

Meyer, Jürgen / Hölscheidt, Sven (Hrsg.) (2024): *Nomos-Kommentar Charta der Grundrechte der Europäischen Union*, 6. Aufl. Baden-Baden: Nomos (zitiert: *Bearbeiter*, in: Meyer/Hölscheidt (Hrsg.), GRC).

Meylan, Anne (2020): Ignorance and Its Disvalue. *Grazer Philosophischer Studien* 97, 433-447.

Millgram, Elijah (2015): *The Great Endarkenment. Philosophy for an Age of Hyperspecialization*. Oxford: Oxford University Press.

Misselhorn, C. (2018): *Grundfragen der Maschinenethik*. 3., durchgesehene Auflage. Stuttgart: Reclam.

Mittelstadt, B. / Allo, P. / Taddeo, M. / Wachter, S./Floridi, L. (2016): The ethics of algorithms: Mapping the debate. *Big Data & Society*, 1-21.

Mittelstadt, B. (2019): Principles alone cannot guarantee ethical AI. *Nature Machine Intelligence* 1, 501-507.

Möllers, Christoph (2022): § 2 Methoden. In: Voßkuhle, Andreas/Eifert, Martin/Möllers, Christoph (Hrsg.). *Grundlagen des Verwaltungsrechts*: Band I, 3. Aufl. München: C.H. Beck, 71-134.

Morris, Lisa (2023): Preparing For The Future Of AI Chatbots In Healthcare. *Healthcare Business Today*. https://www.healthcarebusinesstoday.com/preparing-for-the-future-of-ai-chatbots-in-healthcare/.

Müller, Sebastian / Bröckerhoff, Peter / Mehlich, Jan / Woopen, Christiane (2024): Gesundheit. In: Grimm, Petra / Trost, Kai Erich / Zöllner, Oliver (Hg.). *Digitale Ethik*, Baden-Baden: Nomos, 541-554.

Müller, Vincent C. (2016): 'Autonomous killer robots are probably good news', in Ezio Di Nucci and Filippo Santoni de Sio (Hg.), *Drones and responsibility: Legal, philosophical and sociotechnical perspectives on the use of remotely controlled weapons*, London: Ashgate, 67-81.

Müller, Vincent C. / Hähnel, Martin (2024): *Was ist, was kann, was soll KI? Ein philosophisches Gespräch*. Hamburg: Meiner.

Nadarzynski T. / Miles O. / Cowie A. et al. (2019): Acceptability of artificial intelligence (AI)-led chatbot services in healthcare: a mixed methods study. *Digital Health* 5: 205520761987180.

Nazer L.H. / Zatarah R. / Waldrip S. / Ke J.X.C. / Moukheiber M. / Khanna A.K. / Hicklen R.S. / Moukheiber L. / Moukheiber D. / Ma H. / Mathur P. (2023): Bias in artificial intelligence algorithms and recommendations for mitigation. *PLOS Digit Health* 22; 2, 6:e0000278. doi: 10.1371/journal.pdig.0000278.

Nickel, P. J. (2019): The ethics of uncertainty for data subjects. In Krutzinna, J. & Floridi, L. (Hg.). *The ethics of medical data donation*. Cham: Springer, 55-74. https://doi.org/10.1007/978- 3-030-04363-6_4

Nguyen, C. Thi (2023): Trust as an unquestioning attitude. In: Szabó Gendler, John Hawthorne, Julianne Chung (Hg.): *Oxford Studies in Epistemology* 7, Oxford: Oxford University Press, 214-244.

Nida-Rümelin, Julian (2005): Ethik des Risikos. In: Julian Nida-Rümelin (Hg.), *Angewandte Ethik. Die Bereichsethiken und ihre theoretische Fundierung. Ein Handbuch.* Stuttgart: Kröner, 862-885.

Nida-Rümelin, Julian / Rath, Benjamin / Schulenburg, Johann (2012): *Risikoethik.* Berlin, Boston: de Gruyter.

Nordin, Ingemar (2000): Expert and non-expert knowledge in medical practice. *Medicine, Health Care and Philosophy* 3, 295-302.

Paal, Boris / Pauly Daniel (Hrsg.) (2021): *DS-GVO/BDSG Kommentar*, 3. Aufl. München: C.H. Beck (zitiert: Bearbeiter, in: Paal/Pauly (Hrsg.), DS-GVO BDSG).

Pärli, Kurt / Naguib, Tarek (2012): *Schutz vor Benachteiligung aufgrund chronischer Krankheit.* https://www.antidiskriminierungsstelle.de/SharedDocs/forschungsprojekte/DE/Expertise_Schutz_vor_Ben_aufgr_chron_Krkh.html [Stand 2024-09-17].

Penney, J. W. (2017): Internet surveillance, regulation, and chilling effects online: a comparative case study. *Internet Policy Review*, 6 (2), 1-39. https://doi.org/10.14763/2017.2.692

Pfeiffer, Sabine (2004): *Arbeitsvermögen: ein Schlüssel zur Analyse (reflexiver) Informatisierung.* 1. Aufl. Wiesbaden: Springer Fachmedien.

Piasecki, J., & Cheah, P. Y. (2022): Ownership of individual-level health data, data sharing, and data governance. *BMC Medical Ethics*, 23, 104. https://doi.org/10.1186/s12910-022-00848-y

Ploug, Thomas / Holm, Søren (2020): The right to refuse diagnostics and treatment planning by artificial intelligence. *Med Health Care and Philos* 23, 107-114.

Pongratz, Hans J. / Voß, G. Günter (1998): Der Arbeitskraftunternehmer. *Kölner Zeitschrift für Soziologie und Sozialpsychologie* 50, 131–158.

Popowicz, Dylan Mirek (2021): "Doctor Knows Best": On the Epistemic Authority of the Medical Practitioner. *Philosophy of Medicine* 2, 1-23.

Porzelt, Maren (2020): *Implementierung einer eHealth-Anwendung zur prospektiven Erfassung des Patient Reported Outcome (PRO) während der Strahlentherapie von Mammakarzinom-Patientinnen und Vergleich der Ergebnisse mit Referenzdaten.* Ludwig-Maximilians-Universität, München. DOI: 10.5282/edoc.27309.

Prainsack, Barbara / El-Sayed, Seliem / Forgó, Nikolaus / Szoszkiewicz, Lukasz / Baumer, Philipp (2022): Data solidarity: a blueprint for governing health futures. *The Lancet Digital Health* 4, 11, e773-e774.

Pritchard, Duncan/Turri, John/Carter, J. Adam (2022): The Value of Knowledge. In: Edward N. Zalta & Uri Nodelman (Hg.): *The Stanford Encyclopedia of Philosophy* (Fall 2022 Edition), https://plato.stanford.edu/archives/fall2022/entries/knowledge-value.

Prütting, Jens / Wolk, Tom (2020): Software unter dem Regime der europäischen Medizinprodukteverordnung (2017/745/EU) – Ein massives Innovationshemmnis!, *Medizinrecht* (MedR), 359-365.

Quaas, Michael / Zuck, Rüdiger / Clemens, Thomas / Gokel, Julia Maria (2018): *Medizinrecht*, 4. Aufl. München: C.H. Beck (zitiert: Bearbeiter, in: Quaas/Zuck/Clemens, Medizinrecht).

Radtke, Tristan (2023): Das Verhältnis von KI-VO und Art. 22 DS-GVO unter besonderer Berücksichtigung der Schutzzwecke, *Recht Digital* (RDi), 353-360.

Ratajczak, Thomas (2001): Der Schweinezyklus in der Aufklärungsrechtsprechung. In: Arbeitsgemeinschaft Rechtsanwälte im Medizinrecht e.V. (Hrsg.). *Risiko Aufklärung. Schmerzensgeld trotz Behandlungserfolg – Wohin führt die Aufklärung.* Springer, Berlin Heidelberg, 1-30.

Rath, Benjamin (2008): *Ethik des Risikos. Begriffe, Situationen, Entscheidungstheorien und Aspekte.* Bern: Bundesamt für Bauten und Logistik BBL.

Reddy S. (2022): Explainability and artificial intelligence in medicine, *The Lancet Digital Health* 4, 4, e214 - e215. https://doi.org/10.1016/S2589-7500(22)00029-2

Rehmann, Wolfgang / Wagner, Susanne (Hrsg.) (2023): *MP-VO Kommentar*, 4. Aufl. München: C.H. Beck (zitiert: *Bearbeiter*, in: Rehmann/Wagner (Hrsg.), MP-VO).

Rehmann-Sutter, Christoph (2021): Zur ethischen Bedeutung der vorgeburtlichen Diagnostik. In: *Gelingende Geburt. Interdisziplinäre Erkundungen in umstrittenen Terrains*, hg. Von Olivia Mitscherlich-Schönherr und Reiner Anselm, 273-298. Berlin und Boston: De Gruyter. https://doi.org/10.1515/9783110719864-014

Reinhardt, Karoline (2023): Trust and trustworthiness in AI ethics. *AI and Ethics* 3, 735-744. https://doi.org/10.1007/s43681-022-00200-5.

Respess, Shaun (2020): Expert Care in Mental Health Paternalism. In: Bernal, Amiel/ Axtell, Guy (Hg.): *Epistemic Paternalism. Conceptions, Justifications and Implications.* London: Rowman & Littlefield, 107-122.

Retter, Sebastian Cornelius/Seubert, Sonia (2023): MDR/IVDR und Digital Health, in: Jorzig, Alexandra (Hrsg.), *Recht – Medizin – digital: Gesetze und Normen der digitalen Transformation.* Berlin: MWV Medizinisch Wissenschaftliche Verlagsgesellschaft, 129-138.

Rieke, N. / Hancox, J. / Li, W. et al. (2020): The future of digital health with federated learning. *npj Digit. Med.* 3, 119. https://doi.org/10.1038/s41746-020-00323-1

Ringkamp, Daniela / Wittwer, Héctor (Hg.) (2018): *Was ist Medizin? Der Begriff der Medizin und seine ethischen Implikationen*, Baden-Baden: Alber.

Rogler, Gerhard (2008): Der Arzt als Dienstleister — der Patient als Kunde. In T. Kingreen & B. Laux (Hg.), *Gesundheit und Medizin im interdisziplinären Diskurs.* Berlin, Heidelberg: Springer, 69–87. https://doi.org/10.1007/978-3-540-77196-8_4

Rolfs, Christian / Giesen, Richard / Meßling, Miriam / Udsching, Peter (Hrsg.) (2025): *Beck'scher Online-Kommentar Sozialrecht*, 77. Edition. München: C.H. Beck (zitiert: *Bearbeiter*, in: Rolfs/Giesen/Meßling/Udsching (Hrsg.), BeckOK Sozialrecht).

Roos, Philipp / Maddaloni, John-Markus (2023): Regulierter Datenaustausch zur Gesundheitsforschung. Die legislativen Vorhaben für einen Europäischen Gesundheitsdatenraum und ein Gesundheitsdatennutzungsgesetz, *Recht Digital* (RDi), 225-232.

Roßnagel, Alexander / Geminn, Christian (2021): Vertrauen in Anonymisierung. Regulierung der Anonymisierung zur Förderung Künstlicher Intelligenz. *Zeitschrift für Datenschutz* (ZD), 487-490.

Rost, Martin (2013): Zur Soziologie des Datenschutzes. *Datenschutz und Datensicherheit - DuD* 37, 2, 85–91.

Rubeis, G. (2024). *Ethics of Medical AI*. Springer: Cham.

Rudin, C. (2019): Stop explaining black box machine learning models for high stakes decisions and use interpretable models instead. *Nature Machine Intelligence* 1, 206-215.

Ruschemeier, Hannah (2020): Eingriffsintensivierung durch Technik. Der Beschluss des Bundesverfassungsgerichts zum Antiterrordateigesetz II, *Verfassungsblog*, 16.12.2020, https://verfassungsblog.de/eingriffsintensivierung-durch-technik/, DOI: 10.17176/20201216-173048-0.

Ryan, Mark (2020): In AI We Trust: Ethics, Artificial Intelligence, and Reliability. *Science and Engineering Ethics* 26, 2749-2767. https://doi.org/10.1007/s11948-020-00228-y.

Ryle, Gilbert (1945): Knowing How and Knowing That: The Presidential Address. *Proceedings of the Aristotelian Society* 46, 1-16.

Schaper, Hans-Peter (1987): *Krankenwartung und Krankenpflege*. Wiesbaden: VS Verlag für Sozialwissenschaften.

Schäfer, Pavla (2020): Empathie und Vertrauen in der Arzt-Patienten-Kommunikation. In: Katharina Jacob, Klaus-Peter Konerding, Wolf-Andreas Liebert (Hg.): *Sprache und Empathie. Beiträge zur Grundlegung eines linguistischen Forschungsprogramm*, Berlin, Boston: De Gruyter, 377-418. https://doi.org/10.1515/9783110679618-013

Schickhardt, Christoph / Winkler, Eva / Sax, Ulrich / Buchner, Benedikt (2023): Dateninfrastrukturen für die Gesundheitsforschung. Ethische Rahmenbedingungen und rechtliche Umsetzung. *Bundesgesundheitsblatt*, 160-167.

Schleder, Stephan et al. (2017): Akzeptanz von Medizin-Apps und E-Books unter deutschen Radiologen. *Der Radiologe* 57, 9, 752–759.

Schulz-Große, Stefanie / Genske, Anna (2023): Auswirkungen der neuen KI-Verordnung auf den Behandlungsalltag – Datenschutzrechtliche Anforderungen und Sorgfaltspflichten der Behandelnden beim Einsatz von künstlicher Intelligenz zu Behandlungszwecken. *Gesundheit und Pflege* (GuP), 81-94.

Searle, John (1983): *Intentionality: An Essay in the Philosophy of Mind*. Cambridge: Cambridge University Press.

Sedlakova, J. / Trachsel, M. (2023): Conversational Artificial Intelligence in Psychotherapy: A New Therapeutic Tool or Agent? *The American Journal of Bioethics*, 23, 5, 4-13.

Selinger, Evan/Crease, Robert P. (Hg.) (2006): *The Philosophy of Expertise*. New York: Columbia University Press.

Simitis, Spiros / Hornung, Gerrit / Spiecker gen. Döhmann, Indra (Hrsg.) (2025): Datenschutzrecht DS-GVO/BDSG Kommentar, 2. Aufl. Baden-Baden: Nomos (zitiert: *Bearbeiter*, in: Simitis/Hornung/Spiecker (Hrsg.), Datenschutzrecht).

Simpson, Thomas W. (2012): Evaluating Google as an Epistemic Tool. *Metaphilosophy* 43, 426-445.

Sismondo, Sergio (2018): *Ghost-Managed Medicine: Big Pharma's Invisible Hands.* Manchester: Mattering Press.

Skitka, Linda / Mosier, Kathleen / Burdick, Mark (1999): Does automation bias decision-making? *International Journal of Human-Computer Studies*, 991-1006.

Solomon, Miriam (2015): *Making Medical Knowledge.* Oxford: Oxford University Press.

Spickhoff, Andreas (Hrsg.) (2022): *Medizinrecht Kommentar*, 4. Aufl. München: C.H. Beck (zitiert: *Bearbeiter*, in: Spickhoff (Hrsg.), Medizinrecht).

Stegenga, Jacob (2018): *Medical Nihilism.* Oxford: Oxford University Press.

Steinbicker, Jochen (2019): Überwachung und die Digitalisierung der Lebensführung. In: M. Stempfhuber / E. Wagner (Hg.). *Praktiken der Überwachten: Öffentlichkeit und Privatheit im Web 2.0.* Wiesbaden: Springer Fachmedien, 79-96. https://doi.org/10.1007/978-3-658-11719-1_5

Steinkellner, C. / Schlömmer, C. / Dünser, M. (2020): Anamnese und klinische Untersuchung in der Notfall- und Intensivmedizin. *Medizinische Klinik, Intensivmedizin und Notfallmedizin* 115, 7, 530-538.

Steinrötter, Björn / Markert, Jette (2024): Datenbezogene Vorgaben der KI-Verordnung, *Recht Digital* (RDi), 400-405.

Strauss, Anselm L. (1978): *Negotiations: Varieties, Contexts, Processes, and Social Order.* Jossey-Bass.

Sturma, D. / Heinrichs, B. (2015): Bioethik – Hauptströmungen, Methoden und Disziplinen. In: D. Sturma, B. Heinrichs (Hg.), *Handbuch Bioethik*,. Stuttgart: Metzler, 1-8.

Sun, George / Zhou, Yi-Hui (2023): AI in healthcare: navigating opportunities and challenges in digital communication. *Frontiers in Digital Health* 5, https://www.frontiersin.org/journals/digital-health/articles/10.3389/fdgth.2023.1291132/full

Svensson, Annika M. / Jotterand, Fabrice (2022): Doctor Ex Machina: A Critical Assessment of the Use of Artificial Intelligence in Health Care. *The Journal of Medicine and Philosophy* 47, 155-178.

Swan, M. (2019): Quantified Self. In: Gellman, M. (Hg.): *Encyclopedia of Behavioral Medicine.* Springer: New York. https://doi.org/10.1007/978-1-4614-6439-6_101945-1.

Taddeo, M. (2017): Data Philanthropy and Individual Rights. *Minds & Machines* 27, 1-5. DOI 10.1007/s11023-017-9429-2

Tegegne, M. D., Melaku, M. S., Shimie, A. W., et al. (2022): Health professionals' knowledge and attitude towards patient confidentiality and associated factors in a resource-limited setting: A cross-sectional study. *BMC Medical Ethics*, 23, 26. https://doi.org/10.1186/s12910-022-00765-0

Teo, S. A. (2023): Human dignity and AI: mapping the contours and utility of human dignity in addressing challenges presented by AI. *Law, Innovation and Technology*, 15, 1, 241-279. https://doi.org/10.1080/17579961.2023.

Teubner, Gunther (1990): Die Episteme des Rechts. Zu erkenntnistheoretischen Grundlagen des reflexiven Rechts. In: Grimm, Dieter (Hrsg.), *Wachsende Staatsaufgaben – sinkende Steuerungsfähigkeit des Rechts.* Baden-Baden: Nomos, 115-154.

Tonelli, Mark (1999): In defense of expert opinion. *Academic Medicine* 74, 1187-1192.

Tremain, Shelley (2017): Knowing Disability, Differently. In: Ian James Kidd, José Medina, Gaile Pohlhaus, Jr. (Hg.): *The Routledge Handbook to Epistemic Injustice.* New York: Routledge, 175-183.

Tretter, Max / Samhammer, David / Dabrock, Peter (2024): Künstliche Intelligenz in der Medizin: Von Entlastungen und neuen Anforderungen im ärztlichen Handeln. *Ethik in der Medizin* 36, 1, 7-29.

Vallor, Shannon (2015): Moral Deskilling and Upskilling in a New Machine Age: Reflections on the Ambiguous Future of Character. *Philosophy & Technology* 28. doi: 10.1007/s13347-014-0156-9.

Vallor, Shannon (2016): *Technology and the Virtues: A Philosophical Guide to a Future Worth Wanting.* New York: Oxford University Press.

Van Calster, Ben et al. (2019): Predictive analytics in health care: how can we know it works? *Journal of the American Medical Informatics Association : JAMIA* 26, 12, 1651-1654.

Van den Bruel, Ann / Thompson, Matthew / Buntinx, Frank / Mant, David (2012): Clinicians' gut feeling about serious infections in children: observational study. *British Journal of Medicine* (BMJ) 345, e.6144

Van Leeuwen, Kicky G. et al. (2022): How does artificial intelligence in radiology improve efficiency and health outcomes? *Pediatric Radiology* 52, 11, 2087-2093.

Van Wynsberghe, Aimee / Vandemeulenbroucke, T. / Bolte, L. / Nachid, J. (Hg.) (2023): Special Issue: Towards the Sustainability of AI: Multi-Disciplinary Approaches to Investigate the Hidden Costs of AI. *Sustainability.* MDPI.

Vaswani, Ashish et al. (2017): Attention is all you need. In: *Proceedings of the 31st International Conference on Neural Information Processing Systems.* NIPS'17. Red Hook, NY, USA: Curran Associates Inc., 6000–6010.

Vazire, Simine/Carlson, Erika N. (2011): Others Sometimes Know Us Better Than We Know Ourselves. *Current Directions in Psychological Science* 20, 104-108.

Vogd, Werner (2012): Vertrauen unter komplexen Reflexionsverhältnissen oder: die gesellschaftliche Konditionierung der Arzt-Patient-Interaktion. In: A. Hanses & K. Sander (Hg.), *Interaktionsordnungen: Gesundheit als soziale Praxis.* Wiesbaden: VS Verlag für Sozialwissenschaften, 71–85. https://doi.org/10.1007/978-3-531-93383-2_5.

Vogd, Werner (2018): Unsicherheit als das zentrale Bezugsproblem der ärztlichen Profession. In: S. Klinke / M. Kadmon (Hg.), *Ärztliche Tätigkeit im 21. Jahrhundert - Profession oder Dienstleistung.* Springer-Lehrbuch. Berlin, Heidelberg: Springer.

Vogd, Werner (2020): Krankenhausmodernisierung: Höhere Effizienz ärztlicher Arbeit? Dokumentarische Evaluationsforschung und teilnehmende Beobachtung. In R. Bohnsack / I. Nentwig-Gesemann (Hg.), *Dokumentarische Evaluationsforschung.* Verlag Barbara Budrich, 330-356.

von Eschenbach, Warren J. (2021): Transparency and the Black Box Problem: Why We Do Not Trust AI. *Philosophy & Technology* 34, 1607-1622.

Wakefield, J. (1992): Disorder as harmful dysfunction: A conceptual critique of D.S.M.-III-R's definition of mental disorder. *Psychological Review* 99, 232– 47.

Walker H.L. / Ghani S. / Kuemmerli C. / Nebiker C.A. / Müller B.P. / Raptis D.A. / Staubli S.M. (2023): Reliability of Medical Information Provided by ChatGPT: Assessment Against Clinical Guidelines and Patient Information Quality Instrument. *J Med Internet Res.* 30;25:e47479. doi: 10.2196/47479. PMID: 37389908; PMCID.

Watson, Jamie Carlin (2022): *A history and philosophy of expertise: the nature and limits of authority.* New York: Bloomsbury.

Weber, Damien / Lim, Pei S. / Tran, Sebastien / Walser, Marc / Bolsi, Alessandra / Kliebsch, Ulrike / Beer, Jürgen / Bachtiary, Barbara / Lomax, Tony (2020): Proton therapy for brain tumours in the area of evidence-based medicine. *British Journal of Radiology*, 93:20190237.

Weber-Guskar, Eva (2021): How to feel about emotionalized artificial intelligence? When robot pets, holograms, and chatbots become affective partners. *Ethics and Information Technology* 23, 601-610.

Weber-Guskar, Eva (2024): *Gefühle der Zukunft. Wie wir mit emotionaler KI unser Leben verändern.* Berlin: Ullstein.

WEF (2024): *Patient-First Health with Generative AI: Reshaping the Care Experience.* World Economic Forum.

Weichert, Thilo (2025): Verbesserungsbedarf beim Gesundheitsdatennutzungsrecht, *Medizinrecht* (MedR), 500-505.

Werry, Susanne/Ntanas, Elena (2024): Sekundärnutzung von Gesundheitsdaten – Quid deinde? Wie EHDS und GDNG die Landschaft der Gesundheitsvorsorge revolutionieren, *Multimedia und Recht* (MMR), 641-646.

WHO (1946/2000): *Verfassung der Weltgesundheitsorganisation.* Deutsche Übersetzung. http://www.admin.ch/ch/d/sr/i8/0.810.1.de.pdf.

Williams, H. / Spencer, K. / Sanders, C. / Lund, D. / Whitley, E. A. / Kaye, J. / Dixon, W. G. (2015): Dynamic consent: A possible solution to improve patient confidence and Trust in how Electronic Patient Records are Used in medical research. *JMIR Medical Informatics*, 3, e3. https:// doi.org/10.2196/medinform.3525

Wiertz, S. (2022): Die zeitliche Dimension des Broad Consent. *Ethik in der Medizin*, 34(4), 645–667. https://doi.org/10.1007/s00481-022-00715-9

Wiertz, S. / Boldt, J. (2022): Evaluating models of consent in changing health research environments. *Medicine, health care, and philosophy* 25, 2, 269–280. https://doi.org/10.1007/s11019-022-10074-3

Wischmeyer, Thomas (2019): Artificial Intelligence and Transparency: Opening the Black Box. In: Wischmeyer, Thomas/Rademacher, Timo (Hg.), *Regulating Artificial Intelligence.* Cham: Springer, 75-101.

Wolff, Heinrich Amadeus/Brink, Stefan/v. Ungern-Sternberg, Antje (Hg.) (2025): *Beck'scher Online-Kommentar Datenschutzrecht*, 52. Edition. München: C.H. Beck (zitiert: *Bearbeiter*, in: Wolff/Brink/v. Ungern-Sternberg (Hrsg.), BeckOK Datenschutzrecht).

Wolkenstein, Andreas (2024): Healthy Mistrust: Medical Black Box Algorithms, Epistemic Authority, and Preemptionism. *Cambridge Quarterly of Healthcare Ethics* 33, 3, 370-379.

Wray, K. B. (2005): Rethinking scientific specialization. *Social Studies of Science* 35, 151-164.

Zagzebski, Linda (2012): *Epistemic Authority: A Theory of Trust, Authority, and Autonomy in Belief.* Oxford: Oxford University Press.

Zimmermann, Tanja (2022): Patient-reported Outcome Measures: E-Health Anwendungen stoßen auf große Zustimmung. *Kompass Onkologie* 9, 1, 22–23.

Zuboff, Shoshana (2019): Surveillance Capitalism – Überwachungskapitalismus - Essay. *bpb.de*. https://www.bpb.de/shop/zeitschriften/apuz/292337/surveillance-capitalism-ueberwachungskapitalismus-essay/.

Zentrale Ethikkommission (2021). Entscheidungsunterstützung ärztlicher Tätigkeit durch Künstliche Intelligenz. *Deutsches Ärzteblatt* 118/33–34, A1- A13. DOI: 10.3238/arztebl.zeko_sn_cdss_2021

# 7. Abkürzungsverzeichnis

Abs. = Absatz

Art. = Artikel

BDSG = Bundesdatenschutzgesetz

BGB = Bürgerliches Gesetzbuch

BVerfG = Bundesverfassungsgericht

CDSS = Clinical Decision Support System (Klinisches Entscheidungsunterstützungssystem)

CT = Computertomographie

DiGA = Digitale Gesundheitsanwendungen

dPA = digitale Patientenakte

DSGVO = Datenschutzgrundverordnung

DSK = Datenschutzkonferenz

DSM = Diagnostic and Statistical Manual of Mental Disorders
(Diagnostischer und statistischer Leitfaden psychischer Störungen)

DSS = Decision Support System (Entscheidungsunterstützungssystem = EUS)

EBM = Evidenzbasierte Medizin

eGK = elektronische Gesundheitskarte

EHDS = European Health Data Space (Europäischer Raum für Gesundheitsdaten)

EHR = Electronic Health Records (Elektronische Gesundheitsdaten)

ePA = elektronische Patientenakte

ePRO = electronic Patient-Reported Outcomes (elektronische Patientenberichtete Ergebnisse)

EuGH = Gerichtshof der Europäischen Union

EUS = Entscheidungsunterstützungssystem

GDNG = Gesundheitsdatennutzungsgesetz

GG = Grundgesetz

GHD-KI = Gesundheitsdiagnose durch KI

GKV = Gesetzliche Krankenversicherung

GOFAI = Good old-fashioned AI

GPT = Generative Pretrained Transformer

GRC = EU-Grundrechte-Charta

GUI = Graphical User Interface (Graphische Benutzeroberfläche)

ICD = International Statistical Classification of Diseases and Related Health Problems
(Internationale statistische Klassifikation der Krankheiten und verwandter Gesundheitsprobleme)

KIS = Krankenhausinformationssystem

KI-VO = KI-Verordnung
lit. = litera
LLM = Large Language Model (Großes Sprachmodell)
MBO-Ä = Musterberufsordnung für Ärztinnen und Ärzte
MP-VO = Medizinprodukteverordnung
MRT = Kernspintomographie
PET-CT = Positronen-Emissions-Tomographie
PDSG = Patientendatenschutz-Gesetz
PJ = Praktisches Jahr
RCT = Randomized Controlled Trial (randomisierte Studie)
RTW = Rettungswagen
SGB = Sozialgesetzbuch
SK = Sichtungskategorie
StGB = Strafgesetzbuch
USP = Unique Selling Proposition (Alleinstellungsmerkmal)
XAI = Explainable AI (erklärbare KI)

# 8. Begriffsglossar

**Adversarial Attacks:** Vom Menschen nicht als solche erkennbare Manipulation von Eingabedaten (Bildern, Texten, Audiodateien), die Machine-Learning-Modelle zu falschen Entscheidungen verleiten können. (vgl. S. 101)

**Algorithmus:** (Computergestütztes) Verfahren, das durch eine endliche Menge von eindeutig interpretierbaren Regeln beschrieben ist. Ein A. beschreibt eine endlich lange Folge von Operationen zur Lösung eines Problems oder einer speziellen Problemklasse. (vgl. S. 51-52))

**Allocation Bias:** Form der Verzerrung bei medizinischen Studien, die sich aus einem systematischen Unterschied in der Art und Weise ergibt, wie die Teilnehmer in Behandlungs- und Vergleichsgruppen eingeteilt werden. Dies kann dazu führen, dass sich die Gruppen bereits vor der Intervention in relevanten Merkmalen unterscheiden. Ein wesentliches Gegenmittel besteht in der Randomisierung der Gruppenzuweisung. (vgl. S. 93)

**Anamnese:** Der Begriff hat seinen Ursprung im Griechischen und bedeutet übersetzt „Erinnerung". Er bezeichnet die strukturierte Befragung von Patientinnen und Patienten, um ihren Gesundheitszustand zu erfassen. (vgl. S. 22, 27, 32, 63, 72, 78, 84, 91, 109, 120)

**Anonymisierung:** Das Verändern personenbezogener Daten derart, dass die Einzelangaben über persönliche oder sachliche Verhältnisse nicht mehr oder nur mit einem unverhältnismäßig großen Aufwand an Zeit, Kosten und Arbeitskraft einer bestimmten oder bestimmbaren natürlichen Person zugeordnet werden können (Quelle: BDSG). (vgl. S. 98, 133-134)

**Apparatemedizin:** Technikzentrierte Form der Medizin, die präzise Diagnosen ermöglicht, jedoch oft für ihre Entpersonalisierung kritisiert wird. Sie wird oftmals als Gegensatz zur sprechenden Medizin aufgeführt, bei der insbesondere der Dialog zwischen Ärzt:in und Patient:in betont wird. Kritiker:innen sehen in der Apparatemedizin mitunter eine Reduktion des individuellen Krankheitsverständnisses zugunsten standardisierter Verfahren. (vgl. S. 148)

**Auditierung:** Eine geplante und eigenständige Prüfung, Kontrolle oder Evaluierung von Informationen, Prozessen, Systemen, Kontrollen oder Organisationen. (vgl. S. 103)

**Automatisierungs-Bias** (*automation bias*): Juristisch bezeichnet dieser Begriff nach Art. 14 Abs. 4 lit. a KI-VO die „mögliche[...] Neigung zu einem automatischen oder übermäßigen Vertrauen in die von einem Hochrisiko-KI-System hervorgebrachte Ausgabe [...]". (vgl. S. 55, 56, 60, 104, 107, 173, 182, 205, 263)

**Availability Bias** (dt.: Verfügbarkeits-Bias): Kognitive Verzerrung, die die menschliche Tendenz beschreibt, leicht verfügbare oder leicht abrufbare Informationen tendenziell überzubewerten. So werden mitunter Zusammenhänge oder Inhalte überschätzt, die kürzlich erlebt wurden, an die man sich leicht erinnert oder die besonders auffällig sind. (vgl. S. 188)

**Behandlungsvertrag**: Ein zivilrechtlicher Vertrag gemäß § 630a BGB, bestehend aus einer Einigung zwischen Behandelndem und Patient über die entgeltliche Durchführung einer medizinischen Behandlung. (vgl. S. 62, 117, 211, 252)

**Bestimmende Urteilskraft:** Bei Immanuel Kant Form der Urteilskraft, deren Funktion darin besteht, aus einem gegebenen, bereits erkannten Allgemeinen (z.B. einem allgemeinen Prinzip oder Gesetz) auf besondere Einzelfälle zu schließen bzw. diese unter das Allgemeine zu subsumieren. (vgl. S. 89-90, 92)

**BIBO-Problem:** Steht für „bias in, bias out" und damit für ein Problem, das mit Blick auf den Input an Daten für das Training von KI-Modellen entstehen kann. Um es zu verhindern, muss sichergestellt werden, dass die für den vorgesehenen Zweck des KI-Systems relevanten Faktoren in möglichst umfassender Hinsicht erhoben wurden, weil es sonst zu voreingenommenen (*biased*) oder diskriminierenden Ausgaben kommt. (vgl. S. 204)

**Big Data:** Verarbeitung und Analyse großer, komplexer und oft unstrukturierter Datenmengen, die mit herkömmlichen Methoden nicht effizient ausgewertet werden können. Big Data-Technologien ermöglichen tiefere Einblicke in Muster und Zusammenhänge, etwa in der Medizin, Wirtschaft oder Sozialforschung. (vgl. S. 57, 58, 79, 101)

**Black-Box-Charakter:** Eigenschaft von KI-Systemen, insbesondere von neuronalen Netzwerken im maschinellen Lernen, bei der die interne Entscheidungslogik schwer nachvollziehbar oder erklärbar ist. Obwohl das Modell einen Output liefert, bleibt oft unklar, welche spezifischen Merkmale oder Zusammenhänge zu diesem Ergebnis geführt haben. (vgl. S. 53, 55, 92-93, 171, 280)

**Blockchain-Methoden:** Eine spezielle Technologie zur Datenhaltung in dezentralen verteilten Netzwerken, mit deren Hilfe Transaktionen in Blöcken chronologisch aufgezeichnet und über ein Netzwerk verteilt werden. Diese Blöcke sind miteinander verknüpft und werden durch einen Konsensmechanismus verifiziert. (vgl. S. 100-101)

**Bottom-up:** Ein methodischer Ansatz, der in verschiedenen Kontexten verwendet wird, um Prozesse, Strukturen oder Entscheidungen zu gestalten (das Gegenteil ist *top down*). Er beginnt mit den kleinsten Einheiten oder Einzelheiten und arbeitet sich von dort nach oben, bis die gesamte Struktur oder das Ergebnis erreicht ist. Im Informatik-Kontext wird damit meist eine Methode des Softwaredesigns bezeichnet, wobei zunächst einzelne Programmbestandteile (z. B. Funktionen, Klassen, Module) definiert werden, aus denen dann größere Elemente des Programms zusammengesetzt werden, bis das vollständige System erstellt ist. Dieser Gedanke des Designs *bottom up* lässt sich auch auf die Ethik der KI beziehen: Hier werden ethische Prinzipien, Regeln oder Werte von Grund auf in den Entwicklungsprozess entweder technisch implementiert oder bei der Entwicklung und Nutzung durch die entsprechenden Stakeholder mitbedacht. (vgl. S. 50, 51)

**Broad Consent**: Form der informierten Einwilligung, bei der sich Patient:innen nicht auf einen bestimmten Verwendungszweck bei der Nutzung ihrer Daten festlegen. (vgl. S. 98-99, 129)

**Carebot:** Ein mobiler Roboterassistent zur aktiven Unterstützung pflegender Menschen im klinischen und häuslichen Umfeld. (vgl. S. 206)

**Chat:** Konversation (schriftlich oder mündlich) mit einem digitalen Endgerät (vgl. S. 23, 63, 65, 71, 131, 203, 220)

**Chatbot:** Ein meist auf großen Sprachmodellen basierender virtueller Assistent, der mit seinen Nutzer:innen in natürlicher Sprache interagieren und menschenähnliche Gespräche simulieren kann. (vgl. S. 23, 57, 149, 184-222)

**Chilling-Effekt**: Mechanismus der Selbstzensur, bei dem Menschen aus der Sorge heraus, dass ihr Verhalten beobachtet, aufgezeichnet oder ausgewertet wird, beginnen, dieses zu verändern. Das ist problematisch, weil sie sich dadurch in der Ausübung ihrer Fähigkeit der Autonomie beschneiden. (vgl. S. 239)

**Confirmation Bias** (dt.: Bestätigungs-Bias): Kognitive Verzerrung, die sich auf den individuellen Umgang mit Informationen bezieht. Gemeint ist die Neigung von Menschen, tendenziell Informationen zu suchen, zu interpretieren oder zu erinnern, die mit ihren bestehenden Überzeugungen konform gehen oder bestehende Erwartungen und Erfahrungen bestätigen. Widersprüchliche Informationen oder solche, die nicht in das vorherrschende (Welt-)Bild passen, werden hingegen eher abgewertet oder ignoriert. (vgl. S. 138, 152, 188, 278)

**Datafizierung** (engl.: *datafication*): Prozess (gelegentlich auch Trend) der zunehmenden Erfassung, Speicherung und Verarbeitung von Daten. So werden analoge oder qualitative Phänomene in digitale, messbare Daten umgewandelt, wodurch eine algorithmische Verarbeitung ermöglicht wird. Gleichzeitig ergibt sich dadurch jedoch ein erhöhtes Risiko der Überwachung, Kontrolle und/ oder Reduktion komplexer Sachverhalte und Zusammenhänge auf quantifizierbare Zahlen und Korrelationen. (vgl. S. 79, 262)

**Data Mining**: Beim Data Mining geht es u. a. darum, mithilfe von KI-Modellen in strukturierten oder auch unstrukturierten Datensätzen Muster und Zusammenhänge sichtbar zu machen, die sich eher ‚unter der Oberfläche' befinden. Es geht also nicht um das Generieren neuer Daten, sondern um eine besondere Art der Analyse vorhandener Daten. (vgl. S. 123-125)

**Data ownership:** Die Verantwortlichkeit und Kontrolle über Daten, die von einer Organisation oder Person erstellt, gesammelt oder gespeichert werden. (vgl. S. 101-102)

**Datenschutzgrundverordnung** (DSGVO): In den unionalen Mitgliedsstaaten unmittelbar geltende Verordnung, die die Verarbeitung personenbezogener Daten regelt. (vgl. S. 81, 110, 112)

**Datensolidarität:** Die ethisch viel diskutierte moralische Verpflichtung Einzelner, ihre Daten für das Allgemeinwohl zur Verfügung zu stellen. (vgl. S. 99-100)

**Datensouveränität:** Die selbstbestimmte Kontrolle über die Erhebung, Speicherung, Nutzung und Verarbeitung der eigenen Daten. (vgl. S. 60)

**Datenspende** (engl. *data donation*): Die freiwillige und begrenzte Zurverfügungstellung von persönlichen Gesundheitsdaten für Forschungszwecke, medizinische Studien oder für die Verbesserung der Gesundheitsversorgung. (vgl. S. 99)

**Datensubjekt:** Jede identifizierte oder identifizierbare natürliche Person, deren Daten verarbeitet werden. (vgl. S. 54, 98)

**Datenzentrierung:** Praxis, Daten als zentralen Ausgangspunkt für Entscheidungen, Prozesse oder Entwicklungen zu nutzen und damit eine datengetriebene Logik zu etablieren. In der digitalen Medizin und Forschung bedeutet dies oft, dass patientenbezogene Daten die (Entscheidungs-)Grundlage für personalisierte Diagnosen und Therapien bilden. Dabei stellt sich die Frage, inwiefern algorithmische Entscheidungen menschliche Expertise ergänzen oder verdrängen.

**Deontologische Ethik**: Nach der konzisen Definition von Misselhorn (2022, 266) „Typ der normativen Ethik, der die moralische Qualität einer Handlung nicht (nur) anhand ihrer Folgen bestimmt (Konsequentialismus). Eine Handlung ist vielmehr genau dann gut, wenn sie aufgrund einer moralischen Pflicht durchgeführt wird. Wichtigster Vertreter ist Immanuel Kant (kategorischer Imperativ)." (vgl. S. 48, 164, 165)

**Deskilling:** Neue Arbeitsprozesse und -inhalte erfordern mitunter andere Voraussetzungen und führen folglich zur Herausbildung neuer Fähigkeiten (engl. *skills*) und Kompetenzen. Gehen dabei Fähigkeiten verloren, die im Kontext eines ehemaligen Arbeitsprozesses herausgebildet werden konnten, bezeichnet man das als Deskilling. Vgl. auch Reskilling, Upskilling (vgl. S. 59, 105, 137, 152)

**Deutscher Ethikrat:** Ein Gremium aus 26 unabhängigen Expert:innen, die von der Präsidentin bzw. dem Präsidenten des Deutschen Bundestages ernannt werden. Die Ratsmitglieder sollen naturwissenschaftliche, medizinische, theologische, philosophische, ethische, soziale, ökonomische und rechtliche Belange in besonderer Weise repräsentieren sowie unterschiedliche ethische Ansätze und ein plurales Meinungsspektrum vertreten. Die Stellungnahmen und Empfehlungen des Ethikrates sollen Orientierung für Gesellschaft und Politik geben. (vgl. S. 50, 55, 102, 237)

**Differentialdiagnose:** Diagnostisches Verfahren, bei dem mehrere mögliche Erkrankungen systematisch gegeneinander abgegrenzt werden, um die wahrscheinlichste Diagnose zu finden. (vgl. S. 28, 187, 188)

**Digital Divide:** Englischer Ausdruck für die Beschreibung der Unterschiede zwischen Bevölkerungsgruppen, Personen oder Ländern in Hinsicht auf ihre Zugangs- und Nutzungsmöglichkeiten digitaler Technologien. Der *digital divide* betrifft oft soziale, ökonomische oder geografische Unterschiede und kann Ungleichheiten im Zugang zu gesellschaftlichen Leistungen wie Bildung, Gesundheitsversorgung oder politischer Teilhabe verstärken. (vgl. S. 34, 205)

**Digital Doubles**: (dt.: digitale Abbilder) Virtuelle Repräsentationen von realen Personen, die durch die Erfassung, Analyse und Verarbeitung personenbezogener Daten erstellt werden. Diese Daten können aus verschiedenen Quellen stammen, etwa den sozialen Medien, Gesundheitsakten, Online-Interaktionen oder anderen digitalen Plattformen. In der Medizin sollen *digital doubles* zur Erstellung personalisierter Behandlungspläne eingesetzt werden, indem sie individuelle Gesundheitsdaten analysieren. Zudem sollen sie helfen, Risikofaktoren bestimmter Therapieoptionen zu identifizieren oder bei der Patientenüberwachung unterstützen. (vgl. S. 83-84, 89, 196)

**Digital literacy:** Die Fähigkeit, digitale Technologien und Kommunikationswerkzeuge effektiv und verantwortungsbewusst zu nutzen, um Informationen zu finden, zu bewerten, zu erstellen und zu kommunizieren. (vgl. S. 99)

**Dual-Use-Produkt**: Im Kontext des Medizinprodukterechts bedeutet dies, dass ein als Medizinprodukt einzuordnendes Produkt neben der medizinischen auch eine nicht-medizinische Zweckbestimmung erhalten hat. In einem solchen Fall müssen alle Anforderungen an das Produkt eingehalten werden, sowohl diejenigen der MP-VO als auch aller weiteren, möglicherweise einschlägigen Rechtsnormen für die andere(n) Nutzung(en). (vgl. S. 66)

**Dynamic Consent**: Form der informierten Einwilligung, die Patient:innen die Möglichkeit bietet, an der Nutzung ihrer Daten (auch im Rahmen von aktuellen Forschungsaktivitäten) zu partizipieren und ihre Zustimmung zu dieser Verwendung jederzeit bestätigen oder widerrufen zu können. (vgl. S. 98, 99)

**Elektronische Patientenakte** (ePA): Die Vorgabe an die Krankenkassen zur Einrichtung der ePA erfolgte durch das Patientendatenschutz-Gesetz (PDSG). Nach dem durch dieses Gesetz neu gefassten § 341 des fünften Sozialgesetzbuches (SGB V) handelt es sich bei der ePA um eine versichertengeführte elektronische Akte, welche gemäß § 342 Abs. 1 SGB V von den Krankenkassen ihren Mitgliedern zur Verfügung gestellt werden muss. In diese Akte können bestimmte medizinische Informationen durch Ärzte und weitere medizinische Leistungserbringer eingestellt werden. (vgl. S. 20, 27, 77, 110, 125)

**Embedded ethics** (approach): Methodischer Ansatz, der ethische Überlegungen in den Entwicklungsprozess neuer Technologien integriert, und zwar von der ersten Planungsphase bis zur Umsetzung. (vgl. S. 47, 51, 60, 203, 250, 274)

**Epistemischer Paternalismus:** Einflussnahme auf die epistemische Praxis einer Person, bei der ohne ihre Zustimmung oder sogar gegen ihren Willen versucht wird, ihr epistemisches Wohl zu fördern, etwa indem Informationen gefiltert, zurückgehalten oder in eine bestimmte Richtung gelenkt werden. Es lassen sich unterschiedliche Spielarten und Stärkegrade unterscheiden. Während etwa der „weiche Paternalismus" Eingriffe in die epistemische Praxis einer Person nur dann rechtfertigt, wenn die Person nicht in der Lage ist, autonom zu entscheiden (z.B. aufgrund von Unwissenheit oder Irrationalität), erlaubt der „harte Paternalismus" auch Eingriffe gegen den Willen urteilsfähiger und informierter Personen. (vgl. S. 156, 158)

**Erwägungsgrund**: Die „Erwägungsgründe" sind eine Art gesetzgeberische Begründung, die die EU ihren Rechtsakten voranstellt („Warum haben wir es so und nicht anders geregelt? Was wollten wir damit erreichen?" usw.). Die Erwägungsgründe sind streng genommen nicht verbindliches Recht, beeinflussen aber die Auslegung der verbindlichen Regeln in der Praxis sehr stark. (vgl. S. 66-68, 126-129, 182, 313)

**Esoterisches Wissen**: In der Erkenntnistheorie Bezeichnung für Wissensbestände, insbesondere in spezialisierten Expertisebereichen, die nicht allgemein oder trivial zugänglich sind, sondern deren Erschließung ein intensives Studium und spezifische Vorkenntnisse erfordert. Die Vermittlung dieses Wissens an fachfremde Personen (Laien) wird oft dadurch erschwert, dass bereits seine Formulierung ein voraussetzungsreiches, technisches Vokabular verlangt. (vgl. S. 201)

**Ethics-by-design:** Ansatz zur systematischen und umfassenden Einbeziehung ethischer Überlegungen in den Entwurfs- und Entwicklungsprozess neuer technologischer Systeme und Geräte. (vgl. S. 51)

**Falsch-negative Diagnose:** Klinische Einschätzung, bei der eine Erkrankung nicht erkannt oder ausgeschlossen wird, obwohl sie tatsächlich vorliegt. (vgl. S. 90)

**Falsch-positive Diagnose**: Klinische Einschätzung, bei der eine Person fälschlicherweise in eine diagnostische Kategorie eingeordnet wird, obwohl sie die entsprechende Erkrankung tatsächlich nicht hat. (vgl. S. 90)

**Framing-Effekt:** Kognitive Verzerrung, bei der die Art und Weise, wie Informationen präsentiert werden bzw. wie eine Information formuliert und kommuniziert wird, Wahrnehmung und Entscheidungen beeinflusst. In der Medizin kann beispielsweise die Formulierung einer Diagnose oder Therapieempfehlung Einfluss auf das Verhalten von Patienten haben. (vgl. S. 228)

**Frontend:** Vorderseite einer digitalen Anwendung, bestehend aus der grafischen Benutzeroberfläche (engl. *graphical user interface*, GUI), die den Nutzenden angezeigt wird und über die eine Interaktion mittels visueller Elemente wie Schaltflächen und Menüs ermöglicht wird. (vgl. S. 195)

**Generative KI:** KI-Systeme, die in der Lage sind, neue Inhalte wie Texte, Bilder, Musik oder Videos zu erstellen. Damit simulieren sie Kreativprozesse, wodurch bestehende soziale und kulturelle Produktionsformen technisch neu konfiguriert werden. (vgl. S. 184, 185, 194, 206, 210, 268)

**Gesundheitsdaten**: Zählen nach Art. 9 Abs. 1 DSGVO zu den „besonderen Kategorien personenbezogener Daten" an deren Verarbeitung erhöhte Anforderungen gestellt werden. (vgl. S. 78-80, 82, 83,89, 102, 110-112, 115- 118, 121-123, 126, 128, 129, 132, 134, 149, 160, 183, 224, 230, 237, 242, 244)

**GIGO-Prinzip:** Abkürzung für „garbage in, garbage out" und damit für die Abhängigkeit der Qualität des Ergebnisses eines Datenverarbeitungsvorgangs von der Qualität der Eingabedaten: Schlechte Daten (Müll) führen zu schlechten Ergebnissen (Müll). (vgl. S. 204)

**GOFAI:** Steht für „Good Old-Fashioned Artificial Intelligence" und bezeichnet den in der frühen KI-Forschung dominanten Ansatz, KI basierend auf expliziten Regeln, formaler Logik und Symbolmanipulation zu entwickeln. Im Gegensatz zu modernen, lernenden Systemen basiert GOFAI nicht auf datengetriebenem Lernen, sondern auf fest programmierten Wissens- und Regelstrukturen. (vgl. S. 95)

**Grundrechte-Folgenabschätzung**: Nach Art. 27 Abs. 1 KI-VO von bestimmten Arten von Betreibern von Hochrisiko-KI-Systemen vor deren Inbetriebnahme durchzuführende Abschätzung, welche Auswirkungen die Verwendung dieses Systems auf die Grundrechte haben kann. (vgl. S. 175, 183, 270)

**Halluzinationen:** Ausgabefehler eines Chatbots, der entsteht, wenn dieser Informationen oder Fakten erzeugt, die nicht der Realität entsprechen. (vgl. S. 204, 210)

**Health Literacy**: (dt.: Gesundheitskompetenz) Fähigkeit von Menschen, Gesundheitsinformationen zu finden, zu verstehen, zu bewerten und anzuwenden, um fundierte Entscheidungen in Bezug auf ihre Gesundheit zu treffen. Sozioökonomische Faktoren können einen Einfluss auf die Gesundheitskompetenz haben, wodurch bestimmte Personengruppen besonders benachteiligt sind. (vgl. S. 188)

**Hermeneutische Ungerechtigkeit:** Form der epistemischen Ungerechtigkeit, bei der bestimmte Gruppen oder Individuen nicht über die notwendigen Begriffe oder Konzepte verfügen, um ihre eigenen Erfahrungen oder Probleme angemessen auszudrücken und zu verstehen. (vgl. S. 44)

**Human in the loop**: Bezeichnet die aktive Einbindung von Menschen in automatisierte Prozesse. (vgl. S. 74)

**Human monitoring**: Eine möglichst durchgehende menschliche Begleitung und Überwachung von KI-Technologien, vom Daten-Input über das Design bis hin zur Interpretation des Outputs. Ziel und Zweck dabei ist es, das zu bewahren, was als „Meaningful Human Control" (MHC) bezeichnet wird: Trotz der Abgabe von Tätigkeiten an technische automatisierte Prozesse soll in einem entscheidenden Sinne die menschliche Kontrolle bewahrt werden. (vgl. S. 55, 56).

**Individualisierung:** Beschreibt in der Soziologie einen gesellschaftlichen Entwicklungsprozess, durch den Individuen zunehmend die Verantwortung für ihr eigenes Leben, ihre Entscheidungen und ihre Lebensgestaltung übernehmen (müssen), wodurch traditionelle soziale Normen, Rollen und kollektive Bindungen an Bedeutung verlieren, während persönliche Autonomie und Selbstverwirklichung stärker in den Vordergrund rücken. Bezogen auf personalisierte digitale Anwendungen bedeutet Individualisierung dagegen die Anpassung solcher Dienste an die Bedürfnisse des jeweiligen Individuums, um maßgeschneiderte Dienstleistungen zu ermöglichen. Vgl. auch Personalisierung und Subjektivierung. (vgl. S. 150, 194, 224, 225, 230, 262)

**Informed consent / Informierte Zustimmung:** umfasst einen Prozess, bei dem ein Angehöriger eines Gesundheitsberufs einem Patienten einen Eingriff oder eine Behandlung erklärt, einschließlich der Risiken, Vorteile und Alternativen, damit der Patient eine freiwillige und informierte Entscheidung treffen kann. (vgl. S. 58, 199, 201, 202)

**KI-Modell mit allgemeinem Verwendungszweck**: Bezeichnet nach Art. 3 Nr. 63 KI-VO „ein KI-Modell – einschließlich der Fälle, in denen ein solches KI-Modell mit einer großen Datenmenge unter umfassender Selbstüberwachung trainiert wird –, das eine erhebliche allgemeine Verwendbarkeit aufweist und in der Lage ist, unabhängig von der Art und Weise seines Inverkehrbringens ein breites Spektrum unterschiedlicher Aufgaben kompetent zu erfüllen, und das in eine Vielzahl nachgelagerter Systeme oder Anwendungen integriert werden kann, ausgenommen KI-Modelle, die vor ihrem Inverkehrbringen für Forschungs- und Entwicklungstätigkeiten oder die Konzipierung von Prototypen eingesetzt werden". (vgl. S. 168)

**KI-System**: Laut Art. 3 Abs. 1 der KI-VO „ein maschinengestütztes System, das für einen in unterschiedlichem Grade autonomen Betrieb ausgelegt ist und das nach seiner Betriebsaufnahme anpassungsfähig sein kann und das aus den erhaltenen Eingaben für explizite oder implizite Ziele ableitet, wie Ausgaben wie etwa Vorhersagen, Inhalte, Empfehlungen oder Entscheidungen erstellt werden, die physische oder virtuelle Umgebungen beeinflussen können" (vgl. S. 15, 16, 22, 36, 40, 41, 45, 47, 49-51, 53, 55, 56, 57, 60, 63, 67 - 70, 73, 75, 76, 79, 95, 103-106, 108, 109, 111, 119, 123, 125-128, 133-135, 138-140, 142, 145, 153-156, 159-176, 178, 179, 181, 183-186, 189, 194, 197, 198, 199, 203, 204, 210, 211, 220, 236-238, 242-244, 246, 252, 253, 255, 256, 259, 267-270, 274-276, 280)

**KI-Training**: Die Verbesserung der Performanz von KI-Modellen und -systemen anhand der Anwendung von Methoden maschinellen Lernens mittels neuer Datensätze. (vgl. S. 109, 113, 125, 126, 128, 129, 131)

**KI-VO / AI Act**: In den Mitgliedstaaten unmittelbar geltende EU-Verordnung, durch die „ein einheitlicher Rechtsrahmen insbesondere für die Entwicklung, das Inverkehrbringen, die Inbetriebnahme und die Verwendung von Systemen künstlicher Intelligenz (KI-Systeme) in der Union im Einklang mit den Werten der Union festgelegt wird“ (Erwägungsgrund 1 zur KI-VO). (vgl. S. 66-69, 73, 75, 76, 110, 126, 127, 145, 161, 167-171, 173-178, 181-183, 220, 246, 252, 269, 270, 273-279)

**Kollaborative Epistemologie:** Ansatz, der betont, dass sowohl medizinisches Personal als auch Patienten relevantes Wissen besitzen, welches sie durch kommunikativen Austausch und Zusammenarbeit integrieren sollten, um adäquate Therapieentscheidungen zu erzielen. (vgl. S. 43, 46)

**Konformitätsbewertungsverfahren**: Nach einem bestimmten Schema ablaufendes Verfahren im unionalen Produktsicherheitsrecht, durch welches die Anbieter bestimmter Produkte ihre Konformität mit dem jeweils anwendbaren Recht selbst erklären oder von dritter Seite erklären lassen müssen. (vgl. S. 185, 189-203, 210, 259, 260, 268)

**Konsequentialismus**: Nach der konzisen Definition von Misselhorn (2022, 269) „Typ der normativen Ethik, der die moralische Qualität einer Handlung ausschließlich an ihren Folgen bemisst. Wichtigste Form ist der Utilitarismus, für den das moralisch Gute im größten Nutzen für die Betroffenen einer Handlung besteht (Nutzenprinzip). Gegenspieler ist die deontologische Ethik.“ (vgl. S. 48)

**Large Language Models (LLMs):** (dt.: große Sprachmodelle) Leistungsstarke KI-Modelle, die mithilfe neuronaler Netzwerke große Mengen an Textdaten verarbeiten, analysieren und generieren können. Sie basieren auf Transformermodellen und nutzen parallele Berechnungen, um komplexe Zusammenhänge in natürlicher Sprache zu erkennen und vorherzusagen. LLMs sind darauf trainiert, menschliche Sprache zu verstehen, zu analysieren und zu generieren. Sie können Texte interpretieren, kontextbezogene Antworten formulieren und vielfältige sprachbezogene Aufgaben ausführen, z.B. Übersetzungen oder Textzusammenfassungen. (vgl. S. 185, 189-203, 210, 259, 260, 268)

**Laster:** Das Gegenteil einer Tugend und damit eine moralisch schlechte Charakterdisposition bzw ein schlechter Charakterzug. Laster führen zu moralisch schlechten Handlungsweisen. Zu den Hauptlastern gehören Hochmut, Neid, Trägheit, Geiz und Wollust. Vgl. auch Tugend und Tugendethik (vgl. S. 265)

**Machine Learning (ML):** (dt.: maschinelles Lernen) Beschreibt eine Methode der KI, durch die algorithmische Systeme Muster in Daten erkennen und daraus eigenständig Vorhersagen oder Entscheidungen ableiten können. Dadurch werden Systeme befähigt, ohne explizite Programmierung Lösungen für Probleme zu entwickeln, die zu komplex sind, um sie durch feste Regeln zu beschreiben. Die Qualität der Ergebnisse hängt dabei stark von der Menge und Qualität der Trainingsdaten sowie der Wahl des Modells ab. (vgl. S. 52, 68)

**Makro- / Meso- / Mikroebene:** Unterscheidung von Analyseebenen in den Sozialwissenschaften. Auf der *Makroebene* werden gesamtgesellschaftliche Zusammenhänge, Strukturen, Institutionen und Prozesse betrachtet. Die *Mesoebene* dient der Untersuchung von mittleren sozialen Entitäten, zum Beispiel Organisationen, Unternehmen oder sozialen Gruppen. Auf der *Mikroebene*, der kleinsten Analyseeinheit, werden Handlungen oder Entscheidungen bestimmter Akteure oder deren Beziehungen zueinander in den Blick genommen. (vgl. S. 29)

**Medikalisierung:** Gesellschaftlicher Prozess, bei dem ein Phänomen, das zuvor nicht ausschließlich bzw. nicht primär als medizinisch relevant betrachtet wurde, in medizinischen Begriffen definiert und/oder mit medizinischen Interventionen behandelt wird. Die Medikalisierung bezeichnet somit die Ausweitung medizinischer Deutungs- und Interventionsmechanismen auf immer mehr Lebensbereiche, wodurch unter anderem soziale, psychische oder verhaltensbezogene Phänomene als medizinisch behandelbare Zustände konstruiert werden. Beispiele für die Medikalisierung sind psychische Belastungszustände, Alkohol- und Drogenabhängigkeit oder Adipositas. So wird bei Übergewicht zunehmend das damit einhergehende medizinische Risiko (z. B. durch die Klassifikation als Krankheit) thematisiert. Entsprechend wird Adipositas häufig mit gesundheitlichen Risiken (z. B. Diabetes, Herz-Kreislauf-Erkrankungen) verbunden und medizinisch behandelt. Ein weiteres Beispiel ist die Schwangerschaft und Geburt, die früher vor allem als natürliche Lebensprozesse galten. Heute werden sie hingegen zunehmend bzw. überwiegend als medizinische Zustände betrachtet, die regelmäßig überwacht werden und mit dem Einsatz medizinischer Interventionen wie Ultraschalluntersuchungen oder Pränataltests einhergehen. (vgl. S. 38, 223)

**Medizinischer Nihilismus:** Von dem Medizintheoretiker Jacob Stegenga maßgeblich geprägtes Konzept, das eine skeptische Haltung gegenüber der modernen Medizin nahelegt und davon ausgeht, dass viele medizinische Interventionen weniger wirksam sind, als behauptet wird. (vgl. S. 37)

**Medizinprodukt**: Bezeichnet nach Art. 2 Nr. 1 der MP-VO „ein Instrument, einen Apparat, ein Gerät, eine Software, ein Implantat, ein Reagenz, ein Material oder einen anderen Gegenstand, das dem Hersteller zufolge für Menschen bestimmt ist und allein oder in Kombination einen oder mehrere“ der in der Norm folgenden medizinischen Zwecke erfüllen soll. (vgl. S. 60, 63-66, 68-71, 74-76, 121, 123, 128, 161, 172, 177, 244-246, 252, 253)

**Medizinprodukteverordnung** (MP-VO): Unmittelbar geltende EU-Verordnung für die Mitgliedstaaten, die die Sicherheit, Leistungsfähigkeit und Marktüberwachung von Medizinprodukten regelt. (vgl. S. 252).

**mHealth**: Steht für “Mobile Health“ und bezeichnet die Unterstützung von Gesundheitsdienstleistungen durch mobile Geräte wie Smartphones oder Wearables. (vgl. S. 243, 246)

**Negotiated order**: (dt. Verhandlungsordnung) Geht auf Anselm Strauss zurück und beschreibt die organisationalen Muster und Strukturen innerhalb einer Organisation, die sich aus dem konkreten Handeln der Akteure herausbilden. Organisationen werden so als komplexe, sich ständig wandelnde Systeme begriffen, deren Struktur und Funktionen sich sowohl aus formellen als auch aus informellen Interaktionen und Prozessen konstituieren und innerhalb derer wechselseitige Beziehungen zwischen den beteiligten Akteuren und ihren jeweils spezifischen subjektiven sozialen Kontexten bestehen. (vgl. S. 29)

**New Legislative Framework**: Unionales Rahmenwerk im Bereich des Produktsicherheitsrechts, durch welches einheitliche Vorgaben an Produktsicherheit und Marktüberwachung aufgestellt wurden. (vgl. S. 177, 277)

**Natural Language Processing:** In der Informatik die Verarbeitung natürlicher Sprache durch Computer. (vgl. S. 84, 203)

**Natural Language Understanding:** Bereich der künstlichen Intelligenz (KI), der sich darauf konzentriert, Maschinen in die Lage zu versetzen, menschliche Sprache zu verstehen und zu interpretieren. (vgl. S. 84, 203)

**Patient-Reported Outcomes (PROs):** (dt.: Patient:innenberichtete Ergebnisse) Standardisierte Erhebungen, über die die subjektive Wahrnehmung der Betroffenen zu ihrer Gesundheit, Lebensqualität und Behandlungserfahrung erfasst werden soll. Sie lassen sich als Ergänzung zu den klinischen Messdaten und der klassischen Anamnese verstehen, indem sie psychosoziale Dimensionen und die Perspektive der Patient:innen systematisch in die Bewertung von Gesundheitsinterventionen einzubeziehen versuchen. Dabei handelt es sich um von Patient:innen selbst berichtete Einschätzungen zu ihrem Gesundheitszustand, ihrer Lebensqualität oder dem Therapieerfolg. (vgl. S. 226-228)

**Performance Bias:** Form der Verzerrung bei medizinischen Studien, die sich ergibt, wenn es systematische Unterschiede in der Behandlung oder Betreuung der Teilnehmer zwischen den Vergleichsgruppen gibt, die nicht durch die untersuchte Intervention selbst bedingt sind. Ein Beispiel ist, wenn Patienten in der Behandlungsgruppe zusätzliche Aufmerksamkeit oder bessere Betreuung erhalten, weil das Personal weiß, dass sie eine neue Therapie bekommen. (vgl. S. 93, 95)

**Personalisierung:** Die Anpassung von Produkten, Dienstleistungen oder Inhalten an die individuellen Bedürfnisse, Vorlieben oder Verhaltensweisen einer Person. Meist geschieht das durch Datenanalysen und Algorithmen, die Nutzerprofile erstellen und so maßgeschneiderte Produkte ermöglichen. Die Personalisierung in der Medizin hat nichts mit einem subjektbezogenen Holismus zu tun, sondern versteht sich als eine Form der Behandlungspräzisierung. (vgl. S. 185, 191-194, 196, 197, 242, 262)

**Prädiktive KI:** KI-Systeme, die mithilfe von Datenanalysen vergangener Ereignisse oder Verhaltensweisen sowie Machine Learning zukünftige Ereignisse oder Verhaltensweisen prognostizieren. Prädiktive KI-Anwendungen identifizieren Trends und Muster in den Daten, um wahrscheinlichkeitsbasierte Prognosen zu erstellen. Da diese Vorhersagen oft als objektiv wahrgenommen werden, erfordert ihr Einsatz ein kritisches Verständnis der zugrunde liegenden Methoden, Datenquellen und möglichen Verzerrungen. (vgl. S. 152)

**Problem of Many Hands:** Problem, dass dann entsteht, wenn viele Menschen an einer Aktivität beteiligt sind, weil es dann oft schwierig, wenn nicht gar unmöglich ist festzustellen, wer wofür moralisch verantwortlich ist. (vgl. S. 163)

**Profiling**: Bezeichnet nach Art. 4 Nr. 4 der DSGVO „jede Art der automatisierten Verarbeitung personenbezogener Daten, die darin besteht, dass diese personenbezogenen Daten verwendet werden, um bestimmte persönliche Aspekte, die sich auf eine natürliche Person beziehen, zu bewerten, insbesondere um Aspekte bezüglich Arbeitsleistung, wirtschaftliche Lage, Gesundheit, persönliche Vorlieben, Interessen, Zuverlässigkeit, Verhalten, Aufenthaltsort oder Ortswechsel dieser natürlichen Person zu analysieren oder vorherzusagen". (vgl. S. 68, 181)

**Prompts:** Eingabeaufforderungen, die verwendet werden, um einen Computer oder eine KI-Plattform zu instruieren, einen bestimmten Text zu generieren oder eine besondere Aufgabe zu erledigen. (vgl. S. 203, 204)

**Quantified-Self-Movement**: Strömung, bei der Menschen digitale Technologien nutzen, um persönliche Daten (z.B. zu Gesundheit, Verhalten oder Leistung) systematisch zu erfassen und auszuwerten. (vgl. S. 239)

**Randomisierung:** Verfahren zur zufälligen Zuweisung von Studienteilnehmern zu verschiedenen Gruppen in einer klinischen Studie, meist einer Behandlungsgruppe (Interventionsgruppe) und einer Kontrollgruppe. Ziel ist es, Störfaktoren (*confounder*) gleichmäßig auf beide Gruppen zu verteilen und damit Verzerrungen (*biases*) zu minimieren. (vgl. S. 92-93)

**Recht auf informationelle Selbstbestimmung**: Nicht ausdrücklich normiertes, vom Bundesverfassungsgericht im Volkszählungsurteil von 1983 aus dem allgemeinen Persönlichkeitsrecht (Art. 2 Abs. 1 i.V.m. Art. 1 Abs. 1 GG) hergeleitetes Grundrecht. Es enthält nach dem BVerfG „Befugnis des einzelnen, grundsätzlich selbst über die Preisgabe und Verwendung seiner persönlichen Daten zu bestimmen". (vgl. S. 81, 113, 114, 130, 134, 270)

**Recht auf (Nicht-)Wissen:** Das Recht auf Wissen bezeichnet ein normatives Prinzip, das besagt, dass Personen das Recht haben, bestimmte relevante Informationen, wie z.B. sie selbst betreffende medizinische oder genetische Befunde, zu erfahren. Demgegenüber besagt das Recht auf Nichtwissen, dass Personen auch ein Recht haben, bestimmte Informationen über sich selbst nicht zu erfahren. (vgl. S. 156)

**reflektierende Urteilskraft:** Bei Immanuel Kant eine Form der Urteilskraft, deren Funktion darin besteht, aus einem gegebenen Besonderen (z.B. Beobachtungen mehrerer Einzelphänomene) ein Allgemeines abzuleiten (z.B. ein diesen Einzelphänomenen gemeinsames Muster). (vgl. S. 89, 90, 96)

**Re-Identifizierung:** Die gezielte Aufhebung einer vorher durchgeführten Datenanonymisierung. (vgl. S. 98-100)

**Rekonvaleszenz**: Phase der Genesung, also des Übergangs vom Kranksein zum Gesundsein. (vgl. S. 230-233, 265)

**Reliabilität:** Zuverlässigkeit oder Genauigkeit, mit der ein Messverfahren konsistente und wiederholbare Ergebnisse liefert. Da Gesundheitsdaten von Lai:innen oft nicht unter kontrollierten Bedingungen erhoben werden (z. B. über Gesundheits-Apps oder *Wearables*), kann die Reliabilität dieser Daten mitunter problematisch sein. Messfehler, inkonsistente Anwendungsweisen oder fehlendes Fachwissen können die Genauigkeit stark beeinträchtigen, wodurch das Vertrauen in die Daten für medizinische Entscheidungen limitiert ist. (vgl. S. 79)

**Remission**: Rückbildung oder vorübergehendes Verschwinden von Krankheitszeichen, ohne dass eine vollständige Heilung vorliegt. (vgl. S. 230)

**Reskilling:** Strategischer Prozess der Neuzuweisung von Qualifikationen, um Arbeitskräfte in die Lage zu versetzen, gänzlich neue Aufgabenfelder oder Positionen einzunehmen. Theoretisch kann Reskilling als eine Reaktion auf technologische Disruptionen, sich wandelnde Marktbedingungen oder den veränderten Bedarf an Expertise verstanden werden, die eine Transformation des Kompetenzspektrums erforderlich machen. Somit umfasst Re-Skilling insbesondere den Erwerb neuer, nicht im bisherigen Profil vorhandener Fähigkeiten. Vgl. auch Deskilling, Upskilling (vgl. S. 151, 152)

**Responsibilisierung:** Bezeichnet verschiedene Formen der Verschiebung von Verantwortung von Institutionen auf Individuen und umgekehrt. (vgl. S. 99)

**Rezidiven:** Das Wiederauftreten einer Krankheit nach einer scheinbaren Heilung oder Besserung. In der Onkologie bezeichnet ein Rezidiv beispielsweise das erneute Auftreten eines Tumors nach einer erfolgreichen Behandlung und klinisch vermuteter Heilung. (vgl. S. 225)

**Risikomanagementsystem**: Art. 9 Abs. 1 KI-VO fordert die Einrichtung, Anwendung, Dokumentierung und Aufrechterhaltung eines solchen Systems, welches nach Abs. 2 zu verstehen ist „als ein kontinuierlicher iterativer Prozess, der während des gesamten Lebenszyklus eines Hochrisiko-KI-Systems geplant und durchgeführt wird und eine regelmäßige systematische Überprüfung und Aktualisierung erfordert" und bestimmte, in Abs. 2 genannte Schritte umfassen muss. (vgl. S. 169)

**Sekundärnutzung**: Verarbeitung von personenbezogenen Daten zu einem anderen als dem ursprünglichen Erhebungszweck. (vgl. S. 110, 118, 119, 123, 128, 132, 134, 244)

**Self-fulfilling Prophecy**, **Self-denying Prophecy:** *Self-fulfilling prophecy* (dt.: selbsterfüllende Prophezeiung) und *self-denying prophecy* (dt.: selbstverleugnende Prophezeiung) beschreiben beide das Phänomen, dass sich eine Vorhersage auf das Potenzial ihrer Erfüllung auswirkt. Die Erwartung und das Wissen um die Vorhersage beeinflussen das Verhalten von Menschen, sodass Zukunftsannahmen ihre eigene Verwirklichung (= self-fulfilling prophecy) oder Verhinderung (= self-denying prophecy) beeinflussen. (vgl. S. 235)

**Self-selection Bias:** Form der Verzerrung bei medizinischen Studien, die entsteht, wenn Personen sich freiwillig für die Teilnahme entscheiden, anstatt zufällig ausgewählt zu werden, wodurch die untersuchte Stichprobe möglicherweise nicht repräsentativ für die Gesamtbevölkerung ist. (vgl. S. 93)

**Sensitivität:** Statistisches Maß dafür, wie gut ein Test oder Modell tatsächlich positive Fälle erkennt. Sie gibt an, welcher Anteil der tatsächlich positiven Befunde korrekt als solche klassifiziert wird. Eine hohe Sensitivität bedeutet folglich, dass nur wenige positive Fälle übersehen werden. Bei der Metastasenerkennung zum Beispiel ist eine hohe Sensitivität entscheidend, da ein KI-gestütztes System möglichst alle vorhandenen Metastasen identifizieren sollte. Eine hohe Sensitivität kann allerdings auch eine erhöhte Anzahl falsch-positiver Ergebnisse nach sich ziehen, weshalb sie in der Praxis oft mit der Spezifität abgewogen werden muss. (vgl. S. 138, 140, 187)

**Shared Decision Making:** Gemeinsame Entscheidungsfindung zwischen Patienten und medizinischem Fachpersonal. Im Gegensatz zum klassischen medizinischen Paternalismus („Doctor knows best") besteht das Ziel dabei darin, sowohl die medizinische Expertise des Fachpersonals als auch das Selbstwissen und die Präferenzen der Patienten einzubeziehen, um gemeinsam eine informierte und individuell passende Behandlungsentscheidung zu treffen. (vgl. S. 158, 163, 258)

**Social Scoring:** An das chinesische „Social Credit System" angelehnte, gem. Art. 5 Abs. 1 lit. c KI-VO verbotene Praxis der Klassifizierung von Personen durch KI zu deren sozialer Bewertung und Schlechterstellung. (vgl. S. 68)

**Solutionismus:** Tendenz, Probleme vor allem unter dem Gesichtspunkt zu betrachten, inwieweit es für sie schnelle und einfache Lösungen gibt. Nicht selten wird mit dem Begriff eine Ideologie zur technologiegestützten Weltverbesserung in Verbindung gebracht. (vgl. S. 108)

**Spezifität:** Statistisches Maß dafür, wie gut ein Test oder Modell tatsächlich negative Fälle erkennt. Es bildet ab, welcher Anteil der tatsächlich negativen Befunde korrekt als solche klassifiziert wird. Folglich bedeutet eine hohe Spezifität, dass nur wenige falsch-positive Ergebnisse auftreten, was besonders wichtig ist, um unnötige Behandlungen zu vermeiden. Eine hohe Spezifität ist wünschenswert, um gesunde Personen nicht fälschlicherweise als krank einzustufen. Allerdings kann eine sehr hohe Spezifität dazu führen, dass einige tatsächliche Krankheitsfälle übersehen werden. In der Praxis muss sie daher mit der Sensitivität in Einklang gebracht werden. (vgl. S. 139, 140, 187)

**Standardisierung:** Prozess der Vereinheitlichung von Abläufen, Prozessen oder komplexen Sachverhalten, um Effizienz, Vergleichbarkeit und Reproduzierbarkeit zu gewährleisten sowie Analoges ins Digitale zu übersetzen. In digitalen Kontexten ermöglicht Standardisierung die Automatisierung und Skalierbarkeit von Anwendungen, kann aber gleichzeitig die Komplexität realer Sachverhalte verlagern sowie eine individuelle Anpassbarkeit einschränken. (vgl. S. 26, 83, 192-194, 196, 197, 229, 230, 262)

**Subjektivierung:** Der Begriff der Subjektivierung wird oftmals mit der Individualisierung gesellschaftlicher Strukturen in Verbindung gebracht. Die *Individualisierung* bezeichnet dabei die zunehmende Herauslösung (bzw. Emanzipation) des einzelnen Menschen aus traditionellen Institutionen wie Familie, Religion oder festen Gemeinschaftsstrukturen. Dieser Wandel sozialer Strukturen bzw. die Auflösung dieser führt dazu, dass Individuen vermehrt eigenständige Entscheidungen treffen und selbst Verantwortung für ihre Biografie übernehmen müssen. Gleichermaßen wird ihnen diese Verantwortung auch zugeschrieben, wodurch letztlich auch strukturelle Ungleichheiten in der Gesellschaft individualisiert und verschleiert werden können. Die *Subjektivierung* verweist hingegen stärker darauf, wie Individuen z. B. durch soziale Praktiken geformt werden. Gerade in der Arbeitswelt zeigt sich diese Differenz: Individualisierung beschreibt hier die Auflösung traditioneller Berufsbiografien, während die Subjektivierung hier bedeutet, dass Beschäftigte zunehmend nicht nur ihre Arbeitskraft und Fachkompetenz, sondern ihr gesamtes, subjektives Leistungs- bzw. Arbeitsvermögen – also auch ihre Persönlichkeit, Motivation und Identifikation – in die Arbeit einbringen müssen. Die Subjektivierung der Gesundheitsversorgung meint die Verschiebung der Verantwortung für die eigene Gesundheit vom medizinischen Fachpersonal hin zu den Patient:innen. Vgl. auch Individualisierung und Subjektivierung (vgl. S. 149, 191, 262)

**Testimoniale Ungerechtigkeit:** Form der epistemischen Ungerechtigkeit, bei der die Aussagen bestimmter Personen aufgrund von bestehenden Vorurteilen über sie als weniger glaubwürdig eingestuft werden, als es angemessen wäre. (vgl. S. 44)

**Triagierung:** Systematische Priorisierung von Patient:innen im Krankenhaus, basierend auf der Dringlichkeit ihrer Behandlung. Dabei werden Patient:innen gleich bei der Aufnahme anhand festgelegter Kriterien in verschiedene Sichtungskategorien eingeteilt, die festlegen, wie schnell eine medizinische Versorgung erforderlich ist. (vgl. S. 31)

**Trilog-Verfahren**: Teil des unionalen Legislativverfahrens, in dem Vertreter des Rates, des Parlaments und der Kommission versuchen, eine Verständigung über einen Normierungsvorschlag zu erzielen. (vgl. S. 172)

**Tugend:** Eine moralisch gute Charakterdisposition bzw. ein guter Charakterzug; das Gegenteil eines Lasters. Tugenden müssen erworben werden; sie befähigen eine Person dazu, moralisch gut zu handeln (ethische Tugenden) und gut zu denken (intellektuelle Tugenden). Als Kardinal- oder Haupttugenden gelten Mäßigkeit, Tapferkeit, Gerechtigkeit und Klugheit/Weisheit. Tugenden und Laster stehen im Zentrum der Tugendethik. (vgl. S. 48, 104, 164, 165, 258, 265)

**Tugendethik:** Ältester der drei Haupttypen normativer Ethik, in dem anders als bei der deontologischen Ethik bzw. Pflichtethik und anders als im Konsequentialismus nicht die moralische Richtigkeit einer Handlung im Vordergrund steht, sondern moralisch gute und schlechte Charaktereigenschaften, also Tugenden und Laster, sowie ein gutes Leben im Ganzen. Nur die Aneignung von Tugenden, so die These, ermöglicht ein gutes menschliches Leben. Wichtige Vertreter:innen sind Platon, Aristoteles und die Stoiker in der Antike, Thomas von Aquin im Mittelalter und im 20. und 21. Jahrhundert Philippa Foot, Rosalind Hursthouse und Alasdair MacIntyre. (vgl. S. 48)

**Unionsrecht:** Unionsrecht/Europarecht bezeichnet die Gesamtheit der rechtlichen Regelungen der Europäischen Union aus Primärrecht (Verträge der Union) und von den Unionsorganen erlassenem Sekundärrecht (u.a. Verordnungen und Richtlinien), die in den Mitgliedsstaaten mittelbare oder unmittelbare Wirkung entfalten. (vgl. S. 67, 70, 117, 128, 178)

**Upskilling:** Erweiterung und Optimierung bestehender Fähigkeiten (engl. *skills*) und Wissensbestände innerhalb eines aktuellen beruflichen Kontexts. Dieser Prozess wird oft als Teil einer adaptiven Kompetenzentwicklung verstanden, die darauf abzielt, die Fähigkeiten des Individuums den kontinuierlich steigenden fachlichen und technologischen Anforderungen anzupassen. Vgl. auch Deskilling, Reskilling (vgl. S. 151, 152)

**Value Alignment:** Zustand, in dem die Ziele, Handlungen und Entscheidungen einer Person oder eines (KI-)Systems mit ihren Werten und Prinzipien im Einklang stehen. (vgl. S. 165)

**Verantwortungslücken:** Situation, in der jemand oder etwas (z. B. ein autonomes System oder eine KI) Schaden oder unerwünschte Folgen verursacht, aber niemand vollständig für das Ergebnis verantwortlich gemacht werden kann, auch wenn eine Schuldzuweisung angemessen sein könnte. (vgl. S. 163, 164, 166)

**Verteiltes Maschinelles Lernen:** Die Verteilung der Arbeitslast für das Training und die Bereitstellung von Modellen für maschinelles Lernen auf mehrere Computer oder Endgeräte. (vgl. S. 100)

**Wearables:** Kurz für *wearable devices* (dt. tragbare elektronische Geräte). Technologien, die während des Tragens verwendet werden, z.B. Smartwaches, Fitness-Armbänder oder Kopfhörer. Sie können u.a. Herzfrequenz, Blutdruck, Schlafverhalten oder Kalorienverbrauch messen. Durch die KI-gestützte Auswertung von Beschleunigungssensoren und Gyroskopen, die in *Wearables* integriert sind, können zudem (zumindest in der Theorie) Bewegungsmuster analysiert sowie Aktivitäten automatisch erkannt und ausgewertet werden. (vgl. S. 23, 79, 149, 222, 224, 234-236, 239, 242, 243, 262)

**XAI** („explainable AI“): Das Bestreben, die Arbeitsweise von KI-Technologien für den Menschen erklärbar (engl. *explainable*), verstehbar oder zumindest leichter nachvollziehbar oder transparenter zu machen. In der Praxis werden dafür oft einige wenige Eingabeparameter hervorgehoben, die für eine einzelne ML-Vorhersage besonders wichtig scheinen. Ein zentrales Problem von XAI ist, dass die Zielmetrik, d.h. die Frage, wann eine Erklärung gut für Menschen ist, nicht operationalisiert werden kann. (vgl. S. 93, 103, 163)

**Zertifizierung:** Eine Form der Qualifizierung, die die in die Produktentwicklung einfließenden Fachkenntnisse einer Person im Bereich der Technologien der künstlichen Intelligenz bestätigt, einschließlich maschinellem Lernen, Deep Learning und Datenanalyse. (vgl. S. 70, 102, 103, 105, 109)

# 9. Über die Autor:innen

**Kathi Beier**, Dr. phil., ist seit Oktober 2022 wissenschaftliche Mitarbeiterin im Bereich Angewandte Philosophie am Institut für Philosophie der Universität Bremen. Zuvor war sie Lehrende am Philosophischen Seminar der Georg-August-Universität Göttingen und Assistentin am Institut für Philosophie der Universität Wien. Sie wurde 2010 an der Universität Erfurt in Philosophie promoviert und forschte u.a. an der Oxford University, am Hoger Instituut voor Wijsbegeerte der KU Leuven in Belgien und am Max-Weber-Kolleg für kultur- und sozialwissenschaftliche Studien der Universität Erfurt. Ein Schwerpunkt ihrer Arbeit ist die Tugendethik in Antike, Mittelalter und Gegenwart; sie arbeitet auch zu ethischen Fragen Künstlicher Intelligenz. Zuletzt erschienen: „Virtue Ethics and AI", in: *Blackwell Companion to Applied Philosophy of AI*, ed. Martin Hähnel and Regina Müller (Wiley-Blackwell 2025).

**Stephan Graßmann**, M.A., ist wissenschaftlicher Mitarbeiter am Lehrstuhl für Soziologie mit dem Schwerpunkt Technik – Arbeit – Gesellschaft (Prof. Dr. Sabine Pfeiffer) an der Friedrich-Alexander-Universität Erlangen-Nürnberg (FAU). Seine Forschung konzentriert sich auf die soziologischen Dimensionen der Digitalisierung, insbesondere im Gesundheitswesen. Ein besonderer Fokus liegt dabei auf der Implementierung, Nutzung und Einbettung von Künstlicher Intelligenz (KI) in medizinische Kontexte. Zuletzt erschienen: „High Tech = High Quality? Das Gesundheitswesen zwischen wirtschaftlicher Effizienz und technologischen Versprechen", in: *Qualität und Effizienz – ein Widerspruch? Zur Zukunft exzellenter medizinischer Versorgung in wirtschaftlich herausfordernden Zeiten*, hg. Barbara Frenz und Heyo K. Kroemer (Veröffentlichungen der Hanns Martin Schleyer-Stiftung, Bd. 100, 2024).

**Martin Hähnel**, PD Dr. phil., wurde 2015 an der KU Eichstätt-Ingolstadt in Philosophie promoviert und hat sich 2024 an der Universität Bremen habilitiert. An verschiedenen Universitäten war er an zahlreichen medizinethischen Drittmittelprojekten (MANIPS, GENEDIS, DIGIBRAVE, PROKIP, VUKIM) beteiligt. Seit 2020 ist er zudem im wissenschaftlichen Verlagswesen tätig. Seine Forschungsschwerpunkte und Veröffentlichungen liegen vor allem im Bereich der angewandten Ethik. Aktuelle Publikation: *A Blackwell Companion to Applied Philosophy of AI*, ed. with Regina Müller (Wiley-Blackwell 2025).

**Rico Hauswald**, PD Dr. phil., hat Philosophie und Soziologie in Dresden und Fribourg/Schweiz studiert, wurde an der Humboldt-Universität Berlin promoviert und hat sich 2021 mit einer Arbeit zu epistemischen Autoritäten an der TU Dresden habilitiert. Seine Veröffentlichungen behandeln u.a. Fragen der sozialen Erkenntnistheorie, der Philosophie der Medizin/Psychiatrie, der Metaphysik und der Wissenschafts-/Technikphilosophie. Zuletzt erschienen: „AI and the Philosophy of Expertise and Epistemic Authority", in: *A Blackwell Companion to Applied Philosophy of AI*, ed. Martin Hähnel and Regina Müller (Wiley-Blackwell 2025).

**Sabine Pfeiffer**, Prof. Dr., wurde 2003 am Institut für Sozialwissenschaftliche Forschung e.V. (ISF München) in Soziologie promoviert und habilitierte sich 2009 an der Fernuniversität Hagen. Nach Professuren an der Hochschule München und der Universität Hohenheim hat sie seit 2018 den Lehrstuhl für Soziologie mit dem Schwerpunkt Arbeit–Technik–Gesellschaft an der Friedrich-Alexander-Universität Erlangen-Nürnberg inne. Ihre Forschung fokussiert sich auf den tiefgreifenden Wandel von Arbeit im Kontext digitaler Technologien wie KI, Robotik oder Industrie 4.0. Sie ist Koordinatorin des DFG-Schwerpunktprogramms 2267 „Digitalisierung der Arbeitswelten" und Mitglied im Direktorium des Bayerischen Forschungsinstituts für Digitale Transformation (bidt). Aktuelle Publikation: „KI als Kollegin (KIK) – Repräsentative Beschäftigtenbefragung zu Künstlicher Intelligenz am Arbeitsplatz", in: *Künstliche Intelligenz, Mensch und Gesellschaft: Soziale Dynamiken und gesellschaftliche Folgen einer technologischen Innovation*, hrsg. M. Heinlein & N. Huchler (Wiesbaden: Springer Fachmedien 2024).

**Timo Rademacher**, Prof. Dr., M.Jur. (Oxon), ist Inhaber des Lehrstuhls für Öffentliches Recht und das Recht der neuen Technologien an der Leibniz Universität Hannover. Seine Forschungsschwerpunkte sind das Recht der Digitalisierung (einschließlich der rechtstheoretischen Grundlagenfragen), das Informationsrecht (bes. Datenschutzrecht) und das deutsche und europäische Verwaltungsrecht. Sein aktuelles Buch *Recht ohne Zufall? Algorithmische Rechtsverwirklichung in der freiheitlichen Demokratie* erscheint Ende 2025 im Nomos Verlag.

**Raphael Schaarschmidt**, Dipl.-Jur., studierte Rechtswissenschaften an der Leibniz Universität Hannover. Seit 2022 ist er wissenschaftlicher Mitarbeiter am Lehrstuhl für Öffentliches Recht und das Recht der neuen Technologien von Prof. Dr. Timo Rademacher, M.Jur. (Oxon). Seine Forschung konzentriert sich auf die unionale KI-Regulierung und das Datenschutzrecht, insbesondere rechtstheoretische Möglichkeiten und Limitierungen modernen Regulierungsrechts als Steuerungsinstrument.